◎ 高等院校商法经济法专业核心课
精品系列教材

GAODENG YUANXIAO
SHANGFA JINGJIFA ZHUANYE
HEXINKE
JINGPIN
XILIE JIAOCAI

新编国际经济法

XINBIAN GUOJI JINGJIFA

（第四版）

王传丽 ◎ 主　审
张学慧 ◎ 编　著

首都经济贸易大学出版社
Capital University of Economics and Business Press
·北京·

图书在版编目(CIP)数据

新编国际经济法/张学慧编著.—4版. --北京:首都经济贸易大学出版社,2017.10
ISBN 978－7－5638－2735－0

Ⅰ.①新… Ⅱ.①张… Ⅲ.①国际经济法 Ⅳ.①D996

中国版本图书馆 CIP 数据核字(2017)第 289525 号

新编国际经济法(第四版)
主审　王佳丽
编著　张学慧

责任编辑	彭伽佳
封面设计	砚祥志远·激光照排 TEL:010-65976003
出版发行	首都经济贸易大学出版社
地　　址	北京市朝阳区红庙(邮编 100026)
电　　话	(010)65976483　65065761　65071505(传真)
网　　址	http://www.sjmcb.com
E－mail	publish@cueb.edu.cn
经　　销	全国新华书店
照　　排	北京砚祥志远激光照排技术有限公司
印　　刷	北京市泰锐印刷有限公司
开　　本	787 毫米×980 毫米　1/16
字　　数	576 千字
印　　张	25.75
版　　次	2003 年 2 月第 1 版　2007 年 7 月第 2 版　2013 年 6 月第 3 版 **2017 年 10 月第 4 版**　2017 年 10 月总第 6 次印刷
印　　数	17 001～19 000
书　　号	ISBN 978－7－5638－2735－0/D·187
定　　价	48.00 元

图书印装若有质量问题,本社负责调换
版权所有　侵权必究

第四版前言

随着经济全球化的发展,世界经济正朝着一体化的方向前行。国际经济贸易的活跃,带动了国际经济贸易规则的动态发展。今天的中国,已经成为全球第二大经济体,这需要我们培养出一批既通晓国际经济法律规则,又适应国际、国内市场的实用性法律人才。

由首都经济贸易大学出版社出版发行的《国际经济法》教材,自2003年第一次正式出版至今,历经十几年的市场检验,社会反响很好,得到了读者的广泛赞誉,是许多高校法学本科生的指定教材,甚至被一些重点高校指定为法学研究生考试指定参考书。应广大读者的要求,编者集二十多年教学经验之积累,以及二十多年律师执业经验,经过反复修改,现出版第四版。在原有框架结构的基础上,整本书内容做了非常大的调整和修改。在保持原书新颖性、创新性、实务性等特点的基础上,新版教材有以下变化:

1. 突出反映了国际经济法变化的新特点。全球经济的快速发展催生国际经济法也出现了新的变化。本书为此在不同章节重新进行了重大修正、补充。

2. 增加了新的法律、法规。各国经济发展水平的不同,导致国际投资规则的改变,也引发一些国家外资法的变化。例如,中国,既是资本输入国,又是资本输出国,不仅签订了一系列国际投资条约,中国外资法也进行了非常大的修改。本书反映了这一最新立法成果。

3. 对原书中陈旧的案例、阅读小知识、复习思考题等全部进行了更新和修改。本书适合作为全日制高等学校法学专业本科生、研究生教学用书,研究生考试备考复习用书;也可作为法律专业学生自学考试用书,以及实际从事涉外经贸工作的法律工作者的参考资料。

因水平和能力有限,尽管编者殚精竭虑,难免会有错误和疏漏之处,恳请专家和读者不吝指正。

作 者
2017年8月

目录

第一编　国际经济法导论 / 1

第一章　国际经济法概述 / 3
第一节　国际经济法的产生和发展 / 3
第二节　国际经济法的概念和体系 / 9
第三节　国际经济法的渊源 / 11

第二章　国际经济法的基本原则 / 16
第一节　国家经济主权原则 / 16
第二节　公平互利原则 / 18
第三节　国际合作发展原则 / 19

第三章　国际经济法的主体 / 21
第一节　自然人 / 21
第二节　法人 / 22
第三节　跨国公司 / 24
第四节　国家 / 27
第五节　国际经济组织 / 29

第二编　国际贸易法律制度 / 33

第一章　国际货物买卖法 / 35
第一节　国际货物买卖法的法律渊源 / 35
第二节　国际贸易术语解释通则 / 40
第三节　国际货物买卖合同 / 48
第四节　国际货物买卖合同的履行 / 56

目录
CONTENTS / 02

　　　　第五节　违约与违约救济 / 59
　　　　第六节　货物所有权与风险的转移 / 64

第二章　国际货物运输法律制度 / 70
　　　　第一节　国际海上货物运输 / 70
　　　　第二节　国际航空货物运输法律制度 / 85
　　　　第三节　国际铁路货物运输法 / 89
　　　　第四节　国际货物多式联运法律制度 / 92

第三章　国际货物保险法律制度 / 100
　　　　第一节　国际贸易运输保险概述 / 100
　　　　第二节　海上货物运输保险 / 105

第四章　国际货物买卖中的支付法律制度 / 110
　　　　第一节　传统国际货物买卖支付方式概述 / 110
　　　　第二节　汇付与托收 / 111
　　　　第三节　信用证 / 114
　　　　第四节　保付代理 / 122

第五章　对外贸易管制法律制度 / 129
　　　　第一节　对外贸易管理措施 / 129
　　　　第二节　中国对外贸易管理法律制度概述 / 133
　　　　第三节　中国进出口管理的具体法律制度 / 136

第六章　国际技术贸易法律制度 / 145
　　　　第一节　国际技术贸易法律制度概述 / 145
　　　　第二节　国际技术贸易的方式 / 150
　　　　第三节　国际技术贸易合同 / 154
　　　　第四节　国际技术贸易的支付 / 161

目录 03/CONTENTS

第七章 国际服务贸易制度 / 165
　　第一节　服务贸易基本法律框架 / 165
　　第二节　服务贸易的普遍义务和原则 / 171
　　第三节　服务贸易的具体承诺 / 175

第八章 世界贸易组织多边贸易管理的法律制度 / 180
　　第一节　世界贸易组织概述 / 180
　　第二节　世界贸易组织的基本原则 / 182
　　第三节　世界贸易组织货物贸易法律制度 / 187
　　第四节　与贸易有关的投资措施协定 / 195
　　第五节　与贸易有关的知识产权协定 / 197

第九章 区域经济一体化组织 / 204
　　第一节　区域经济一体化概述 / 204
　　第二节　欧洲联盟 / 209
　　第三节　亚洲及太平洋经济合作组织 / 217
　　第四节　北美自由贸易区 / 224

第三编　国际投资法 / 231

第一章 国际投资与国际投资法 / 233
　　第一节　国际投资概述 / 233
　　第二节　国际投资法概述 / 235

第二章 资本输入国外国投资法律制度 / 239
　　第一节　外资法概述 / 239
　　第二节　发达国家外资法 / 240

目录
CONTENTS / 04

第三节　发展中国家外资法 / 242
第四节　中国外资法 / 247
第五节　中国利用外资的主要形式及法律实务 / 252

第三章　资本输出国海外投资法律制度 / 267
第一节　概述 / 267
第二节　海外投资保险制度 / 269
第三节　中国对境外投资的管理和保护 / 275

第四章　保护投资的国际法律制度 / 280
第一节　双边投资条约 / 280
第二节　多边投资担保机构公约 / 286

第四编　国际金融法 / 295

第一章　国际金融法概述 / 297
第一节　国际金融法的内容及渊源 / 297
第二节　国际货币基金组织 / 299

第二章　国际金融法律制度 / 309
第一节　国际银团贷款法律制度 / 309
第二节　国际项目融资法律制度 / 313
第三节　国际证券融资法律制度 / 317

第五编　国际税收法律制度 / 329

第一章　国际税收管辖权 / 331

目录
05 / CONTENTS

第一节　税收管辖权概述 / 331
第二节　居民税收管辖权 / 333
第三节　所得来源地税收管辖权 / 336

第二章　避免国际重复征税的法律制度 / 344
第一节　国际重复征税概述 / 344
第二节　国际重复征税的避免和缓解 / 346

第三章　国际避税与逃税的法律防范制度 / 351
第一节　国际避税与逃税概述 / 351
第二节　国际避税与逃税的法律规制 / 353

第四章　国际税收的协调与合作 / 358
第一节　国际税收协调与合作概述 / 358
第二节　国际税收协定的内容 / 359

第六编　国际经济争端解决法律制度 / 363

第一章　国际经济争端法律制度 / 365
第一节　国际经济争端解决法律制度概述 / 365
第二节　国际商事仲裁 / 368

第二章　世界贸易组织争端解决机制 / 390

参考文献 / 401

第一编

国际经济法导论

第一章　国际经济法概述

学习目标与要求

本章主要介绍国际经济法的历史沿革、相关学说及其渊源。要求了解国际经济法的历史发展过程,理解并掌握国际经济法的概念、体系及其与国际法、国际私法的关系。重点学习和掌握国际经济法的渊源,包括国际法渊源和国内法渊源。

第一节　国际经济法的产生和发展

早期的国际经济关系形成于公元前一千多年,由于当时的国际经济活动比较单一,因此并没有形成体系化的国际经济法。第二次世界大战后,国际经济关系产生了新的变化,各种国际公约和国际性经济组织的产生,促使国际经济法成为一个新兴、独立的法律部门。随着经济全球化进程的不断加快,国际经济新秩序代替了旧的国际经济秩序。总体而言,国际经济法主要经历了三个阶段:萌芽阶段、发展阶段、转折和更新阶段。

一、国际经济法的萌芽阶段(公元前一千多年至十七世纪)

十七世纪之前各国的经济交往基本上都是通过海运完成的,因此这一时期海上贸易十分繁荣。这一阶段海商法的产生和发展孕育了早期的国际经济法,此时的国际经济法主要体现在各国的海事惯例及海商法典中,尚未形成专门调整各种经济关系的法律规范。

(一)罗得法

国际经济交往活动最早出现在公元前一千多年,主要是地中海沿岸一些国家的区域性经济交往。当时,地中海沿岸各国在频繁的国际经济交往中积累了一定的经验,为了提高交易效率,逐渐形成了解决经济纠纷以及规范各国商事行为的习惯和规则。由于各国之间的商业交往越来越密切,这些习惯和规则逐步形成了统一的商人法。直到希腊时期,《罗得法》的制定标志着海商惯例的成文化,它是第一部调整地中海地区海商活动的成文惯例。《罗得法》主要规定了船长航海中为挽救船舶和货物免受危险而造成的损失,应由所有货主和船主按比例分担等惯例。该规定体现了《罗得法》已经将货物毁损灭失的风险承担问题纳入其中。可以说,《罗得法》是国际经济法的最初萌芽。

(二)罗马法中的"万民法"

在罗马帝国时期,主要适用的法律是"市民法"和"万民法"。"市民法"是专门调整罗马公民之间法律关系的法律,而"万民法"则是指适用于不同国家公民之间的法律。[①] 随着罗马社会经济的不断发展以及外来人口的持续增多,"万民法"发展迅速并日趋完善。"万民法"的发展对各国发展经济及商贸往来产生了重大影响,严格说来,"万民法"是调整涉外经济关系最早的法律。

(三)中世纪的国际性商事法典

中世纪的海上贸易发展十分迅速,各国都争相扩大本国在航海贸易方面的影响力,因此这一时期产生了大量的海事习惯法。例如,《奥列隆海法》汇集了欧洲中世纪的海上习惯及相关判例,侧重于海难救助、船员的权利义务等方面。这部法律为海上贸易活动的蓬勃发展奠定了基础,之后相继有很多海商法典都是以其为范本而制定的。13世纪的《康索拉多海事法典》则吸收了地中海沿岸众多的海事判例,其内容主要涉及船舶碰撞、海上借贷、共同海损分摊等,是当时最完备、最具体系的海商法,在海商法的历史发展中具有里程碑的意义。产生于15世纪的《维斯比法》主要沿袭了《奥列隆海法》的法律体系,对船舶碰撞责任和赔偿作出了比较详细的规定,该法在波罗的海及北欧一些国家使用较广泛,对瑞典、德国等国家的海商法发展产生了一定的影响。

二、国际经济法的发展阶段(十七世纪至第二次世界大战前)

这一阶段的国际经济法主要依附于商法的发展,体现在各国所制定的商法典以及各种国际公约中,虽然其中都涉及了国际经济法的部分内容,但并没有成为独立的法律部门。

(一)各国商事立法

1. 大陆法系。17世纪以后,各国纷纷将贸易交往中形成的商事惯例以国内商事法典的形式固定下来,旨在规范国内的经济交往关系。法国于1673年和1681年先后颁布了《商事条例》和《海商条例》,这两部法是最早的商事立法,开辟了国家商事立法的先河。在《商事条例》和《海商条例》的基础上,法国于1807年制定了历史上第一部完整的商法典,即《法国商法典》。后来许多国家立足于《法国商法典》相继发展本国商事立法,如土耳其、荷兰、葡萄牙、西班牙等国都相应制定了本国的商法典。《法国商法典》分为四编,共648条。第一编通则,包括九章,分别为:商人、商业账簿、公司、商业交易所及票据经纪人、行纪、买卖、汇票、本票及时效;第二编海商,分为十四章,包括:船舶、船舶抵押、船舶所有人、船长、海员、佣船契约、载货证券、租船契约、以船舶为抵押而设定的借贷、海上保险、海损、货物投弃、时效、拒斥;第三编破产,分为家资分散、破产和复权三章;第四编商事法院,规定了商事法院的设立、管辖范围、诉讼方法及仲裁程序等内容。《法国商法

---

①陈安.国际经济法学新论[M].4版.北京:北京大学出版社,高等教育出版社,2009:11.

典》的制定对现代国际经济法的形成具有重要的开拓性意义。

《德国商法典》的制定相对较晚，德国于1861年制定了《普通德意志商法》，1871年德国统一后，对该法典进行了多次修订，在此基础上制定了1897年《德国商法典》。该法典分为四编，共905条。其中，第一编为商事，主要包括商人、商业登记、商号、商业账簿、经理权与代理权、商业使用人、代理商、商业居间人；第二编为商事公司隐名合伙，主要涉及无限公司、两合公司、股份公司、股份两合公司、隐名合伙等方面；第三编为商行为，内容包括总则，商业买卖、行纪营业、承揽运输、仓储营业、运送营业、铁路运送；第四编为海商，具体分为总则、船舶所有人及船舶共有、船长、货物运送、旅客运送、冒险借贷、共同海损、海难救助、船舶债权人、海上保险、时效。《德国商法典》在制定过程中，虽然也在一定程度上受到了《法国商法典》的影响，但与《法国商法典》相比，《德国商法典》规定的内容更加具体、完善，体现了较高的立法技术。

2. 英美法系。与大陆法系国家制定商法典不同，普通法系国家主要以判例或单行法调整本国的经济交往活动。1882年以后，英国相继制定了涉及票据、保险、商标、买卖、破产、版权、公司、财产等单行法规，结合司法实践中的判例，使其形成成文的商事法律规范，[1]后来美国和一些西欧国家也纷纷效仿英国的做法，制定统一的商事法规。其中，《美国统一商法典》（Uniform Commercial Code）是由美国法学会和美国统一法委员会共同起草的，它本身并不是由美国国会通过的法律，不具有法律效力，由美国各州议会自行决定是否采用。这一特点与大陆法系的成文化发展存在明显的区别。该法典共有十编，分别为：第一编总则，第二编买卖，第三编商业票据，第四编银行存款和收款，第五编信用证，第六编大宗转让，第七编仓单、提单及其他所有权凭证，第八编投资证券，第九编担保交易以及第十编附则。

（二）国际公约

19世纪末20世纪初，第二次产业革命、国际分工体系的形成和世界市场的发展，促进国际贸易总额增长了3倍以上。贸易量的持续增长使各国纷纷制定相应的法律法规用以规范各种商贸活动，但仍然有一些国家尚未颁布相关法律，即便是在制定了商法典等商事规范的国家中，各国的规定也存在一定的差异。为了避免因适用法律而产生的纠纷，同时提高国家之间进行经济交往的确定性，各种国际公约应运而生。这一时期的国际公约主要涉及知识产权、海上运输及航空运输等领域，具体内容如下：

在知识产权方面，包括法国、意大利、巴西在内的11个国家于1883年缔结了《保护工业产权巴黎公约》，该公约是世界上最早签订的关于工业产权保护的国际公约，经过7次修订至今仍然有效。公约主要调整的是工业产权，包括发明专利权、实用新型、工业品外观设计、商标权以及制止不正当竞争等。1886年制定的《保护文学和艺术作品伯尔尼公约》是关于著作权保护的国际公约，该公约的产生，标志着国际版权保护体系的初步形

---

[1] 曾华群. 国际经济法导论[M]. 2版. 北京：法律出版社，2007：7.

成。1891年制定的《商标国际注册马德里协定》是用于规范国际商标注册的公约,主要是对《保护工业产权巴黎公约》中关于商标国际保护的补充。[①]

在海上及航空运输方面,主要涉及1910年签订的《统一船舶碰撞若干法律规定的国际公约》以及《统一海难援助和救助若干法律规定的国际公约》,这两项公约在一定程度上统一了有关船舶碰撞和海难救助的法律规定,得到了世界许多国家的承认和接受。1924年的《关于统一提单的若干法律规定的国际公约》(简称《海牙规则》)明确规定了承运人与托运人在海上货物运输中的权利义务,该公约对很多国家的国内立法产生了重大影响。目前,该公约仍然是海上货物运输方面普遍被采用且极其重要的国际公约。1929年于华沙签订的《统一国际航空运输某些规则的公约》(简称《华沙公约》),主要涉及承运人责任、损害赔偿标准等方面的内容。

三、国际经济法的转折、更新阶段(第二次世界大战以后)

第二次世界大战以后,国际经济关系发生了重大变化,各国在国际经济交往中的关系日益密切,调整国际商业交易的法律规范层出不穷,各种国际经济组织的出现使得国际经济法在一定区域内迅速发展,国际经济法也逐步成为一个独立的法律部门。

(一)布雷顿森林体系的建立

第二次世界大战以后,世界大部分国家的经济陷于困难状态,尤其是欧洲各国,国内经济基本瘫痪,国际经济秩序十分混乱。为了重新建立国际经济秩序,世界各国于1944年7月在美国的新罕布什尔州布雷顿森林召开了联合国国际货币金融会议。参加会议的45个国家签订了《国际货币基金协定》和《国际复兴开发银行协定》,旨在协调各国间的金融业务以及稳定战后的国际金融秩序。为了贯彻执行上述两个协定,国际货币基金组织和世界银行于1945年12月正式成立。1947年10月,在日内瓦举行的"联合国关于贸易和就业的国际会议"上,23个国家签订了《关税及贸易总协定》,随之成立了相应的组织机构,其目的在于规范各国的关税,尽量减少因关税问题引起的各国间的贸易摩擦。至此,布雷顿森林体系全面形成。这三项协定及其组织相互促进协调,从国际贸易、金融、税收等方面调整各国间的国际经济关系,是战后维持国际经济秩序稳定发展的三个关键因素。

《国际货币基金协定》及国际货币基金组织是国际货币体系的主要支柱,其作用在于促进国际货币合作,便于国际贸易的扩大与平衡发展,稳定各国货币的汇兑及自由化以及避免竞争性的外汇贬值。《国际复兴开发银行协定》及世界银行是稳定国际金融秩序的重要组成部分。根据《国际复兴开发银行协定》的规定,其宗旨主要是恢复受战争破坏的经济,促进外国私人投资,保持国际收支平衡,促进国际贸易长期均衡地增长;《关税及贸易总协定》及其组织适用于各国关税和贸易关系的调整,旨在促进国际贸易的自由往

---

① 董世忠.国际经济法[M].2版.上海:复旦大学出版社,2009:21.

来、削减关税壁垒以及消除差别待遇。① 以上三项协定及组织在国际经济的发展过程中各司其职、互相协调合作，体现了国际经济法自身的专业性，内容也更加具体，体系化程度得到了显著提高。

(二)建立国际经济新秩序的努力

旧有的国际经济秩序主要是以垄断资本主义为核心的，主动权通常集中在少数发达国家手中。它们奉行的新殖民主义旨在不断扩大其与发展中国家的经济差距，这种经济秩序严重阻碍了发展中国家的经济发展。在这种情况下，国家之间的地位处于完全不平等的状态，对于人类社会的共同进步和发展极为不利，广大发展中国家要求建立国际经济新秩序的呼声越来越强烈。

1. 第一次亚非会议(万隆会议)。1955年4月18日，29个亚非国家第一次在没有任何西方殖民主义国家代表参加的情况下，以亚非国家共同存在的问题及共同利害关系为主题，针对各国经济合作、文化合作、人权、自决、附属地人民问题以及其他相关问题展开了热烈的讨论。这次会议是发展中国家试图改变国际经济旧秩序的一次尝试，为国际经济新秩序的建立奠定了基础。

2.《关于自然资源永久主权的宣言》。联合国大会于1960年通过了《关于给予殖民地国家和人民独立宣言》，该宣言认为"殖民主义的继续存在阻碍了国际经济合作的发展，妨碍了附属国人民的社会、文化和经济发展，并妨碍了联合国的世界和平的理想的实现"。随后1962年联合国大会通过了《关于自然资源永久主权的宣言》，该文件特别提出应促进发展中国家的经济开发，强调各国对本国自然财富和自然资源拥有不可剥夺的主权。

3. 联合国贸易和发展会议。1964年，第一届联合国贸易和发展大会通过了第1995号决议，确定联合国贸易和发展会议为联合国大会的常设机构之一。这次会议旨在最大限度地促进发展中国家的贸易发展、扩大投资机会，使发展中国家不再受国际经济旧秩序的剥削和压迫，为发展中国家提供一个公平发展的平台。

4.《建立国际经济新秩序宣言》和《各国经济权利和义务宪章》。1974年5月，联合国大会第六届特别会议通过了《建立国际经济新秩序宣言》和《建立国际经济新秩序行动纲领》，这是发展中国家争取建立国际经济新秩序的重要文件，共列举了20项原则以避免各种不平等现象的出现，消除发达国家与发展中国家之间的巨大差距。1974年12月，联合国大会在第29届会议上通过了《各国经济权利和义务宪章》，再次明确了各国对国际社会的共同责任以及其他相关问题，并且要求"发达国家在国际经济合作中应尽可能给予发展中国家非互惠的普惠待遇"。《建立国际经济新秩序宣言》和《各国经济权利和义务宪章》为发展中国家能够平等、有效地参与国际经济活动作出了重大贡献，在一定程度上保障了整个国际大家庭的繁荣发展，为建立国际经济新秩序迈出了坚实的一步。

---

① 张学慧.国际经济法[M].2版.北京:首都经济贸易大学出版社,2007.

(三)区域性国际经济组织的发展

第二次世界大战以后,一些国家意识到本国与周边国家在地理、经济、文化、历史等方面存在的密切联系,为了加快发展本国经济,这些国家纷纷建立区域性国际经济组织。区域性国际经济组织是在特定区域内的国家为了共同利益和共同政策而结成的国际组织,发展趋势很快。如欧洲经济共同体(现为欧洲联盟)、经济合作与发展组织、东南亚国家联盟、非洲经济共同体、西亚国家经济共同体、加勒比共同体、阿拉伯国家联盟、北美自由贸易区、亚太经合组织等,都在各自领域发挥着重要作用。

(四)经济全球化带来的法律统一化趋势

随着经济全球化进程的不断加快,国际经济交往日益密切,任何一个国家的经济都无法脱离其他国家而独立发展。经济全球化的大背景对于国际经济法而言,既是一种机遇,也是一种挑战。

1. 国际经济法律规范的日渐统一。一方面,在经济全球化的趋势下,各国只有遵守公认的国际商事法律规范,才能更好地与其他国家或地区开展经济交往活动,使本国经济得到长远发展。例如,1980年通过的《联合国国际货物销售合同公约》的适用范围非常广泛,至今已有包括中国在内的73个缔约国,极大促进了国际货物买卖合同实体规则的统一。[①] 另一方面,针对国际经济贸易纠纷的国际公约也日益增多,且在处理国际经贸纠纷中发挥的作用日渐增强。在国际公约、WTO协定等的框架下,各国国内的经济立法、商事立法也日渐统一。

2. 国际经济法与国内法互相影响,不断融合。作为国际经济法渊源之一的国际条约,其在一定程度上会受到各制定国本国相关法律的影响,各制定国会在制定过程中做出倾向于本国立法的若干规定。例如,无论是GATT的《反倾销守则》,还是WTO《1994年反倾销协定》,都是以欧美的反倾销法(特别是欧共体的反倾销基本条例)为蓝本而制定的,都吸收了美国和欧盟大量的国内立法经验;而两大法系国内货物买卖法和合同法对1980年《联合国国际货物销售合同公约》和1994年《国际商事合同通则》也有重要影响。[②] 同时,国际条约一经确定生效,又会间接影响缔约国国内立法的发展趋势,例如,当今各国国内知识产权法大多受到了《巴黎公约》和《伯尔尼公约》的影响。随着经济全球化的快速发展,各国为了保证双边以及多边贸易顺利、有效地进行,不断与其他国家的法律或国际条约相互借鉴和融合,逐渐形成了各国国内立法趋同化走势。

3. 区域性国际经济组织的发展。由于区域性国际经济组织的快速发展,各组织的经济贸易协定也出现了统一化的趋势。如《北美自由贸易协定》就在关税、进口、政府采购、投资、争端解决机制等方面作出了明确而统一的规定,该协定对其他区域性国际经济组织的贸易发展产生了一定的影响,促进了各区域性国际经济组织立法的统一。

---

①廖凡.经济全球化与国际经济法的新趋势——兼论我国的回应与对策[J].清华法学,2009(6).
②沈四宝,盛建明.经济全球化与国际经济法的新发展[J].中国法学,2006(3).

第二节 国际经济法的概念和体系

一、国际经济法的概念
各国学者对于国际经济法的学说一直存在分歧,主要分为狭义说和广义说两种观点。

(一)狭义说

狭义说认为,国际经济法是国际公法的一个分支,以英国的施瓦曾伯格、日本的金泽良雄、法国的卡欧、德国的霍亨维尔登、美国的沙赫特等为代表。如施瓦曾伯格在其《Economic World Order?:——A Basic Problem of International Economic Law》一书中认为:"国际经济法是国际法的一个分支,国际经济法的内涵主要包括自然资源的所有权和开发权、货物的生产和分配、经济性或金融性的无形国际交易、通货与金融以及涉及从事这种经济活动主体的法律地位和组织"。[1] 金泽良雄认为国际经济法就是"根据构成国际社会第一层次的国家或国际组织的合意所订立的各种经济条约的总和,所以,应当理解为国际公法"。[2] 持这种观点的学者主张,国际经济法调整的是国家之间、国际组织之间以及国家与国际组织之间的经济关系,是涉及经济关系的国际法,并不是一个独立的法律部门。

(二)广义说

持广义说观点的代表人物主要有:日本的小原喜雄、德国的哈姆斯、美国的洛文费尔德等。他们认为国际经济法不仅调整国家之间、国际组织之间、国家与国际组织之间的经济关系,对于参与国际经济交往的某些自然人和法人也具有规范作用。另外,相比较国际公法和国际私法而言,国际经济法侧重于协调各主体间的经济关系,而国际公法主要是针对政治关系、外交关系等方面的国际法规范的总称,国际私法则是解决涉外民商事法律冲突的法律适用法。三者的含义和调整对象各不相同,在协调国际交往过程中,发挥各自不同的作用。因此,应将国际经济法作为一个独立的法律部门。

可见,这两种观点的本质区别在于:一方面,从法律体系的角度来看,狭义说认为国际经济法是国际公法的一个分支,不是独立的法律部门;而广义说则认为,国际经济法突破了传统国际公法的范畴,是一个独立的法律部门。另一方面,从国际经济法的主体角度来看,持狭义说观点的学者认为,国际经济法的主体主要是国家和国际组织,其他任何主体不能成为国际经济法的主体;持广义说的学者认为应扩大国际经济法主体的范围,国际经济法的主体不仅包括国家和国际组织,还应包括某些从事国际经济活动的自然人和法人。

(三)通说

从狭义说的角度理解,国际经济法是国际公法的一部分,是调整国家间、国际组织间

---

[1] Georg Schwarzenberger. Economic world order? ——a basic problem of international economic law[M]. Manchester University Press,1970:4.

[2] 陈安.国际经济法总论[M].北京:法律出版社,1991:79.

及国家与国际组织间经济关系的原则、规则和制度的总称;从广义说的角度理解,国际经济法是一个包括国际法规范和国内法规范在内的独立的法律部门,是调整国家、国际组织、自然人及法人相互间经济关系的统称。① 通说认为,国际经济法是调整国家、国际组织、不同国家的法人及个人之间的经济关系的法律规范的总称,不但包括国内法规范,还包括国际条约、国际组织决议或规范性文件等国际法规范,是一个独立的、综合的法律部门。②

二、国际经济法律关系

(一)国际经济法的主体

从历史的发展过程来看,国际经济法的主体最初仅涉及国家和国际组织两种,但随着国际经济交往的不断深入,一些自然人和法人也逐渐加入国际经济活动的行列中,尤其是跨国公司的出现,对国际经济以及国际经济法的发展产生了巨大的影响,在国际经济交往中占据着重要地位。因此,绝大多数学者已经接受法人可以作为国际经济法的主体,但对于自然人的国际经济法主体资格,学界尚未达成共识。

(二)国际经济法的调整对象

国际经济法是调整国家、国际组织、不同国家的法人及个人之间的经济关系的法律规范的总称,也就是说,国际经济法是围绕国际经济关系而展开的。所谓国际经济关系,就是对于主体、客体、内容而言,有一项或多项具有涉外因素的经济关系。从国际经济关系的主体来看,可以分为平等主体间的国际经济关系和不平等主体间的国际经济关系。平等主体间的国际经济关系主要体现在国际贸易、国际投资、国际金融等经济关系,不平等主体间的国际经济关系在国际税收领域最为突出。正是由于国际经济法调整的国际经济关系的复杂性,使得国际经济法与国际公法、国际私法相区别,成为一个独立的法律部门。

具体来说,一方面,国际经济法与国际公法的调整对象不同。国际公法主要调整国际政治、外交、军事等非经济性关系,侧重于国家、国际组织相互之间的关系;而国际经济法的作用主要体现在经济领域,部分从事国际经济交往活动的个人和法人,仍然要受到国际经济法的约束。另一方面,国际经济法与国际私法的调整对象也不同。国际私法调整的是平等主体之间的涉外民商事关系,其中民事关系包括继承收养关系、婚姻关系等人身关系方面的内容,商事关系主要体现在票据关系、海事关系等方面。相比之下,国际经济法并不涉及人身关系方面的内容,并且国际经济法关于贸易管制的内容,在国际私法中也没有体现。

随着经济的不断发展,国际经济关系也呈现出多样化的发展趋势,直接影响了国内

---

①姚梅镇.国际经济法是一个独立的法学部门[J].中国国际法年刊,1983.
②张学慧.国际经济法教程[M].2版.北京:首都经济贸易大学出版社,2007:9.

法和国际条约的内容。在科技的推动下,类似电子商务这种新兴的经济交往活动越来越多,带给人们交易便利的同时,网络侵权以及侵犯知识产权的案件随之增多。因此,为了适应经济的发展趋势,国际经济法的调整范围也逐渐扩大。

三、国际经济法的体系

国际经济法本身拥有独立而复杂的法律体系。通说认为,国际经济法主要包括:国际贸易法、国际投资法、国际金融法、国际税法以及国际经济争端解决机制。[①] 其中,国际贸易法主要涉及国际货物买卖、国际货物运输、国际货物保险、国际货物买卖支付、对外贸易管制、国际技术贸易、国际服务贸易、世界贸易组织多边贸易管理等方面。国际金融法中还包括国际项目融资、国际证券融资等法律制度。本书主要从国际贸易法、国际投资法、国际金融法、国际税法、国际经济争端解决法律制度等几方面进行阐述。

第三节 国际经济法的渊源

国际经济法的渊源分为国际法渊源和国内法渊源,其中国际法渊源包括国际经济条约、国际惯例以及国际组织决议,国内法渊源主要涉及各国的国内立法,在实行判例法制度的国家中,还包括国内判例。另外,各国权威法学家的学说还可以作为国际经济法的辅助法律渊源。

一、国际法渊源

(一)国际经济条约

国际经济条约是国家之间、国际组织之间以及国家与国际组织之间为确立某种权利义务关系而缔结的国际书面协议。国际经济条约仅仅对缔约国或缔约组织具有约束力,其他非缔约国或缔约组织不受其限制。国际经济条约根据名称的不同,可以分为条约、公约、协定等;根据缔结条约的主体数量不同,可以分为双边条约和多边条约。国际经济条约能够有效地解决国际经济交往活动中发生的冲突和矛盾,是国际经济法最重要的法律渊源。

随着国际商业交易的日益频繁,各国之间订立了越来越多的专门性和区域性的国际经济条约。目前,影响范围相对较广、缔约国较多的国际经济条约主要有:

1.《承认和执行外国仲裁裁决公约》。该公约主要用于解决外国仲裁裁决在国内的承认和执行问题。我国于1987年1月22日加入了该公约,并同时声明:①中华人民共和国只在互惠的基础上对在另一缔约国领土内作出的仲裁裁决的承认和执行适用该公约;②中华人民共和国只对根据中华人民共和国法律认定为属于契约性和非契约性商事法

---

①少数学者认为,国际经济法还应包括国际发展法和国际环境法。

律关系所引起的争议适用该公约。

2. 1980年《联合国国际货物销售合同公约》(下文简写为《公约》)。该公约是针对国际货物销售合同而制定的统一规则,我国于1986年12月11日提交了核准书,同时提出了两项保留意见:①不同意扩大《公约》的适用范围,只同意《公约》适用于缔约国的当事人之间签订的合同。②不同意用书面以外的其他形式订立、修改和终止合同。

3. 1965年《关于解决国家和其他国家国民投资争端公约》(又称《华盛顿公约》)。该公约主要是为了解决国家和外国私人投资者的争议,争议的解决方法分为调解和仲裁两种,中国于1990年7月批准加入了该公约。

4. 1994年《世界贸易组织协定》。该协定建立了一个多边的贸易体制,旨在消除国际贸易关系中的歧视待遇。2001年12月11日,中国正式加入世界贸易组织,成为第143个成员。

另外,还有一些重要的国际经济条约,如《国际货币基金协定》、《国际复兴开发银行协定》、《汉堡规则》、《关于提单统一法律规定的国际公约》、《保护工业产权巴黎公约》等,都在各自领域具有一定的影响力,这些国际条约都是国际经济法重要的国际法渊源。

(二) 国际惯例

国际惯例是指在国际经济交往活动中,经过长期实践而逐渐形成的习惯性规则。目前,一些国际条约以及部分国家的国内法或司法解释已经对国际惯例的效力予以肯定,例如我国《民法通则》第142条第3款规定:"中华人民共和国法律和中华人民共和国缔结或者参加的国际条约没有规定的,可以适用国际惯例。"《最高人民法院关于审理信用证纠纷案件若干问题的规定》第2条规定:"人民法院审理信用证纠纷案件时,当事人约定适用相关国际惯例或者其他规定的,从其约定;当事人没有约定的,适用国际商会《跟单信用证统一管理》或其他相关国际惯例。"《瑞士民法典》第1条规定:"如本法无相应规定的,法官应依据惯例;无惯例时,依据自己作为立法者所提出的规则裁判,在欠款情况下,法官应依据经过实践确定的学理和惯例。"《联合国国际货物销售合同公约》第9条规定:"(1)双方当事人已经统一的任何惯例和他们之间确立的任何习惯做法,对双方当事人均有约束力。(2)除非另有协议,双方当事人应视为已默示地同意对他们的合同或合同的订立适用双方当事人已经知道或应当知道的惯例,而这种惯例在国际经贸上,已为有关特定贸易所涉同类合同的当事人所广泛知道并为他们所经常遵守。"

根据国际惯例所调整的主体的不同,又可分为习惯国际经济法和国际私人商务惯例。习惯国际经济法是调整国家之间、国际组织之间经济关系的国际惯例,国际私人商务惯例则是调整不同国家的个人或法人之间经济关系的国际惯例。

习惯国际经济法主要涉及国际重复征税、国际求偿等方面的内容,由于习惯国际经济法牵涉到不同国家的经济利益,如何平衡各国的利益、解决各国的利益冲突是形成习惯国际经济法的重点和难点。实践中,以习惯国际经济法这种形式存在的国际惯例比较少见,但并不能因此而否定习惯国际经济法是国际经济法渊源的事实。随着经济全球化进程的不断推进,习惯国际经济法在未来必将发挥着更重要的作用。

由于私人参加国际经济交往活动日益频繁,国际私人商务惯例应运而生。最初的国际私人商务惯例在早期的商人法时期是不成文的,仅作为一种习惯在商业贸易中流传。发展至今,已经有越来越多的国际私人商务惯例以成文法的形式固定下来,如国际商会制定的《托收统一规则》便在减少因托收而产生的矛盾和纠纷方面,作出了详细的规定;另外,在国际贸易中,不同国家对贸易术语会产生截然不同的解释,为了统一国际贸易术语的含义,国际商会于1936年制定了《国际贸易术语解释通则》等。

这些国际私人商务惯例有利于解决私人之间在国际经济交往中产生的纠纷,同时也会提高商事交易的效率,有助于双方当事人权利义务的明确。但是,国际私人商务惯例的特殊之处在于,它在国际经济活动中仅仅是一种任意性规范,并不具有强行法的效力。也就是说,私人在参与国际经济交往的过程中,可以自行选择是否适用相关国际私人商务惯例,如果当事人对于国际私人商务惯例的适用并没有作出明确表示,该惯例在当事人之间并不产生拘束力。但在特殊情况下,国际私人商务惯例也具有强行法的效力,如国内法或国际条约明确赋予其直接的法律效力,此时即使当事人没有明确表示是否适用该惯例,发生纠纷时,法官仍然可以以此为依据审理案件。

(三)国际组织决议及相关规范性文件

国际组织决议及相关规范性文件是指国际组织依据其宪章或章程的规定而作出的规范缔约国之间权利义务关系的决议及相关规范性文件。许多重要的国际组织作出的决议或制定的规范性文件,已经成为国际经济法的基本原则或者对各国国内法的制定产生了一定的指导作用,如联合国大会通过的《关于建立新的国际经济秩序宣言》、世界贸易组织确立的互惠原则(其中包括最惠国待遇原则和国民待遇原则)等。

目前,各国学者关于联合国大会决议的效力尚存争议,主要分为否定说、肯定说和区别说三类。

持否定说观点的学者认为,根据《联合国宪章》的规定,联合国大会的职能和权力主要是针对国际政治合作、国际和平与安全、国际争端解决等问题进行讨论并提出建议,在成员国之间不产生约束力,除非联合国大会通过的决议事关联合国大会内部事务,如对成员国分摊会费作出的决议以及选举秘书长等相关事宜。

肯定说则认为,在经济全球化进程逐渐加快的同时,联合国大会在国际经济发展中的影响和作用越来越重要,例如《关于自然资源永久主权宣言》、《各国经济权利义务宪章》等已被大多数成员国所接受,并且其中大部分内容构成了国际经济法的基本原则,因此,联合国大会决议对所有成员国均具有约束力。

区别说在肯定说和否定说的基础上,认为联合国大会决议的效力应根据决议内容的不同而区别对待,如果联合国大会的决议仅仅是一般性的建议,则不具有法律效力;如果决议涉及国际经济法的基本原则或者某些具体法律规范,则已经起到规范国际经济活动的作用,对各成员国产生约束力。本书采取区别说的观点,不同的联合国大会决议应具有不同的效力,不能一概而论。

二、国内法渊源

(一)国内立法

各国基于本国的实际情况而制定的、以调整涉外经济关系为内容的国内立法也是国际经济法的重要渊源。国内立法与某些国际条约或国际惯例既有相似之处,也有所不同,这主要是出于对本国国情的考虑。从立法模式来看,分为统一制和分流制两种。统一制是指国内经济立法在调整国内经济关系和涉外经济关系上是一致的,并不加以区分。采用这种立法模式的国家主要有美国、日本、德国等,具体来说,美国《统一商法典》、《日本商法典》、《德国商法典》等既适用于国内经济关系,又适用于涉外经济关系。[①] 分流制是指分别制定国内经济法和涉外经济法,中国、埃及等发展中国家多采用这种立法模式。以我国为例,《民法总则》、《合同法》、《公司法》等法律规范中,既包含了规范国内经济活动的内容,又有调整涉外经济关系的特殊规定;而《中外合资经营企业法》、《外资金融机构管理条例》、《外商投资企业和外国企业所得税法》等法律规范,则专门适用于涉外经济活动领域。

(二)判例

判例主要包括国内判例和国际判例。在普通法系国家,判例是主要法律渊源之一,是国内法的一部分。因此,在实行判例法制度的国家中,国内判例可以作为国际经济法的国内法渊源。就国际判例而言,依据《国际法院规约》第59条规定:"法院之裁判除对于当事国及本案外,无拘束力。"也就是说,国际判例只对本案当事国有拘束力,其他国际案件不能援引与该案相似的国际判例进行审判,所以国际判例不能作为国际经济法的法律渊源。

复习思考题

1. 什么是国际经济法?它与国际公法、国际私法有什么关系?
2. 简述国际经济法的渊源。
3. 如何理解国际经济法领域的国内法与国际法的关系?
4. 评析联合国大会决议在形成和发展国际经济法方面的意义和作用。

阅读书目

1. 蔡从燕,陈安.国际经济法学刊(第18卷第1期)[M].北京:北京大学出版

---

①余劲松,吴志攀.国际经济法[M].3版.北京:北京大学出版社 高等教育出版社,2009:20.

社,2011.
2. 贺小勇,叶青.国际经济法案例与图表[M].北京:法律出版社,2011.
3. 王传丽.国际经济法[M].3版.北京:中国政法大学出版社,2010.
4. 左海聪.创新思维法学教材·国际经济法[M].湖北:武汉大学出版社,2010.
5. 左海聪.国际经济法的理论与实践[M].2版.湖北:武汉大学出版社,2009.

第二章 国际经济法的基本原则

学习目标与要求

国际经济法的基本原则是调整国际经济关系的最基本的法律原则。本章主要介绍国际经济法的三项基本原则：国家经济主权原则、公平互利原则及国际合作发展原则。要求了解并掌握这三项基本原则的基本内容，理解这些原则在调整国际经济关系中发挥的重要作用。

第一节 国家经济主权原则

国家主权可以分为政治主权、经济主权和文化主权等。国家经济主权原则是国家主权在经济领域的体现。第二次世界大战以后，虽然原殖民地和半殖民地国家取得了民族解放和国家独立的胜利，但在经济上仍然依赖其他发达国家，一些发达国家利用战后的恢复阶段，对这些经济基础较弱的原殖民地和半殖民地国家进行经济施压，对其采取经济方面的剥削和压迫。为了摆脱旧有国际经济秩序的束缚，建立国际经济新秩序，在发展中国家的积极努力和推动下，联合国先后通过了《关于自然资源永久主权宣言》、《建立新的国际经济秩序宣言》和《建立新的国际经济秩序行动纲领》以及《各国经济权利和义务宪章》等文件，确立了国际经济法的国家经济主权原则。依据上述文件的基本精神，国家经济主权原则主要包括以下内容：

第一，各国对本国的自然资源以及一切经济活动拥有完整的、永久的主权。《关于自然资源永久主权宣言》中明确指出，"各民族和各部族对本族的自然财富和自然资源享有永久主权"。《建立新的国际经济秩序宣言》规定，"为了保护这些资源，各国都有权采取适合本国情况的各种措施，对本国的资源及其开发事宜加以有效的控制管理，包括有权实行国有化或把所有权转移给本国国民。这种权利是国家享有完整的永久主权的一种体现。任何国家都不应遭受经济、政治或其他任何形式的胁迫，阻挠它自由地、充分地行使这一不容剥夺的权利"。《各国经济权利和义务宪章》中也有类似的表述，如"每个国家对其全部财富、自然资源和经济活动享有充分的永久主权，包括拥有权、使用权和处置权在内，并得自由行使此项主权"。

从以上规范性文件的规定可以看出，国家经济主权原则的内容主要包括两方面的含义：对内而言，各国有权开发并利用本国的各种自然资源，有权规范国内的一切经济活动以符合本国的发展方向,有权制定与本国基本国情相适应的经济制度及法律规范;对外而言,各国可以独立自主地使用、处置本国的自然资源,不受其他国家的干涉和限制,有权阻止或制裁其他国家或组织恶意破坏本国经济秩序的行为。① 随着经济全球化的不断深化,国家之间经济往来的日趋频繁,国家经济主权原则受到了一定的限制。各国为了实现共同利益,在缔结国际条约或组成国际组织时,势必会作出一些妥协和让步,这是国际形势发展的必然趋势,但是不能因此而否定国家经济主权原则的地位和作用,它仍然是现代国际经济法一项最基本的原则。

第二,各国可以采取各种有利于本国国民经济的措施来管制和监督境内外国投资及跨国公司的活动。《各国经济权利和义务宪章》中强调:"各国有权管理和监督其国家管辖范围内的跨国公司的活动,并采取措施保证这些活动遵守其法律、规章和条例及符合其经济和社会政策,跨国公司不得干涉所在国的内政。"很多国家都采取引进外商投资的方式以促进本国经济的发展,外国投资者及跨国公司在东道国从事经济活动时,有义务遵守东道国相关法律的规定。一旦外国投资者或跨国公司触犯了东道国的法律,东道国有权采取相应措施管制外国资本,监督跨国公司的经营活动。

第三,各国有权对其境内的外国资产收归国有、征收或转移。《各国经济权利和义务宪章》中规定:"将外国财产的所有权收归国有、征收或转移,在收归国有、征收或转移时,应由采取此种措施的国家给予适当的赔偿,要考虑到它的有关法律和规章以及该国认为有关的一切情况。因赔偿问题引起的任何争论均应由实行国有化国家的法院依照其国内法加以解决,除非有关各国自由和互相同意根据各国主权平等并依照自由选择方法的原则寻求其他和平解决办法。"

外国资产的国有化是指东道国基于公共利益的需要,依法将外国资产的全部或部分收归国家所有的行为。在相当长的一段时期内,学界对于外国资产国有化的合法性问题和赔偿标准问题,存在着极大的争议,《各国经济权利和义务宪章》的通过使各国在处理外国资产国有化的问题上,形成了统一的标准,有利于各国之间冲突的解决。

目前,各国普遍认为,外国资产国有化是主权国家行使经济主权的结果,是国家经济主权原则的延伸和发展,主要体现的是国内法对于外国资产的管理。值得注意的是,虽然绝大多数国家已经承认了国有化的合法性,但是不能滥用这项权利,各国法律都应对国有化的实行作出严格的规定。通常情况下不得对外国资产实行国有化,只有在为了国家或社会公共利益的情况下,才能行使这项权利,并且要对外国投资者进行一定的赔偿。没有法律依据行使国有化以及拒绝赔偿的行为,都有可能侵犯外国投资者的财产权。关于国有化的赔偿标准,主要存在三种观点:

第一种标准为不赔偿标准。提出这种标准的依据是,国有化是国家主权权利的体现,应由一国的国内法决定,实行国有化的国家没有义务对外国投资者作出赔偿。目前,

---

① 徐泉.国家经济主权原则析论[J].甘肃政法学院学报,2007(5).

采取不赔偿标准的国家极为少见。

第二种标准是全部赔偿标准。持这种观点的学者认为,一方面,东道国实行国有化没有合法依据,损害了外国投资者的利益使本国受益,已经构成了不当得利。根据不当得利的相关规定,受益人应将所得利益全部返还给受害人,原物灭失的应给予相应的赔偿,也就是说,东道国在实行国有化后,对于外国投资者的损失,负有全部赔偿的义务。另一方面,东道国实行国有化的行为,是对外国投资者财产权的侵犯,侵权行为人(即东道国)应承担损害赔偿责任,因此,外国投资者有权要求东道国予以赔偿。[①]

第三种标准为适当赔偿标准。这项标准是在《各国经济权利和义务宪章》中提出的,目前为多数国家所采用。这一标准要求东道国应充分考虑本国以及外国投资者的具体情况,由于该标准并没有明确的判断规则,所以采取这种标准增加了不确定性,具有一定的模糊性。但从整体上来看,可以平衡东道国与外国投资者之间的利益,有利于公平原则的实现。

第二节 公平互利原则

公平互利原则作为国际经济法的一项基本原则,是第二次世界大战后发展中国家提出的,旨在缩小其与发达国家之间日渐扩大的经济差距。联合国大会通过的《建立新国际经济秩序宣言》中指出:"国际社会的全体成员国在公平待遇的基础上,开展最广泛的合作,这就是可能消除世界上普遍存在的各种差距,保证大家都能繁荣富强。"《各国经济权利和义务宪章》中规定:"各国间的经济关系,如同政治和其他关系一样,除其他外要受下列原则指导:……(e)公平互利……"明确地把公平互利原则作为国际经济关系的基本原则。同时第二章第十条再次强调:"所有国家在法律上一律平等,并作为国际社会的平等成员,有权充分和有效地参加解决世界性的经济、财政金融以及货币等重要问题的国际决策过程;特别是有权通过相应的国际组织,并遵循这些组织的现行规章或逐步改善中的规章,参加这种国际决策过程,并且公平地分享由此而来的各种效益。"

根据以上规范性文件的规定不难看出,公平互利原则的本质就是各国在法律上一律平等,在国际经济交往中互惠互利。

其一,公平互利原则中的公平,既是一种形式意义上的平等,也是一种实质意义上的平等。形式意义上的平等意味着,任何国家在从事国际经济活动中都不享有特权,对于政治、经济和社会制度上与本国存在差异的国家,不得加以歧视。各国有权参加国际贸易及各种形式的经济活动,不存在"谁先谁后"的问题。实质意义上的平等体现在《各国经济权利和义务宪章》第2章第19条的规定中,即"为了加速发展中国家的经济增长,消除发达国家与发展中国家之间的经济鸿沟,发达国家应当尽可能在国际经济合作的领域

[①] 刘颖,邓瑞平.国际经济法[M].北京:中信出版社,2003:417.

内给予发展中国家以普遍优惠的、不要求互惠的和不加以歧视的待遇"。换句话说,如果一国同时给予发展中国家和发达国家相同的优惠政策,这种做法仅仅满足了形式意义上的平等,并没有达到实质意义上的平等,对于发展中国家来说便是不公平的。

因此,形式平等和实质平等的共同作用才是对公平的最好诠释。实践中,通过发展中国家的不断努力和积极争取,WTO 的有关协议中规定了针对发展中国家特殊和差别待遇的条款,[①]很多国际税收协定中也规定了倾向于发展中国家投资的国际税收饶让条款。

其二,公平互利原则中的互利,要求各国在国际经济交往中,不能以牺牲其他国家利益为代价而实现本国的利益,不能只顾发展本国经济,而完全不顾在发展过程中对他国经济秩序造成的破坏。因此,各国在国际交往实践中应采取互惠互利的政策,最终形成共赢的局面。可见,公平互利原则在国际经济法中占有举足轻重的地位,有助于各国经济的共同繁荣,在立法和司法上都具有指导意义。

第三节 国际合作发展原则

《建立新国际经济秩序宣言》中指出:"发达国家的兴旺发达同发展中国家的成长进步是息息相关的;整个国际社会的繁荣昌盛取决于它的各个组成部分的繁荣昌盛。开展国际合作以共谋发展进步,是一切国家的义不容辞的目标和共同的职责。"《各国经济权利和义务宪章》中规定:"国际合作以谋发展是所有国家的一致目标和共同义务,每个国家都应对发展中国家的努力给予合作,提供有利的外部条件,给予符合其发展需要和发展目标的积极协助,严格尊重各国主权平等,不附带任何有损它们主权的条件,以加速它们的经济和社会发展。"

国际合作发展原则是实现经济全球化过程中的必然产物,从目前的国际形势来看,任何国家的经济都不能脱离其他国家而独立发展,封闭和孤立只会走向衰落和贫穷。[②]随着各国间经济交往的日益密切,一国的经济状况不但受到国内因素的直接影响,还会在一定程度上受到外国经济形势的间接作用。各国可以在国际合作中各取所需,取长补短,如通过国际协作,一些发展中国家可以从发达国家获取先进的科学技术,提高本国的科学发展水平;而发达国家则可以从发展中国家得到大量的人力资源以及丰富的自然资源,以满足本国国内的需求。

坚持国际合作发展原则就要不断加强南北合作与南南合作,一方面,各国之间通过加强南北合作,能够有效促进全球经济的共同发展,推动全球性问题的解决,开展更多的谈判或磋商活动以增进发达国家和发展中国家之间的了解。1975~1989 年先后签订了四个《洛美协定》,这是南北合作的初步成果。2000 年 6 月,《科托努协定》取代了《洛美

[①] 余劲松,吴志攀. 国际经济法[M]. 3 版. 北京:北京大学出版社,高等教育出版社,2009:24.
[②] 张学慧. 国际经济法教程[M]. 2 版. 北京:首都经济贸易大学出版社,2007:19.

协定》,成为协调南北合作的重要文件。另一方面,广泛开展南南合作旨在促进发展中国家的经济交往,共同分享各国发展的经验和教训,加强发展中国家间的经济合作和技术合作,就能源、环境、教育等问题展开交流合作。1964年召开的第一届联合国贸易发展会议上,77个发展中国家和地区发表了联合宣言,七十七国集团由此产生。七十七国集团自成立至今,不断加强团结与合作,在一些涉及重大共同利益的问题上,发挥了积极作用,在争取建立国际经济新秩序的过程中产生了巨大的影响。

复习思考题

1. 何谓国际经济法基本原则?简述国际经济法基本原则的主要内容。
2. 阐述经济全球化对国家经济主权原则的冲击。
3. 论国际经济法的公平互利原则。
4. 如何理解国际合作发展原则。
5. 试述国际经济法基本原则的价值取向。

阅读书目

1. 徐泉.国家经济主权论[M].北京:人民出版社,2006.
2. 余劲松,吴志攀.国际经济法[M].3版.北京:北京大学出版社,2009.
3. 郭寿康,赵秀文.国际经济法[M].3版.北京:中国人民大学出版社,2009.
4. 孙法柏.WTO与国际经济法:英文版[M].北京:对外经济贸易大学出版社,2008.

第三章 国际经济法的主体

学习目标与要求

国际经济法的主体是指在国际经济关系中享有权利、承担义务的法律人格者,主要包括自然人、法人、跨国公司、国家及国际经济组织。要求了解自然人、法人的国籍确定方法;理解跨国公司的法律人格,重点学习并掌握跨国公司母公司对子公司的债务责任承担方式;了解国家及其财产豁免权问题,理解并掌握国际经济组织对国际经济发展的重要意义。

第一节 自然人

随着国际经济的不断发展,自然人在国际经济交往活动中表现得越来越积极。与国际组织、法人等这些国际经济法主体相比,虽然自然人的经济实力以及在国际经济交易中的影响相对有限,但自然人仍然是国际经济活动的积极参与者,是国际经济法的主体之一。

一、自然人国籍的确定

自然人的国籍是指一个人成为某个国家的国民或公民的法律资格。在国际经济领域,自然人的国籍决定了其在国际投资、国际税收等领域的不同待遇。一个人在什么条件下取得或丧失一国国籍,是国家主权范围内的事,应由各国的国内法规定。目前,根据各国的相关立法及司法实践,国籍的取得方式分为原始取得和继受取得两类。其中在原始取得国籍方面,各国立法中采取三种不同的原则,即血统主义、出生地主义和混合制主义;继受取得国籍方面则包括申请入籍、收养、缔结婚姻、取得住所等情况。国籍的丧失主要有自愿和非自愿两种。基于各国关于国籍取得或丧失的立法规定的不同,可能会发生一个人同时具有两个或两个以上国籍的情况,也可能一个人不具有任何国家的国籍。前一种情况称为国籍的积极冲突,后一种情况则称为国籍的消极冲突。

各国在解决自然人国籍积极冲突的问题上,主要采用以下方式:①当事人同时拥有两个以上国家的国籍,其中有一个是内国国籍时,根据内国国籍优先的原则,将该当事人视为内国人。②当事人同时拥有两个以上国家的国籍均为外国国籍时,各国在司法实践中的做法各不相同:第一,以最先取得的国籍为准;第二,以最后取得的国籍为准;第三,以当事人惯常居住地或住所所在地的国籍为准；第四，以与当事人有最密切联系的国籍为准。而对于自然人国籍消极冲突的解决，主要是以当事人住所所在地或惯常居住地的国籍为准。

二、外国自然人能力的确认

自然人作为国际经济法的主体，应具有相应的权利能力和行为能力，这种权利能力和行为能力的确认往往是由自然人的属人法决定的。然而在国际经济活动中，从经济交易的双方当事人很难了解彼此国家的相关规定，坚持属人法原则必然会影响交易安全，不利于国际经济秩序的稳定。因此，目前各国对于适用属人法原则时作出了一些限制，即在某些情况下，外国自然人是否有资格参与他国的经济活动，可以由行为地法加以确认。如我国《民法通则意见》第180条规定："外国人在我国领域内进行民事活动，如依其本国法律为无民事行为能力，而依我国法律为有民事行为能力，应当认定为有民事行为能力。"

三、自然人在国际经济法中的地位

目前，各国均承认自然人具有国际经济法的主体资格，但也存在一定的限制。以我国为例，我国《宪法》第18条第1款明确规定："中华人民共和国允许外国的企业和其他经济组织或者个人依照中华人民共和国法律的规定在中国投资，同中国的企业或者其他经济组织进行各种经济形式的合作。"从以上规定不难看出，我国对于外国自然人的国际经济法主体资格予以肯定。

但是，我国法律在承认外国自然人的国际经济法主体资格的同时，对于我国自然人参加的某些经济活动作出了限制，主要表现在国际投资领域。如《中外合资经营企业法》第1条规定："中华人民共和国为了扩大国际经济合作和技术交流，允许外国公司、企业和其他经济组织或个人，按照平等互利的原则，经中国政府批准，在中华人民共和国境内，同中国的公司、企业或其他经济组织共同举办合营企业。"除此之外，《中外合作经营企业法》、《对外贸易法》等也有相似的规定。

第二节 法 人

法人是指依据法定程序设立的，能够以自己的名义独立享有权利、承担义务的社会组织。法人不仅在国内的商事交往中发挥着举足轻重的作用，而且在国际经济活动中也扮演着重要角色。法人在积极参与国际经济交往的同时，也有力推动了国际经济的发展。法人是否具有国际经济法的主体资格，是由各国国内法决定的。目前，各国普遍承认法人在国际经济法中的法律地位。

一、法人国籍的确定

实践中,确定法人国籍的标准多种多样,尤其是跨国公司的出现及迅速发展使法人国籍的确定问题变得更加复杂。法人的国籍关系着法人在从事国际经济活动的过程中,是否具有权利能力和行为能力的问题,同时在国际税收和国际投资等领域也具有重要意义。各国在确定法人国籍的问题上,主要存在以下几种标准:

(1)成员国籍主义,又称资本控制主义。这种观点认为,法人的国籍应以法人成员的国籍为准,即由法人的资本控制者的国籍决定法人的国籍。但问题在于,控制法人资本的股东并不是一成不变的,在法人的经营过程中必然会有所变动,进而法人的国籍也将因此产生变化,影响国际经济交易的稳定发展。而且很多情况下,不止一个股东控制着法人资本,难以确定法人的国籍。

(2)登记地主义,又称设立地主义。这是指法人在哪一国登记成立,就应具有该国的国籍,即凡在内国登记设立的法人具有内国国籍,在外国登记设立的法人则具有外国国籍,而不考虑设立人或股东的国籍。

(3)住所地主义。这种观点是以法人住所地作为其国籍,原因在于法人的住所是法人的经营管理或经济活动中心,因此法人的国籍应依其住所所在地为标准。①

(4)实际控制主义。这是指法人实际上为哪个国家控制,就应具有哪个国家的国籍,不论该法人由哪国人设立或其资本由哪国人拥有。②

(5)准据法主义。这是指法人的国籍应依法人设立时所依据的法律来确定,即使该法人是在外国登记设立的,只要是依据内国法的法律规定设立的,便具有内国国籍。

(6)复合标准主义。这种观点认为,以上确定法人国籍的标准各有利弊,单一适用一种标准难以对法人的国籍作出合理的判断,因此,应综合参考登记地、住所地、准据法等多种因素以确定法人的国籍。

我国在确定法人国籍的问题上,主要采取登记地主义的标准,我国《公司法》第192条规定:"本法所称外国公司是指依照外国法律在中国境外设立的公司。"第196条第1款规定:"外国公司在中国境内设立的分支机构不具有中国法人资格。"《民法通则意见》第184条规定:"外国法人以其注册登记地国家的法律为其本国法,法人的民事行为能力依其本国法确定。"上述法律规定均以法人登记地作为法人国籍所在地。

二、对外国法人的承认

外国法人虽然在其本国有资格从事相关的经营活动,但要在内国发展业务,必须得到内国法律的承认,外国法人在未办理相关手续的情况下,在内国开展任何经营活动的行为都是违法的。对外国法人的承认,仅仅意味着该外国法人在内国也被认为具有法人

---

①邓杰.国际私法学[M].甘肃:兰州大学出版社,2006:124.
②秦瑞亭.国际私法[M].天津:南开大学出版社,2008:98.

资格,并不是创设一个新的法人,也不是使一个外国法人变成一个内国法人。[①] 各国对外国法人的承认方式主要有以下三种:

(1)一般许可制。美国、英国、日本等国采取这种制度,它要求外国法人须根据内国法相关法律的规定,向有关机关提出申请,依照主管机构的要求办理相关手续,即可在内国以外国法人的名义从事经营活动。

(2)特别许可制。采取特别许可制的国家,要求外国法人必须经过内国特定机关的审核批准,才能在内国开展相关业务。如我国《关于管理外国企业常驻代表机构的暂行规定》第2条规定:"外国企业确有需要在中国设立常驻代表机构的,必须提出申请,经过批准,办理登记手续。未经批准登记的,不得开展常驻业务活动。"

(3)条约承认制。实践中,各国还可以通过缔结国际条约的方式,相互承认对方国家的法人有资格在本国从事相关经营活动。如1965年《承认外国公司、社团和财团法律人格的公约》第1条第1款规定:"凡公司、社团和财团按照缔约国法律在其国内履行登记或公告手续并没有从法定所在地而取得法律人格的,其他缔约国当然应予承认……"

第三节 跨国公司

关于跨国公司,其称谓有很多种说法,主要有国际公司、世界公司、多国公司、全球公司等。世界上第一个跨国公司是荷兰东印度公司,它成立于1602年3月20日,经营范围主要是对东方进行殖民掠夺及垄断贸易,1799年该公司解散。第二次世界大战后,跨国公司迅速发展,相继出现了母子公司、总分公司等经济实体。据统计,跨国公司约占全球生产的1/3,贸易的2/3以及投资的7/10。[②] 跨国公司不但拥有先进的科学技术,还拥有雄厚的资金实力,因此,跨国公司已经成为国际经济关系中的重要主体。

一、跨国公司的定义和特征

由于跨国公司具有区别于其他公司的复杂性的特点,给予其准确的定义比较难。1984年联合国拟订的《跨国公司行动守则(草案)》中采用了"跨国公司"的说法,并将跨国公司界定为"不论其发源地在何国,亦不论其所有制是私、是公或公私混合;它在两个或两个以上国家具有营业机构;而且不论这些营业机构的活动范围在何方,活动时采取什么法律形式,其决定的运行机制是由一个或某几个决策中心作出显示具有连贯性的政策和共同的策略的;而且这些营业机构是由所有权或其他关系联系着,致使其中一个或几个能够对其他机构单位,特别在分享知识、资源和分担责任方面施加重大影响的"。根据该定义,跨国公司的特征主要有以下几方面。

---

①廖益新.国际经济法[M].福建:厦门大学出版社,2007:11.
②肖冰,何鹰.国际经济法学[M].北京:科学出版社,2004:26.

(一)经营活动具有跨国性

跨国公司通常在一个国家设立总公司或母公司,在其他国家设立经营范围相同或不同的一个或多个分公司或子公司,这样不但可以了解各国的市场情况,还可以利用当地的各种资源直接进行生产经营。

(二)公司内部由不同实体组成且相互联系

跨国公司主要采用母子公司和总分公司两种结构形式,在母子公司形式下,母公司和子公司均具有独立的法律人格,但对于总分公司形式而言,只有总公司能够对外承担独立的权利义务,分公司则没有独立的法律人格,其法律人格隶属于总公司。一般情况下,总公司或母公司负责管理监督分公司或子公司的经营活动,分公司或子公司要按照其指示从事业务。

(三)战略目标具有全球性

跨国公司将战略目标定位于全球市场,势力范围遍及世界各地。通常情况下,跨国公司会根据各国市场需求状况、消费能力的不同,制定针对性的经营策略,以最快速度占据各国市场,在全球范围内追求利益的最大化。

二、跨国公司的法律人格

母公司是相对子公司而言的,通常是指持有子公司多数股权的公司,简单来说,母公司就是子公司的股东。根据母公司对子公司持有股权的多少,可将子公司进一步分为全资子公司、控股子公司和参股子公司。跨国母子公司中,子公司的设立需依据东道国相关的法律规定,具有东道国的国籍,通常情况下,与母公司具有不同国籍。子公司具有独立的法律人格,可以自己的名义进行经营活动,拥有自己的公司章程,其财产与母公司的财产彼此独立,能够独立享有权利、承担义务。

对于总公司和分公司而言,分公司主要是总公司在东道国设立的营业机构和办事机构,其国籍与总公司相同。分公司一般不具有独立的法律人格,其行为后果直接归于总公司。

从国内法的角度来看,由于分公司不能独立从事经营活动,须由总公司对其在东道国进行的经营活动承担责任,因此分公司在国内法上不具有主体资格;而子公司因具有独立的法律人格,可以依东道国法律规定开展业务。从国际法的角度来看,跨国公司通常拥有强大的人力、物力和财力,可以作为一方当事人与其他国际经济法主体签订相关条约或协议。

三、跨国公司母公司对子公司的债务责任

跨国公司中的母公司与子公司通常位于不同的国家,彼此之间既相互独立,又相互联系。具体来说,母公司与子公司的法律人格是独立的,各自拥有独立的财产、公司章程和组织机构。但是它们在经济上又存在一定的联系,主要表现在跨国公司的母公司是子

公司的股东,子公司是由母公司出资设立的。母公司利用经济上、管理上形成的优势,支配、领导子公司的经济活动,有些情况下会牺牲子公司的利益以实现自身的经济利益,如果适用传统的有限责任原则,会严重损害子公司债权人的利益,因此,应慎重对待跨国公司母公司对子公司的债务责任问题。在这一问题上,各国立法及司法实践中主要存在以下理论。

(一) 有限责任原则

有限责任原则是指公司股东仅以出资额为限承担责任,公司以其全部资产对外承担责任。根据该原则,子公司具有独立的法律人格,应以其全部资产对外承担无限责任,母公司仅以出资额为限承担有限责任。有限责任原则的确立极大地降低了股东的投资风险,起到了鼓励股东投资的作用,但是该原则的缺陷也是十分明显的。某些情况下,母公司可能会滥用子公司的独立人格实施逃避债务、恶意举债、隐匿财产等违法行为,对债权人造成极大的不利。因此,针对跨国公司母公司与子公司的特殊性,单一适用有限责任原则已经无法满足司法实践的需求,有必要与其他原则结合适用。

(二) 整体责任原则

该原则将跨国公司视为一个整体,每个个体的债务责任均由跨国公司整体承担。该理论的依据是,子公司是基于母公司的指挥、领导而从事经济活动的,子公司产生的债务是由母公司领导不善而造成的,因此,母公司应对子公司的全部债务承担责任。该原则虽然注重对子公司债权人利益的保护,但过分加重了母公司的责任,这种做法不利于资本的跨国流动,增大了股东的投资风险,会在一定程度上阻碍国际经济的发展。因此,学界对整体责任原则基本上持否定态度,司法实践中适用该原则的也并不多见。

(三) 原则上适用有限责任,特殊情况下采用法人人格否认

该理论是在有限责任原则的基础上发展起来的,随着跨国公司的不断发展,越来越多的国家意识到有限责任原则自身的一些缺陷,因此,提出了法人人格否认理论。法人人格否认又称"揭开公司面纱",指为阻止公司独立人格的滥用和保护公司债权人利益及社会公共利益,就具体法律关系中的特定事实,否认公司与其背后的股东各自独立的人格及股东的有限责任,责令公司的股东(包括自然人和法人股东)对公司债权人或公共利益直接负责,以实现公平、正义目标的要求而设置的一种法律措施。[①] 法人人格否认理论的提出,不但没有损害股东投资的积极性,也在一定程度上保护了子公司债权人的利益。在适用法人人格否认的情况下,跨国公司母公司与子公司在法律人格及财产上产生了混同,实际上,子公司此时仅仅是母公司实现利益的工具。

(四) 立法明确母子公司责任分担原则

1965年德国颁布的《股份公司法》中明确规定了母子公司之间责任承担的不同情况,该部法律是国内法在这方面的先例,具有划时代的意义。其中规定母公司与子公司

---

① 朱慈蕴.公司法人格否认法理研究[M].法律出版社,1998:75.

或支配企业与从属企业间的责任,依情况不同而有所区别:第一,在母公司与子公司间以控制合同或利润转移合同等相联系的情况下,母公司有义务弥补子公司的年度亏损。因此,子公司的债权人由于子公司本身不显示任何净亏损而得到保护。第二,如果母公司事实上对子公司的事务进行干涉,那么就必须对每个个别的和确定的损害予以补偿。第三,对于一体化的情况或母公司对子公司全部持股这种情况来说,母公司须对子公司的全部债务负直接责任。①

四、跨国公司的管辖权的冲突

国家对跨国公司行使管辖权的依据主要是属地管辖权原则和属人管辖权原则,以母子公司或总分公司形式存在的跨国公司中,其各实体内部既联系密切,又在一定程度上各自独立,其法律人格比一般公司更加复杂。

对于母子公司而言,它们通常是依据不同国家的法律,在不同国家设立的,具有不同的国籍。但子公司毕竟是由母公司出资设立的,所以子公司在某种程度上,还要受到母公司所在国相关法律的约束;在总分公司的情况下,分公司一般不具有独立的法律人格,其国籍与总公司的国籍保持一致,对于东道国来说,分公司是在东道国发展业务的外国公司分支机构,须遵循东道国的法律规定。

以上两种情况均会产生属地管辖权和属人管辖权的冲突,对于跨国公司的管辖权冲突问题,国际上并没有通行的做法,各国实践中主要采取属地管辖优先原则,或者通过订立双边或多边条约的方式来解决跨国公司的管辖权冲突。

根据属地管辖优先原则的要求,如果两个国家对同一跨国公司均主张管辖权,应以跨国公司所在国的管辖为优先。根据国家经济主权的基本原则,一国对于本国境内从事的经营活动有权进行管理和监督,以保障本国经济的发展。同时从国际私法的角度来看,跨国公司与东道国往往具有最密切联系,体现了最密切原则的精神。目前,世界上大多数国家均采用属地管辖优先原则。

第四节 国 家

在国际经济法的所有主体中,国家是唯一具有完全主权的主体。② 因此,在国际经济交往活动中,国家与其他国际经济法的主体相比,拥有更广泛的权限。

一、国家作为国际经济法主体的资格

在国际经济交往活动中,国家通常具有多重身份。首先,从整体上看,主权国家有权

---

① 余劲松,吴志攀.国际经济法[M].3版.北京:北京大学出版社,高等教育出版社,2009:40.
② 黄东黎.国际经济法[M].社会科学文献出版社,2006:14.

同其他国家或国际经济组织缔结条约或协定,并且有权制定规范涉外经济活动的法律法规。其次,国家可以直接与其他国际经济法主体签订国际经济合同,成为合同的一方当事人。如在国际贸易领域,国家可以同其他国家或其他国家的私人和法人签订各种贸易合同;在国际投资领域,国家还可以与外国投资者签订特许协议等。最后,依据国家经济主权原则,国家有权监督和管理涉外经济活动,在外商投资、跨国税收等方面进行管制和干预。鉴于国家在国际经济活动中身份的复杂性,理论界对于国家及其财产豁免问题,存在较大的争议。

二、国家及其财产豁免

国家及其财产豁免是指在国际交往中,任何国家及其财产在未经其同意的情况下,免受其他国家的管辖。对于国家及其财产豁免的内容,尚未形成统一的观点,一种观点认为主要包括管辖豁免和执行豁免;另一种观点则认为,国家及其财产豁免的内容不仅包括上述两方面内容,还应包括诉讼程序豁免。

关于国家及其财产豁免的理论,主要分为绝对豁免论和限制豁免论两种。

(一)绝对豁免论

这种观点没有对国家行为作出主权行为和非主权行为的划分,即国家的一切行为和财产在外国均享有豁免,除非该国放弃其管辖权。十九世纪,无论是在国内立法方面,还是在司法实践中,几乎所有西方国家都非常支持绝对豁免论。[1] 但随着国际经济交往形式的不断增多,国际经济交往的日益频繁,在国家及其财产豁免的问题上,出现了绝对豁免论向限制豁免论转化的趋势。

(二)限制豁免论

这种观点将国家行为分为主权行为和非主权行为,只有主权行为才能享有豁免权,国家的非主权行为不适用豁免权。因为国家在实施非主权行为时,双方当事人应具有平等的法律地位,但国家却因享有豁免权而使双方处于不平等的状态,这对于另一方当事人极其不公平。美国《外国主权豁免法》规定:"外国享有豁免权的一般例外:自愿放弃豁免权;诉讼是基于该外国在美国进行的商业活动,或基于与该外国在别处的商业活动有关而在美国完成的行为,或基于与该外国在别处的商业活动有关,且在美国领土外进行但在美国引起直接影响的行为而提出的;诉讼涉及外国国家违反国际法取得的在美国境内财产;由于继承或馈赠而取得的在美国的财产权利,或者尚有争议的坐落在美国的不动产权利;该外国及其公务人员在公务范围内发生侵权行为或过失;基于外国商业活动而发生的对外国船货行使海上留置权的诉讼。"2004年12月2日第59届联合国大会通过了《联合国国家及其财产管辖豁免公约》,其中第三部分列举了八种不得援引国家豁免的诉讼,主要包括:①商业交易;②雇佣合同;③人身伤害和财产损害;④财产的所有、占

---

[1]余劲松,吴志攀.国际经济法[M].3版.北京:北京大学出版社,高等教育出版社,2009:32.

有和使用;⑤知识产权和工业产权;⑥参加公司或其他集体机构;⑦国家拥有或经营的船舶;⑧仲裁协定的效果。

一直以来,我国在国家及其财产豁免的问题上,始终坚持采取绝对豁免论。然而我国于2005年9月14日签署了《联合国国家及其财产管辖豁免公约》,且没有作出任何保留声明,这意味着我国对于国家及其财产豁免的立场有所动摇。

第五节　国际经济组织

1815年莱茵河航行中央委员会的成立,标志着第一个国际经济组织的诞生。从1815年至第二次世界大战期间,先后出现了国际电报联盟、国际邮政总联盟(现万国邮政联盟)、国际保护工业产权联盟等国际经济组织。第二次世界大战后至今,国际经济组织的发展空前繁荣,不仅在内部组织机构管理方面更加全面具体,而且在调解、仲裁等争端解决机制方面也发挥着重要作用,国际经济组织已经成为国际经济法的重要主体。

一、国际经济组织在国际经济法上的法律人格

国际经济组织在国际经济法上的法律人格,是指国际经济组织能够从事国际经济活动,并独立享有权利和承担义务的资格。国际经济组织的权利能力和行为能力一般由其组织章程规定。一般情况下,国际经济组织都具有以下权利能力:缔约能力、取得和处置财产的能力、进行法律诉讼的能力、享有特权与豁免等。①

国际经济组织作为国际经济法的主体,其法律人格受到一定的限制,这是由于国际经济组织主要是各成员国通过缔结国际条约或共同制定组织章程而确立的,这意味着国际经济组织参与国际经济活动必须按照国际条约或组织章程的规定进行,其从事国际经济活动的范围和内容必然会受到一定程度的限制,并且限制的程度和范围因不同组织而存在一定的差异。另外,国际经济组织只对成员国具有约束力,关于成员国之间权利义务的规定对非成员国不产生拘束力,如果国际经济组织要与非成员国进行国际经济交往,必须得到非成员国的承认。

二、国际经济组织的主要类型

根据国际经济组织成员的不同,可以将国际经济组织分为政府间组织和非政府组织。政府间组织通常是指以主权国家为成员的国际组织,目前大多数国际经济组织都属于政府间组织,如世界贸易组织、国际货币基金组织、北美自由贸易区等。而关于非政府组织,虽然已被广泛关注,但尚未形成统一的定义。非政府组织与政府间组织的最大区别在于,非政府组织的成员是由主权国家以外的自然人、法人或其他组织组成的。学界

---

①张学慧.国际经济法教程[M].2版.北京:首都经济贸易大学出版社,2007:24.

一般认为,非政府组织具有三个特征,即合法性、非营利性和民间性。主要的非政府组织包括国际商会、国际律师协会等。理论界关于非政府组织是否具有国际经济法主体资格的问题,尚存在较大争议。

根据国际经济组织范围、职能的不同,可以将国际经济组织分为世界性国际经济组织、区域性国际经济组织和专业性国际经济组织。

(一)世界性国际经济组织

这类组织的成员国范围较广,主要是国家之间通过签订国际条约而成立的。世界性国际经济组织主要包括国际货币基金组织、国际复兴开发银行、世界贸易组织、联合国国际贸易法委员会、联合国国际贸易与发展会议等。这些国际经济组织对世界范围内经济发展的影响较大,尤其是在国际投资、国际金融、国际贸易等领域发挥着重要作用。

(二)区域性国际经济组织

这类组织是在特定区域内的国家,为了共同利益和共同政策而结成的国际组织,如欧洲联盟(简称欧盟)、安第斯条约组织、北美自由贸易区、亚太经济合作组织、加勒比共同体、东南亚联盟等。区域性国际经济组织的出现,与地理、社会文化、语言等因素紧密相关,这种组织的成员国之间往往存在一些共性问题,或者基于对共同利益的实现而具有密切联系,欧盟便是其中最典型、最成功的例子。欧盟成立后,不但各成员国的国内经济发展迅猛,整个欧盟在国际上的地位也不断提高。欧盟的成功使更多国家倾向于建立各种区域性国际经济组织,区域经济一体化的趋势越来越明显,在国际经济法上具有重大意义。

(三)专业性国际经济组织

专业性国际经济组织主要包括初级产品出口国组织和国际商品组织。初级产品出口国组织又称原料生产国和输出国组织,如石油输出国组织、国际铝矾土协会等;国际商品组织是根据国际商品协定建立的国际经济组织,如非洲国家咖啡组织、国际天然橡胶组织等。①

 案例

印度博帕尔毒气泄漏案②

【案情】1969年,美国联合碳化物公司在印度中央邦博帕尔市北郊建立了联合碳化物(印度)有限公司,专门生产滴灭威、西维因等杀虫剂。这些产品的化学原料是一种叫异氰酸甲酯(MIC)的剧毒气体。1984年12月3日凌晨,这家工厂储存液态异氰酸甲酯的钢罐发生爆炸,40吨毒气很快泄漏,引发了20世纪最著名的一场灾难。根据印度政府

---

①张学慧.国际经济法教程[M].首都经济贸易大学出版社,2003:27.
②摘自 http://baike.baidu.com/view/3735497.htm.

公布的数字,在毒气泄漏后的头3天,当地有3 500人死亡。不过,印度医学研究委员会的独立数据显示,死亡人数在前3天其实已经达到8 000至1万之间,此后多年里又有2.5万人因为毒气引发的后遗症死亡。还有10万当时生活在爆炸工厂附近的居民患病,3万人生活在饮用水被毒气污染的地区。博帕尔毒气泄漏事件迄今陆续致使超过55万人死于和化学中毒有关的肺癌、肾衰竭、肝病等疾病,20多万博帕尔居民永久残废,当地居民的患癌率及儿童夭折率也因为这次灾难远比印度其他城市高。

该案发生后,某些受害者的代理人和印度政府向纽约联邦法院就美国母公司的赔偿案提起了诉讼,该法院经一年左右的审理后以"不方便法院原则"为由驳回。印度政府于1986年向印度法院提起诉讼。原告认为美国母公司对该惨案的发生负有不可推卸的责任。因为博帕尔工厂是由美国母公司设计的,没有安装它在美国的同类工厂要装的应急预警计算机系统;同时,这家公司没有就这种剧毒气体的危险性对住在工厂附近的居民发出过警告,而印度子公司的资产又根本无法满足原告的赔偿请求,美国母公司应对这一惨案的发生负直接责任。至1989年印度政府与美国联合碳化物公司达成赔偿协议,美国公司以赔偿4.7亿美元作为该事故的最后解决方案。①

2010年印度一家地方法院对博帕尔毒气泄漏事件作出了判决,美国联合碳化物(印度)有限公司的7名印度籍高管被裁定因玩忽职守导致他人死亡,各自将面临最高两年的有期徒刑。

【问题】母公司对子公司的债务或其他义务是否应当承担责任。

【评析】各国对于跨国公司母公司对子公司的债务责任承担问题,主要存在以下理论:①有限责任原则;②整体责任原则;③原则上适用有限责任,特殊情况下采用法人人格否认。本案中,联合碳化物(印度)有限公司作为美国联合碳化物公司的子公司,其位于博帕尔的工厂爆炸后之所以会产生如此严重的后果,完全是因为母公司设计时没有安装应急预警计算机系统,然而同样的系统在美国公司确有安装。因此,无论美国母公司是出于故意还是过失,都应对此承担责任。

复习思考题

1. 怎样解决跨国公司的管辖权冲突问题?
2. 经济全球化背景下,跨国公司呈现出哪些新特征?
3. 如何理解跨国公司的法律人格?
4. 试述我国在国家及其财产豁免问题上的实践及立场。
5. 简述跨国公司母公司对子公司债务责任的承担方式。
6. 简述国际经济组织的主要类型。

---

① 摘自中顾律师网 http://news.9ask.cn/zwzt/qyzw/200911/269666.html.

阅读书目

1. 余劲松.跨国公司法律问题专论[M].北京:法律出版社,2008.
2. 欧阳峣.跨国企业的社会责任[M].北京:中国经济出版社,2009.
3. 陈漓高,齐俊妍,张燕等.国际经济组织概论[M].北京:首都经济贸易大学出版社,2010.
4. 陈安.国际经济法学新论[M].2版.北京:高等教育出版社,2010.
5. 董世忠.国际经济法[M].2版.上海:复旦大学出版社,2009.

第二编

国际贸易法律制度

第一章 国际货物买卖法

☆学习目标与要求☆

国际货物买卖是国际货物贸易的重要组成部分,因此对国际货物买卖法的学习也是重中之重。本章包括国际货物买卖法的法律渊源、国际贸易术语、国际货物买卖合同、国际货物买卖合同的履行、违约与违约救济以及货物所有权与风险的转移货物六节内容。其中,国际贸易术语、国际货物买卖合同以及货物所有权与风险的转移是本章的重点难点。

特别是国际贸易术语一节,随着2010年新的贸易术语的启用,国际贸易术语必然成为司法考试重点关注的对象,因此,在学习的过程中必须予以高度重视。通过对本章的学习,要求掌握国际货物买卖法律渊源、国际货物买卖合同成立与履行、违约责任以及救济办法等。并在理解的基础上,结合《中华人民共和国合同法》,加深对中国参加的国际公约的理解与掌握。

第一节 国际货物买卖法的法律渊源

国际货物买卖法(International Sale Law of Goods)是调整跨越国界(Cross – border)的货物贸易关系以及与货物贸易有关的各种关系的法律规范的总和。国际货物买卖法是传统的国际贸易法的核心内容。其法律渊源主要有国际商业惯例、相关的国内立法和国际公约。

一、国际货物买卖惯例

"商业惯例"指的是商人在长期的贸易活动中形成的习惯。国际货物买卖惯例,亦称国际贸易惯例,是从事国际贸易的人们在长期国际贸易实践中逐渐形成的。

国际商事惯例具有广泛性、概括性、现实性和灵活性的特点。一般来说,因其具有很大的随意性,不是法律规范,所以不具有强制性,仅供国际货物买卖合同双方当事人的选择适用。如果当事人不作选择,那么商业惯例对其就没有法律约束力。

此外,国际商事惯例在涉外民商事法律关系也承担着越来越重要的使命,在国际贸易中具有举足轻重的作用。一方面,适用商事惯例可以节省交易时间,提高交易效率,节省交易成本;另一方面,也符合交易双方自身期望的实现,避免了因适用不同规则造成的权利义务不明确这一尴尬局面。

11 至 14 世纪之间,商人习惯法逐渐形成。国际商事惯例的最初表现形式是国际海上运输惯例。公元 600 至 800 年间,起源于腓尼基人和希腊人的海事法,发展为我们现在所说的《罗德法》,进而发展为巴塞罗那的《海事法汇编》(Consulado del Mar),成为地中海沿岸的海事法典;1160 年《奥莱龙法》(the Judgments of Oberon)成为英国海事法的基础;《维斯比海事法》(the Sea Laws of Visby)则适用于波罗的海沿岸地区①。

进入现代,一些贸易管理规则经由各种民间组织的编纂整理,形成了书面形式的标准规则和共同条件。例如,《1932 年华沙条约——牛津规则》、《跟单信用证统一惯例》、《美国 1941 年对外贸易定义》、《托收统一规则》、《1997 年国际销售示范合同》、《国际商事合同规则》、《2000 年国际贸易术语解释通则》②等。

二、相关的国内立法

国际货物买卖的国内立法是指各国制定的调整国际货物买卖过程中产生的买方和卖方之间的权利义务关系的法律规范。随着世界政治和经济的发展,各国在吸收国际商事惯例的基础上,逐步形成了本国国内立法。由于各国的具体国情不同,各国的经济贸易法也截然不同。无论是大陆法系还是英美法系国家,调整货物买卖的法律只有一套,既适用于国内货物买卖也适用于国际货物买卖。

大多数英美法系国家均采用民商合一的立法体系。国际货物买卖法主要由两部分组成:一是通过判例的形式确定的法律原则;二是成文法,主要指单行法规。在英国,《英国 1893 年货物买卖法》是在货物贸易领域非常重要的制定法。该法于 1894 年 2 月 20 日经议会通过实施,后经过多次修订,现行的是 1995 年 1 月 3 日生效的修订本(Sale of Good Act 1979)。它规定了合同的成立、合同的生效、合同的履行、未收货款的卖方对货物的权利、对违约的诉讼、补充共计 6 部分。《美国统一商法典》(Uniform Commercial Code,以下简称 UCC)是影响较大的法典。《美国统一商法典》是在统一州法全国委员会和美国法学会的共同努力下所取得的最成功和最重要的成果,它于 1912 年 3 月 1 日正式颁布实施,分为 11 章(Article),以总则(General Provisions)和各分则的形式,对现实中的商事规则和商事惯例进行了归纳和制度层面的架构。它基本消除了各州商法对州际交易因规定不同而造成的障碍,实现了美国商法在州际交易范围内,关于销售、票据、担保、信贷各领域规定的统一(除路易斯安那州之外的 49 个州、哥伦比亚特区和维尔京岛都采纳了这部法典),并为各类商事交易活动提供了优良的模式,被美国国内乃至国际商事社会广泛采用和吸收,实现了商法的国际性。

---

① 曲波.国际惯例在我国的适用.人民法院网.2007 - 02 - 06.
② 2010 年 9 月 27 日,国际商会正式推出《2010 国际贸易术语解释通则》(Incoterms 2010),以取代已经在国际货物贸易领域使用了近十年的 Incoterms 2000,新版本已于 2011 年 1 月 1 日正式生效。本书第二节将对此予以详细介绍。

在大陆法系国家,立法均采用法典化的形式。在对国际商事关系的法律规范中,出现了民商分立和民商合一两种立法模式。民商分立的立法模式以法国和德国为代表。1789 年的法国大革命推翻了封建专制制度,建立了资产阶级共和国。面对法国民事法律的混乱状况,法国 1791 年《宪法》明文规定:"应制定一部共同于整个王国的民法典。"因此,在拿破仑的推动下,法国民法典于 1800 年开始起草,于 1804 年 3 月 21 日通过。几乎与此同时,法国在 1801 年成立了商法起草委员会,并于 1807 年颁布了商法典。至此,以法典为标志的民商分立体制正式得以确立。德国紧随法国之后,德意志帝国商法典于 1897 年 5 月 10 日颁布,1900 年 1 月 1 日生效;另一方面,德意志民法典于 1897 年颁布、1900 年施行。民商合一的国家以瑞士和意大利为代表,在民商合一的国家,买卖法通常是作为民法典的一部分在债篇中予以规定,如意大利在 1942 年的民法典中就涵盖了民法与商法的内容。

中国作为社会主义法系的代表国家,在关于国际货物贸易这一领域的相关法律,首推《中华人民共和国对外贸易法》、《民法总则》以及《合同法》。《中华人民共和国对外贸易法》(下文简写为《对外贸易法》)由中华人民共和国第十届全国人民代表大会常务委员会第八次会议于 2004 年 4 月 6 日修订通过,自 2004 年 7 月 1 日起施行。其共分为十一章,包括总则、对外贸易经营者、货物进出口与技术进出口、国际服务贸易、与对外贸易有关的知识产权保护、对外贸易秩序、对外贸易调查、对外贸易救济、对外贸易促进、法律责任以及附则。《对外贸易法》对于发展对外贸易,维护对外贸易秩序,促进社会主义市场经济的健康发展,具有重要意义。

中国当事人与外国当事人签订国际货物买卖合同时,经双方当事人协定,可以适用《民法总则》和《合同法》的相关规定,也可以适用《对外贸易法》或者是《联合国国际货物买卖合同公约》作为准据法。由于中国是《联合国国际货物买卖合同公约》的成员国,因此,目前中国当事人在与外国当事人签订国际货物买卖合同时主要依据《联合国国际货物买卖合同公约》。

中国香港特别行政区制定的《货物销售条例》是比照《英国 1893 年货物买卖法》于 1896 年 8 月 1 日制定的。先后经过 1912 年、1969 年、1970 年、1977 年、1989 年和 1994 年六次修订,现在实行的是 1994 年的版本。其内容与《英国 1979 年货物买卖法》基本相同。香港回归后,按照一国两制的基本构想,该条例在香港继续有效[①]。

三、国际货物买卖公约

国际货物买卖公约是国际货物买卖法的重要渊源之一。随着世界市场的形成和世界经济交往的日益频繁,尤其是进入 21 世纪,经济全球化全面展开,国际贸易法律的统一越来越重要。其中,国家与国家之间缔结公约成为最重要的方式。当今世界,在国际

---

① 王传丽.国际贸易法[M].北京:中国政法大学出版社,2009:35.

贸易领域仍发挥重要作用的公约有《国际货物买卖统一法公约》[①]、《国际货物买卖合同成立统一法公约》[②]、1978年《联合国国际海上货物运输公约》(又称《汉堡规则》)、1980年《联合国国际货物销售合同公约》。

《国际货物买卖统一法公约》(又称《海牙第一公约》)是由国际统一私法协会起草制定,于1972年8月18日生效,参加或批准的国家有:比利时、冈比亚、德国、以色列、意大利、荷兰、圣马力若、英国和卢森堡。《海牙第一公约》全文共101条,内容包括:总则、卖方的义务、买方的义务、关于买卖双方义务的共同规定以及风险转移。《海牙第一公约》是统一各国有关货物买卖实体法的国际公约,旨在解决各国在货物买卖法方面存在的分歧,减少和避免法律冲突。

《国际货物买卖合同成立统一法公约》(又称《海牙第二公约》)于1972年8月23日生效,参加或者批准的国家与《海牙第一公约》基本相同(以色列除外)。但是一般认为,由于第一、第二公约过多地采用大陆法系的法律原则,忽视了英美法系和社会主义法系的法律传统,加之其对广大发展中国家的利益考虑不够周全,条款晦涩、复杂,因此参加的国家不是很多。即使如此,第一、第二公约的成立生效仍是国际货物买卖法在法典化进程中的重要标志。

《联合国国际海上货物运输公约》是国际贸易法委员会制定的重要公约之一。该公约于1978年正式生效。该公约分为7部分34条:总则、承运人的责任、托运人的责任、运输单证、索赔和诉讼、补充规定以及退出。

四、《联合国国际货物买卖合同公约》

1980年《联合国国际货物销售合同公约》(以下简称《公约》)是当今国际贸易中使用最为广泛、最具影响力的公约。《公约》是国际贸易法委员会在总结海牙第一、第二公约的基础上,综合考虑了英美法系、大陆法系和社会主义法系具体情况后的产物。该公约于1980年3月正式通过。《公约》除序言外,共分4部分101条。第1部分共13条,对公约的适用范围和总则作出规定;第2部分共11条,规定合同订立程序和规则;第3部分共64条,就货物买卖的一般规则、买卖双方的权利义务、风险的转移等问题作出规定;第4部分是最后条款,对公约的保管、签字、加入、保留、生效、退出等作出规定。

(一)《公约》的适用范围和效力

《公约》第1条第1款(a)项规定,本公约适用于营业地在不同国家的当事人之间所订立的货物销售合同,如果这些国家是缔约国,那么就属于《公约》的调整范围。(b)项规定,如果国际私法规则导致适用某一缔约国的法律,那么可以适用公约。可见,在国际

[①] 即《海牙第一公约》或《Convention on Uniform Law for the International Sale of Goods》,简称 ULIS。
[②] 《海牙第二公约》,又称《Uniform Law on the Formation of Contract for International Sale of Goods》,简称 ULF。

货物买卖合同中,当事人意思自治原则仍是确定准据法的首要原则。如果双方当事人均同意以某一缔约国的法律为准据法,那么这种主张就应该得到支持,这是符合本条的规定的。可见,《公约》在确定适用范围的时候主要考虑双方当事人的主营业地,对于当事人的国籍或者是合同的民事或商事性质是不加考虑的。

在世界范围内,国际货物买卖的对象是十分广泛的。国际货物买卖的客体自然是货物,但是货物的定义到底是什么,世界各国的定义各不相同①。鉴于此,《公约》没有采取明确的方式规定公约的适用对象,而是采取了排除法,即哪些不属于公约的调整范围。根据《公约》规定,以下事项不属于公约的调整对象:①购供私人、家人或家庭使用的货物的销售,除非卖方在订立合同前任何时候或者在订立合同时不知道而且没有理由知道这些货物是供任何这种使用;②经由拍卖的销售;③依据法律执行令状或其他令状的销售;④公债、股票、投资证券、流通票据或货币的销售;⑤船舶、船只、气垫船或飞机的销售;⑥电力的销售。

除此之外,《公约》明确规定对以下事项不予规定。具体包括:①合同的效力,或其任何条款的效力,或任何惯例的效力;②合同对所销售的所有权可能产生的影响;③公约不适用于卖方对于货物对任何人所造成的死亡或伤害的责任。

关于公约的效力,《公约》本身也做出了明确的规定。《公约》第 6 条规定,双方当事人可以不适用本公约,或在第 12 条的条件下,减损本公约的任何规定或改变其效力。

(二)《公约》的保留与中国对《公约》的适用

条约保留是指一国在签署、批准、接受、赞同或者加入条约时,通过单方面声明,摒除或者更改该条约中的某些规定对其适用的行为。条约保留是一个国家主权的一部分,其他任何国家不得对其干涉、阻挠。条约缔约国可以根据需要作出条约保留的决定,但不能作出条约禁止、条约未准许可以保留或者与条约目的、宗旨不符合的保留。

《公约》本身规定,缔约国可以对以下部分进行保留:合同的订立、货物销售、国际私法导致适用的规定、合同的形式等几个方面。根据《公约》精神,公约允许保留部分可以保留,没有规定的部分不得做任何其他的保留。

中国是《公约》的缔约国之一,参与了《公约》起草的整个过程。1988 年公约对我国正式生效。中国对公约的两项规定进行了保留,其一是《公约》第 1 条第 1 款(b)项,即我国不承认"如果国际私法规则导致适用某一缔约国的法律,那么可以使用公约"。另一项保留是针对第 11 条的规定,即否定了合同的成立可以采用口头形式订立,而必须采用书面形式。但由于 1999 年我国颁布了《合同法》,其中第十条规定当事人订立合同,有书面形式、口头形式和其他形式,由此改变了我国原三部合同法有关合同形式的规定,因此我国对公约第 11 条的规定便没有了实质意义。

---

①《英国 1893 年货物买卖法》第 61 条规定,货物泛指金钱和权利动产以外的一切动产;《法国民法典》规定,除了特别法规定为禁止交易以外的所有的物品均是货物。

> **阅读小知识**

部分国际货物买卖惯例简介

《华沙—牛津规则》(Warsaw – Oxford Rules, 1932)是国际法协会专门为解释CIF合同而制定的。这一规则对于CIF的性质、买卖双方所承担的风险、责任和费用的划分以及所有权转移的方式等问题都作了比较详细的解释。

跟单信用证统一惯例,是国际商会为明确信用证有关当事人的权利、责任、付款的定义和术语,减少因解释不同而引起各有关当事人之间的争议和纠纷,调和各有关当事人之间的矛盾而制定的。现行的是2007年7月生效的《跟单信用证统一惯例》第600号出版物,简称UCP600。

《1941年美国对外贸易定义》是在《美国出口报价及其缩写条例》的基础上发展而来的,该定义在北美地区得到了广泛的适用。其包含对FOB(离岸价)、FAS(船边交货价)、CIF(到岸价)、C&F(离岸加运费价)、EX(原产地交货价)、EX Dock(目的港码头交货)等贸易术语的解释。

《托收统一规则》(又称URC522)为美国商会制定,于1996年1月1号实施。其共7部分26条,包括总则及定义、托收的形式和结构、提示方式、义务与责任、付款及利息、手续费及其他费用以及其他规定。

《国际商事合同通则》(Principles of International Commercial Contracts, PICC)是国际统一私法协会1994年编撰的,2004年做了大的修订。《国际商事合同通则》规范国际贸易的合同内容不仅包括有形贸易还包括无形贸易,它所适用的国际商事合同类型,既有国际货物销售合同,又有国际服务贸易合同和国际知识产权转让合同,即适用于国际商事合同的全部。

第二节　国际贸易术语解释通则

一、国际贸易术语及其相关概念

国际贸易术语(Trade Terms of International trade),又称价格术语,是用来表示商品的价格构成并说明货物交接过程中有关的风险、责任和费用划分的专门术语[①]。

国际贸易术语的内容一般包括两个方面,其一是关于在货物运输途中合同买卖双方的权利义务,包括风险的负担、所有权的转移等内容;其二即货物的价格构成,是否包括货物成本之外的其他主要费用,如运费、保险等。

---

① 黎孝先.国际贸易实务[M].4版.北京:对外经济贸易法学出版社,2007:18.

国际贸易术语在国际贸易中的广泛使用,明确了买卖双方的权利义务,避免了因双方处于不同的营业地而导致的矛盾和尴尬。贸易术语对于国际贸易双方的当事人而言,简单明了,简化了合同订立的磋商时间和交易成本,使双方的权利义务关系清楚,是加速贸易推进的重要工具。随着全球化经济的不断推进,世界经济日益融合成为一个整体。在这样的大环境下,国际贸易术语发挥的作用越来越大,成为国际贸易惯例中不可缺少的一部分。

当然,在国际贸易的过程中,由于贸易术语使用的多样化以及交易的复杂化,有必要对贸易术语进行统一的编纂。

二、《2010年国际贸易术语解释通则》

《国际贸易术语解释通则》(International Rules for the Interpretation of Trade Terms)是由国际商会于1936年制定并于1953年第一次修订,1953年该《通则》只包括了9种术语,后来由于业务的发展,分别于1967年、1976年、1980年、1990年、2000年和2010年进行了多次补充和修改。现行的是2010年新修订的Incoterms2010。《国际贸易术语解释通则》的制定使得不同国家和地区的贸易术语得以统一,大大减少了交易双方的摩擦,保障了交易的进行,受到世界各国的欢迎。

《2010年国际贸易术语解释通则》(International Rules for the Interpretation of Trade Terms 2010,缩写Incoterms 2010)是国际商会根据国际货物贸易的发展,对《2000年国际贸易术语解释通则》的修订,于2010年9月27日公布,2011年1月1日实施。

相比较于《2000年国际贸易术语解释通则》,Incoterms 2010的变化主要体现在以下几个方面:

(1)术语分类的调整:由Incoterms 2000的E,F,C,D四组分为适用于各种运输方式和水运两类。

(2)贸易术语的数量由原来的13种变为11种。

(3)删除Incoterms 2000中四个D组贸易术语,即DDU(Delivered Duty Unpaid)、DAF(Delivered At Frontier)、DES(Delivered Ex Ship)、DEQ (Delivered Ex Quay),只保留了Incoterms 2000 D组中的DDP(Delivered Duty Paid)。

(4)新增加两种D组贸易术语,即DAT(Delivered At Terminal)与DAP(Delivered At Place)。

(5)《2010年国际贸易术语解释通则》取消了"船舷"的概念,卖方承担货物装上船为止的一切风险,买方承担货物自装运港装上船后的一切风险。

(6)在FAS,FOB,CFR和CIF等术语中加入了货物在运输期间被多次买卖(连环贸易)的责任义务的划分。

(7)考虑到对于一些大的区域贸易集团内部贸易的特点,规定Incoterms 2010不仅适用于国际销售合同,也适用于国内销售合同。

(8)E组、F组、C组的贸易术语其他规定基本没有变化。

新贸易术语的使用,使 Incoterms 2000 中的 DES 和 DEQ 成为多余。DAT 的目的地可以是港口,因此 DAT 可以用于在 Incoterms 2000 下 DEQ 适用的情况。同样的,DAP 中运达货物的交通工具可以是轮船,而目的地也可以是港口,因此 DAP 可以用在 Incoterms 2000 下 DES 适用的情况。这两个新的术语和先前的几个术语一样,是由卖方承担所有费用(除了与进口结算有关的费用)和货物到达目的地前的风险。

下面介绍一下 Incoterms 2010 下各类贸易术语的主要内容:

(一)适用于各种运输合同的价格术语

第一类是适用于各种运输合同的价格术语,他们是 EXW(工厂交货)、FCA(货交承运人)、CPT(运费付至)、CIP(运费及保险费付至)、DAT(目的地交货)、DAP(所在地交货)、DDP(完税后交货)。

1. EXW(EX Works…named place),意思是工厂交货(…指定地点),即当卖方在其所在地或其他指定的地点(如工场、工厂或者仓库)将货物交给买方处置时,即完成交货,卖方不办理出口清关手续或将货物装上任何运输工具。该术语下卖方承担责任最小,买方必须承担在卖方所在地受领货物后的全部费用和风险。

在该价格术语下,卖方在合同约定的时间,在货物的产地或所在地(如工厂、仓库)将合同规定的货物交由买方处置即视为完成交货。完成交货后风险随之转移,由买方承担。买方应自负风险和费用,取得出口和进口许可证或其他官方批准证件,并且办理货物出口和进口所需要的一切海关手续。

2. FCA(Free Carrier…named place),意思是货交承运人(……指定地点),是指卖方只要将货物在指定的地点交给买方指定的承运人并办理了出口清关手续,即完成交货。

在该价格术语下,需要注意以下事项:

(1)关于通关手续。卖方必须自担费用和风险,取得任何出口许可证或者其他官方许可,并在需要办理海关手续时,办理货物出口所需要的一切海关手续;买方必须自担费用和风险,取得任何进口许可证或者其他官方许可,并在需要办理海关手续时,办理货物进口所需要的一切海关手续。

(2)关于运输合同。运输合同一般由买方负责订立,卖方一般条件下无须承担运输合同的义务,但若买方要求,或者依商业惯例而买方未适时给予卖方相反的指示,则卖方可以按照通常条件订立运输合同,费用和风险由买方承担。在任何一种情况下,卖方都可以予以拒绝,但是应立即通知买方。

(3)关于交货。卖方必须在指定的交货地点,在约定的交货日期或期限内,将货物交给买方指定的承运人或其他人。需要说明的是,交货地点的选择对于在该地点装货和卸货的义务会产生影响。若卖方在其所在地交货,则卖方应负责装货,若卖方在任何其他地点交货,卖方不负责卸货。

(4)关于风险的负担。卖方需承担交货前货物灭失或损坏的一切风险;买方承担货物交给承运人控制之后的风险。

(5)关于费用的负担。卖方负担交货之前所有的费用;买方负责交货之后的各项费用,此外,运输合同所需费用亦由买方承担。

这里需注意的一点是双方通知义务。卖方必须给予买方说明货物已经按照合同约定交付给承运人的充分通知。若在规定时间承运人未按照规定接受货物,则卖方必须相应地通知买方;买方必须将承运人的名称给予卖方充分通知,并根据需要指明运输方式和向该指定的人交货的日期或期限,以及依情况在指定地点的具体交货点。若买方怠于这种通知义务或者其所指定的承运人在约定的时间未能接受货物,使卖方无法完成交货义务,那么只要该货物已经划归本合同项下①,那么风险转移的时间可以提前,转由买方承担。

3. CPT(Carriage Paid to…named place),意思是运费付至(……指定地点),是指卖方向其指定的承运人交货,但卖方还必须支付将货物运至目的地的运费,亦即买方承担交货后一切风险和其他费用。

在该价格术语下,应注意以下问题:

(1)关于通关手续。卖方必须自担费用和风险,取得任何出口许可证或者其他官方许可,并且在需要办理海关手续时,办理货物出口所需要的一切海关手续;买方必须自担费用和风险,取得任何进口许可证或者其他官方许可,并且在需要办理海关手续时,办理货物进口所需要的一切海关手续。

(2)关于交货。卖方在约定的时间地点,将合同中规定的货物交给卖方自己指定的承运人或第一承运人,完成交货。

(3)关于风险的负担。卖方需承担交货前货物灭失或损坏的一切风险;买方需承担货物交给承运人控制之后的风险。

(4)关于费用的承担。卖方承担在交货地点交货前所涉及的各项费用,包括需要办理出口通关手续所缴纳的关税和其他费用。此外,卖方要负责签订从指定地点承运货物的合同,并支付有关费用;买方承担在交货地点交货后所涉及的各项费用,包括办理进口手续时所应缴纳的关税和其他费用。

4. CIP(Carriage and Insurance Paid to…named place),意思是运费及保险费付至(……指定目的地),是指卖方向其指定的承运人交货,但卖方还必须支付将货物运至目的地的运费,亦即买方承担卖方交货后的一切风险和额外费用。卖方还必须办理买方货物在运输途中灭失或损坏风险的保险,因此由卖方订立保险合同并支付保险费。

在该价格术语下,应注意以下问题:

(1)关于通关手续。卖方必须自担费用和风险,取得任何出口许可证或者其他官方许可,并且在需要办理海关手续时,办理货物出口所需要的一切海关手续;买方必须自担

---

①即货物已经特定化。

费用和风险,取得任何进口许可证或者其他官方许可,并且在需要办理海关手续时,办理货物进口所需要的一切海关手续。

(2)关于交货。卖方在约定的时间地点,将合同中规定的货物交给卖方自己指定的承运人或第一承运人,完成交货。

(3)关于风险的负担。卖方需承担交货前货物灭失或损坏的一切风险;买方承担货物交给承运人控制之后的风险。

(4)关于费用的承担。卖方承担在交货地点交货前所涉及的各项费用,包括需要办理出口通关手续所缴纳的关税和其他费用。此外,卖方要负责签订从指定地点承运货物的合同,并支付有关费用。另外,卖方要负责办理货运保险,承担保险费。买方承担在交货地点交货后所涉及的各项费用,包括办理进口手续时所应缴纳的关税和其他费用。

5. DAT(Delivered at Terminal…named place of destination),意思是目的地交货(……指定目的地),是指在指定的目的地,卖方将货物从交通工具上卸载下来交予买方处置,完成交货。DAT的目的地可以是港口,因此DAT可以用于在Incoterms 2000下DEQ适用的情况。

在该价格术语下,应注意以下问题:

(1)关于通关手续。卖方必须自担费用和风险,取得任何出口许可证或者其他官方许可,并且在需要办理海关手续时,办理货物出口所需要的一切海关手续;买方必须自担费用和风险,取得任何进口许可证或者其他官方许可,并且在需要办理海关手续时,办理货物进口所需要的一切海关手续。

(2)关于交货。卖方在指定的时间地点将货物从交通工具上卸载下来交予买方处置,完成交货。

(3)关于风险的负担。卖方需承担交货前货物灭失或损坏的一切风险;买方承担货物交给承运人控制之后的风险。

(4)关于费用的承担。卖方承担在交货地点交货前所涉及的各项费用,包括需要办理出口通关手续所缴纳的关税和其他费用。此外,卖方要负责签订从指定地点承运货物的合同,并支付有关费用。另外,卖方要负责办理货运保险,承担保险费以及到达目的地后的卸载费用。买方承担在交货地点交货后所涉及的各项费用,包括办理进口手续时所应缴纳的关税和其他费用。

6. DAP(Delivered at Place…named place of destination),意思是所在地交货(……指定目的地),是指在指定的目的地,卖方将货物交与买方处置,完成交货。DAP与DAT的区别在于到达目的地后是否需要卖方卸货,若由卖方进行卸货,那么是DAT价格术语;若是由买方自行卸货,则是DAP价格术语。

在该价格术语下,应注意以下问题:

(1)关于通关手续。卖方必须自担费用和风险,取得任何出口许可证或者其他官方许可,并且在需要办理海关手续时,办理货物出口所需要的一切海关手续;买方必须自担费用和风险,取得任何进口许可证或者其他官方许可,并且在需要办理海关手续时,办理货物进口所需要的一切海关手续。

(2)关于交货。卖方在指定的时间地点将货物交与买方处置,完成交货,无须卖方进行卸货,但是要做好卸货的准备。

(3)关于风险的负担。卖方需承担交货前货物灭失或损坏的一切风险;买方承担交货之后的风险。

(4)关于费用的承担。卖方承担在交货地点交货前所涉及的各项费用,包括需要办理出口通关手续所缴纳的关税和其他费用。此外,卖方要负责签订从指定地点承运货物的合同,并支付有关费用。另外,卖方要负责办理货运保险,承担保险费用。买方承担在交货地点交货后所涉及的各项费用,包括办理进口手续时所应缴纳的关税和卸货费以及其他费用。

7. DDP(Delivered Duty Paid…named place of destination),意思是完税后交货至(……指定目的港),是指在卖方指定的目的地,办理完进口清关手续,将在交货运输工具上尚未卸下的货物交与买方,完成交货。卖方必须承担将货物运至指定目的地的一切风险和费用,包括需要办理海关手续时在目的地应缴纳的任何税费(包括办理海关手续的责任风险,以及缴纳手续费、关税、税款和其他费用)。

在该价格术语下,应注意以下问题:

(1)通关手续的办理。卖方自负风险和费用,取得出口和进口许可证或其他官方批准文件,并且办理货物出口或进口需要的一切海关手续。

(2)关于交货。卖方在合同规定的时间在进口国(地区)境内的指定地点将货物交给买方,完成交货。

(3)风险的负担。卖方完成交货之前,风险由卖方承担;交货之后的风险转由买方承担。

(4)关于费用的承担。卖方承担在完成交货之前的一切费用,包括办理货物出口和进口所含的关税和其他费用;买方承担货物受领后产生的一切费用。

(二)适用于海上和内陆水上运输的价格术语

第二类是适用于海上和内陆水上运输的价格术语,他们是FAS(船边交货)、FOB(船上交货)、CFR(成本交运费)、CIF(成本、保险费加运费)。

1. FAS(Free alongside ship…named port of shipment),意思是船边交货……指定装运港,是指卖方在指定的装运港将货物交到船边,即完成交货。买方必须承担自那一刻起货物灭失或毁损的一切风险。

在该价格术语下,应注意以下问题:

(1)关于通关手续的办理。卖方必须自担费用和风险,取得任何出口许可证或者其他官方许可,并在需要办理海关手续时,办理货物出口所需要的一切海关手续;买方必须自担费用和风险,取得任何进口许可证或者其他官方许可,并且在需要办理海关手续时,办理货物进口所需要的一切海关手续。

(2)关于交货。卖方在合同规定的时间和装运港口,将合同规定的货物交到买方所在船只的旁边,完成交货。

(3)关于风险的转移。卖方在装运港将货物交到买方所派船只的旁边时,风险转移。

(4)关于费用的承担。卖方承担交货之前的一切费用,包括办理货物出口所应缴纳的关税和其他费用;买方承担受领货物后所发生的一切费用,包括装船费用以及运输费用和其他各种费用。

2. FOB(Free on Board…named port of shipment),意思是船上交货……指定装运港,是指货物在指定的装运港装上船,卖方完成交货,并及时通知买方。这意味着卖方承担货物装上船为止的一切风险。

在该价格术语下,应注意以下问题:

(1)关于通关手续。卖方必须自担费用和风险,取得任何出口许可证或者其他官方许可,并且在需要办理海关手续时,办理货物出口所需要的一切海关手续;买方必须自担费用和风险,取得任何进口许可证或者其他官方许可,并且在需要办理海关手续时,办理货物进口所需要的一切海关手续。

(2)关于交货。卖方在合同约定的时间和装运港,将合同规定的货物交到买方指派的船上,完成交货。

(3)风险的转移。卖方承担货物装上船为止的一切风险,买方承担货物自装运港装上船后的一切风险。

(4)关于费用的承担。买方承担货物交货之前的各项费用,包括办理货物出口所应缴纳的关税和其他费用;买方承担交货后所涉及的各项费用,包括从转运港到目的港所需运费,以及办理进口手续的费用和其他相关的费用。

3. CFR(Cost and Freight…named port of destination),意思是成本交运费……指定目的港,是指在装运港货物装船后卖方即完成交货义务。卖方必须支付将货物运至指定的目的港所需要的运费和费用。但是交货之后货物灭失或毁损的风险,以及由于各种事情造成的额外费用,即由卖方转移至买方。

在该价格术语下,应注意以下问题:

(1)关于通关手续。卖方必须自担费用和风险,取得任何出口许可证或者其他官方许可,并且在需要办理海关手续时,办理货物出口所需要的一切海关手续;买方必须自担费用和风险,取得任何进口许可证或者其他官方许可,并且在需要办理海关手续时,办理货物进口所需要的一切海关手续。

(2)关于交货。卖方在合同约定的时间和装运港,将合同规定的货物交到卖方自己所派船只的船上完成交货。

(3)关于风险的转移。卖方承担货物装上船为止的一切风险,买方承担货物自装运港装上船后的一切风险。

(4)关于费用的负担。卖方承担在交货地点交货前所涉及的各项费用,包括需要办理出口通关手续所缴纳的关税和其他费用。此外,卖方还要支付从装运港到目的港所需要的运费和其他费用;买方承担在交货地点交货后所涉及的各项费用,包括办理进口手续时所应缴纳的关税和其他费用。

在这里需要特别指出的是,CFR 由于是卖方进行运输,所以卖方在货物装船后必须及时向买方发出装船通知,以便买方及时买保险。

4. CIF(Cost,Insurance and Freight…named port of destination),意思是成本、保险费加运费……指定目的港,指在转运港当货物装上船后卖方即完成交货。

在该价格术语下,应注意以下问题:

(1)关于通关手续。卖方必须自担费用和风险,取得任何出口许可证或者其他官方许可,并且在需要办理海关手续时,办理货物出口所需要的一切海关手续;买方必须自担费用和风险,取得任何进口许可证或者其他官方许可,并且在需要办理海关手续时,办理货物进口所需要的一切海关手续。

(2)关于交货。卖方在合同约定的时间和装运港,将合同规定的货物交到卖方自己所派船只的船上完成交货。

(3)关于风险的转移。卖方承担货物装上船为止的一切风险,买方承担货物自装运港装上船后的一切风险。

(4)关于费用的负担。卖方承担在交货地点交货前所涉及的各项费用,包括需要办理出口通关手续所缴纳的关税和其他费用。此外,卖方还要支付从装运港到目的港所需要的运费和其他费用,并且承担办理水上运输保险的费用;买方承担在交货地点交货后所涉及的各项费用,包括办理进口手续时所应缴纳的关税和其他费用。

在这里需要注意,CIF 术语只要求卖方办理投保最低限度的保险险别。如果买方想要更高的险别,那么必须与卖方达成明确的协议,或者自己进行额外的保险安排。

为了便于更好地对以上的术语进行掌握,下面以表格的形式再次梳理一遍(见表1)。

表1

	出口清关	装卸费	运费	保费	进口清关	装卸费
EXW	买方	买方	买方	买方	买方	买方
FCA	卖方		买方	买方	买方	买方
CPT	卖方	卖方	卖方	买方	买方	买方
CIP	卖方	卖方	卖方	卖方	买方	买方
DAT	卖方	卖方	卖方	卖方	买方	买方
DAP	卖方	卖方	卖方	卖方	买方	买方
DDP	卖方	卖方	卖方	卖方	卖方	买方

续表

	出口清关	装卸费	运费	保费	进口清关	装卸费
FAS	卖方	买方	买方	买方	买方	买方
FOB	卖方	卖方	买方	买方	买方	买方
CFR	卖方	卖方	卖方	买方	买方	买方
CIF	卖方	卖方	卖方	卖方	买方	买方

第三节 国际货物买卖合同

一、国际货物买卖合同概述

国际货物买卖合同是国际贸易交易中最为重要的一种合同,是各国经营进出口业务的企业开展货物交易最基本的手段。根据《联合国国际货物销售合同公约》(简称《公约》)的规定,国际货物买卖合同是指营业地分处不同国家和地区的当事人之间订立的货物买卖合同。衡量某个货物买卖合同是否具有国际性的标准,是买卖双方的营业地点是否处在不同的国家,而不是双方当事人的国籍;国际货物买卖合同究其根本,还是合同的一种,因此关于合同的相关原则,如平等原则、契约自由原则、诚信原则等均可以适用。

国际货物买卖合同具有以下特点:

(1)国际货物买卖合同具有国际性。国内货物买卖与国际货物买卖的区别就在于是否具有国际性这一特点。《公约》规定,营业地分处不同国家之间的当事人订立的合同才是国际货物买卖合同。可见对于"国际性"这一标准的解释,《公约》采用"营业地"标准[①]。

(2)合同的标的物是货物。这里的货物指的仅仅是有形货物,不包括股票、债券、投资证券、流通票据或其他财产,也不包括不动产和提供劳务的交易。

(3)国际货物买卖合同中的货物必须跨越国境,从一国运往另一国境内。

(4)国际货物买卖合同争端解决适用法律的多样性。国际货物买卖合同一旦出现纠纷,双方当事人可以选择适用国际公约、国际惯例或者双方当事人国家的法律。

二、订立合同的步骤

国际货物买卖合同订立的过程一般包括询盘(inquiry)、发盘(offer)、还盘(counter offer)和接受(acceptance)四个环节。其中,发盘和还盘是核心环节,是一个买卖合同顺利订立不可或缺的条件。

[①]《最高人民法院关于贯彻执行〈中华人民共和国民法通则〉若干问题的意见》第178条规定:凡民事关系的一方或者双方当事人是外国人、无国籍人、外国法人的;民事关系的标的物在外国领域内的;产生、变更或者消灭民事权利义务关系的法律事实发生在外国的,均为涉外民事关系。可见,中国关于"国际性"的解释采用"国籍"标准。

其中,提出订立合同意愿的一方成为发盘人(发价人),接受这一意愿的一方称为受盘人(被发价人)。

(一)询盘

询盘(inquiry)也称询价,是指交易的一方准备购买或出售某种商品,向对方询问买卖该商品的有关交易条件。询盘的内容可涉及价格、规格、品质、数量、包装、装运以及索取样品等,有些商家可能只是询问价格。并不是每一次交易都有询盘这一环节,如果交易双方彼此熟悉,那么这一环节就可以省略。

询盘可采用口头或书面形式。询盘分为买方询盘和卖方询盘两种。现实中以买方询盘居多。交易的一方发出询盘之后,实质上就表达了一种想要交易的意愿,这种意愿被另一方捕捉到,这样就促进了交易的继续。因此,询盘的整个过程实际上类似于"要约邀请"。

询盘不具有法律约束力,因此一方当事人可以向多人同时询盘而不需要付任何法律责任。

(二)发盘

1. 发盘的含义。发盘(offer)是指交易的一方为了销售或购买一批商品,向对方提出有关的交易条件,并表示愿按这些条件达成一笔交易,这种意思表示的行为称作发盘,又称发价或报价。《公约》第14条规定:向一个或一个以上特定的人提出的订立合同的建议,如果十分确定并且表明发价人在得到接受时承受约束的旨意,即构成发价。一个建议如果写明货物并且明示或暗示地规定数量和价格或规定如何确定数量和价格,即为十分确定。非向一个或一个以上特定的人提出的建议,仅应视为邀请作出发价,除非提出建议的人明确地表示相反的意向。

发盘在法律上又称为要约。

2. 发盘的条件。具体有:

(1)发盘必须向一个(或几个)特定受盘人提出。向特定的人发盘,即是向有名有姓的公司或个人提出订立合同的意见,这与广告或商品价目表是相区别的。从法律的意义上讲即是要约和要约邀请的区别。

(2)发盘的内容必须十分确定。由于发盘的内容具有确定性,一旦对方接受发盘,那么合同即宣告成立,否则,即使对方接受,合同也不能成立。在国际货物买卖的过程中,"确定性"指的是发盘必须具有明确的商品名称,以明示或默示的方式表明数量或表明计算数量的方法,明示或默示规定商品的价格或标明价格的方法。一旦一个发盘具备了上述最基本的要素,我们就认为这是一个合格的发盘,如果对方接受,那么合同即宣告成立。

(3)发盘人必须表明一旦发盘被接受即受约束的意思。这个要约的成立条件是一致的。我国《合同法》第14条规定要约是希望和他人订立合同的意思表示,该意思表示应当符合下列规定:内容具体确定;表明经受要约人承诺,要约人即受该意思表示约束。

如果发盘人没有表明受到约束的意思,那么这就不是一个发盘,而仅仅是一个邀请发盘。

（4）发盘必须送达受盘人。《公约》第15条规定,发盘于送达被发价人时生效。如果发盘在运输途中丢失或其他原因未能到达被发盘人,那么发盘无效。

3. 发盘生效的时间和有效期。发盘生效的时间是指发盘在何时产生拘束力。根据发盘的具体情况不同,可区分为两种情况。一是以口头形式作出的发盘,自对方了解发盘的内容时起生效。二是以书面形式作出的发盘,但其何时生效,英美法系和大陆法系持不同的观点。英美法系采用"发信主义",认为发盘人将发盘发出的同时,发盘生效;大陆法系采用"到达主义",认为发盘到达受盘人时生效。《公约》规定,发价自送达被发价人时生效。可见《公约》采取的是到达主义。

随着信息技术的迅速发展,电子商务正成为人们交易的重要途径。如果交易双方采用电文方式达成协议,那么何时认为到达对方呢?《合同法》第16条规定,采用数据电文形式订立合同,收件人指定特定系统接收数据电文的,该数据电文进入特定系统的时间,视为到达时间;未指定特定系统的,该数据电文进入收件人的任何系统的首次时间,视为到达时间。

发盘的有效期是指发盘在何段时间之内对发盘人具有约束力。在有效期内受盘人作出接受的意思表示,此时对发盘人产生约束力;一旦超出规定的有效期,发盘人即不受约束。当发盘未列明具体的时间时,受盘人应该在合理的时间内接受。所谓的合理时间,应该视具体情况而定。

4. 发盘的撤回和撤销。发盘的撤回是指发盘生效之前收回。《公约》第15条第2款规定:一项发价,即使是不可撤销的,如果撤回通知于发价送达被发价人之前或同时送达被发价人,得予撤回。由此可以看出,如果发盘人想要取消发盘或者改动发盘内容,只要将取消发盘或更改内容的通知于发盘到达受盘人之前或同时到达受盘人即可。这就要求发盘人必须采用更加快捷便利的通讯方式。

发盘的撤销是指发盘人在发盘生效后,将该项发盘取消,从而使发盘的效力归于消灭。如前所述,发盘在到达受盘人时生效,一项有效的发盘会直接影响到发盘人和受盘人的利益,并影响到交易的安全,所以为了维护当事人的利益并保护交易安全,发盘在生效后对发盘人和受盘人都会产生一定的拘束力。发盘对发盘人的拘束力体现在发盘一经生效,发盘人即受到发盘的约束不得随意撤销发盘。但是法律也不绝对禁止撤销发盘,因为发盘生效后在受盘人表示接受之前,可能会因为各种原因如不可抗力、发盘内容存在错误等促使发盘人取消发盘。允许发盘人撤销发盘对保护要约人的利益,减少不必要的损失和浪费也是必要的。根据《公约》第16条的规定,在未订立合同之前发盘可以撤销,只要撤销发盘的通知在受盘人发出接受通知之前到达受盘人。但有下列情形之一的,发盘不得撤销:①发盘人确定了接受期限或以其他形式明示发盘不可撤销;②受盘人有理由认为发盘是不可撤销的,并已经为履行合同做了准备工作。

5. 发盘效力的终止。指发盘自到达受盘人时生效,但由于发生了一定的法律事实,对发盘人不再具有拘束力:

(1)因受盘人拒绝而失效;若受盘人在拒绝后又在有效期内表示接受,发盘人也不再受其约束。

(2)因发盘人有效撤回或撤销自己的发盘而失效。

(3)因规定的接受期限已满而失效;或因合理期限已过而失效。

(4)因不可抗力等原因。如地震、海啸、火灾、战争、政府禁令等。所谓政府禁令,是指有关部门所在国政府突然颁布禁止进出口该发盘中的商品的法令。

(5)因在发盘接受前,双方当事人丧失了行为能力,或死亡,或法人破产。

(三)还盘

还盘(counter offer)是指受盘人不同意或者不完全同意发盘的内容,对发盘内容作出实质性的或非实质性的修改后,建议发盘人重新考虑。一般而言,还盘之后,原发盘失去效力,原发盘人不再受到原发盘的约束。还盘可以在双方之间反复进行,还盘的内容通常仅陈述需变更或增添的条件,对双方同意的交易条件无须重复。在国际贸易中,往往经过多次的还盘、反还盘,才最终达成协议。《公约》规定,受盘人对货物的价格、价款、品质、数量、交货时间与地点,一方当事人对另一方当事人的赔偿责任范围或解决争端的办法等条件提出添加或更改,均视为实质性的变更发盘条件。

(四)接受

1. 接受的含义。接受(acceptance)是指受盘人在发盘的有效期内,无条件地同意发盘中提出的各项交易条件,愿意按这些条件和对方达成交易的一种表示。接受在法律上称为"承诺",接受一经送达发盘人,合同即告成立,双方均应履行合同所规定的义务并拥有相应的权利。它是交易磋商的过程之一。如交易条件简单,接受中无须复述全部条件。如双方多次互相还盘,条件变化较大,还盘中仅涉及需变更的交易条件,则在接受时宜复述全部条件,以免疏漏和误解。

2. 接受的条件:

(1)接受必须是由特定的受盘人作出。如果由第三人作出,那么就不是一个接受,而是一个新的发盘。

(2)接受必须以一定的形式表示出来。接受可以口头或书面,或用行动表示。《公约》规定,被发价人声明或作出其他行为表示同意一项发价,即为接受,缄默或不行动本身不等于接受。

(3)接受应当是无条件的。受盘人在答复中使用了"接受"字眼,但是又对发盘的内容做了增加、限制或修改。这在法律上是有条件的接受,不能成为有效的接受,应当叫做还盘。《公约》第19条规定,对于发价表示接受但载有添加、限制或其他更改的答复,即为拒绝该项发价,并构成还价。对于发价表示接受但载有附加、限制或不同条件的答复,如所载的添加或不同条件在实质上并不能变更该项发价的条件,除发价人在不过分延迟的期间内以口头或书面通知反对其间的差异外,仍构成接受。如果发价人不作出这种反对,合同的条件就以该项发价的条件以及接受通知内所载更改为准。

(4)接受的通知要在发盘的有效期内送达发盘人才有效。如果一项接受不能在发盘的有效期内到达发盘人,那么这个接受就不能成立,而只能视为一个新的发盘。

3.接受生效的时间和逾期接受。《公约》规定,接受发价于表示同意的通知送达发价人时生效。如果表示同意的通知在发价人所规定的时间内,如未规定时间,在一段合理的时间内,未曾送达发价人,接受就成为无效,但须适当地考虑到交易的情况,包括发价人所使用的通讯方法的迅速程度。对口头发价必须立即接受,但情况有别者不在此限。但是,如果根据该项发价或依照当事人之间确立的习惯做法和惯例,被发价人可以作出某种行为,例如与发运货物或支付价款有关的行为,来表示同意,而无须向发价人发出通知,则接受于该项行为作出时生效,但该项行为必须在上一款所规定的期间内作出。

逾期接受也称为"迟到的接受",是指接受通知到达发盘人的时间已超过了发盘所规定的有效期,或发盘未规定有效期而超过合理时间才送达发盘人。对于逾期接受,世界各国原则上不予承认。《公约》规定,如果发价人毫不迟延地用口头或书面将此种意见通知被发价人,逾期接受仍有接受的效力。如果载有逾期接受的信件或其他书面文件表明,它是在传递正常、能及时送达发价人的情况下寄发的,则该项逾期接受具有接受的效力,除非发价人毫不迟延地用口头或书面通知被发价人,发价已经失效。

4.接受的撤回和撤销。接受的撤回是指在接受生效之前将其追回,使其失去效力。由于《公约》规定接受于到达发盘人时生效,因此,受盘人必须在发盘人接到接受之前或同时将其追回。

在国际货物贸易中,接受的撤销是不被允许的。因为允许接受的撤销,实际上就是合同的撤销,这与合同鼓励交易的基本原则是背道而驰的,不利于世界经济的发展。因此,接受一旦到达发盘人生效之后是不得撤销的。

三、国际货物销售合同的内容

一项有效的合同必须具备必要的内容,否则就会造成合同当事人基本权利义务的混乱,影响交易的进行。国际货物买卖合同作为合同的一种,必须具备合同的基本要素,如当事人资格条款、定义条款、变更条款、转让条款、终止条款等,同时,由于国际货物买卖合同具有国际性等特点,这就要求合同必须包括一些专门性条款,如品质条款、数量条款、价格条款、包装条款、支付条款、装运条款、保险条款、商检条款、仲裁、不可抗力等。下面就将国际货物买卖合同中的专门性条款进行介绍。

(一)品质条款

品质条款是买卖合同中的一项主要条款,是买卖双方对货物品质的具体约定。品质条款主要包括品名、牌名或规格。一般而言,货物品质首先应该符合合同规定,如此才能保障交易的正常进行;除此之外,世界大多数国家还制定了自己国家的《产品质量法》,因此产品品质还应符合世界各国的国内标准。

在国际货物买卖合同中,规定品质规格的方式主要有两种,一是凭样品,二是凭文字和图样。《公约》规定,货物的质量与卖方向买方提供的货物样品或样式相同。因此,在合同中品质条款的规定方法要做到以下几点:正确运用各种表示品质的方法;品质条款要有科学性和合理性;可规定一定的品质机动幅度。

(二)数量条款

商品的数量是指由一定的度量衡表示商品的重量、个数、长度、面积等的量。商品的数量是国际贸易中重要的交易条件之一,它由数量和计量单位两部分组成。在国际贸易中,计量单位通常采用面积、重量、容积、个数等方式表示。

为了避免争议,买卖双方还常在合同数量条款中订明交货数量的机动幅度。国际货物买卖合同中规定机动幅度有两种具体方法:一是溢短装,二是"约"量。溢短装条款即在买卖合同中的数量条款中明确可以增减的百分比,但增减幅度以不超过一定数量的百分比为限;约量即在交货数量前加"约"字的规定机动幅度方式。这样,也可使具体交货数量有适当的机动,可以多交或少交约定数量的一定百分比。在数量机动幅度范围内,多装或少装物,一般仍按合同规定的价格计算,即多交多收。但是,对于价格波动频繁、幅度较大的大宗商品,为了防止掌握溢短装条款选择权的一方利用机动幅度故意增加或减少数量以取得额外收益,也可以规定增减部分按装运时某种市场价格计算。按照国际惯例,合同中如未对溢短装部分规定作价办法,溢短装部分应按照合同的价格结算。

(三)价格条款

价格条款是指国际贸易合同中表明价格条件的款项,是对外经济贸易合同中的重要条款之一。总值即成交商品的总价,等于单价乘数量。签订合同应注意合理确定成交价格,采用适当的贸易术语,选择有利的计价货币,列明具体的作价方法,以保证风险小而利润大。单价应详细列明议妥的价格术语、计价货币、计量单位、单位价格金额。总值与单价应为同一货币单位。若有交货机动幅度、总值不能为肯定数额时,可冠以"约"字。在外贸合同中,正确选择和运用价格条款,对贯彻对外贸易政策、完成进出口任务、节约外汇支出或增加外汇收入等有重要意义。

(四)包装条款

包装条款是用来规定货物包装方式、包装材料、包装费用负担和运输标志等方面内容的条款。《公约》第35条规定,①卖方交付的货物必须与合同所规定的数量、质量和规格相符,并须按照合同所规定的方式装箱或包装。②除双方当事人业已另有协议外,货物除非符合以下规定,否则即为与合同不符:(a)货物适用于同一规格货物通常使用的目的。(b)货物适用于订立合同时曾明示或默示地通知卖方的任何特定目的,除非情况表明买方并不依赖卖方的技能与判断力,或者这种依赖对他是不合理的。(c)货物的质量与卖方向买方提供的货物样品或样式相同。(d)货物按照同类货物通用的方式装箱或包装,如果没有此种通用方式,则按照足以保全和保护货物的方式装箱或包装。③如果买方在订立合同时知道或不可能不知道货物不符合合同,卖方就无须按照上一款(a)项至(d)项负有此种不符合同的责任。

在规定合同的包装条款时应注意以下问题:

1. 要根据具体商品做具体明确规定,而不能只笼统地规定"适应海运包装"、"习惯包装"等模糊的包装术语。

2. 要充分考虑相关国家的法律规定,根据法律的规定选择相适用的包装条款。如有的国家禁止或限制使用某些包装条款或对运输标志有明确的规定,或对于不同商品的单件包装采用不同的汇率。同时对于危险品的包装应符合《国际海上危险货物运输规定》的相关要求。

3. 明确包装由哪一方提供,在这一问题上,分为由卖方提供包装、由卖方提供包装并收回、由买方提供包装三种情况。

(五) 支付条款

国际货物买卖合同中的支付条款主要指用什么手段,在什么时间、地点,用什么方式收取货款及其相关费用的支付。支付条款主要包括支付方式、支付时间和地点、支付手段、支付金额等内容。一般而言,国际贸易支付手段有汇款、托收、信用证支付三种手段。因此,国际货物买卖合同中的支付条款可以具体划分为汇款条款、托收条款、信用证支付条款三种。

(六) 装运条款

海运装运条款又称"海洋运输条款",是国际贸易合同的一个重要组成部分,主要指装运条件和相互责任。在洽商交易时,买卖双方必须就交货时间、装运地和目的地、能否分批装运和转船、转运等问题商妥,并在合同中具体订明。合同的装运条款应包括装运时间、装运港、目的港、是否允许转船与分批装运、装运通知,以及滞期、速遣条款等内容。国际货物买卖合同订立的过程中,一定要将装运条款表述清楚,这样才能明确买卖双方的权利义务,保障交易的顺利进行。

在制定装运条款时,应注意到以下问题:

1. 装运日期应该具有明确性,但是又要留有余地。

2. 装运条款中一定要明确装运港或目的港。装运港和目的港是货物买卖合同中重要的内容,决定着买卖双方的权利义务、费用风险的划分。如定有选择港,应定明增加的运费、附加费由谁承担。

3. 装运港或目的港必须是国家政府允许的港口。

4. 买卖双方无论是哪一方承担装船的任务,在装船完毕后,必须履行对对方的通知义务。这是为了保证运输保险这两个环节之间的紧密性,保障双方当事人之间的权益。

(七) 保险条款

保险条款主要包括由谁负责投保以及支付保险费、投保险别和保险金额。保险条款规定的办法与合同所采用的价格术语密切相关。在 Incoterms 2010 中,CIP/DAT/DAP/

DDP/CIF这五组价格贸易术语由卖方买保险,其他七种价格术语由买方买保险。

(八)商检条款

一般而言,商检条款包括商检机构、商检时间、商检权以及商检所依据的标准等内容。商检条款是检验商品是否符合合同约定质量、数量的标准,关系到买卖双方的索赔以及利益的维护等问题。

1. 关于商检机构。在国际贸易中,进行商品检验的机构主要有以下三类:其一,是由国家设立的商品检验机构,在我国就是国家质量监督检验检疫总局和各省、自治区、直辖市出入境检验检疫局;其二,是由私人或同业公会、协会开设的公证行;其三,是生产、制造厂商或产品的使用部门设立的检验机构。

2. 关于商检时间。国际上通行的做法是买方在货物抵达目的港或者卸货后若干天内享有复检权。买方必须在规定的时间之内行使权力,一旦超出了规定的时间,即使货物的品质不符合合同的要求,买方也极有可能丧失索赔权。

3. 关于商检权。商检权关系到买卖双方由哪方决定商品品质、数量或包装是否符合合同的问题。在国际贸易中,对商检权一般有下列三种不同的规定方法:①以离岸品质、重量为准。在此种条款下,买方在货物到达后原则上不能对货物的品质和数量提出异议。这种做法对卖方比较有利。②以到岸品质、重量为准。在此种条款下,买方可以根据目的港检验机构签发的商检证书向卖方提出品质、数量方面的异议。这种做法显然对买方有利。③以装运港的检验证书作为议付贷款的依据,但在货到目的港后允许买方有复验权。如复验后发现货物的品质、数量与合同不符,买主可根据交验的结果向卖方提出索赔。这种做法比较公平合理,兼顾到买卖双方的利益,在国际贸易中使用比较普遍。

4. 关于商检依据的标准。世界各个国家和地区对同一商品的质量要求可能是不一样的,这就在很大程度上阻碍了买卖的进行。因此,在订立合同的时候,一定要将商检所依据的内容予以明确。

(九)仲裁

所谓仲裁(arbitration),又称公断,是指买卖双方在争议发生之前或发生之后,签订书面协议,自愿将争议提交双方所同意的第三者予以裁决,以解决争议的一种方式。由于仲裁是依照法律所允许的仲裁程度裁定争端,因而裁决具有法律约束力,当事人双方必须遵照执行。国际贸易中的仲裁,可由双方当事人在仲裁协议中规定在常设的仲裁机构进行,也可以由当事人双方共同指定仲裁员组成临时仲裁庭进行仲裁。当事人双方选用哪个国家(地区)的仲裁机构审理争议,应在合同中作出具体说明。

(十)不可抗力

不可抗力是一项免责条款,是指买卖合同签订后,不是由于合同当事人的过失或疏忽,而是由于发生了合同当事人无法预见、无法预防、无法避免和无法控制的事件,以致不能履行或不能如期履行合同,发生意外事件的一方可以免除履行合同的责任或者推迟履行合同的责任。一般而言,不可抗力包括自然条件和社会条件。《公约》规定,当事人对不履行义务不负责任,如果他能证明此种不履行义务是由于某种非他能控制的障碍,而且对于这种障碍,没有理由预期他在订立合同时能考虑到或能避免或克服它的后果,那么当事人免责。

第四节 国际货物买卖合同的履行

一般而言,合同的订立仅仅表明买卖双方的经济目的达成一致,这种经济目的并未在实际当中实现,只有履行合同才能使这种经济目的得以实现。因此,合同订立之后,买卖双方应该按照合同规定的要求履行自己的义务。若是哪一方违反合同的约定,怠于履行自己的义务给对方造成损失时,应该按照规定承担赔偿责任。根据《公约》规定,在履行合同的过程中,卖方要履行交付货物和移交单据、担保的义务;买方要履行支付价款、收取货物的义务。

一、卖方的义务

根据《公约》第30条的规定:"卖方必须按照合同和本公约的规定,交付货物,移交一切与货物有关的单据并转移货物所有权。"

(一)交付货物和移交单据的义务

具体而言,交付货物和移交单据的义务包括以下几项内容:交货地点、运输义务、交货时间和移交单据四项。

1. 交货地点。卖方应该按照合同规定的具体的交货地点履行交货义务。若是合同对此没有具体规定,则应按照《公约》的规定履行交货义务。

《公约》第31条规定,如果合同没有规定具体的交货地点,卖方应该履行以下交货义务:①如果销售合同涉及货物的运输,卖方应把货物移交给第一承运人,以运交给买方;②在不属于上款规定的情况下,如果合同指的是特定货物或从特定存货中提取的或尚待制造或生产的未经特定化的货物,而双方当事人在订立合同时已知道这些货物是在某一特定地点,或将在某一特定地点制造或生产,卖方应在该地点把货物交给买方处置;③在其他情况下,卖方应在他于订立合同时的营业地把货物交给买方处置。

2. 运输义务。当卖方的交货义务涉及运输时,则卖方只要把货物交给第一承运人就算履行了交货义务。

《公约》第32条规定:如果卖方按照合同或公约的规定而将货物交给承运人,但并没有通过在货物上加标记,或通过装运单据或其他方式清楚地将货物注明在有关合同项下,那么,卖方就必须向买方发出列明货物的发货通知。如果按照合同卖方有义务安排货物的运输,那么,卖方就必须订立货物运输合同,以按照通常运输条件,用适合的运输工具,把货物运至指定地点。如果按照合同,卖方没有义务对货物的运输办理保险,那么,卖方就必须在买方提出要求时,向买方提供一切现有的必要资料,使买方能够办理这种保险。

3. 交货时间。交货时间是指卖方按买卖合同规定将合同货物交付给买方或者承运人的期限。交货时间是买卖合同的主要交易条件。如买卖合同规定了具体的交货时间,那么卖方必须按照合同约定的时间如期交货;若合同中没有约定,根据《公约》相关规定,卖方应该在合同订立之后合理期限之内交货。对于如何理解"合理期限",国际上通行的做法是作为事实由法院根据货物的性质以及合同的其他规定决定。

4. 移交单据。单据是办理货物的交付和货款的支付的一种依据。单据可以表明出口商是否履约以及履约的程度。进口商品以单据作为提取货物的货权凭证,有了单据,就表明有了货物。在国际货物买卖中,卖方履行交货义务的方式有两种,一是实际交货,二是象征性交货。实际交货是指在规定的时间地点将货物连同单据一起移交给买方;象征性交货是指卖方将代表货物所有权的证书交给买方就视为完成交货。

《公约》规定,如果卖方有义务移交与货物有关的单据,他必须按照合同规定的时间、地点和方式移交这些单据。如果卖方在该期限以前已移交这些单据,他可以在期限届满前纠正单据中任何不符合合同规定的情形,但是,这项权利的行使不得使买方遭受不合理的不便或承担不合理的开支。但是,买方保留本公约所规定的要求损害赔偿的任何权利。

(二)担保义务

一般而言,卖方的担保义务一般包括权利担保义务和品质担保义务两项。

1. 权利担保。权利担保,是指卖方应保证对其出售的货物享有合法的权利,没有侵犯任何第三人的权利,并且任何第三人不会就该项货物向买方主张任何权利。具体而言,权利担保包括如下内容:卖方保证其对出售的货物享有合法的权利,主要是指所有权;卖方保证在其出售的货物上不存在任何其他物权,如担保权、质权等;卖方保证出售的货物上不存在第三方的知识产权,如商标权或专利权。《公约》对此作出了详尽的规定。

《公约》第41条规定:卖方所交付的货物,必须是第三方不能提出任何权利或要求的货物,除非买方同意在这种权利或要求的条件下,收取货物。但是,如果这种权利或要求是以工业产权或其他知识产权为基础的,卖方的义务应依照第42条的规定。

《公约》第42条规定:卖方所交付的货物,必须是第三方不能根据工业产权或其他知识产权主张任何权利或要求的货物,但以卖方在订立合同时已知道或不可能不知道的权利或要求为限,而且这种权利或要求根据以下国家的法律规定是以工业产权或其他知识产权为基础的:

(a)如果双方当事人在订立合同时预期货物将在某一国境内转售或做其他使用,则根据货物将在其境内转售或做其他使用的国家的法律;或者

(b)在任何其他情况下,根据买方营业地所在国家的法律。

根据公约的相关规定,卖方的权利担保责任在以下情况下予以免除:其一,买方是在

第三方权利或要求的条件下接受货物;其二,买方在订立合同时已经知道或不可能不知道此项权利或要求;其三,如果此项权利发生,是因为卖方要遵循买方所提供的技术图样、图案、程序或其他规格①。

值得注意的是,公约并未指明何谓侵犯工业产权或知识产权的行为,这样在一国被视为侵犯工业产权的违法行为,在另一国可能被认为是合法的非侵权行为。当双方发生争议时,只能由解决争议的法院依照国际私法规则指引或合同适用的国内法原则来处理②。

2. 质量担保。卖方品质保证,是指卖方明示或默示地保证出示货物符合合同要求。从法律上讲,是指对出售的货物的瑕疵负担保义务。简单讲,品质保证义务具有以下三个含义:①以货物的描述订立合同的,货物必须符合合约的描述;以样本为准订立合同的,货物必须符合样本。②货物的用途必须是可以进行销售的,这是考虑到在一个买卖合约的买方,货物不一定是自用而是用作转售,因此有了可进行销售的要求。③货物适合买方的特殊用途。这种"特殊用途"不是②中一般用途,往往是买方在合同中特别约定的用途。

《公约》第35条规定:

(1)卖方交付的货物必须与合同所规定的数量、质量和规格相符,并须按照合同所规定的方式装箱或包装。

(2)除双方当事人业已另有协议外,货物除非符合以下规定,否则即为与合同不符:

(a)货物适用于同一规格货物通常使用的目的;

(b)货物适用于订立合同时曾明示或默示地通知卖方的任何特定目的,除非情况表明买方并不依赖卖方的技能和判断力,或者这种依赖对他是不合理的;

(c)货物的质量与卖方向买方提供的货物样品或样式相同;

(d)货物按照同类货物通用的方式装箱或包装,如果没有此种通用方式,则按照足以保全和保护货物的方式装箱或包装。

(3)如果买方在订立合同时知道或者不可能不知道货物不符合同,卖方就无须按上一款(a)项至(d)项负有此种不符合同的责任。

二、买方的义务

买方的义务主要包括支付价款和收取货物。

(一)支付价款

买卖合同中,买卖双方最主要的两项义务是交付货物和支付价款,因此可以看出支付价款这一买方义务的重要性,它是合同能否实际履行的重要条件之一。一般来说,支

---

①张学慧.国际经济法教程[M].2版.北京:首都经济贸易大学出版社,2007:62.
②王传丽.国际贸易法[M].北京:中国政法大学出版社,2003:60.

付价款条款主要包括支付价款的方式、支付价款的时间、支付价款的地点三个内容。

1. 支付价款的方式。买方应该按照合同规定的特定的支付方式进行价款支付。现在价款支付方式有托收、跟单信用证以及保付代理制度。《公约》规定,买方支付价款的义务包括根据合同或任何有关法律和规章规定的步骤和手续,以便支付价款。

2. 支付价款的时间。若买卖合同中规定了价款支付的具体时间,买方就应按照此时间按时支付价款;若合同中没有规定,那么买方必须于卖方按照合同和本公约规定将货物或控制货物处置权的单据交给买方处置时支付价款。买方可以支付价款作为移交货物或单据的条件。如果合同涉及货物的运输,卖方可以在支付价款后方把货物或控制货物处置的单据移交给买方作为发货的条件;买方在未有机会检验货物前,无义务支付价款,除非这种机会与双方当事人一定的交货或支付程序相抵触[①]。

3. 支付价款的地点。买卖合同中支付价款的地点问题不容忽视,尤其是在国际货物买卖中更应如此,因为往往涉及外汇付款的问题。如果双方约定了支付价款的地点,买受人应当依约履行。如果未约定或者约定不明确,双方应协商解决,协商不成的,根据《公约》规定买方须在卖方的营业地交货,或者如凭移交货物或单据支付价款,则为移交货物或单据的地点。如果买方在卖方的营业地支付价款但是卖方的营业地发生变动,此种情况下多支出的费用由卖方承担。

(二)接受货物

《公约》规定,买方必须采取一切应采取的措施,以期卖方能交付货物和接受货物。一般而言,买方为了自身利益,为了尽快接到货物,会尽可能完成对此义务的履行。

在这里,我们需要区别两个用词:"接受货物"和"接收货物"。接受货物是指买方在经过复查的基础上确定货物符合买卖合同的要求而予以接受承认;接收货物是指买方仅仅接到货物,尚未复查。买方必须接收货物,但是如果货物不符合合同的要求,买方是有权拒受的。接受货物也是买方必须履行的义务,如果买方不接受卖方提供的货物,即使是因为货物本身不符合合同要求,由此造成的损失也应该由买方承担。

第五节 违约与违约救济

国际货物买卖合同订立之后,就需要买卖双方履行合同规定的义务,维护交易的正常进行。但是现实生活中,由于双方主观或者客观各种原因,往往出现各种不能履行合同义务的情况,如卖方不能交货、延迟交货、交货不符合合同约定,买方可能出现拒绝付款、拒收货物等情形。为了维持交易的进行,保护双方的合法利益,世界各国都规定,一旦在买卖合同中出现违约的情况,允许对方采取法律上允许的救济方式来维护自己的合法权益,保障经济秩序的正常运行。

[①] 参考《联合国国际货物销售合同公约》第58条.

一、违约

根据《牛津法律大辞典》的规定,违约是指一方当事人不合理地拒绝或者不履行合法或者强制性的合同义务,通常表现为拒绝履行、迟延履行或不当履行等形式[①]。

一般而言,违约需要有以下几个构成要件:

(1)违约的首要前提是双方存在着合同关系,合同对双方具体的权利义务作出了具体而特定的规定,而双方怠于履行合同规定的义务。"有义务而有责任,无义务无责任。"

(2)违约的主体需是合同的当事人,结果表现形式是损害了对方的利益。如果造成损害后果的是与合同无关的第三方当事人,我们认为这是主体不适格,不属违约责任的调整范围。违约的后果是造成了对方合法权益的损害,如果一方的行为没有造成对方的利益遭受到损害,那就谈不上违约,自然也就没有违约责任。

(3)法律上违约的成立须不存在法律上规定的不履行或不当履行义务的免责事由。

二、卖方违约时的救济方法

卖方违约一般来说主要是指拒绝交货、延迟交货或瑕疵交货。如卖方一旦出现上述不履行义务的情况,相对应的,买方可以采取包括要求卖方实际履行、减少价金、解除合同、要求卖方提供替代物、要求卖方进行修补、请求损害赔偿等形式予以补救,以减少损失。

(一)要求卖方实际履行

要求卖方实际履行这一救济方式主要针对卖方不履行或延迟履行交货义务的情形。对于实际履行这一救济方式,英美法系和大陆法系的规定截然不同。大陆法系认为,实际履行是对不履行合同的一种主要的救济方式,而英美法系却认为,如果卖方不履行合同,那么买方应采取的首要的救济方式是要求赔偿损失,如果赔偿不能弥补买方所受到的损失,这种情况下才考虑要求卖方实际履行。《公约》对这一问题的规定兼采了英美法系和大陆法系双方的意见。《公约》第46条规定,买方可以要求卖方履行义务。当然要求卖方履行义务也需要满足一定的条件:一是买方不得采取与实际履行相违背的救济方式;二是买方需规定一段合理的额外时间让卖方履行交货义务;三是能够要求卖方实际履行义务必须依赖于法院的判决[②]。

(二)减少价金

《公约》规定,如果卖方只交付一部分货物或者交付的货物只有一部分符合合同规定,无论价款是否已经支付,买方均可以减低价格,减价按实际交付的货物在交货时的价值和符合合同的货物在当时的价值二者之间的比例计算。但是,如果卖方依据合同或公约规定对违约行为作出了补救,或者买方拒绝卖方按照规定作出的补救行为,或者买方在合理的期限内未对卖方提出的补救方式作出答复,买方不得减低价款。

[①] 沃克.牛津法律大辞典[M].北京:光明日报出版社,1988:207.
[②] 参考《联合国国际货物销售合同公约》第28条.

(三)解除合同

合同的法定解除是指合同成立后,尚未履行或履行完毕前当事人一方行使法定的解除权而使合同效力归于消灭的行为。一般情况下,合同生效后,当事人一方不得擅自解除合同。一般而言,合同解除意味着交易的终止,这与鼓励交易的合同基本原则是背道而驰的,因此各国法律对于解除合同的条件都是小心谨慎,《公约》也不例外。《公约》规定,只有当卖方不履行义务构成根本违约时,买方才享有解除合同的权利。

何谓根本违约?《公约》第25条对此作出了规定:一方当事人违反合同的约定,如使另一方当事人蒙受损失,以至于剥夺了他根据合同规定有权期待得到的东西,即为根本违约,除非违反合同一方并不预知而且一个同等资格、通情达理的人处于相同情况下没有理由预知会发生这种结果。

根据《公约》规定,根本违约包括以下几种情形[①]:

1. 卖方不交货,延迟交货或交货不符合合同规定或所有权有瑕疵以致不能达到合同目的;
2. 卖方声明他不在规定的时间内支付货物;
3. 在买方给予的合理的宽限期届满之后仍不履行合同。

这里需要注意两点,一是如果卖方交付的货物中有一部分符合合同的规定,这个时候买方是不能宣布合同无效的,只有当卖方的这一行为构成了根本违约,不能达成合同目的时买方才有宣告无效的权利;二是,即使买方宣告合同无效,也不终止违约一方对其违约所引起的一切损害赔偿责任,也不会终止合同中有关争议解决条款的效力。

(四)要求卖方提供替代物

《公约》第46条规定,如果货物不符合合同约定,只有当这种违约构成根本违约时,买方才能要求卖方交付替代物。要求卖方交付替代物意味着卖方需要重新装货、运输,其实质是要求实质履行,因此公约对其适用的条件也作出了严格规定。同时《公约》规定,买方要求提供替代物的通知必须同货物不符合合同规定的通知一起发出或在其后合理的一段时间内发出。

(五)要求卖方进行修补

当卖方交付的货物与合同规定不相符合,即存在瑕疵时,买方可以要求卖方进行修补。《公约》规定,如果卖方提供的货物与合同不符,买方可以要求卖方通过修理不符合同之处做出补救,除非他考虑了所有的情况之后,认为这样做是不合理的。修理的要求必须与货物不符合规定的通知同时发出,或者在其后合理的时间内发出。

当然,买方也可以预先支付费用由自己或第三方进行修复,修复的费用最终由卖方承担。

---

① 参考《联合国国际货物销售合同公约》第49条.

(六)赔偿损失

赔偿损失是《公约》倡导的又一主要救济措施。赔偿损失这一救济方式具有兼容性的特点,可以与其他的救济方式并存。

《公约》对损害赔偿的范围作出了规定。《公约》第74条规定,一方当事人违反合同应付的损害赔偿额,应与另一方当事人因他违反合同所遭受的包括利润在内的损失额相等,但是这种损失额不得超过合同一方在订立合同时,按照他自己已知道或者理应知道的事情和情况。

由此可见,《公约》对于赔偿损失采取的是全额赔偿和限额赔偿相结合的制度[①]。在这里需要注意几点:一是公约规定,违约责任损害赔偿的要件并不以过失为要件,只要是造成了另一方当事人的损失,就应该承担责任;二是买方有防止扩大损失的义务。买方必须采取合理的措施,防止违约造成损失的扩大,如果买方怠于这种义务的履行,对于扩大部分的损失卖方是不需要承担赔偿责任的。

三、买方违约时的救济方式

买方违约主要是指拒付货款、延迟付款、拒收货物和延迟接收货物。当买方违约时,卖方可采取的救济方式大致分为两种。一是物权上的救济,主要是指保留货物的所有权以及行使留置权等[②],另一种是债权上的救济,包括要求买方实际履行、宣告合同无效、损害赔偿、请求支付利息等情形。

(一)要求买方实际履行

《公约》第62条规定,卖方可以要求买方支付价款、收取货物或履行其他义务,除非卖方已采取与此要求相抵触的某种补救方法。当然,卖方必须给予买方一段合理的额外时间让买方履行义务。

(二)宣告撤销合同

如果买方根本违约,给卖方造成重大损失,实质上剥夺了卖方根据合同有权得到的利益,卖方可以宣告撤销合同。一般情况下,事态不会如此严重,卖方应该给买方一段合理的时间,让买方履行义务。在卖方给了一段合理的时间以后,买方还不履行,或声明将不履行,卖方可以宣告撤销合同。

当然,撤销合同并不终止违约一方的损害赔偿责任和关于解决争议的协议。而有的国家规定,合同撤销了,就不能要求损害赔偿,仲裁条款也失效。

(三)损害赔偿

如果买方违约不支付货款或者不受领货物,按《公约》的有关规定,卖方可以要求买方赔偿损失。赔偿损失作为一种支付手段具有兼容性,可以与其他的救济方式并存。

[①] 张学慧.国际经济法教程[M].2版.北京:首都经济贸易大学出版社,2007:64.
[②] 张学慧.国际经济法教程[M].2版.北京:首都经济贸易大学出版社,2007:65.

（四）请求支付利息

《公约》第78条规定，如果一方当事人没有支付价款或任何其他拖欠金额，另一方当事人有权对这些款额收取利息，但不妨碍卖方要求买方进行损害赔偿。

四、预期违约

预期违约（Anticipatory Breach）又称先期违约，是指在合同履行期限到来之前，一方虽无正当理由但明确表示其在履行期到来后将不履行合同，或者其行为表明在履行期到来后将不可能履行合同。预期违约制度的目的就在于防止违约情形的出现，保障双方的权益。具体而言，预期违约包括明示毁约和默示毁约两种形式。

预期违约具有以下特征：

第一，必须是履行主义务之前。预期违约的主要表现就是在合同主义务履行以前，对方以明示或默示的方式表示不履行主义务。合同订立之后往往存在一定的履行期，履行期中发生的表明将来可能不履行义务的行为就是预期违约。如果在履行期过后不履行义务，那么就是实际违约。

第二，一方必须明确表示不履行合同的主义务。主义务才能妨碍合同目的的实现，因此，只有一方当事人以明示或默示的方式表明不履行主合同义务，我们才能认定构成预期违约，否则不构成预期违约。

这里需要注意的是，对于默示违约，一方预见到另一方在合同履行期到来之时将不履行或不能履行合同，预见的内容一般包括对方资金紧张、支付能力欠缺、欠债过多无法清偿债务、商业信用不佳、资产变卖等情况。一方的预见应当有确切的证据。预见是一种主观臆断，具有强烈的主观因素，为平衡双方的利益，预见方必须以一定的证据来说明自己判断的恰当性。被要求提供履行保证的一方不能在合理的期间内提供充分的保证，若对方在合理的期限内提供充分的保证，则不构成预期违约。

对于预期违约，《公约》也作出了详细的规定。《公约》第71条规定，如果订立合同后，另一方当事人由于下列原因显然将不履行其大部分重要义务，一方当事人可以中止履行义务：(a)他履行义务的能力或他的信用有严重缺陷；或(b)他在准备履行合同或履行合同中的行为。

如果卖方在上一款所述的理由明显化以前已将货物发运，他可以阻止将货物交给买方，即使买方持有其有权获得货物的单据。本款规定只与买方和卖方间对货物的权利有关。

中止履行义务的一方当事人不论是在货物发运前还是发运后，都必须立即通知另一方当事人，如经另一方当事人对履行义务提供充分保证，则他必须继续履行义务。

《公约》还规定，对于逾期违约，可以采用要求实际履行、请求损害赔偿、宣告合同无效等救济方式维护自身利益。

五、分批交货合同中的违约救济

分批交货合同,是指一个合同项下的货物分成若干批交货。例如,一个购买 40 万吨水泥的合同,可以分 5 批交货,每批 8 吨。《公约》对分批交货详细情形也做了具体的规定:

(1)如果一方当事人仅仅不履行其中一批货物的义务,就对该批货物构成根本违约,对方只能撤销合同中这一批交货的效力,不能撤销整个合同。

(2)如果一方当事人不履行其中一批货物的义务,使当事人有理由断定以后各批货物将会发生根本违约的情况,则另一方当事人可以在一段合理的时间内宣告合同今后无效,就是撤销合同对以后各批货物有效,对以前已经履行的部分不能撤销。

(3)当买方宣告合同对某一批交货无效时,如果合同项下各批货物不可分割,无法分批交运,则买方可以宣告整个合同根本违约无效。

第六节 货物所有权与风险的转移

一、货物所有权的转移

货物买卖从本质上来说就是所有权的买卖,它不仅关系货物所有权的归属,更是涉及买卖双方的核心利益。因此所有权的转移历来是买卖合同的核心内容,也是买卖双方关心的重点。但是对于货物所有权转移的时间,世界各国的法律规定相对复杂,无法达成统一的规定。为了避免争议,最大程度的维护国际货物买卖双方的权益,《公约》本身并未对货物所有权的转移作出规定。因此,在国际货物买卖的过程中,一旦出现关于货物所有权转移的纠纷,就需要根据双方当事人选择的国际惯例或依据双方国内的法律予以解决。

(一)国际立法和国际惯例

由于世界各国对货物所有权转移的规定大相径庭,国际惯例对此问题也没有详细规定。《海牙规则》、《海牙—维斯比规则》以及《汉堡规则》对这个问题都采取了回避的态度,只有 1932 年的《华沙—牛津规则》、1958 年的《国际有体动产买卖所有权转移法律适用公约》以及国际商会的《国际销售示范合同》对这个问题作出了规定。

《华沙—牛津规则》第 6 条规定,在 CIF 合同中,货物所有权转移于买方的时间应该是卖方把转运单据交给买方的时间。也就是说,所有权转移的时间与单据相挂钩,并非是签订合同或实际交货时转移。

第三人、出卖人和买受人对与货物所有权有关的权利提出各种情形的主张的,《国际有体动产买卖所有权转移法律适用公约》规定应当适用提出主张时货物所在地法。但是该公约并没有提出货物所有权转移的实体法。

《国际货物销售示范合同》规定,如果双方当事人已经有效保留了货物所有权,则在完全付清款价以前,或依照另外的约定,货物的所有权不发生移转。

(二) 各国国内立法

世界各国关于货物所有权的立法各不相同,但是大致可以归为以下几类:

1. 合同订立的时间为所有权转移的时间。采用此种观点的典型代表国家是法国。《法国民法典》第1583条规定,当事人就标的物及其价金相互同意时,即使标的物尚未交付,价金尚未支付,买卖即告成立,而标的物的所有权亦在此时在法律上由卖方转移到买方。由此可以看出,法国采取的就是合同成立主义。《法国民法典》第1585条规定,如果商品没有计量数目、重量,没有丈量长度,买卖合同不成立。本条的实质是将货物特定化,只有特定化的货物才能使合同成立,继而使得货物所有权发生转移,否则合同本身不宣告成立,自然谈不上所有权的转移。由此可以看出,立法者的目的在于通过货物特定化这一过程,防止货物所有权转移过程中可能出现的纠纷。但是在现实当中,这两条之间充满着矛盾,增加了司法工作的难度。

2. 货物特定化后,在交货时所有权发生转移。根据《美国统一商法典》的规定,在把货物确定在合同项下(Identification to the contract)以前,货物的所有权不移转于买方,这是美国关于所有权移转的一项基本原则。

根据美国《统一商法典》第2-401条的规定,除双方当事人另有特别约定外,货物的所有权应于卖方完成其履行交货义务时移转于买方,而不管卖方是否通过保留货物所有权的凭证(如提单)来保留其对货物的权利,因为按照《统一商法典》的规定,卖方保留货物所有权的凭证(如提单),一般只起到担保权益(Security interest)的作用,即以此作为买方支付货款的担保,但这并不影响货物所有权按照该法典的规定移转于买方。[1]

根据《美国统一商法典》的规定,"实际交货"可以具体区分为以下两种情况:

(1) 当货物需要运输时。如果双方订立装运合同,合同要求卖方只需将货物装运完成就完成交货义务,在这种情况下,货物的所有权在装运的时间和地点转移给买方;如果合同约定,卖方须将货物运输到指定的目的地,那么货物所有权在合同订立的地点转移给买方。

(2) 当货物无须运输即可完成交付时。当货物无须运输时,有时候卖方会将货物交由第三人保管,这种情况下,如果卖方向买方交付了所有权证书,我们就认为货物的所有权发生了转移;当没有所有权证书且货物已经特定化的情况下,货物所有权的转移发生在合同订立之时。

3. 货物特定化后,由买卖双方当事人的意图决定货物所有权的转移。《英国1983年货物买卖法》规定,货物未经特定化之前,财产权不发生转移,特定化后的财产权转移的时间取决于双方当事人的意图。根据《英国1983年货物买卖法》的相关规定,货物只有在完成"特定化"以及"处于可交付状态"时才有可能完成交货。可交付状态是指货物已经背妥,买方可以根据合同立即提取货物。在"处于可交付状态"时,需要注

---

[1] 王博. 国际货物买卖中所有权转移问题研究[D]. 吉林:吉林大学,2010.

意以下事项：

(1) 在没有对所有权进行保留的合同中，当货物处于可交付状态且已经完成特定化的情况下，货物所有权在合同缔约时转移。

(2) 货物所有权并未处于可交付状态，仍需卖方有所作为，货物的所有权在卖方完成这些工作并通知买方时发生转移。

(3) 当货物属于附有"看货和使用后决定"或"准许退还剩货"或其他类似条件交付买方时，所有权在买方对货物表示认可时发生转移，或者买方虽未表示认可，但已经接受货物未提出相反意见①。

所谓货物特定化，就是把处于可交货状态的货物无条件地划拨于合同项下的行为。如果卖方尚未对货物进行称重、丈量、检验或其他行为以确定价金时，其实质是货物尚未完成特定化，货物的所有权不能发生转移。在货物特定化完成之后，如果卖方根据合同保留货物的处置权，那么无论货物是否已经交付买方或者承运人，货物的所有权都不发生转移。

4. 货物所有权的转移与物权合同。持这一观点的代表国家是德国。德国深受萨维尼物权行为独立性的影响，认为一般的买卖合同实际上可以分为3部分：一是买卖合同，这是一个单纯的债权行为，不存在任何物权因素在内；二是转移货物所有权的物权行为；三是转移价金的物权行为。这就是物权行为的无因性。因此，德国认为交付是一个独立的行为，买卖合同的成立并不意味着货物所有权的转移，双方只有订立物权转移合同，卖方取得货物所有权凭证，货物所有权才能完成真正的转移。

5. 所有权在交货时发生转移。《中华人民共和国合同法》第133条规定，标的物的所有权自标的物交付时起转移，但法律另有规定或当事人另有约定的除外。《民法通则》对此也有类似规定。但是，卖方可以在合同中约定在买方未完成某一义务时对货物的所有权进行保留，直至买方履行了自己的义务。

二、货物风险的转移

风险是买卖合同中的一个法律术语，是指货物可能遭受的各种意外毁损、灭失的风险，即货物发生毁损灭失的可能。风险转移即风险负担的转移，是指货物由于意外风险毁损造成的损失由谁承担的问题。货物一旦毁损，必然涉及损失的赔偿承担等问题，对买卖双方的权利义务产生影响，因此，货物风险的转移问题一直是买卖合同中的重要问题。《公约》虽未规定货物所有权的转移，但是对货物风险的负担却作出了详细的规定。

(一) 货物风险转移的原则

《公约》对货物风险的转移确定了如下规则：

1. 国际惯例优先原则。《公约》规定，买卖双方之间风险的转移首先按照双方约定，无约定，可协商。双方当事人业已同意的任何惯例和他们之间订立的任何习惯做法，对

---

① 王传丽. 国际贸易法[M]. 北京：中国政法大学出版社，2003：70.

双方当事人均有约束力。

2. 以交货时间为界,确定风险的转移。《公约》第69条规定,从买方接受货物时起,或如果买方不在适当的时间内这样做,则从货物交给买方处置但买方不收取货物从而违反合同时起,风险转移到买方承担。若合同标的物不需运输,那么自货物交付给买方时起,对货物风险的负担由卖方转移到买方,此后发生的一切意外风险由买方负责。

3. 过失划分原则。《公约》第66条规定货物在风险转移到买方承担后遗失或损坏,买方支付价款的义务并不因此解除,除非这种遗失或损坏是由于卖方的行为或不行为所造成的。如果货物毁损或损失而卖方没有过失,那么风险自然由买方承担;如果卖方存在过失,且由于卖方的过失导致货物毁损或灭失,则由卖方承担风险。

当然,风险的转移必须具有一个前提条件——划拨。划拨又称特定化,是将货物归于合同项下的一个过程。具体包括对货物的计量、包装、加上标记或者向买方发出通知等。《公约》规定,货物在划拨合同项下前,风险不发生转移。

(二) 风险转移的时间

《公约》对货物风险转移的时间作出了明确的规定:

1. 涉及运输的货物风险转移的时间。《公约》第67条规定,如果销售合同涉及货物的运输,但卖方没有义务在某一特定地点交付货物,自货物按照销售合同交付给第一承运人以转交给买方时起,风险就移转到买方承担。如果卖方有义务在某一特定地点把货物交付给承运人,在货物于该地点交付给承运人以前,风险不移转到买方承担。卖方有权保留控制货物处置权的单据,但并不影响风险的移转。由此可以看出,《公约》采取的是货物所有权转移与风险转移相分离的原则。

2. 涉及在途运输的货物风险的转移。对于在运输途中销售的货物,从订立合同时起,风险就移转到买方承担。但是,如果情况表明有此需要,从货物交付给签发载有运输合同单据的承运人时起,风险就由买方承担。尽管如此,如果卖方在订立合同时已知道或理应知道货物已经遗失或损坏,而卖方又不将这一事实告之买方,则这种遗失或损坏应由卖方负责。

3. 不涉及运输的货物风险的转移。《公约》第69条规定,在不涉及运输的情况下,从买方接收货物时起,或如果买方不在适当时间内这样做,则从货物交给买方处置但买方不收取货物从而违反合同时起,风险移转到买方承担。但是,如果买方有义务在卖方营业地以外的某一地点接收货物,当交货时间已到而买方知道货物已在该地点交给自己处置时,风险方始移转。

复习思考题

1. [07-1-83 多选]营业地在中国的甲公司向营业地在法国的乙公司出口一批货物。乙公司本拟向西班牙转卖该批货物,但却转售到意大利,且未通知甲公司。意大利丙公司指控该批货物侵犯其专利权。关于甲公司的权利担保责任,根据《联合国国际货物销售合同公约》规定,下列哪些选项是正确的?

A. 甲公司应承担意大利法提出的知识产权主张产生的赔偿责任。

B. 甲公司应承担法国法提出的知识产权主张产生的赔偿责任。

C. 甲公司应担保在全球范围内该批货物不侵犯他人的知识产权。

D. 甲公司的知识产权担保义务不适用于该批货物依乙公司提供的技术图样生产的情形。

【答案】BD

【解析】根据《联合国国际货物销售合同公约》第42条:(1)卖方所交付的货物,必须是第三方不能根据工业产权或其他知识产权主张任何权利或要求的货物,但以卖方在订立合同时已知道或不可能不知道的权利或要求为限,而且这种权利或要求根据以下国家的法律规定是以工业产权或其他知识产权为基础的:(a)如果双方当事人在订立合同时预期货物将在某一国境内转售或做其他使用,则根据货物将在其境内转售或做其他使用的国家的法律;或者(b)在任何其他情况下,根据买方营业地所在国家的法律。(2)卖方在上一款中的义务不适用于以下情况:(a)买方在订立合同时已知道或不可能不知道此项权利或要求;或者(b)此项权力或要求的发生,是由于卖方要遵照买方所提供的技术图样、图案、程式或其他规格。因为乙公司的营业地在法国,且在合同签订的时候,卖方不知道货物将转卖西班牙。所以甲公司应按照法国的法律承担责任。根据(2)的规定甲公司的知识产权担保义务不适于卖方要遵照买方所提供的技术图样生产的情形。

2. [08-1-84 多选]根据国际公约有关规定,在卖方有义务移交与货物有关的单据的情况下,关于卖方的此项义务,下列哪些选项是正确的?

A. 卖方必须在规定的时间移交。

B. 如卖方在规定的时间前移交,可以在该时间到达前纠正其中不符合同规定的情形。

C. 卖方行使纠正单据的权利使买方承担不合理开支的,买方有权要求赔偿。

D. 卖方在不使买方承担不合理开支的情况下,可以改变移交单据的地点和方式。

【答案】ABC

【考点】卖方的交单义务

【解析】《联合国国际货物销售合同公约》第34条规定:"如果卖方有义务移交与货物有关的单据,他必须按照合同所规定的时间、地点和方式移交这些单据。如果卖方在那个时间以前已移交这些单据,他可以在那个时间到达前纠正单据中任何不符合合同规定的情形,但是,此一权利的行使不得使买方遭受不合理的不便或承担不合理的开支。但是,买方保留本公约所规定的要求损害赔偿的任何权利。"所以选项ABC正确。该条还规定,卖方必须按照合同所规定的时间、地点和方式移交这些单据,并未规定卖方可以改变移交单据的地点和方式。所以选项 D 错误。

3. [10-1-86 多选] 甲公司(卖方)与乙公司订立了国际货物买卖合同。由于甲公司在履约中出现违反合同的情形,乙公司决定宣告合同无效,解除合同。依据《联合国国际货物销售合同公约》,下列哪些选项是正确的?

A. 宣告合同无效意味着解除了甲乙二公司在合同中的义务。
B. 宣告合同无效意味着解除了甲公司损害赔偿的责任。
C. 双方在合同中约定的争议解决条款也因宣告合同无效而归于无效。
D. 如甲公司应归还价款,它应同时支付相应的利息。

【答案】AD

【解析】《联合国国际货物销售合同公约》关于"解除合同"的英文表达直译为"宣告合同无效"。根据公约第 49 条的规定,当卖方在完全不交付货物或不依合同规定交付货物构成根本违反合同时,买方可以解除合同。公约第五节规定了解除合同的法律效果,主要是使双方要回复到原来的地位。根据公约第 81 条的规定,宣告合同无效解除了双方在合同中的义务,但应负责的任何损害赔偿仍应负责。宣告合同无效不影响合同中关于解决争端的任何规定,也不影响合同中关于双方在宣告合同无效后权利和义务的任何其他规定。故 A 选项正确,BC 选项错误。根据公约第 84 条的规定,如果卖方有义务归还价款,他必须同时从支付价款之日起支付价款利息。故 D 选项正确。

第二章 国际货物运输法律制度

> **学习目标与要求**

国际货物运输是国际货物贸易的重要组成部分。通常说来,国际货物运输一般包括海上货物运输、铁路运输、航空运输以及多式联运等方式。本章根据运输的方式种类,分为四节对其一一进行介绍。

本章的重点与难点之一主要是掌握海运的相关知识点,如提单的含义、分类等。另一难点是各种国际公约。由于国际货物运输种类多样,为了规范货物运输过程,保证货物交易的顺畅,国际社会规定了诸多国际公约,要求在学习的过程中对重要公约的重要条款予以掌握,在掌握的基础上加深对国际货物运输实质的理解。

第一节 国际海上货物运输

国际货物运输是指承运人接受托运人的委托,采用一种或多种运输方式对货物进行跨国运输的活动。国际货物运输合同是以运输合同为基础的独立法律关系,该法律关系的主体有:托运人、承运人(实际承运人)、收货人。国际货物运输具有多样性的特点,根据运输工具的不同,可以划分为国际海上货物运输、国际铁路货物运输、国际航空货物运输以及国际多式联运四种。从内容上看,以规范承运人的权利义务为核心的国际货物运输法律制度是以国际海上货物运输为基础发展起来的;从结构上看,主要涉及国际公约、国际惯例以及国内立法。

在国际货物运输中,海洋运输是最主要的方式,其运量占国际货物总量的80%以上。国际海上货物运输法律合同指的是承运人收取运费,承担由海上将货物从一国港口运往另一港口订立的合同。国际海上货物运输主要包括班轮运输和租船运输两种方式。

一、班轮运输

(一)基本概念

班轮运输(liner service)是指船舶为从事客货运输业务按照预定的航行时间表,在固定的航线和港口往返航行,并按事先公布的费率收取运费的运输,又称定期船运输。由于提单在班轮运输中具有重要的地位,因此班轮运输有时也称提单运输。

班轮运输具有以下特点:

1. 班轮运输具有"四固定"的特点。船舶按照固定的船期表、沿着固定的航线到达固定的港口来往运输,并收取相对固定的运费,因此它具有"四固定"的特点。

2. 班轮承运人负责装货、卸货、理仓等作业,并支付全部的费用。

3. 船货双方的权利、义务以及责任豁免,以船方签发的提单为准,双方不再订立专门的运输合同。

(二) 提单的概念

提单(Bill of Lading,以下简称 B/L)是指用以证明海上货物运输合同和货物已经由承运人接收或装船,以及承运人保证据以交付货物的单证①。

根据这一定义,提单具有以下特点:

1. 提单是海上货物运输合同的证明。一般而言,提单并不是运输合同,因为提单不具有合同的基本属性:一是提单不是双方达成一致的结果,他只是承运人单方出具,并非双方意思一致的产物;二是提单签发在后,履行在前,在提单签发之前,有关货物的转船等作业已经完成。因此如果托运人与承运人事前定有关于货物海上运输的合同,那么提单仅仅具有证明双方运输合同的作用;如果双方事前没有订立关于运输的合同,那么提单就是双方订立的运输合同。

2. 提单是承运人收到接受货物的依据。提单是承运人或其代理人签发的凭证,用以证明承运人或其代理人已经收到或接管提单上所列货物。提单作为货物收据,不仅能证明收到货物的种类、数量、标志、外表状况,而且还能证明收到货物的时间,即货物装船的时间。需要注意的是,提单必须在收到或接管货物之后签发,不得在尚未接收到货物的情况下就签发提单,世界各国都严禁预借提单的违法行为。

3. 提单是代表货物所有权的物权凭证②。提单是在目的港向承运人提货的唯一凭证。对于提单的持有人而言,提单就是货物所有权的凭证。即使提单的持有人不是真正的货主,承运人见提单仍需发货而不承担任何责任。相反,即便是真正的货主,如果没有提单也不能从目的港提取货物。提单作为一种所有权凭证,自然可以自由流通,即可以背书。提单通过背书转让,从而实现货物所有权的转让。

(三) 提单的分类

1. 根据货物是否已装船,可以分为已转船提单和收货待运提单。

(1) 已装船提单(Shipped B/L)是指货物装船后由承运人或其授权代理人根据大副收据签发给托运人的提单③。如果承运人签发了已装船提单,就是确认他已将货物装在

---

① 参照《汉堡规则》第一条(7),《中华人民共和国海商法》第71条也采用了相同的规定。
② 英国1979年《货物买卖法》规定,物权凭证应该包括任何提单、码头收据、仓库收据、交货保证或命令以及其他在正常商业交往中作为货物占有或控制的凭证的单据或通过背书或交付授权或意图授权单据占有者转让或接受单据所代表的货物。
③ 大副收据又称收货单,指当托运人将准备装船的货物送到码头,并由承运人或其办理运输的代理人收讫备运,由船上大副根据装载货物的实际情况向托运人签发的一种单据单证。

船上。这种提单除载明一般事项外,通常还必须注明装载货物的船舶名称和装船日期,即提单项下货物的装船日期。国际商会1990年的《国际贸易术语解释通则》规定,凡以CIF或CFR条件成立的货物买卖合同,卖方应提供已装船提单。1993年重新修订的《跟单信用证统一惯例》规定,如信用证要求海运提单作为运输单据时,银行将接受注明货物已装船或已装指定船只的提单。

(2)收货待运提单(Received for Shipment B/L)是指承运人收到托运人的货物,但尚未装船,应托运人的要求而签发的提单,又称备运提单或待运提单。如若签发了收货待运的提单,则说明承运人确认货物已交由承运人保管并存放在其所控制的仓库或场地,但还未装船。待货物装船之后,托运人可以凭之调换装船提单,也可以经承运人或其代理人在备运提单上批注货物已装上某具名船舶及装船时间,并签署后使之成为已装船提单。

2. 根据提单上是否对货物外表状况有无不良批注,可以分为清洁提单和不清洁提单。

(1)清洁提单(Clean B/L)是指货物在装船,"表明状况良好",承运人未加注货物及/或包装破损或有缺陷之类批注的提单①。一般而言,"表明状况良好"指的仅仅是凭承运人目测能够观察到的货物外表状况。在实践中,绝对清洁的提单是不存在的,货物表面状况不良往往表现为包装的轻微瑕疵、数量的少量短缺,这并不影响货物的质量。

在国际贸易中,买方均要求卖方提供清洁提单。清洁提单意味着货物在装船时没有毁损或缺陷,如果在卸货时发现货物与提单中所描述不相符合,买方或其代理人可以此向清洁提单的签发者要求赔偿。《跟单信用证统一惯例》规定,除非信用证另有规定可以接受,银行拒绝接受不清洁提单。

(2)不清洁提单(Unclean B/L)是指货物交运时,其包装及表面状态出现不坚固、不完整等情况时,船方可以批注,即为不清洁提单。承运人签发不清洁提单是对自身利益的一种保护,用以证明货物装船时即存在货损或缺陷,并非运输过程存在问题。在不清洁提单中,承运人在提单上加批注会影响卖方结汇和提单转让,如果要求托运人更换货物,补足货物可能会耽误船期。此时托运人用保函换取清洁提单则保证了交易的迅捷和安全。保函是托运人出具的用以保证赔偿承运人因出具清洁提单而引起的一系列损失。在实践当中,承运人是否接受保函应视具体情况而定。有些不清洁提单仅仅是因为货物包装毁损或破坏,对货物质量本身并无影响。此种情况下,若要求托运人重新包装或修复包装往往会耽误时间,影响正常的货物交易,因此,承运人可以根据实际情况判断接受保函而签发清洁提单,这种做法保证了交易的继续进行。

但是不可否认的是,保函往往存在欺诈的情形。如承运人违反民事活动中诚实信用的原则,与托运人串通,恶意地对收货人进行欺诈。这种情况下,保函应该被确认无效,

---

① 参考《跟单信用证统一惯例》(600号)第27条。

承运人应该对收货人的损失承担无限额的赔偿责任。一般说来,国际上认为保函仅仅在承运人和托运人之间发生效力,对收货人不发生效力,我国对此也持相同观点①。

需要注意的是,并不是只要在提单上进行批注就是不清洁提单。国际航运公会认为,承运人在提单上批注下列3种内容,不能算作不清洁提单,这已被大多数国家的商人所接受。

(1)不明白表示货物或包装不能令人满意,如只批注旧包装箱、旧桶等等。

(2)强调承运人对于货物或包装性质所引起的风险不负责任。

(3)否认承运人知晓货物的内容、重量、容积、质量或技术规格。

3. 根据提单收货人抬头的不同可分为记名提单、不记名提单和指示提单。

(1)记名提单(Straight B/L)是指规定将货物运给记名人而不载明待指定或待分配的提单。这种提单不可流通转让,只能由提单指定的收货人收货,因此在国际贸易中很少使用。

(2)不记名提单(Open or Blank B/L)是指提单收货人栏内没有指明任何收货人,只是注明提单持有人字样,承运人应将货物交给提单持有人。不记名提单无须背书转让,谁持有提单,谁就可以提货,只认单不认人,风险比较大,因此在国际贸易中使用也比较少。

(3)指示提单(Order B/L)是指托运人在收货栏内填写"凭指示"或"凭某人指示"字样。指示提单有四种抬头,分别是凭银行指示、凭收货人指示、凭发货人指示、不记名指示。指示提单又称"可转让提单",通过背书可以自由流通转让,通过"凭指示"等字样很大程度上降低了风险,因此在国际贸易中得到普遍使用。

4. 按运费支付的时间,可以分为运费预付提单和运费到付提单。

(1)运费预付提单(Freight Prepaid B/L)是指托运人在装货港提交货物时即支付运费,承运人在提单中载明"运费付讫"。

(2)运费到付提单(Freight Payable at Destination B/L)是指表明运费在目的港由收货人支付的提单,并且提单上注明运费到付,否则不能对抗收货人。

5. 根据提单签发的时间与实际不符的状态,可以划分为预借提单和倒签提单。

(1)预借提单(Advanced B/L)是指因信用证规定装运期和结汇期到期而货物因故未能及时装船,但已在承运人掌握之下或已开始装船,由托运人出具保函要求承运人预借的提单。在国际货物贸易中,采用信用证付款时,一般都附有一定的条件,提单的签发日期便是其中一个。提单的签发日期反映了货物装船的日期,这是对买方权益的一个重要保障。如果承运人签发了预借提单,极有可能对善意的收货人构成欺诈。

(2)倒签提单(Antedated B/L)是指承运人应托运人的要求在货物装船后,提单签发

---

①我国最高人民法院在《关于保函是否具有法律效力问题的批复》中指出:"海上货物运输的托运人为换取清洁提单而向承运人出具的保函,对收货人不具有约束力。不论保函如何约定,都不影响收货人向承运人或托运人索赔;对托运人和承运人出于善意而由一方出具另一方接受的保函,双方均有履行之义务。"

的日期早于实际装船完毕日期的提单。倒签提单可以分为两种情况：一是善意倒签，二是恶意倒签。倒签提单同预借提单一样，虽然两种行为实施时间不同，但它们产生的法律后果是相同的，即都是为了顺利地进行银行交单结汇。在国际实践中，无论是预借提单还是倒签提单，都极有可能对收货人造成损失，这种情况下承运人应承担连带的法律责任①。

6.根据运输不同，可以分为直达提单、转船提单和联运提单。

（1）直达提单（Direct B/L）是指货物自装货港装船后，中途不经换船直接驶到卸货港卸货而签发的提单。直达提单上仅列有装运港和目的港的港口名称。在国际贸易中如信用证规定货物不准转船，卖方就必须取得承运人签发的直达提单后才能向银行办理议付货款。

（2）转船提单（Transshipment B/L）是指从装运港装货的轮船，不直接驶向目的港，而需在中途转换另外船舶所签发的提单。按照海牙规则，如船舶不能直达货物目的港，非中转不可，一定要事先征得托运人同意。船舶承运转船货物，主要是为了扩大营业、获取运费。转运的货物，一般均属零星杂货，如果是大宗货物，托运人可以租船直航目的港，也就不发生转船问题。

联运提单（Combined Transport Document or B/L）是指货物由海运和另一种或两种以上不同方式，如海陆、海空、海陆空等方式运输签发的提单。需要注意的是，联运提单虽然对货物运输全程负责，但是签发联运提单的承运人一般都在提单中规定，只承担他负责运输的一段航程内的货损责任。

7.根据提单内容的简略，可以分为全式提单和略式提单。

（1）全式提单（Long Form B/L）是指提单除正面印就的是提单格式所记载的事项，背面列有关于承运人与托运人及收货人之间权利、义务等详细条款的提单。由于条款繁多，所以又称"繁式提单"。

（2）略式提单又称简式提单（Short Form B/L），是指提单背面无条款，而只列出提单正面的必须记载事项。

8.根据提单使用的效力可以分为正本提单（Original B/L）和副本提单（Copy B/L）。

（1）正本提单（Original B/L），是指提单上经承运人、船长或其代理人签字盖章并注明签发日期的提单。正本提单上有时注明有"Original"字样，提单上有承运人正式签字盖章并注明签发日期。此提单在法律上、商业上都是公正有效的单证。

（2）副本提单通常指的是提单（即正本提单）的复制件。副本提单上没有承运人签字盖章，只供工作上参考使用，不具有法律效力。副本提单正面注有"副本"或"不可转让"字样，且通常没有背面条款。副本提单船方不签字，其份数或是按照托运人要求或是由船方自行确定。

---

① 一般说来，世界各国法律或国际公约均不承认采用欺诈手段所签发的提单的有效性。我国民法通则第58条也明确规定，恶意串通，损害国家、集体或第三人利益的行为，以及以合法形式掩盖非法目的的行为均属无效。

(四)提单的主要内容

世界各国的提单内容虽不尽相同,但提单的基本框架大同小异。下面以中国海洋运输总公司制定的中远提单为例,对提单的内容进行介绍。

中国远洋运输总公司主要根据《海牙规则》制定提单(以下简称中远提单),提单的主要内容包括正面提单和背面提单。提单正面有九项内容,分别是船名(Name of Vessel)、承运人名称(Carrier)、托运人名称(Shipper)、收货人名称(Consignee)、装运港(Port of loading)、对货物的描述、运费和支付方式、提单签发的时间、地点、份数以及承运人签字。提单背面的内容主要是各种条款,包括强制性条款和任意性条款。

1. 提单正面的内容包括:

(1)船名。一般而言,船舶都有自己独特的船舶名称,后通常需要注明航次和国籍。

(2)承运人的名称。一般而言,承运人包括船舶所有人、船舶经营人和船舶承租人。

(3)托运人名称。其中包括与承运人签订运输合同的托运人或实际交货人。

(4)收货人名称。收货人是指有权在目的港收取货物的人。根据收货人这一栏中填写不同的内容,可以将提单分为记名提单、不记名提单或指示提单。

(5)装运港、目的港、转运港名称。

(6)货物名称、标记、包装、数量或重量以及运输危险货物对危险性质的说明。名称说明货物的性质种类,种类可以快速识别货物,包装用以保护货物的质量完好,数量是表明货物总价和运费的基础。

(7)运费和支付方式。在提单中一般注明运费的具体金额和支付方式。运费的具体金额与货物的重量航线密切相关,运费的支付方式有预付运费和到付运费两种。

(8)提单签发的时间、地点、份数。实际装船日和装船完毕日是提单签发日期。如果实际装船日超过了合同和信用证预定期限,托运人往往要求承运人予以通融签发倒签提单。提单的签发地点为装运港口所在地点。提单分为正本提单和副本提单。正本提单通常一式二至三份。副本提单即正本提单的复印件,没有固定份数,视需要而定,无法律效力,不能作为提货凭证。

(9)承运人及其代理人签字。提单经承运人或其代理人签字生效,生效后享有提单上规定的权利义务,对承运人产生拘束力。

2. 提单背面内容包括:

(1)定义条款(Definition Clause)。定义条款是指对买卖合同中一系列名词进行定义的条款。比如合同设备、合同项目、合同产品、合同价格、合同币种、合同双方银行、安装、试车、性能测试、验收、装卸港口、工作现场、现场代表、技术文件、技术合同、技术服务、技术培训和检验机构。

(2)管辖权条款(Jurisdiction Clause)。管辖权条款通常是指印刷于提单的背面,指明提单所产生的一切争议由何国何地法院管辖的条款。这种条款一般规定承运人所在国法院对提单争议拥有管辖权。中远提单规定,凡根据本提单或与其有关的一切争执应按照中国法律在中华人民共和国的法院解决或在中华人民共和国仲裁。

(3)责任期限条款(Period of responsibility)。提单中规定承运人对运输货物负有保管责任的期间的条款。有的规定承运人责任自货物装上船之时到货物卸离船之时为止(钩到钩原则),而美国哈特法规定承运人的责任期间为收货之时起至交货之时止(仓至仓原则)。

(4)包装和标志(Package and Marks)。在装船之前,托运人应对货物加以妥善包装,货物标志必须正确、清晰,并须以不小于五厘米长的字体将目的港清晰地标明在货物的外部,上述标志须能保持到交货时仍然清楚易读。由于包装和标志的不足或不适当所产生的一切罚款和费用应由货方负担。

(5)运费和其他费用(Freight and Charges)。《中远提单》规定,装运的货物如系易腐货物、低值货物、活动物、舱面货,以及该货物目的港无承运人的代理人时,其运费和其他费用必须在装船时全部付清。

(6)自由转船条款(Transshipment Clause)。该条款规定,如有需要,承运人为了完成货物运输可以任意采取一切合理措施,任意改变航线,改变港口或将货物交由承运人自有的或属于他人的船舶,或经铁路或以其他运输工具直接或间接地运往目的港,或运到目的港以远、转船、收运、卸岸、在岸上或水面上储存以及重新装船运送,以上费用均由承运人负担,但风险则由货方承担。承运人责任限于其本身经营的船舶所完成的那部分运输,不得视为违反运输合同。

(7)错误申报(Inaccuracy in Particulars Furnished by Shipper)。

(8)承运人责任限额(Limit of Liability)。这是承运人赔偿责任限制,又称船舶责任限制或船东责任限制,是指在发生重大海损事故时,海事责任人根据法律的规定将自己的赔偿责任限制在一定的范围内。这是一种十分特别的制度,纵观其他许多行业,都没有类似的责任限制制度。这种责任限制制度的存在,极大地保护了包括承运人在内的责任人的利益,因此也具有重要的意义。

(9)共同海损(General Average)。共同海损条款是船舶保险合同中有关处理共同海损的基本条款。一般是规定保险人对于共同海损的牺牲、分摊和救助费用的赔偿范围及共同海损的理算规则的适用。我国船舶保险条款没有独立的共同海损条款,而是把有关共同海损的内容规定在保险责任范围之列。中远提单规定,共同海损按《1975年中国国际贸易促进委员会共同海损理算规则》在北京进行理算。

(10)舱面货,或动物和植物(On Deck Cargo, Live Animals and Plants)。关于这些货物的收受、装载、运输、保管和卸运均由货方承担风险,承运人对其灭失或损坏不负赔偿责任。

(五)有关提单的国际公约

在国际上,调整提单运输的国际公约主要有《海牙规则》、《维斯比规则》和《汉堡规则》[①]。现简要介绍如下:

[①] 虽然我国不是这三个公约的参加国,但是我国的《海事法》吸收了《汉堡规则》的一些原则。

1.《海牙规则》。《海牙规则》全称为《1924年统一提单的若干法律规则的国际公约》(International Convention for the Unification of Certain Rules of Law Relating to Bills of Lading,1924),它是由国际法协会所属的海洋法委员会于1921年在海牙制定的。《海牙规则》于1931年6月2号生效。截止到2006年年底,共有85个国家和地区加入该公约①。《海牙规则》共16条,主要规定了承运人的义务、承运人的免责条款和责任限制、货物灭失或毁损的通知时间与诉讼时效、托运人的义务等内容。

(1)承运人的最低限度义务,即承运人必须履行的基本义务。《海牙规则》第二款规定:"承运人应妥善地和谨慎地装载、操作、积载、运送、保管、照料与卸载。"即提供适航船舶,妥善管理货物,否则将承担赔偿责任。第3条第1款规定:"承运人必须在开航前和开航当时,谨慎处理,使航船处于适航状态,妥善配备合格船员,装备船舶和配备供应品;使货舱、冷藏舱和该船其他载货处所能适当而安全地接受、载运和保管货物。"

由此看出,承运人须在开航前和开航时恪尽职守使船舶适航,必须适当和谨慎地装载、搬运、配载、运输、保管、照料和卸载所运货物。根据最低限度义务原则,承运人必须履行上述基本义务,如果在合同中变更或减轻自己的义务和责任,条款一律无效。

(2)承运人的责任限制。承运人的责任限制是指对承运人不能免责的原因造成的货物灭失或损坏,通过规定单位最高赔偿额的方式,将其赔偿责任限制在一定的范围内。这一制度实际上是对承运人造成货物灭失或损害的赔偿责任的部分免除,充分体现了对承运人利益的维护。《海牙规则》第4条第5款规定:"不论承运人或船舶,在任何情况下,对货物或与货物有关的灭失或损坏,每件或每单位超过100英镑或与其等值的其他货币时,任意情况下都不负责;但托运人于装货前已就该项货物的性质和价值提出声明,并已在提单中注明的,不在此限。"

(3)承运人的货物责任期间。所谓承运人的责任期间,是指承运人对货物运送负责的期限。按照《海牙规则》第1条"货物运输"的定义,货物运输的期间为从货物装上船起至卸完船为止的期间。所谓"装上船起至卸完船止"可分为两种情况:一是在使用船上吊杆装卸货物时,装货时货物挂上船舶吊杆的吊钩时起至卸货时货物脱离吊钩时为止,即"钩至钩"期间。二是使用岸上起重机装卸,则以货物越过船舷为界,即"舷至舷"期间承运人应对货物负责。

(4)索赔和诉讼时效。《海牙规则》第3条第6款规定:承运人将货物交付给收货人时,如果收货人未将索赔通知用书面形式提交承运人或其代理人,则这种交付应视为承运人已按提单规定交付货物的初步证据。如果货物的灭失和损坏不明显,则收货人应在收到货物之日起3日内将索赔通知提交承运人。

《海牙规则》有关诉讼时效的规定是:"除非从货物交付之日或应交付之日起一年内提起诉讼,承运人和船舶,在任何情况下,都应免除对灭失或损坏所负的一切责任。"

---

①到目前为止,中国未加入该公约。

(5)免责条款。《海牙规则》对第4条第2款对免责进行了规定,具体分为两类,一是无过失免责,二是过失免责。国际海上货物运输中争论最大的问题是《海牙规则》的过失免责条款,《海牙规则》第4条第2款第1项规定:"由于船长、船员、引航员或承运人的雇用人在航行或管理船舶中的行为、疏忽或过失所引起的货物灭失或损坏,承运人可以免除赔偿责任。"这种过失免责条款是其他运输方式责任制度中所没有的。很明显,《海牙规则》偏袒了船方的利益。

无过失免责主要包括以下情形:火灾,海难,天灾,战争,公敌行为,政府、君主、当权者或人民的扣押或管制或依法扣押,检疫限制,托运人或货主的过失,罢工、骚动和暴乱,救助或企图救助海上人命或财产,货物的固有的缺点性质或缺陷引起的体积或重量亏损,其他灭失或损害,包装不善,唛头不清或不当,虽恪尽职守亦不能发现的船舶潜在缺陷,非承运人的实际过失或私谋引起的其他任何原因,合理绕航。上述情形均属不属于承运人的过失,承运人当然免责,无须承担任何责任。

当然,承运人可以在提单中明确规定放弃某项权利的豁免或加重自己的责任和义务。

总的来说,《海牙规则》仍存在以下缺陷:

(1)较多地维护了承运人的利益,在免责条款和最高赔偿责任限额上表现尤为明显,造成在风险分担上的不均衡。

(2)未考虑集装箱运输形式的需要。

(3)责任期间的规定欠周密,出现装船前和卸货后两个实际无人负责的空白期间,不利于维护货方的合法权益。

(4)单位赔偿限额太低,诉讼时效期间过短,适用范围过窄。

(5)对某些条款的解释仍未统一,如"管理船舶"与"管理货物"的差异,与货物有关的灭失或损坏的含义,作为赔偿责任限制的计算单位的解释等,因没有统一解释而容易引起争议。

2.《维斯比规则》。《维斯比规则》是《修改统一提单若干法律规定的国际公约议定书》(*Protocol to Amend the International Convention for the Unification of Certain Rules of Law Relating to Bills of Lading*)的简称,是对《海牙规则》的修改和补充,故常与《海牙规则》一起,称为《海牙—维斯比规则》。《维斯比规则》于1977年6月23日生效,到2006年年底,有30个国家和地区加入该公约[①]。

与《海牙规则》相比,《维斯比规则》的主要变化体现在以下几个方面:

(1)扩大了规则的适用范围。《海牙规则》的各条规定仅适用于缔约国所签发的提单。《维斯比规则》扩大了其适用范围,《维斯比规则》第5条第3款规定,提单中所载或为提单所证明的合同规定,该合同受本规则或使其生效的任何一个国家的立法所约束,

---

① 我国没有加入该公约。

不论是船舶、承运人、托运人、收货人或任何其他有关人员的国籍如何，每一个缔约国都应将本公约的各项规定适用于上述提单。

（2）增加了集装箱条款。随着国际政治、经济形势的变化，以及航海、造船技术日新月异的进步，使海上运输方式发生了重大变革，特别是集装箱运输方式的出现和迅猛发展，《海牙规则》的内容已不适应新形势发展的需要，因此在新的《维斯比规则》中新加了集装箱条款。

（3）提到了承运人对货物毁损赔偿的限额。《海牙规则》的规定比较简单，其第四条第5款规定，承运人或船舶在任何情况下对货物或与货物相关度的灭失或损害，每件或每一计费单位是100英镑，除非当事人在提单中注明了更高的价值。《维斯比规则》将每件或每单位的赔偿限额提高到10 000金法郎或按受损货物毛重计算，每公斤为30金法郎，以两金中较高者为准（以金法郎是纯度为千分之九百的黄金65.5毫克）。而且还规定了承运人丧失赔偿责任限制权利的条件。如经证明，损害是由于承运人故意引起，或是知道可能会造成这一损害而毫不在意的行为或不行为所引起，则承运人就无权享受责任限制。这一规定不但提高了赔偿限额，而且创造了一项新的双重限额制度，不但维护了货主的利益，而且这种制度也为以后《汉堡规则》和我国《海商法》所接受。

（4）扩大了责任限制对人的适用范围。《维斯比规则》第3条规定，如果诉讼是对承运人的受雇人员或代理人（该受雇人员或代理人不是独立订约人）提起的，该受雇人员或代理人也有权援引《海牙规则》规定的承运人的各项抗辩和责任限制。向承运人及其受雇人员或代理人索赔的数额，在任何情况下都不得超过本公约规定的赔偿限额。

（5）提单的证据力。《维斯比规则》在法律上确定了一项禁止翻供原则。该原则规定，当提单背书转让给第三者后，该提单就是货物已按上面记载的状况装船的最终证据。承运人不得借口在签发清洁提单前货物就已存在缺陷或包装不当来对抗提单持有人。这与《海牙规则》的规定是截然不同的，《海牙规则》规定，承运人向托运人签发提单，是承运人收到该提单中所载货物的初步证据，承运人可以提出相反的证据证明提单所载内容的真实性。

《维斯比规则》确定的禁止翻供原则在一定程度上保证了提单受让人的权利，避免了承运人利用不正当手段损害提单受让人的权益。

（6）诉讼时效的延长。《维斯比规则》规定诉讼事由发生后，只要双方当事人同意，这一期限可以延长，明确了诉讼时效可经双方当事人协议延长的规定。对于追偿时效则规定，即使在规定的一年期满之后，只要是在受法院法律准许期间之内，便可向第三方提起索赔诉讼。但是准许的时间自提起诉讼的人已经解决索赔案件，或向其本人送达起诉状之日起算，不得少于3个月。

《维斯比规则》虽然对《海牙规则》进行了某些改动，但是这种改动并未涉及"承运人的不完全免责"等关键问题。从当时的经济大环境来看，海运承运人往往需要大量的人力物力财力，发展中国家在这一行业中并无竞争力，这一行业往往由发达国家的航运公司承担,因此,上述两个规则实质上都偏袒发达国家,对发展中国家的权益保护甚少,因此只有极少数发展中国家加入上述两个公约。

3.《汉堡规则》。汉堡规则是《联合国海上货物运输公约》(United Nations Convention on the Carriage of Goods by Sea,1978)的简称。其于1978年3月6日至31日在德国汉堡举行由联合国主持的由78国代表参加的海上货物运输大会讨论通过,于1992年11月1日生效。截止到2009年6月30日已经有34个缔约国。

《汉堡规则》采用船方与货方合理分担风险的原则,除保留了《维斯比规则》对《海牙规则》的某些修改外,《汉堡规则》又对《海牙规则》进行了彻底修改,适当加重了承运人的责任,使双方的权利义务趋于合理、平等。

(1)明确了公约的适用范围。该规则适用于两个不同国家之间的所有海上货物运输合同,并且海上货物运输合同中规定的装货港或卸货港位于其一缔约国之内,或备选的卸货港之一为实际卸货港并位于某一缔约国内;或者提单或作为海上货物运输合同证明的其他单证在某缔约国签发;或者提单或作为海上货物运输合同证明的其他单证规定,合同受该规则各项规定或者使其生效的任何国家立法的管辖。

(2)承运人的责任原则。《海牙规则》采用不完全过错责任,规定承运人在某些有过失的情况下仍然可以免责。《汉堡规则》确定了推定过失与举证责任相结合的完全过失责任制。《汉堡规则》规定,凡是在承运人掌管货物期间发生货损,除非承运人能证明承运人已为避免事故的发生及其后果采取了一切可能的措施,否则便推定损失系由承运人的过失所造成,承运人应承担赔偿责任。

(3)延长了承运人的责任期间。《汉堡规则》第4条第1款规定:承运人对货物的责任期间包括在装货港、在运输途中以及在卸货港,货物在承运人掌管的全部期间。相对于《海牙规则》的"钩到钩,弦到弦"而言,《汉堡规则》确定的货到货原则更加注重保护收货人的利益,符合集装箱运输的发展趋势。

(4)承运人的赔偿责任限额。《汉堡规则》第6条第1款规定:"承运人对货物灭失或损坏的赔偿,以每件或其他装运单位的灭失或损坏相当于835记账单位[①]或毛重每公斤2.5记账单位的金额为限,两者之中以其较高者为准。"这相对于《海牙规则》和《维斯比规则》而言有了巨大的提高,大大加重了承运人的责任承担。

(5)延迟交付货物。迟延交货是指货物未能在明确议定的时间内,或虽无此项议定,但未能在考虑到实际情况对一个勤勉的承运人所能合理要求时间内,在海上运输合同所规定的卸货港交货[②]。汉堡规则第6条第1款规定:"承运人对迟延交付的赔偿责任,以相当于迟延交付货物应支付运费的2.5倍的数额为限,但不得超过海上货物运输合同规定的应付运费总额。"

---

①记账单位是指国际货币基金组织规定的特别提款权,以此取代原来采用单一货物所带来的汇率波动风险。
②参考《汉堡规则》第5条第2款。

(6)增加了实际承运人。实际承运人是指接受承运人委托执行货物运输或部分运输的任何人。公约规定,当实际承运人及其雇用人或代理人的疏忽或过失造成货物损失,如果承运人和实际承运人均需负责,那么在其应负责任的基础上承担连带责任。

(7)关于托运人的责任。《汉堡规则》第12条规定:"托运人对于承运人或实际承运人所遭受的损失或船舶遭受的损坏不负赔偿责任。除非这种损失或损坏是由于托运人、托运人的雇用人或代理人的过失或疏忽所造成的。"因此,托运人对货物的责任也是以过失为基础的,不过需要注意的是,托运人对自己的过失并不负举证责任,证明托运人过失的责任由承运人承担,这也是《汉堡规则》扩大承运人责任的一种表现。

(8)关于清洁提单。《汉堡规则》规定,如果承运人或代理签发提单的其他人确知或有合理的依据,怀疑提单所载有关货物的一般性质、主要唛头、包装或件数、重量或数量等项目没有准确地表示实际接管的货物,或者无适当的方法来核对这些数目,则承运人或上述其他人必须在提单上作出保留,注明不符之处、怀疑根据或无适当核对方法。需要注意的是:这里是如有怀疑,必须注明;《海牙规则》则是无须注明。

(9)保函的法律地位。《海牙规则》和《维斯比规则》没有关于保函的规定,而《汉堡规则》第17条对保函的法律效力作出了明确的规定:托运人为了换取清洁提单,可以向承运人出具承担赔偿责任的保函,该保函在承运人和托运人之间有效,对包括受让人、收货人在内的第三方一概无效。但是,如果承运人有意欺诈,对托运人也属无效,而且承运人也不再享受责任限制的权利。

(10)索赔与诉讼时效。海牙规则要求索赔通知必须由收货人在收到货物之前或收到货物当时提交。如果货物损失不明显,则这种通知限于收货后3日内提交。汉堡规则延长了上述通知时间,规定收货人可在收到货物后的第一个工作日将货物索赔通知送交承运人或其代理人,当货物灭失或损害不明显时,收货人可在收到货物后的15天内送交通知。同时还规定,对货物迟延交付造成损失,收货人应在收货后的60天内提交书面通知。

(11)管辖权的规定。《汉堡规则》第21条规定,原告可在下列法院选择其一提起诉讼:①被告的主要营业所所在地,无主要营业所时,则为其通常住所所在地;②合同订立地,而合同是通过被告在该地的营业所、分支或代理机构订立;③装货港或卸货港;④海上运输合同规定的其他地点。

《汉堡规则》第22条规定,争议双方可达成书面仲裁协议,由索赔人决定在下列地点之一提起:①被告的主要营业所所在地,如无主要营业所,则为通常住所所在地;②合同订立地,而合同是通过被告在该地的营业所、分支或代理机构订立;③装货港或卸货港。此外,双方也可在仲裁协议中规定仲裁地点。仲裁员或仲裁庭应按该规则的规定来处理争议。

需要注意的是,《海牙规则》、《维斯比规则》与《汉堡规则》保障的当事人权益明显不同,前者更加注重发达国家的利益,后者则是从发展中国家的利益出发,因此,《汉堡规则》规定,凡加入《汉堡规则》之前,必须退出《海牙规则》和《维斯比规则》。

4.《鹿特丹规则》。随着货物运输集装箱化以及多式联运的快速发展,原有的公约已经不能满足国际货物运输的需要,《海牙规则》以及《维斯比规则》适用范围狭窄,只适用于提单和类似的物权凭证,且承运人与货方的权利义务分配不均,极大地损害了货方的利益,而《汉堡规则》对两者矫正失败,彻底地颠覆了原有的规则,虽然加重了承运人的责任,维护了货方利益,但是因此也遭到了世界上主要海洋运输国家的抵制。在这种情况下,需要一个新的世界性公约规范国际货物运输的过程,这就极大地推动了《鹿特丹规则》的产生。2008年12月11日,联合国第63届联合国大会第67次会议审议通过了联合国贸法会提交的《联合国全程或部分海上国际货物运输合同公约》(*UN Convention on the Contracts of International Carriage of Goods Wholly or Partly by Sea*),并于2009年9月23日在荷兰鹿特丹举行签字仪式,将公约定名为《鹿特丹规则》。目前该公约尚未生效。

《鹿特丹规则》共分为18章96条,分别规定了总则,适用范围,电子运输记录,承运人的义务,承运人对灭失、损坏或迟延所负的赔偿责任,托运人对承运人的义务,运输单证和电子运输记录,货物交付,控制方的权利,权利转让,赔偿责任限制,时效,管辖权,仲裁,合同运输条款的有效性,公约不管辖的事项,最后条款等。

二、租船运输

租船运输,又称租船,是海洋运输的一种方式,是指租船人向船东租赁船舶用于货物运输的一种方式。租船运输适用于大宗货物运输,有关航线和港口、运输货物的种类以及航行的时间等都按照承租人的要求,由船舶所有人确认。租船人与出租人之间的权利义务以双方签订的租船合同确定。租船合同分为航次租船、定期租船和光船租赁合同三种。

(一)航次租船合同

航次租船合同(Voyage Charter Party),又称程租合同,是指出租人就约定港口之间的航程提供船舶或部分舱位,承运约定的货物,而由承租人支付约定运费的合同。

航次租船合同属于海上货物运输合同,但不同于班轮运输合同,它具有以下特点:

1.航次租船合同当事人为出租人和承租人。航次租船合同中的出租人只承运与其签订了租船合同的承租人所提供的货物,有关船期和航线的安排均由双方当事人约定,故称为私人承运人或专门承运人。在班轮运输中,合同当事人称之为承运人和托运人。

2.出租人负责船舶营运并负担费用。船舶出租人通过其雇用的船长、船员占有、控制船舶,除货物装卸费有可能另有约定外,其他船舶营运费用,如燃料费、港口费以及船舶的维持费用,包括船员工资、伙食、船舶维修保养、保险、检验等费用,均由出租人负担。

3.航次租船合同应约定装卸期间,并计算滞期费和速遣费。滞期费(Demurrage)是指在航次租船合同中,当船舶装货或卸货延期超过装卸货时间时,由租船人向船东所支付的约定款项。速遣费(Dispatch Money)是指由于装卸所用的时间比允许的少,而由船东向租船人、发货人或收货人按事先约定的费率支付的款项。

4. 航次租船合同采用统一的标准格式。在航运实践中常见的标准格式有《统一杂货租船合同》(Uniform General Charter),租约代号为"金康"(GENCON)。我国常用"金康"合同格式。

5. 出租人应对货物负有妥善而谨慎的装载、搬运、积载、运输、保管、照料、卸载和交付的义务。

(二)定期租船合同

定期租船合同(Time Charter)是指出租人在一定期限内把船舶出租给承租人,供其按约定的用途使用的书面协议。目前国际上主要的定期租船合同范本主要有纽约土产交易所期租合同(New York Produce Exchange Time Charter)、统一定期租船合同(Uniform Time Charter)、中国定期租船合同标准格式(China National Chartering Corporation Time Charter Party)三种。

在定期租船合同中,通常订有以下主要条款:

船舶说明(Description of Vessel)条款;交船(Delivery of Vessel)条款;租期(Charter Period)条款;合同解除(Cancelling)条款;货物(Cargo)条款;Limits 航行区域(Trading)条款;船东提供的事项(Owners to Provide)条款;租船人提供的事项(Charterers to Provide)条款;租金支付及撤船(Payment of Hire and Withdrawal)条款;还船(Redelivery of vessel)条款;停租(Off-hire)条款;船东的责任及豁免(Owners' Responsibilities and Exceptions)条款;使用与赔偿(Employment&Indemnity)条款;转租(Sublet)条款;共同海损(General Average)条款;杰森(Jason)条款①;双方互有责任碰撞(Both-to-Blame Collision)条款;战争(War Risks)条款;仲裁(Arbitration)条款;佣金(Commission)条款。

需要注意的是,定期租船合同具有财产租赁和运输合同的双重性质。一方面承租人在一定的期限内取得了对租赁船的使用权;另一方面,租赁的船舶主要是被用以承运货物,因此又具有运输合同的某些性质。

(三)光船租赁合同

光船租船是指船舶所有人将船舶出租给承租人使用一定期限,但船舶所有人提供的是空船,承租人要自己任命船长、配备船员,负责船员的给养和船舶经营管理所需的一切费用。

光船租船具有以下特点:

1. 船舶所有人只提供一艘空船。
2. 全部船员由承租人配备并听从承租人的指挥。
3. 承租人负责船舶的经营及营运调度工作,并承担在租期内的时间损失,即承租人不能"停租"。

---

① 杰森条款在 1936 年 COGSA(《海上货物运输法》)出现后演变为"新杰森条款",其主要内容为:当船舶因船长、船员或引航员的过失发生事故而采取救助措施时,即使救助船与被救助船同属于一个船公司,被救船仍需支付救助报酬,该项救助报酬可作为共同海损费用。

4. 除船舶的资本费用外,承租人承担船舶的全部固定的及变动的费用。

5. 租金按船舶的装载能力、租期及商定的租金率计算。

由于光船租赁合同具有上述特点,因此,光船租赁合同的实质属于财产性的租赁合同,而并非运输合同。

阅读小知识

提单式样(BILL OF LADING)

1)SHIPPER		
2)CONSIGNEE		10)B/L NO. COSCO 中国远洋运输(集团)总公司 CHINA OCEAN SHIPPING (GROUP)CO. ORIGINAL COMBINED TRANPORT BILL OF LADING
3)NOTIFY PARTY		
4)PLACE OF RECEIPT	5)OCEAN VESSEL	
6)VOYAGE NO.	7)PORT OF LOADING	
8)PORT OF DISCHARGE	9)PLACE OF DELIVERY	

RKS	12)NOS.&KINDS OF PKGS	13)DESCRIPTION OF GOODS	14)G.W.(kg)	15)MEAS(m³)

16)TOTAL NUMBER OF CONTAINERS OR PACKAGES(IN WORDS)

FREIGHT & CHARGES	REVENUE TONS	RATE	PER	PREPAID	COLLECT
PREPAID AT		PAYABLE AT		17)PLACE AND DATE OF ISSUE	
TOTAL PREPAID		18)NUMBER OF ORIGINAL B(S)L			
LOADING ON BOARD THE VESSEL 19)DATE			20)BY		

第二节　国际航空货物运输法律制度

一、国际航空货物运输的概念和特点

（一）概念

国际航空货物运输是指承运人受托使用飞机经空中航线将托运人托运的货物从一国境内的特定空港运至另一国境内的特定空港并交付收货人的运输。国际航空货物运输法是调整国际航空货物运输的法律规范的总称。一般而言，国际航空货物运输法由国际公约、国际惯例以及各国的国内立法组成。

（二）特点

航空运输是一种现代化的运输方式，随着国际航空事业的发展，航空运输方式在国际货物运输中发挥着越来越重要的作用。相对于传统的海洋运输和铁路运输，航空运输具有以下特点：

1. 运输速度快。自从航空运输业诞生以来，航空运输就以快速著称，这也是其深受顾客欢迎的原因之一。时至今日，航空运输仍是最快速的运输方式。对于许多易腐烂的物品、急救品以及受季节影响较大的商品这一特点尤其重要。

2. 受地面条件影响较小。航空运输因其本身的特性，受地面状况影响较小，这大大提升了其运输力。除此之外，航空运输距离跨度较大，能够满足长距离运输，加大了沿海与内陆城市的联系。

3. 准确、安全。航空运输是目前为止最为安全的运输方式，其发生货物毁损的可能性极低。此外，航空运输还十分准确，可以达到点对点运输。

4. 费用昂贵，运量较少。由于上述特点，航空运输的费用一般较为昂贵，这也是航空运输为何不能成为最普遍的运输方式的主要原因。航空运输由于机身问题，内部空间较为狭小，运输量不大。

二、主要公约及其关系

目前，调整国际航空货物运输关系的国际公约主要有《统一国际航空运输某些规则的公约》（以下简称《华沙公约》）、《修改1929年统一国际航空运输某些规则的公约议定书》（以下简称《海牙议定书》）、《统一非缔约承运人所办国际航空运输某些规则以补充华沙公约的公约》（以下简称《瓜达拉哈拉公约》）、《修订经海牙议定书修订的〈统一国际航空运输某些规则的公约〉的议定书》（以下简称《危地马拉协议书》）、《关于修改〈统一国际航空运输某些规则的公约〉的附加议定书》（以下简称《蒙特利尔议定书》）以及《蒙特利尔公约》。

需要注意的是，我们需要厘清上述公约之间的关系。《华沙公约》为国际航空运输中的一个根本公约，后来的《海牙议定书》、《瓜达拉哈拉公约》等都是对其的修改和补充，

这三个公约可以统称为《华沙公约体系》(旧华沙公约),三者并不相互冲突,一个国家可以加入其中一个公约或同时加入两个或三个公约。《蒙特利尔公约》统一了旧的华沙公约的内容,改变了承运人责任制度的混乱状态,故又将其称为"新的华沙条约"。

三、国际航空货物运输法律制度

(一)《华沙公约》

《华沙公约》(Warsaw Convention)于1929年9月12日在波兰华沙签订,全称《统一国际航空运输某些规则的公约》,该公约于1933年2月13日生效。我国于1957年7月加入,1958年10月对我国生效。《华沙公约》主要包括航空运输的业务范围、运输票证、承运人的责任、损害赔偿标准等。《华沙公约》是国际航空运输中的一个根本公约。

1. 责任原则。《华沙公约》制定时航空运输处于起步阶段,运输尚未成熟,因此,《华沙公约》适用不完全的过失责任制。即一般情况下推定损失由承运人承担,但是当承运人有足够的证据证明自己并无过失时,可以免责。在运输货物和行李时,如果承运人证明损失的发生是由于驾驶上、航空器的操作上或领航上的过失,而在其他一切方面承运人和他的代理人已经采取一切必要的措施以避免损失时,就不负责任。《公约》第17~21条对此进行了详细的规定。

2. 责任限额。《华沙公约》对承运人赔偿责任数额进行了详尽的规定。《华沙公约》第22条规定,运送旅客时,承运人对每一旅客的责任以十二万五千法郎为限。如果根据受理法院的法律,可以分期付款方式赔偿损失时,付款的总值不得超过这个限额,但是旅客可以根据他同承运人的特别协议,规定一个较高的责任限额;在运输已登记的行李和货物时,承运人对行李或货物的责任以每公斤250法郎为限,除非托运人在交运时,曾特别声明行李或货物运到后的价值,并缴付必要的附加费。在这种情况下,承运人所负责任不超过声明的金额,除非承运人证明托运人声明的金额高于行李或货物运到后的实际价值;关于旅客自己保管的物件,承运人对每个旅客所负的责任,以5000法郎为限;上述法郎是指含有千分之九百成色的65.5毫克黄金的法国法郎,这项金额可以折合成任何国家的货币取其整数。

3. 索赔期限。诉讼应该在航空器到达目的地之日起,或应该到达之日起,或从运输停止之日起两年内提出,否则就丧失追诉权。诉讼期限的计算方法根据受理法院的法律决定。

(二)《海牙议定书》

随着国际航空业的发展,很大一部分国家认为《华沙公约》的某些条款已经不能满足发展的需要,急需修改。1955年9月28日,以英国、日本、丹麦、爱尔兰、法国、意大利等为代表的66个国家在海牙签订《修改1929年统一国际航空运输某些规则的公约的议定书》。该议定书于1963年8月1日生效,1975年10月15日对我国生效。

该议定书共3章27条,主要在航行过失责任、责任限制和索赔期限等问题上对《华沙公约》做了比较重要的修改。

(三)《瓜达拉哈拉公约》

《华沙公约》部分签字国注意到,《华沙公约》并未包括非运输合同一方所办国际航空运输的专门规则,因此认为有必要制定适用于这种情况的规则。经过长时间谈判,最终于1961年签订《瓜达拉哈拉公约》(Guadalajara Convention),该公约1964年5月1日生效。该公约一共18条,其目的在于把《华沙公约》有关缔约承运人的各种规定扩大到适用于非缔约承运人(即实际承运人)。我国没有加入该公约。

(四)《蒙特利尔公约》

《蒙特利尔公约》的正式名称是《统一国际航空运输某些规则的公约》(Convention For the Unification of Certain Rules for International Carriage by Air)。该公约于1999年5月28日通过,于2003年11月4日生效。首批批准国包括美国、日本、加拿大、墨西哥、哥伦比亚等。我国于2005年2月28日批准加入该公约。公约的目的在于确保国际航空运输消费者的利益,对在国际航空运输中旅客的人身伤亡或行李损失,或者运输货物的损失,在恢复性赔偿原则基础上建立公平赔偿的规范体系。

《蒙特利尔公约》共7章57条,主要包括总则,关于旅客、行李与货物运输的凭证和当事方的责任,承运人的责任和赔偿损害的范围,联运非立约承运人进行的运输,其他规定以及最后条款。

1. 航空货运单。航空货运单是由承运人或其代理人签发的重要的货物运输单据,是承托双方的运输合同,其内容对双方均具有约束力。航空运单不可转让,持有航空运单也并不能说明可以对货物要求所有权。

《蒙特利尔公约》第4条规定,对于货物运输,应当出具航空货运单。任何保存将要履行的运输的记录的其他方法都可以用来代替出具航空货运单。采用此种其他方法的,承运人应当应托运人的要求,向托运人出具货物收据,以便识别货物并能获得此种其他方法所保存记录中的内容。因此,只要是能起到识别货物内容并且能履行所记录的具体内容的单据即可替代航空货物单。

2. 托运人的责任。《蒙特利尔公约》第10条规定,对托运人或者以其名义在航空货运单上载入的关于货物的各项说明和陈述的正确性,或者对托运人或者以其名义提供给承运人载入货物收据或者载入第4条第2款所指其他方法所保存记录的关于货物的各项说明和陈述的正确性,托运人应当负责。以托运人名义行事的人同时也是承运人的代理人的,同样适用上述规定。

对因托运人或者以其名义所提供的各项说明和陈述不符合规定、不正确或者不完全,给承运人或者承运人对之负责的任何其他人造成的一切损失,托运人应当对承运人承担赔偿责任。

《蒙特利尔公约》第16条规定,托运人必须提供必需的资料和文件,以便在货物可交付收货人前完成海关、警察或者任何其他公共当局的手续。因没有此种资料、文件,或者此种资料、文件不充足或者不符合规定而引起的损失,除由于承运人、其受雇人或者代理人的过错造成的外,托运人应当对承运人承担责任。

3.承运人的责任。根据《蒙特利尔公约》规定,承运人承担以下责任:

(1)对凭证说明的责任。对因承运人或者以其名义在货物收据或者其他方法所保存的记录上载入的各项说明和陈述不符合规定、不正确或者不完全,给托运人或者托运人对之负责的任何其他人造成的一切损失,承运人应当对托运人承担赔偿责任。

(2)货物毁损的责任。《蒙特利尔公约》第18条规定,对于因货物毁灭、遗失或者损坏而产生的损失,只要造成损失的事件是在航空运输期间发生的,承运人就应当承担责任。

(3)责任限制。《蒙特利尔公约》第22条规定,在货物运输中造成毁灭、遗失、损坏或者延误的,承运人的责任以每公斤17特别提款权为限,除非托运人在向承运人交运包件时,特别声明在目的地点交付时的利益,并在必要时支付附加费。在此种情况下,除承运人证明托运人声明的金额高于在目的地交付时托运人的实际利益外,承运人在声明金额范围内承担责任。

需要注意的是,货物的一部分或者货物中任何物件毁灭、遗失、损坏或者延误的,用以确定承运人赔偿责任限额的重量,仅为该包件或者该数包件的总重量。但是,因货物一部分或者货物中某一物件的毁灭、遗失、损坏或者延误,影响同一份航空货运单、货物收据或者在未出具此两种凭证时按第四条第二款所指其他方法保存的记录所列的其他包件的价值的,确定承运人的赔偿责任限额时,该包件或者数包件的总重量也应当考虑在内。

4.免责条款。《蒙特利尔公约》第20条规定,经承运人证明,损失是由索赔人或者索赔人从其取得权利的人的过失或者其他不当作为、不作为造成或者促成的,应当根据造成或者促成此种损失的过失或者其他不当作为、不作为的程度,相应全部或者部分免除承运人对索赔人的责任。旅客以外的其他人就旅客死亡或者伤害提出赔偿请求的,经承运人证明,损失是旅客本人的过失或者其他不当作为、不作为造成或者促成的,同样应当根据造成或者促成此种损失的过失或者其他不当作为、不作为的程度,相应全部或者部分免除承运人的责任。

除此之外,《蒙特利尔公约》还规定,承运人证明货物的毁灭、遗失或者损坏是由于下列一个或者几个原因造成的,在此范围内承运人不承担责任:货物的固有缺陷、质量或者瑕疵;承运人或者其受雇人、代理人以外的人包装货物的,货物包装不良;战争行为或者武装冲突;公共当局实施的与货物入境、出境或者过境有关的行为。

5.索赔与诉讼时效。在旅客、行李和货物运输中,有关损害赔偿的诉讼,不论其根据如何,是根据本公约、合同、侵权,还是其他任何理由,只能依照本公约规定的条件和责任限额提起,但是不妨碍确定谁有权提起诉讼以及他们各自的权利。在任何此类诉讼中,均不得判给惩罚性、惩戒性或者任何其他非补偿性的损害赔偿。

关于诉讼时效,《蒙特利尔公约》也作出了自己的规定。自航空器到达目的地之日、应当到达目的地之日或者运输终止之日起两年期间内未提起诉讼的,丧失对损害赔偿的权利。上述期间的计算方法,依照案件受理法院的法律确定。

第三节 国际铁路货物运输法

一、国际铁路货物运输的概念

国际铁路货物运输是指由两个或两个以上国家的铁路运输中,铁路部分使用一份运输单据,以连带责任办理货物的全运过程,并且在由一国铁路向另一国铁路移交货物时,无须收、发货人参加的运输方式。

国际铁路货物运输法是调整国际铁路货物运输的法律规范的总称。一般而言,国际铁路货物运输法由国际公约、国际惯例以及各国的国内立法组成。

二、国际铁路货物运输的特点

国际铁路货物运输有以下特点:

其一,运量大,速度快。由于火车单车厢装载量比较大,且相同车厢数量多,故火车运载量极大。随着现在技术的发展,铁路不断提速,铁路运输成为速度仅次于航空的运输方式。

其二,连续性和准确性强。铁路运输的轨道铺成之后固定不移,且铁路受天气影响小,因此,可以全天候地利用铁路,安排列车通行,连续性强。铁路运输可以实现城市到城市的运输,准确性比较高。

其三,费用低,风险相对较小。由于铁路运输运量大,可以全天候运输,因此,铁路运输的费用相对于航空运输以及公路运输是极为低廉的。铁路运输受气候和自然条件影响较小,风险比较低。

三、国际铁路货物运输法律制度

目前,国际上关于国际铁路货物运输的公约有《国际货约》和《国际货协》两个。

(一)《国际货约》

《国际铁路货物运输公约》(Convention Concerning International Carriage of Goods by Rail)简称《国际货约》(CIM),由奥地利、法国、比利时、德国等国家于1972年在尼泊尔订立。1972年公约是在1961年公约的基础上修订。国际铁路运输中央事务局总部设在伯尔尼。《国际货约》共6部分70条,分别是公约的目的和适用范围、运输合同、责任与法律诉讼、各种规定、特殊规定、最终规定。

《国际货约》适用于至少两个缔约国之间的铁路联运。铁路的运输单据称为运单,内容包括接货地点、日期和交货地点及货物质量情况、件数、标记等,是运输合同成立的证据。承运人对货物的灭失、残损或延误负责,但由索赔人的错误行为、货物的内在缺陷或承运人所不能避免的原因造成者除外,责任豁免的举证责任在于承运人。承运人的责任限制为每公斤50金法郎,但由承运人的有意错误行为或严重错误所造成的损害的赔偿限额为上述赔偿限额的2倍。对承运人的诉讼时效为1年,但涉及承运人欺诈或有意错误行为的案件,诉讼时效为2年。

(二)《国际货协》

《国际货协》全称《国际铁路货物联合运输规定》(CMIC)。该公约于1951年,由苏联、波兰、民主德国、阿尔及利亚等八国在华沙成立的铁路合作组织所订立,我国于1953年加入该协定。

四、《国际货协》的主要内容

(一)《国际货协》的适用范围

协定第1条规定,本协定对铁路、发货人和收货人都有约束力。本协定不适用于下列情况下货物运送:

1. 发、到站都在同一国内,而用发送国的列车只通过另一国家过境运送时;

2. 两国车站间,用发送国或到达国列车通过第三国过境运送时;

3. 两邻国车站间,全程都用某一方铁路的列车,并按照这一铁路的国内规章办理货物运送时。

对于上述不属于协定调整的三种情况,各国可以通过国内立法进行调整。

(二)合同的订立

协定规定,发货人在托运货物的同时,应对每批货物均填写运单和运单副本,签字后向发站提出。发货人的签字,可用印刷法或加盖戳记。运单应随同货物从发站至到站按运送全程附送。如按发送路国内规定由发货人填写运行报单时,则发货人在填写运单和运单副本的同时,还必须填写运行报单。在运送合同缔结后,运单副本退还发货人。运单副本不具有运单的效力。

虽然运单副本不具有运单的效力,但是其具有重大作用:①证明货物已由铁路接收和承运;②是发货人或收货人向铁路申请变更运输合同的附带凭证;③是买卖合同的卖方(发货人)要求买方付款或向银行议付的单据;④在货物和运单全部灭失时凭以向铁路提出赔偿要求[①]。

(三)承运人的责任

1. 责任与期限。铁路在本章所规定的条件范围内,从承运货物时起,至到站交付货物时为止,对于货物运到逾期以及因货物全部或部分灭失或毁损所发生的损失负责,如向非参加国际货协铁路的国家办理货物转发送时,则负责到按另一种国际协定的运单办

[①] 张学慧.国际经济法教程[M].2版.北京:对外经济贸易大学出版社,2003.

完运送手续时为止。

铁路赔偿损失的款额,在任何情况下,均不得超过货物全部灭失时的款额。

2. 免责事由。如承运的货物,由于下列原因,发生全部或部分灭失、减量或毁损时,铁路对这项灭失、减量或毁损不负责任:

(1)由于铁路不能预防和不能消除的情况;

(2)由于货物的特殊自燃性质,以致引起自燃、损坏、生锈、内部腐坏和类似的后果;

(3)由于发货人或收货人的过失或由于其要求,而不能归咎于铁路;

(4)由于发货人或收货人装车或卸车的原因所造成;

(5)由于发送路规章许可,使用敞车类货车运送货物;

(6)由于发货人或收货人的货物押运人未采取保证货物完整的必要措施;

(7)由于容器或包装的缺点,在承运货物时无法从其外表发现;

(8)由于发货人用不正确、不确切或不完全的名称托运违禁品;

(9)由于发货人在托运应按特定条件承运的货物时使用不正确、不确切或不完全的名称,或未遵守本协定的规定;

(10)由于第23条规定的标准范围内的货物自然减量,以及由于运送中水分减少,或货物的其他自然性质,以致使货物减量超过上述标准。

件数完全、容器或包扎完整而重量短少时,以在加封的汽车、拖拉机和其他自轮运行的机器向收货人交付时,如发货人的铅封完整而上述加封的机器中能拆下零件和备用零件短少时,则铁路概不负责。

在下列情况下,未履行货物运到期限时,应免除铁路的责任:

(1)发生雪(沙)害、水灾、崩陷和其他自然灾害,按照有关国家铁路中央机关的指示,期限在15天以内;

(2)发生其他致使行车中断或限制的情况,按照有关国家政府的指示。

关于货物在运送中,因其本身的特殊性质发生自然减量时,不限货物的行经里程,铁路只对超过标准的减量部分负责。

(四)索赔与诉讼

《国际货约》第28条规定,发货人和收货人有权根据运送合同提出赔偿请求。赔偿请求应附有相应根据并注明款额,以书面方式由发货人向发送路,收货人向到达路提出。

向铁路提出赔偿请求时,应按下列规定办理:

1. 货物全部灭失时:由发货人提出,同时须提出运单副本或由收货人提出,同时须提出运单副本或运单;

2. 货物部分灭失、毁损或腐坏时:由发货人或收货人提出,同时须提出运单和铁路在到站交给收货人的商务记录;

3. 货物运到逾期时:由收货人提出,同时还须提出运单;

4. 多收运送费用时:由发货人按其已交付的款额提出,同时还须提出运单副本或发送路国内规章规定的其他文件;或由收货人按其所交付的运费提出,同时须提出运单。

在赔偿请求书上,除运单或运单副本外,在适当情况下,还须添附以下内容:商务记录、能证明灭失或毁损的货物价格的文件,以及能作为赔偿请求依据的其他文件。

铁路自提出补偿请求之日(此日应以发信邮局戳记或铁路在收到直接提出的请求书时出具的收据为凭)起,必须在180天内审查这项请求,并答复赔偿请求人,在全部或部分承认赔偿请求时,支付应付的款额。

第四节 国际货物多式联运法律制度

一、国际货物多式联运的概念和特点

国际货物多式联运(International Multimodal Transport or International Combined Transport)是在集装箱运输的基础上产生和发展起来的一种综合性的连贯运输方式[①],它一般是以集装箱为媒介,把海、陆、空各种传统的单一运输方式有机地结合起来,组成一种国际的连贯运输[②]。

《联合国国际货物多式联运公约》对国际多式联运的含义作出了规定。公约规定,国际多式联运是指按照多式联运合同,以至少两种不同的运输方式,由多式联运经营人把货物从一国境内接运货物的地点运至另一国境内指定交货的地点[③]。

多式联运相较于其他货物运输方式,具有以下优点:手续简便快捷,责任统一;节省费用,降低运输成本;减少中间环节,时间缩短,运输质量提高,运输组织水平提高,运输更加合理化;实现门对门运输,减少运输途中不必要的麻烦。

二、《联合国国际货物多式联运公约》

为了规范国际多式联运方式,联合国于1980年5月24日在日内瓦召开的联合国贸易和发展会议全权代表会上制定并通过了《联合国国际货物多式联运公约》(以下简称《联运公约》),我国参加了公约的起草工作。公约规定,在30个国家批准或加入公约一年内即开始生效,截至到目前,只有13个国家批准参加,因此公约尚未生效。

公约分为8部分40条,主要包括总则、单据、多式联运经营人的赔偿责任、发货人的赔偿责任、索赔和诉讼、补充条款、海关事项以及最后条款,外加一个前言和一个附件。

(一)多式联运单证

公约规定,"多式联运单证"是证明多式联运合同和多式联运经营人接管货物并保证

[①] 集装箱运输是以集装箱作为运输单位进行货物运输的一种现代化运输方式,它可用于海洋运输、铁路运及国际多式联运运输。

[②] 黎孝先.国际贸易实务[M].4版.北京:对外经济贸易大学出版社,2007:111.

[③] 参考《联合国国际货物多式联运公约》总则部分第1条定义。

按照该合同条款交付货物的单证。多式联运经营人接管货物时,应签发多式联运单证。该单证应依发货人的选择,或为可转让单证,或为不可转让单证。多式联运单证应由多式联运经营人或经其授权的人签字。多式联运单证上的签字,如不违背签发多式联运单据所在国的法律,可以是手签、传真印制、打透花字、盖章、符号或用任何其他机械或电子仪器打出。经发货人同意,可以用任何机械或其他保存多式联运单证应列明的事项的方式,签发不可转让的多式联运单证。在这种情况下,多式联运经营人在接管货物后,应交给发货人一份可以阅读的单证,载有用此种方式记录的所有事项。就本公约而言。此种单证应视为多式联运单证。

根据公约规定,国际货物多式联运单证应具有以下内容:

(a)货物品类、识别货物所必需的主要标志、对危险货物的危险特性的明确声明、包数或件数、货物的毛重或以其他方式表示的数量,所有这些事项由发货人提供;(b)货物外表状况;(c)多式联运经营人的名称和主要营业地;(d)发货人名称;(e)收货人的名称,如已由发货人指定;(f)多式联运经营人接管货物的地点和日期;(g)交货地点;(h)在交付地点交货的日期或期间,如双方有明确协议;(i)表示该多式联运单证为可转让或不可转让的声明;(j)多式联运单证的签发地点和日期;(k)多式联运经营人或经其授权的人的签字;(l)双方约定的其他事项。

需要注意的是,如果多式联运单证缺少上述一项或多项内容,并不影响该单证作为多式联运单证的法律性质。

详细可参考表2-1。

表2-1 多式联运提单与其他单一提单比较[①]

	铁路提单	航空提单	海运提单	多式联运提单
运输方式	铁路	航空	海运	多种方式
运输合同	是	是	否	否
交付凭证	否	否	是	是
物权凭证	否	否	是	是
可转让性	否	否	是	是
货物风险	无	无	有	有

(二)多式联运经营人的赔偿责任

公约规定,"多式联运经营人"是指其本人或通过代其行事的他人订立多式联运合同的任何人。是委托人,而不是发货人的代理人和参加多式联运的承运人的代理人或代表他们行事,多式联运经营人承担履行合同的责任。

[①] 参考 http://www.docin.com/p-75437013.html.

公约对联运经营人实行完全的推定过失原则。公约第16条对赔偿责任基础作出了规定。如果造成灭失、损坏或迟延交货的事故发生于货物由多式联运经营人掌管的期间，多式联运经营人对于货物的灭失、损坏和迟延交付所引起的损失①，应负赔偿责任，除非多式联运经营人证明其本人、受雇人或代理人或其他任何人为避免事故的发生及其后果已采取一切所能合理要求的措施。

多式联运经营人承担赔偿责任的期间自对货物接管之时起至交付时止，全程负责。

如果多式联运经营人造成了货物的灭失或损坏，其赔偿责任以灭失或损坏的货物的每件或其他货运单位计不得超过920计算单位的数额，或按毛重每公斤计不得超过2.75计算单位的数额，以较高者为准。需要注意的是，如果国际多式联运根据合同的相关规定不包括海上或内河运输，则多式联运经营人的赔偿责任按灭失或损坏货物毛重每公斤不得超过8.33计算单位的数额为限。

如果货物的灭失或损坏发生于多式联运的某一特定区段，而对这一区段适用的一项国际公约或强制性国家法律规定的赔偿限额高于联运公约规定的赔偿限额，则多式联运经营人对这种灭失或损坏的赔偿限额，应按该公约或强制性国家法律予以确定。

除此之外，公约还对延迟交货等违约行为的赔偿作出了限定。

（三）发货人的赔偿责任

如果多式联运经营人遭受的损失是由于发货人的过失或疏忽，或者他的受雇人或代理人在其受雇范围内行事时的过失或疏忽所造成，发货人对这种损失应负赔偿责任。如果损失是由于发货人的受雇人或代理人本身的过失或疏忽所造成，该受雇人或代理人对这种损失应负赔偿责任。

发货人应以适当的方式在危险货物上加危险标志或标签。

发货人将危险货物交给多式联运经营人或其任何代其行事的人时，应告知货物的危险特性，必要时并告知应采取的预防措施。如果发货人未作此种告知，并且多式联运经营人又没有以其他方式知道货物的危险特性，则发货人对多式联运经营人由于载运这种货物而遭受的一切损失应负赔偿责任；但是如果该货物可随时被卸下、销毁或使其无害则无须给予赔偿。

（四）索赔与诉讼

1. 灭失、损坏或迟延交货的通知。《公约》第24条规定，收货人应在接收货物的次一工作日将说明灭失或损坏的一般性质的灭失或损坏的通知，书面送交多式联运经营人，否则，此种交付即为多式联运经营人交付多式联运单证所载明的货物的初步证据。如果货物毁损灭失不明显，收货人可以在接收货物之后6个工作日内提出。如果货物的状况在交付收货人时已经当事各方或其授权的代表在交货地点联合调查或检验，则无须就调

---

① 如果货物未在明确约定的时间内交付，或者无此种协议，未在按照具体情况对一个勤勉的多式联运经营人所能合理要求的时间内交付，即为迟延交货。

查或检验所证实的灭失或损坏送交书面通知。

同时公约还规定,多式联运经营人应不迟于在灭失或损坏的事故发生后连续90日内,或在交付货物后连续90日内(以较迟者为准),将说明此种灭失或损坏的一般性质的灭失或损坏书面通知送交发货人。未送交这种通知,即为多式联运经营人未由于发货人、其受雇人或代理人的过失或疏忽而遭受任何灭失或损害的初步证据。

2. 诉讼时效。根据本公约有关国际多式联运的任何诉讼,如果在两年期间内没有提起诉讼或交付仲裁,即失去时效。但是,如果在货物交付之日后6个月内,或者,如果货物未能交付,在本应交付之日后6个月内,没有提出说明索赔的性质和主要事项的书面索赔通知,则在此期限届满后即失去诉讼时效。

时效期间自多式联运经营人交付货物或部分货物之日的次日起算,或者如果货物未交付,则自货物本应交付的最后一日次日起算。

接到索赔要求的人可在时效期间的任何时候向索赔人提出延长时效期间的书面声明。此种期间可通过另一次声明或多次声明,再度延长。

如果另一适用的国际公约有相反规定,根据本公约被认定负有赔偿责任的人,即使在上述各款规定的时效期间届满后,仍可在起诉地国家法律所许可的期限内提起追偿诉讼,但所许可的限期,自提起此种追偿诉讼的人已解决对其提出的索赔,或在对其本人的诉讼中接到诉讼传票之日起算,不得少于90日。

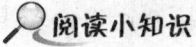阅读小知识

提单式样(BILL OF LADING)

		10) B/L NO. COSCO 中国远洋运输(集团)总公司 CHINA OCEAN SHIPPING (GROUP) CO. ORIGINAL COMBINED TRANPORT BILL OF LADING
1) SHIPPER		
2) CONSIGNEE		
3) NOTIFY PARTY		
4) PLACE OF RECEIPT	5) OCEAN VESSEL	
6) VOYAGE NO.	7) PORT OF LOADING	
8) PORT OF DISCHARGE	9) PLACE OF DELIVERY	

续表

<table>
<tr><td colspan="7">11) MARKS 12) NOS. &KINDS OF PKGS 13) DESCRIPTION OF GOODS 14) G. W. (kg) 15) MEAS(m^3)</td></tr>
<tr><td colspan="7"></td></tr>
<tr><td colspan="7">16) TOTAL NUMBER OF CONTAINERS OR PACKAGES(IN WORDS)</td></tr>
<tr><td>FREIGHT
& CHARGES</td><td>REVENUE TONS</td><td colspan="2">RATE</td><td>PER</td><td>PREPAID</td><td>COLLECT</td></tr>
<tr><td colspan="2">PREPAID AT</td><td colspan="3">PAYABLE AT</td><td colspan="2">17) PLACE AND DATE OF ISSUE</td></tr>
<tr><td colspan="2">TOTAL PREPAID</td><td colspan="3">18) NUMBER OF ORIGINAL B(S)L</td><td colspan="2"></td></tr>
<tr><td colspan="3">LOADING ON BOARD THE VESSEL
19) DATE</td><td colspan="4">20) BY</td></tr>
</table>

司考题

1. [09－1－41 单选]甲公司依运输合同承运一批从某国进口中国的食品，当正本提单持有人乙公司持正本提单提货时，发现货物已由丙公司以副本提单加保函提走。依我国相关法律规定，下列哪一选项是正确的？

A. 无正本提单交付货物的民事责任应适用交货地法律。

B. 乙公司可以要求甲公司承担违约责任或侵权责任。

C. 甲公司对因无正本提单交货造成的损失按货物的成本赔偿。

D. 丙公司提走了货物，不能要求甲公司承担责任。

【答案】B

【解析】本题考核无正本提单交付货物问题。

选项A错误。最高人民法院《关于审理无正本提单交付货物案件适用法律若干问题的规定》第3条第1款规定,承运人因无正本提单交付货物造成正本提单持有人损失的,正本提单持有人可以要求承运人承担违约责任,或者承担侵权责任。据此可知,正本提单持有人可以要求承运人承担违约责任或者承担侵权责任。可见,具体法律适用,首先要看要求承运人承担何种责任,然后再进行确定。

选项B正确,选项D错误。最高人民法院《关于审理无正本提单交付货物案件适用法律若干问题的规定》第3条第1款规定,承运人因无正本提单交付货物造成正本提单持有人损失的,正本提单持有人可以要求承运人承担违约责任,或者承担侵权责任。

选项C错误。最高人民法院《关于审理无正本提单交付货物案件适用法律若干问题的规定》第6条,承运人因无正本提单交付货物造成正本提单持有人损失的赔偿额,按照货物装船时的价值加运费和保险费计算。

2.[07-1-44 单选]海运单是20世纪70年代以来,随着集装箱运输的发展,特别是航程较短的运输中产生出来的一种运输单证。关于海运单,下列哪一选项是正确的?

A.海运单是一种可流通的书面运输单证。
B.海运单不具有证明海上运输合同存在的作用。
C.第三方以非法的方式取得海运单时无权提取货物。
D.海运单具有物权凭证的特征,收货人凭海运单提取货物。

【答案】C

【解析】海运单是证明海上运输货物由承运人接管或装船,且承运人保证将货物交给指定的收货人的一种不可流通的书面运输单证,所以A项错误。海运单具有提单所具有的货物的收据和海上货物运输合同的书面证明的作用,所以B项错误。海运单的不可转让性使第三者在非法得到海运单时不能提取货物,所以C项正确。海运单不是货物的物权凭证,收货人提货时无须凭海运单,而只需要证明其身份。

3.[06-1-46 单选]关于海上货物运输中的迟延交货责任,下列哪一表述是正确的?

A.《海牙规则》明确规定承运人对迟延交付可以免责。
B.《维斯比规则》明确规定了承运人迟延交付的责任。
C.《汉堡规则》只规定了未在约定时间内交付为迟延交付。
D.《汉堡规则》规定迟延交付的赔偿为迟交货物运费的2.5倍,但不应超过应付运费的总额。

【答案】D

【详解】《海牙规则》规定的承运人的免责共有17项,依第4条第2款的规定,对由于下列原因引起或造成的货物的灭失或损害,承运人不负责任:(1)船长、船员、引水员或承运人的雇佣人在驾驶或管理船舶中的行为、疏忽或不履行职责;(2)火灾,但由于承运人实际过失或私谋所造成者除外;(3)海上或其他可航水域的风险、危险或意外事故;(4)天灾;(5)战争行为;(6)公敌行为;(7)君主、统治者或人民扣留或拘禁或依法扣押;(8)检疫限制;

(9)货物托运人或货主、其代理人或代表的行为或不行为;(10)不论由于何种原因引起的局部或全面的罢工、关厂、停工或劳动力受到限制;(11)暴乱和民变;(12)救助或企图救助海上人命或损害;(13)由于货物的固有瑕疵、性质或缺陷所造成的容积或重量的损失,或任何其他灭失或损害;(14)包装不当;(15)标志不清或不当;(16)尽适当的谨慎所不能发现的潜在缺陷;(17)不是由于承运人的实际过失或私谋,或是承运人的代理人或受雇人员的过失或疏忽所引起的任何其他原因。可见,《海牙规则》没有规定承运人对迟延可以免责,故 A 错误。《维斯比规则》的内容主要是时《海牙规则》的补充和修改,没有规定承运人迟延交付的责任,故 B 错误。《汉堡规则》规定,承运人对火灾所引起的灭失、损坏或延迟交付负赔偿责任,但索赔人需证明承运人、其受雇人或代理人有过失。《汉堡规则》所规定的延迟交付是指在未有约定的时间内交付,或在无约定的情况下,未在合理的时间内交付。故 C 错误。《汉堡规则》规定,承运人对延迟交付的赔偿责任限额为延迟交付应付运费的 2.5 倍,但不应超过应付运费的总额。故 D 正确。所以本题答案为 D。

4.[10-1-45 单选]一批货物由甲公司运往中国青岛港,运输合同适用《海牙规则》。运输途中因雷击烧毁部分货物,其余货物在目的港被乙公司以副本提单加保函提走。丙公司为该批货物正本提单持有人。根据《海牙规则》和我国相关法律规定,下列哪一选项是正确的?

A. 甲公司应对雷击造成的货损承担赔偿责任,因损失在其责任期间发生。
B. 甲公司可限制因无正本提单交货的赔偿责任。
C. 丙公司可要求甲公司和乙公司承担连带赔偿责任。
D. 甲公司应以货物成本加利润赔偿因无正本提单交货造成的损失。

【答案】C

【解析】根据《海牙规则》规定,承运人对由于天灾引起或造成的货物的灭失或损害免责。同时,除由于承运人实际过失或私谋所造成的火灾外,承运人对火灾引起或造成的货物的灭失或损害免责。因此,虽然是在运输途中,但甲公司对该雷击造成的货损不承担责任,A 选项错误。《最高院关于审理无正本提单交付货物案件适用法律若干问题的规定》第 4 条规定:"承运人因无正本提单交付货物承担民事责任的,不适用海商法第五十六条关于限制赔偿责任的规定。"故 B 选项错误。《最高院关于审理无正本提单交付货物案件适用法律若干问题的规定》第 11 条规定:"正本提单持有人可以要求无正本提单交付货物的承运人与无正本提单提取货物的人承担连带赔偿责任。"据此,正本提单持有人丙公司可以要求承运人甲公司与无正本提单提取货物人乙公司承担连带责任,C 选项正确。《最高院关于审理无正本提单交付货物案件适用法律若干问题的规定》第 6 条规定:"承运人因无正本提单交付货物造成正本提单持有人损失的赔偿额,按照货物装船时的价值加运费和保险费计算。"据此,在承担无正本提单交货的责任时,承运人甲公司应赔偿货物装船时的价值加运费和保险费。故 D 选项错误。

复习思考题

1. 阐述提单的性质和作用。
2. 解释清洁提单的含义。为什么买方要求卖方提供清洁提单?
3. 试分析《国际货物多式联运公约》中关于多式联运经营人责任的规定。

阅读书目

1. 李勤昌.国际贸易运输[M].2版.辽宁:东北财经大学出版社,2008.
2. 姚新超.国际贸易运输与保险[M].2版.北京:对外经济贸易大学出版社,2010.

第三章 国际货物保险法律制度

> **学习目标与要求**

本章主要介绍国际货物保险法律制度。本处所指的保险主要是针对国际货物运输的过程中可能出现的风险而言。国际货物运输具有路程远、周期长等特点。由于自然界充满着不可抗拒的灾害,而这些灾害又容易导致货物的毁损灭失,因此对运输的货物进行保险就显得十分的重要,尤其是海洋货物运输。

本章内容较为简洁,主要分为两节,其中第二节为本章的重点难点。第二节主要介绍了相关保险的险别和种类,并对其特征和适用条件做了详细的说明。

第一节 国际贸易运输保险概述

国际贸易运输保险是由保险人同被保险人订立保险合同,经被保险人缴付约定的保险费,当货物在国际运输途中遭受保险事故所致的损失,由保险人负责经济补偿的一种保险。国际货物运输保险是以对外贸易货物运输过程中的各种货物作为保险标的的。根据不同的运输方式可以分为海洋运输货物保险、陆上运输货物保险、航空运输货物保险、邮包保险以及联运保险。其中,海上货物运输保险的历史最为悠久,影响力最大,在国际货物运输保险中处于最为重要的位置。

一、海上保险合同的概念和特征

海上保险合同是指被保险人支付保险费,在被保险人遭受保险事故后,保险人按照约定对造成保险标的的损失进行赔偿的合同。

根据保险合同的约定,投保人的义务是交纳保险费,保险人的义务是在约定的保险事故发生后,就约定的被保险人的损失、损害和责任给予经济补偿。从海上保险的实践看,海上保险合同至少还应有以下一些法律性质:

(1)海上保险合同具有双务性。双务性表现为投保人缴纳保险费,保险人在约定的保险事故发生后对被保险人进行补偿。如果投保人在缴纳保险费之后,标的毁损灭失的风险并没有发生,保险费也不退还给投保人,这是由保险合同的性质决定的。

(2)保险合同具有补偿性。合同标的物毁损灭失之后,保险人承担的是补偿义务。这种补偿性义务主要表现为以下两个方面:①如果标的物损坏或者灭失,保险人只会给予经济补偿,而不可能使标的复原;②如果被保险人的损失大于保险金额,保险人的补偿以保险金额为限,如果被保险人的损失小于保险金额,则保险人的补偿以被保险人的损失额为限。

(3)保险合同具有复议性。海上保险合同一般是由保险人负责印制,被保险人只能被动地接受该合同,这就是我们平常所说的"格式合同"。由于海上保险的复杂性,被保险人往往不可能像保险人那样对保险合同及其条款的所有内容和含义有清晰的概念,特别是如果条款中存在可能引起争议的内容时,保险人应首先对这种争议负责①。

(4)保险合同是一种射幸合同。射幸合同,就是指合同当事人一方支付代价所获得的只是一个机会,是一种可能性。对投保人而言,有可能获得远远大于所支付的保险费的效益,但也可能没有利益可获;对保险人而言,他所赔付的保险金可能远远大于其所收取的保险费,但也可能只收取保险费而不承担支付保险金的责任。保险合同的这种射幸性质是由保险事故的发生具有偶然性的特点决定的。这种偶然性就是保险合同发生的概率。

二、国际贸易运输保险合同订立的基本原则

在订立国际贸易运输保险合同的时候,应遵守以下基本原则。

(一)绝对诚信原则

诚信原则是一切民事活动应遵守的最高原则,是指在合同订立的过程中必须诚实信用,遵守相关的规定,故又称之为"帝王条款"。

因为射幸合同具有偶然性和不可确定性,这决定了国际贸易运输合同订立的过程中必须遵守诚信原则。只有严格遵守诚信原则,才能避免当事人之间订立违背风序良俗的协议。

绝对诚信原则并非是独立的法律原则,而是一般诚信原则的严格形态。保险活动不仅受绝对诚信原则的支配,更要受到绝对诚信原则的制约。绝对诚信原则之所以被称为"绝对",就在于它比一般的诚信原则更加严格,要求更高。实际上就是让人们知道保险活动对道德规范的要求高于其他民事活动;告诫当事人不得以欺诈、隐瞒的故意或疏忽大意的态度对待保险活动。作为被保险人,在投保要求转嫁风险时,必须要将保险标的和与其有连带关系的各种情况真诚无私地如实告知保险人;作为保险人,在签约及履约时,必须以最诚实守信的态度无私地保证合同得以签订和履行。

(二)可保利益原则

本原则要求在订立保险合同的时候必须存在保险利益。保险利益是指保险人或被保险人对保险标的具有法律上承认的利益。保险利益是保险合同的核心内容。

一般而言,保险利益必须具有以下条件:

1.必须是法律承认的利益。保险合同具有射幸合同的某些性质,因此强调可保利益

---

① 我国《保险法》第30条规定,对于保险合同条款,保险人与投保人、被保险人或受益人有争议时,人民法院或者仲裁机关应当作有利于被保险人和受益人的解释。

是区别保险与赌博的重要依据,也是防止合同双方道德风险的重要措施。《中华人民共和国保险法》第12条对此也作出了规定,财产保险的被保险人在保险事故发生时,对保险标的应当具有保险利益。

2. 必须是可以用货币计算和估价的利益。可以用货币表示和计算是对可保利益的基本要求,如果利益不能计算,那么保险人就无法对被保险人进行补偿。非经济利益,如精神损失、名誉损失等,都不予补偿。

3. 必须是确定的利益。确定性是指已经确定或者可以确定。具体而言包括现存利益和可得利益。

(三) 补偿责任原则

补偿责任是指当发生合同规定的自然灾害和意外事故时,保险公司需要合同约定对被保险人进行补偿。保险公司予以补偿之后取得代位求偿权。

保险代位求偿权又称保险代位权,是指当保险标的遭受保险事故造成损失,依法应由第三者承担赔偿责任时,保险公司自支付保险赔偿金之日起,在赔偿金额的限度内,相应地取得向第三者请求赔偿的权利。"保险代位权是各国保险法基于保险利益原则,为防止被保险人获得双重利益而公认的一种债权移转制度",通常认为保险代位权的实质是民法清偿代位制度在保险法领域的具体运用。

(四) 近因原则

近因原则是保险法的基本原则之一。保险关系上的近因并非是指在时间上或空间上与损失最接近的原因,而是指造成损失的最直接、最有效的起主导作用或支配性作用的原因。近因原则强调危险事故的发生与损失结果的形成,须有直接的因果关系,保险人才对发生的损失承担补偿责任。如果货物不是由承保范围之内的意外事故引起的,或属于承保免责范围之内,则保险人不予赔偿。

三、保险合同的内容

保险合同有广义和狭义之分。狭义的保险合同内容仅指合同当事人依法约定的权利和义务;广义的保险合同内容则是指以双方权利义务为核心的保险合同的全部记载事项。在这里我们所讲的保险合同内容指的是广义的保险合同的内容。

海上运输保险合同一般具有以下内容:①保险人的名称和住所;②投保人、被保险人、受益人的名称和住所;③保险标的;④保险责任和责任免除;⑤保险价值和保险金额;⑥保险期限;⑦保险费及其支付办法;⑧保险金赔偿或给付办法;⑨违约责任和争议处理。

四、保险单证

保险单简称为保单,是保险人与被保险人订立保险合同的正式书面证明。保险单必须完整地记载保险合同双方当事人的权利义务及责任。保险单记载的内容是合同双方履行的依据,保险单是保险合同成立的证明。

保险凭证也称为保险证或小保单,是一种简化的保险单。保险凭证与保险单具有同等效力,凡是保险凭证上没有列明的,均以同类的保险单为准。

根据我国《保险法》规定,保险合同成立与否并不取决于保险单的签发,只要投保人和保险人就合同的条款协商一致,保险合同就成立,即使尚未签发保险单,保险人也应负赔偿责任。可见,保险单并不是保险合同,而是保险合同成立的证明。

从不同的角度,可以将保险单进行不同的分类。

(一)根据保单是否定值可以分为定值保单与不定值保单

定值保单是记载有保险合同当事人事先确定的保险标的的价值的保险单。不定值保单指未载明保险标的的价值的保险单,但受保险金额制约,按前述规定将保险价值留待以后确定。目前在国际上一般使用定值保单。采用定值保单,无论货物毁损灭失的实际数额是多少,均按照保单上载明的数额进行补偿。

(二)根据船名是否确定可以分为流动保单和预约保单

流动保单是指对一定期限内(1年)陆续分批出运的货物所订立的一种保险合同。流动保单适用于包销合同形式的贸易和定期发运的货物保险。流动保险单需载明保险总条件,包括保险货物的总价值、承保的风险及保险费率以及规定的期限等,运输工具的名称以及其他细节留待以后申报。

预约保险单是指保险人或保险经纪人以承保条件形式签发的,承保被保险人在一定时期内发运的以C组术语出口的或以F组术语进口的货物运输保险单。它载明保险货物的范围、承保险别、保险费率、每批运输货物的最高保险金额以及保险费的计算办法。凡属预约保险单规定范围内的货物,一经起运保险合同即自动按预约保险单上的承保条件生效,但要求投保人必须向保险人对每批货物运输发出起运通知书,也就是将每批货物的名称、数量、保险金额、运输工具的种类和名称、航程起讫点、开航或起运日期等通知保险人,保险人据此签发正式的保险单证。

五、代位求偿权与委付制度

保险代位求偿权(Right of Subrogation)是保险法中的一项基本制度,是与保险合同的补偿原则紧密相连的,其宗旨是为被保险人提供双重保障,以确保被保险人的损失得以充分补偿。同时,也不至于由于保险赔付而使被保险人过分受益。保险人在行使代位求偿权时,以保险人名义还是被保险人名义,以往对此存有争议。目前审判实践普遍接受保险人以自己的名义行使代位求偿权。

海上保险中的委付(Abandonment)是指在推定全损的情况下,被保险人把保险标的物上的一切权利让与保险人,以此来取得实际全损赔偿利益的法律行为[①]。委付制度开

[①] 英国1906年《海上保险法》第61~63条规定,发生实际全损的,无须发送委付通知。在我国,推定全损被认为是委付的必要前提。

始于被保险人发出委付通知书。至于是否决定接受委付通知书,则由保险人根据具体情况而定。在实践中,一旦保险人作出接受的意思表示,就不得撤回。保险人接受委付的,依《海商法》的规定,会产生两项法律后果:第一,保险人依法取得委付财产的全部权利,但同时也须承担一切义务;第二,保险人须按推定全损赔付被保险人全部保险金额。

六、国际货物运输保险承保的风险与损失

(一)风险

承保风险是指保险人因收付保险费而需要对保险标的承担的一种赔付责任或是风险。一般而言,承保风险包括自然灾害、意外事故和外来风险。自然灾害种类很多,比如船舶在运输过程中遭遇台风沉没、突发地震毁损等;意外事故是指偶然的非意料之中的原因造成的事故,如触礁沉没、搁浅、船舶失踪等;外来风险主要由一般外来风险和特殊外来风险组成,一般外来风险主要是指偷窃、渗漏、短量、碰损、钩损、生锈、雨淋、受热受潮等;特殊外来风险包括战争、罢工、交货不到、被拒绝进口或没收等。

(二)损失

损失包括全部损失(Total Loss)和部分损失(Partial Loss)。

1. 全部损失,简称全损,是指被保险货物的全部遭受损失,全损有实际全损(Actual Total Loss)和推定全损(Constructive Total loss)之分。实际全损是指货物全部灭失或全部变质而不再有任何价值。推定全损是指货物遭受风险后受损,尽管未达实际全损的程度,但合理认为实际全损已不可避免,或者为避免实际全损所支付的费用和继续将货物运抵目的地的费用之和超过了保险价值。

2. 部分损失,是指除实际全损和推定全损之外的损失,包括共同海损(General Average)、单独海损(Particular Average)和单独费用(Particular Charges)。

(1)共同海损,是指在海洋运输途中,船舶、货物或其他财产遭遇共同危险,为了解除共同危险,有意采取合理的救难措施所直接造成的特殊牺牲以及由此产生的特殊费用。如船舶在海上运输过程中遭遇风暴,船舶受损,货物全部损失。

(2)标的物在运输过程中遭遇海上风险直接造成船舶或货物的部分损失,属于这种特定利益方的部分损失即为单独海损。如船舶在海上运输过程中遭遇狂风,使舱内货物被海水浸泡贬值50%,这50%货物的价值即为单独海损。

(3)单独费用,是指当海洋运输货物发生海上危险事故时,为了避免损失的发生和扩大,而采取适当措施所引起的费用。单独费用包括施救费用和救助费用。施救费用,是指被保险货物在遭遇承保的灾害事故时,被保险人或其代理人、雇用人为避免、减少损失采取各种抢救、防护措施时所支付的合理费用。保险人对施救费用的赔偿金额不得超过保险合同所载明的保险金额。救助费用是指被保险标的遭遇保险责任范围以内的灾害事故时,由保险人和被保险人以外的第三者采取救助行为所需的费用。保险单上载有"诉讼与营救条款"(Sue and Labor Clause),单独费用都能得到保险公司的赔偿。

第二节　海上货物运输保险

一、海上货物运输保险条款概况

在全球国际贸易构成中,货物运输成为至关重要的一环,其中80%的货物运输依靠海洋运输完成,因此海上货物运输保险成为整个货物运输保险体系的核心。在国际上,海上货物运输保险最常用的是伦敦保险业协会制定的货物保险条款。英国是海运业最早也是最发达的国家,因此,在国际海运保险业务中,该国所制定的保险规章制度,尤其是保险单和保险格式,对世界各国影响深远。"协会货物条款"(Institute Cargo Clause,简称ICC)最早于1912年制定,后经过多次修订,最近一次修订是在1981年,1983年4月1日起正式实施。

我国的对外贸易运输中除上述条款外,还经常使用中国人民财产保险股份有限公司制定的中国保险条款(China Insurance Clause,CIC)。"中国保险条款"由中国人民保险公司根据我国保险行业实际情况,考虑国际保险市场的通行做法并参考1963年伦敦保险业保险条款制定。

二、基本险别

根据中国保险条款,海洋运输保险主要分为基本险和附加险。

(一)基本险

基本险,又称主险,是指可以单独进行投保和承保的险种。基本险包括平安险(Free from Particular Average,FPA)、水渍险(With Particular Average,WPA)和一切险(All Risks)。

1. 平安险。平安险是指保险标的物在海上运输途中遭受保险范围内的风险直接造成的船舶或货物的灭失或损害。平安险的原意是"单独海损不赔[①]",但这并不具有绝对性,而是仅对自然灾害造成的单独海损不陪。对于意外事故造成的单独海损,保险公司仍然是要赔的。平安险是三种险别中承保责任最小的一种。

平安险负责赔偿:

(1)被保险货物在运输途中由于恶劣气候,雷电、海啸、地震、洪水自然灾害造成整批货物的全部损失或推定全损。当被保险人要求赔付推定全损时,须将受损货物及其权利委付给保险公司。推定全损是指被保险货物的实际全损已经不可避免,或者恢复、修复受损货物以及运送货物到原定目的地的费用超过该目的地的货物价值。

(2)由于运输工具遭受搁浅、触礁、沉没、互撞、与流冰或其他物体碰撞以及失火、爆

[①] 单独海损是指保险标的物在海上遭遇承保范围内的风险而造成的部分灭失或损害,这种情况下损失只能由货物所有权人承担,因此又称为"单独海损不陪"。需要注意,传统意义上的平安险仅仅对全损进行赔偿。

炸意外事故造成货物的全部或部分损失。

（3）在运输工具已经发生搁浅、触礁、沉没、焚毁意外事故的情况下,货物在此前后又在海上遭受恶劣气候、雷电、海啸等自然灾害所造成的部分损失。

（4）在装卸或转运时由于一件或数件整件货物落海造成的全部或部分损失。

（5）被保险人对遭受承保责任内危险的货物采取抢救、防止或减少货损的措施而支付的合理费用,但以不超过该批被救货物的保险金额为限。

（6）运输工具遭遇海难后,在避难港由于卸货所引起的损失以及在中途港、避难港由于卸货、存仓以及运送货物所产生的特别费用。

（7）共同海损的牺牲、分摊和救助费用。

（8）运输契约订有"船舶互撞责任"条款,根据该条款规定应由货方偿还船方的损失。

2. 水渍险。除包括上列平安险的各项责任外,本保险还负责被保险货物由于恶劣气候、雷电、海啸、地震、洪水自然灾害所造成的部分损失。水渍险的责任范围较平安险大,多出了自然灾害造成的部分损失。

3. 一切险。除包括上列平安险和水渍险的各项责任外,本保险还负责被保险货物在运输途中由于外来原因所致的全部或部分损失。货物因战争、罢工、进口关税、交货不到等原因所致的损失,不在一切险的责任范围以内。

4. 基本保险的除外责任。基本保险对下列损失不负赔偿责任:

（1）被保险人的故意行为或过失所造成的损失;

（2）属于发货人责任所引起的损失;

（3）在保险责任开始前,被保险货物已存在的品质不良或数量短差所造成的损失;

（4）被保险货物的自然损耗、本质缺陷、特性以及市价跌落、运输延迟所引起的损失或费用;

（5）本公司海洋运输货物战争险条款和货物运输罢工险条款规定的责任范围和除外责任。

（二）附加险

附加险是相对于主险(基本险)而言的,是指附加在主险合同下的附加合同。它不可以单独投保,要购买附加险必须先购买主险。一般来说,附加险所交的保险费比较少,但它的存在是以主险存在为前提的,不能脱离主险。

附加险包括一般附加险、特别附加险和特殊附加险。

1. 一般附加险不能单独投保,他们包括在一切险之中;或者在投保了平安险或水渍险后,根据需要选择一项或几项投保。

一般附加险包括偷窃、提货不着险(Theft Pilferage and Non – delivery Risk, T. P. N. D.),淡水雨淋险(Fresh Water and Rain Damage Risk, F. W. R. D.),渗漏险(Leakage Risk),短量险(Shortage Risk),混杂、沾污险(Intermixture and Contamination Risk),碰损、破碎险(Clash and Breakage Risk),串味险(Taint of Odor Risk),受潮受热险(Sweat and

Heating Risk)、钩损险(Hook Damage Risk)、包装破裂险(Breakage of Packing Risk)、锈损险(Rust Risk)。

2. 特别附加险是以导致货损的某些政府行为风险作为承保对象的,它不包括在一切险范围内,不论被保险人投任何基本险,要想获取保险人对政府行为等政治风险的保险保障,必须与保险人特别约定,经保险人特别同意。否则,保险人对此不承担保险责任。

特别附加险包括交货不到险(Failure to Delivery)、进口关税险(Import Damage)、舱面险(On Deck Damage)、拒收险(Rejection)、黄曲霉素险(Aflatoxin)、运送货物到香港(包括九龙在内)或澳门存仓火险责任扩展险(Fire Risk Extension Clause for Shortage of Cargo at Destination Hongkong, Including Kowloon, or Macao)和卖方利益险(Contingency insurance Covers Sellers' Interest only)。

3. 特殊附加险。特殊附加险包括战争险(War Risk)、战争限度额附加费用(Additional Expenses – War Risks)和罢工险(Strikes Risk)。

战争险(War Risk)是指对直接由战争或者类似于战争的行为以及武装冲突中引起的损失进行赔偿的保险。战争险包括海运、陆运、航空和邮包战争险。需要注意的是,对战争敌对行为中使用原子或热核制造的武器所导致的损失和费用,战争险都是不负责的。因为这种情况下造成的损失往往难以估量,保险公司一般无法承担。除此之外,战争险的负责期限仅限于水上危险或运输工具上的危险。

罢工险主要针对因罢工者、被迫停工工人、参加工潮、暴动和民众斗争的人员,采取行动造成保险货物的损失,这种损失仅仅是指直接损失,对于间接损失罢工险是不负责任的,如因罢工导致劳动力短缺使货物变质引起的损失。

案例

【案情】某远洋运输公司的"东风"号轮在4月28日满载货物起航,出公海后由于风浪过大偏离航线而触礁,船底划破长2米的裂缝,海水不断渗入。为了船货的共同安全,船长下令抛掉一部分货物并组织人员抢修裂缝。船只修复以后继续航行。不久,又遇船舱失火,船长下令灌水灭火。在火被扑灭后发现2 000箱货物中一部分被火烧毁,一部分被水浸湿。在船抵达目的港后清点共有以下损失:(1)抛入海中的200箱货物;(2)组织抢修船只而另外支付的人员工资;(3)被火烧毁的500箱货物;(4)船只部分船体被火烧毁;(5)被水浸湿的100箱货物。

(资料来源:http://wenku.baidu.com/view/48a369eb19e8b8f67c1cb923.html)

【问题】1. 以上的损失各属什么性质的损失? 说明原因。

2. 投保什么险别的情况下,保险公司会给予赔偿? 为什么? (指CIC的最小险别)

【评析】1.(1)(2)(5)这三项属于共同海损,因为以上损失是为了对抗危及船货各方共同安全的风险而导致的损失。而(3)(4)这两项属于单独海损,因为该损失是风险本身所导致的后果。

2. 在投保平安险时,保险公司即予以赔偿,因为平安险承保共同海损,以及意外事故导致的部分损失。

司考题

1.[09-1-43 单选]中国甲公司以 CIF 价向某国乙公司出口一批服装,信用证方式付款,有关运输合同明确约定适用《海牙规则》。甲公司在装船并取得提单后,办理了议付。两天后,甲公司接乙公司来电,称装船的海轮在海上因雷击失火,该批服装全部烧毁。对于上述情况,下列哪一选项是正确的?

A. 乙公司应向保险公司提出索赔。
B. 甲公司应向保险公司提出索赔。
C. 甲公司应将全部货款退还给乙公司。
D. 乙公司应向承运人提出索赔。

【答案】A
【解析】本题考核 CIF 术语、《海牙规则》中承运人的免责规定。
选项 A 正确,选项 BD 错误。CIF 术语下,货物的风险在装运港船舷由卖方转移给买方。本题中已经装船,风险转移给乙公司。根据《海牙规则》,由于雷击失火,承运人免责。所以,应由乙公司向保险公司提出索赔。
选项 C 错误。此时甲公司没有过错,不需要退还货款给乙公司。

2.[07-1-46 单选]中国甲公司与德国乙公司签订了购买成套设备的进口合同。价格条件为 CFR 上海,信用证付款。货物按时装上了承运人所属的利比里亚籍"玛丽"轮,甲公司投保了平安险。"玛丽"轮航行到上海港区时与日本籍"小治丸"轮因双方的过失发生碰撞,致使"玛丽"轮及其货舱中的部分货物受损。基于上述情况,下列哪一选项是正确的?

A. 本案碰撞引起的货损应由甲公司自行承担。
B. 依《海牙规则》,"玛丽"轮所有人对过失碰撞引起的货损可以免责。
C. 因甲公司投保的是平安险,保险公司对本案碰撞引起的部分货物损失不承担赔偿责任。
D. 因已知货物受损,所以即使单证相符,甲公司仍有权要求银行拒付货款。

【答案】B
【解析】因为碰撞是由双方过失引起的,所以由于碰撞引起的货损应由双方承担。所以 A 错误。根据《海牙规则》规定的承运人的免责共有 17 项,依第 4 条第 2 款的规定,对由于下列原因引起或造成的货物的灭失或损害,承运人不负责任:(1)船长、船员、引水员或承运人的雇用人在驾驶或管理船舶中的行为、疏忽或不履行职责。所以 B 正确。平安险的英文意思为"单独海损不赔"。其责任范围主要包括:(8)运输合同中订有"船舶互撞责任"条款,根据该条款规定应由货方偿还船方的损失。所以 C 错误。在 CFR 术语下,风险自货物越过船舷之后转移,所以甲公司无权要求银行拒付货款。所以 D 错误。

3. [10-1-43 单选]甲国 A 公司(卖方)与中国 B 公司采用 FOB 价格条件订立了一份货物买卖合同,约定货物保质期为交货后一年。B 公司投保了平安险。货物在海运途中因天气恶劣部分损毁,另一部分完好交货,但在交货后半年左右出现质量问题。根据《联合国国际货物销售合同公约》和有关贸易惯例,下列哪一选项是正确的?

A. A 公司在陆地上将货物交给第一承运人时完成交货。
B. 货物风险在装运港越过船舷时转移。
C. 对交货后半年出现的货物质量问题,因风险已转移,A 公司不承担责任。
D. 对海运途中损毁的部分货物,应由保险公司负责赔偿。

【答案】C

【解析】平安险的英文意思为"单独海损不赔",其项下赔偿的因自然灾害造成的全部损失包括实际全损和推定全损。故 A 选项错误。保险责任的期间也就是保险期间,有三种确定方法:(1)以时间来确定,例如规定保险期间为 1 年,自某年、某月、某日起至某年、某月、某日止。(2)以空间的方法来确定,例如规定保险责任自货物离开起运地仓库起至抵达目的地仓库止。(3)以空间和时间两方面来对保险期间进行限定的方法,例如规定自货物离开起运地仓库起至货物抵达目的地仓库止,但如在全部货物卸离海轮后 60 日内未抵达上述地点,则以 60 日期满为止。故 B 选项错误。水渍险的责任范围除平安险的各项责任外,还负责被保险货物由于恶劣气候、雷电、海啸、地震、洪水等自然灾害所造成的部分损失。故 C 选项正确。海洋货物运输保险的附加险别是投保人在投保主要险别时,为补偿因主要险别范围以外可能发生的某些危险造成的损失所附加的保险。附加险别不能单独承保,它必须附于主险项下。故 D 选项错误。

复习思考题

1. 分析保险单的性质及作用。
2. 何谓实际全损?如何推定全损?请以实例论证。
3. 如何拟订一个买卖合同中的保险条款,应该注意到什么问题?

阅读书目

1. 栗丽. 国际货物运输与保险[M]. 2 版. 北京:中国人民大学出版社,2011.
2. 黄敬阳. 国际货物运输保险[M]. 北京:中国商务出版社,2008.
3. 黄海东,孙玉红. 国际货物运输保险[M]. 北京:清华大学出版社,2010.

第四章 国际货物买卖中的支付法律制度

学习目标与要求

在国际货物买卖过程中,价款支付与交付货物同等重要,是买方必须履行的一项基本义务,因此,理解国际货款支付的法律规定就显得相当重要。本章主要介绍国际货物买卖过程中相关的支付法律制度。

本章分为四节,主要对传统的国际货款支付方式、汇付与托收、信用证和保付代理进行了介绍。通过本章的学习,要求掌握信用证使用的基本流程、基本原则;掌握保付代理制度的相关知识点。本章的难点在于理解并牢记信用证适用流程。

第一节 传统国际货物买卖支付方式概述

在国际货物买卖合同中,合同标的物和价款是合同的最主要内容,卖方提供符合合同约定的货物、买方支付相应的价款是最重要的核心内容。这两项义务能否履行是买卖双方当事人的预期目标能否达成的关键,也是判断买卖合同履行与否的标志。一般说来,传统的国际货物买卖支付方式包括赊销、收货付现、交单付款和预付货款等。随着国际经济贸易的持续发展,汇付、托收和信用证付款成为最典型的支付方式。在买方市场逐步形成的条件下,保付代理制度也崭露头角。

传统的国际货物买卖支付方式有赊销、收货付现、交单付款和预付货款四种。

一、赊销

赊销(Open Account)是以信用为基础的销售,卖方与买方签订购货协议后,卖方让买方取走货物,而买方按照协议在规定日期付款或以分期付款形式付清货款的过程。赊销使商品的让渡和商品价值的实现在时间上分离开来,使货币由流通手段转变为支付手段。它实质上是提供信用的一种形式。赊销商品使卖者成为债权人,买者成为债务人,这种债务关系是在商品买卖过程中产生的。

显而易见,赊销这种支付方式对买方极为有利,是买方最理想的支付方式。首先,赊销购买能够缓解其资金周转的压力;其次,赊销能够给买方发现产品质量问题的时间,在付款问题上占据主动地位;最后,从某种意义上讲,买方是通过赊销的方式,利用他人的钱来赚钱,先将卖方的货赊过来,卖出后再付钱,自己不投资或少投资,从而减少银行贷款,降低利息成本。

需要注意的是,赊销赖以生存的基础是信用,由于各种客观原因,信用往往具有不确定性,因此,卖方在使用这一支付方式的时候一定要做好风险的防范工作。

二、收货付现

收货付现是指买方在接收到货物之后支付合同项下的款项的一种支付方式。在此种支付方式下,买卖双方处于交易的平衡地位,买方已经收取货物,无须承担收取货物的风险,而且可以节省货物运输途中的货币时间价值;买方在卖方交货后随即付款,卖方也无须担心买方不支付相应的价款。总的说来,这是对买卖双方均有利的支付方式。

三、交单付款

交单付款是指买方在接到卖方提供的货物所有权的单据后付款的一种支付方式。在此种支付方式下,买方并没有实际接收到货物,但是已经拿到了代表货物所有权的单据,相对来说,也从一定程度上保证了买方的利益。如果买方拿到的单据与其他的商检单据或者承运人签发的清洁提单相联系,将会在很大程度上降低买方支付价款的风险。对卖方来说,买方并没有实际接收到货物,如果买方没有按照约定见单付款,卖方可以通过保留货物所有权的方式避免钱货两空的情况。总的来说,这种支付方式相对合理,充分考虑了买卖双方当事人的利益,在纯粹的商业信用的基础上较好地体现了利益平衡模式[1]。

四、预付货款

预付货款是指买方首先向卖方支付合同的价款,卖方在收到货款之后再向买方交付货物的支付方式。预付货款的做法主要是卖方对买方不太信任,或是买卖的商品在国际市场上是抢手货,所以要预收货款作为担保。预付货款可以分为全部预付和部分预付两种情况。在这种支付方式下,对卖方极为有利,因为买方不仅因为先行付款而占压了资金,而且还要承担卖方不交货或迟延交货的风险。

第二节 汇付与托收

根据支付价款时资金的流向不同,支付方式可以分为顺付和逆付两种形式。顺付是指资金流向从买方向卖方流转,逆付是卖方通过汇票向买方索要价款。在实践中,汇付一般采用顺付的支付方式,逆付主要包括托收和信用证支付。汇付和托收是国际货物买卖中经常使用的价款支付方式。

---

[1]张学慧.国际经济法教程[M].2版.北京:首都经济贸易大学出版社,2007:67.

一、汇付(Remittance)

汇付是指债务人或买方亦即汇款人将款项交给当地银行,请其委托在债权人或卖方,亦即受款人所在地的汇入行或同业,将该款项支付债权人或卖方的一种汇兑方式。

汇付的当事人有四个:①汇款人(Remitter),即付款人,在国际贸易结算中通常是进口人、买卖合同的买方或其他经贸往来中的债务人。②收款人(Payee),通常是出口人、买卖合同中的卖方或其他经贸往来中的债权人。③汇出行(Remitting Bank),是接受汇款人的委托或申请,汇出款项的银行,通常是进口人所在地的银行。④汇入行(Receiving Bank),又称解付行(Paying Bank)是接受汇出行的委托解付款项的银行,汇入行通常是汇出行在收款人所在地的代理行。

汇付方式可以分为电汇(Telegraphic Transfer,T/T)、信汇(Mail Transfer,M/T)和票汇(Demand draft,D/D)三种方式。

(1)电汇是指汇出行应汇款人的申请,拍发加押电报、电传或SWIFT①给另一国家的分行或代理行(即汇入行)指示解付一定金额给收款人的一种汇款方式。电汇是国际上流行的公司与公司之间付款方式之一。使用电汇的前提条件是双方都需在有开通电汇服务的银行开有账户。

电汇时,银行收取汇款方一定汇款费用,拍发加押电报或电传给汇入银行,指示解付一定金额给收款人。收款方无须收费。在三种传统的汇款方式中,与票汇、信汇相比,电汇的速度快,但费用较高。因此电汇有利于收款方快速回收货款,加快资金流通。

(2)信汇是指汇款人向当地银行交付本国货币,由银行开具付款委托书,用航空邮寄交国外分行或代理行,办理付出外汇业务。采用信汇方式,由于邮程需要的时间比电汇长,银行有机会利用这笔资金,所以信汇汇率低于电汇汇率,其差额相当于邮程利息。

(3)票汇是指银行经汇款人申请,代其开立银行即期汇票,支付一定金额给收款人。票汇与电汇、信汇的不同点在于,票汇由收款人持票登门取款,因而无须通知收款人取款。另外,汇票经汇款人背书可以转让流通,这是电汇与信汇的收款人所无法做到的。

需要注意的是,汇付的基础是商业信用,相对于信用证等银行信用而言,信用度比较低。

二、托收

目前国际上调整托收制度的法律主要是国际商会制定的国际商业惯例。国际商会

---

①SWIFT 又称"环球同业银行金融电讯协会",是国际银行同业间的国际合作组织,成立于一九七三年,目前全球大多数国家大多数银行已使用SWIFT系统。

于 1958 年草拟了《商业单据托收统一规则》(Uniform Rules on the Collection of Commercial Paper),1967 年进行修订,1978 年再次修订,改名为《统一托收规则》(Uniform Rules for Collections)(第 322 号出版物),1995 年再一次修订,在国际商会第 522 号出版物上出版(简称 URC522),并于 1996 年 1 月 1 号实施。

托收是指银行依据所收到的指示处理金融单据和商业单据,以便取得付款或承兑,或凭以付款或承兑交单,或按照其他条款和条件交单①。简言之,托收是指债权人出具债权凭证委托银行向债务人收取货款的一种支付方式。

(一)托收的基本当事人

1. 委托人(Principal)。委托人是委托银行向国外付款人代收货款的人,通常多为出口人。

2. 托收行(Remitting Bank)。托收行即受委托人的委托办理托收业务的银行。国际贸易支付中通常是指货物买卖合同的卖方。托收行与委托人之间是委托代理关系,因此托收行对单据的正确性并不负责任。

3. 代收行(Collecting Bank)。代收行是指接受托收行的委托向付款人收取票款的进口银行。代收行与托收行之间属于委托代理关系,应该遵照托收行的指示履行自己的义务。

4. 提示行(Presenting Bank)。提示行是指向付款人提示汇票和单据的银行。

5. 付款人(Drawee)。付款人是根据托收指示,向其作出提示的人。其一般为进口人。

(二)托收的分类

根据是否跟随单据,托收可以分为光票托收(Clean Collection)和跟单托收(Documentary Collection)。

光票托收指债权人仅向托收行提交汇票、本票、支票等金融单据,委托其代为收款。光票托收就是银行接受委托人的委托,利用银行广泛的国外代理行关系,将境外开出的不能在境内办理贴现的票据及其他金融单据,邮寄给付款人,提示其付款并收回款项的服务。办理该业务需时较长,通常为 30~40 天。

跟单托收是指银行受出口商委托,凭汇票、发票、提单、保险单等商业单据向进口商收取货款的结算方式,卖方以买方为付款人开立汇票,委托银行代其向买方收取货款。《托收统一规则》第 2 条规定,跟单托收是指附有商业单据的金融单据项下的托收或不附有金融单据的商业单据项下的托收。

依据卖方提供的交单方式不同,可以将跟单托收分为付款交单和承兑交单。

1. 付款交单(Documents against Payment,D/P)。付款交单是指出口人的交单以进口人的付款为条件,即出口人发货后,取得装运单据,委托银行办理托收,并指示银行只有

---

① 参考《托收统一规则》第二条.

在进口人付清货款之后才能把商业单据交给进口人。

根据卖方开出的汇票是远期汇票还是即期汇票,可以将其区分为即期付款交单(D/P at sight)和远期付款交单(D/P after sight)。

即期付款交单是指出口人发货后开具即期汇票连同货运单据,通过银行向进口人提示,进口人见票后立即付款,进口人在付清货款后向银行领取货运单据。

远期付款交单,也称银行提示远期汇票,指进口商见票并审单无误后,立即承兑汇票,于汇票到期日付款赎单。在汇票到期前,汇票和货运单据由代收行保管。

远期付款交单的业务流程与即期付款交单大致相同。流程如图4-1所示。

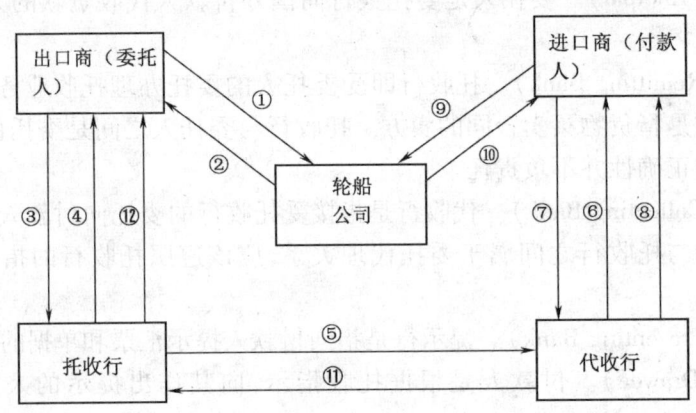

图4-1 收款交单结算流程图

注:①发货装船;②获得货运提单;③托收申请(D/P);④接收委托;⑤寄托收委托书;⑥提示汇票;⑦付款;⑧交单;⑨提货;⑩交货;⑪货记;⑫收入账户

2.承兑交单(Documents against Acceptance,D/A)。承兑交单是指出口人的交单以进口人在汇票上承兑为条件。即出口人在装运货物后开具远期汇票,连同商业单据,通过银行向进口人提示,进口人承兑汇票后,代收银行即将商业单据交给进口人,在汇票到期时,方履行付款义务。承兑交单只适用于远期汇票。承兑交单相对而言对买方比较有利,卖方需要承担的风险较大。尽管卖方获得了买方的承兑许诺,如果遇到买方不讲信用拒不付款或买方宣告破产等情况,若卖方通过诉讼程序解决,必然增加额外费用。

第三节 信用证

在国际贸易活动中,买卖双方可能互不信任,买方担心预付款后,卖方不按合同要求发货;卖方也担心在发货或提交货运单据后买方不付款。因为传统的支付方式如汇付、托收等均以商业信用为基础,所以以银行信用为基础的信用证一出现,就受到了世界各国的欢迎,成为国际货物贸易支付的主要手段之一。

一、《跟单信用证统一惯例》

目前,在国际社会中调整信用证的法律主要是由国际商会制定的《跟单信用证统一惯例》(Uniform Customs and Practice for Documentary Credits,UCP)。

1930 年,国际商会为明确信用证有关当事人的权利、责任、付款的定义和术语,减少因解释不同而引起各有关当事人之间的争议和纠纷,调和各有关当事人之间的矛盾,拟订了一套《商业跟单信用证统一惯例》,于 1933 年正式公布。

随着国际经济贸易的不断发展,UCP 自诞生以来分别在 1951 年、1962 年、1967 年、1974 年、1983 年、1993 年进行过多次修订。2006 年 11 月,国际商会在全球范围内发布了有关信用证的最新国际惯例——《跟单信用证统一惯例(2007 年修订本)》(简称 UCP600)。

UCP600 共 39 条,分别是 UCP 的适用范围、定义、解释、信用证与合同、单据与货物、服务或履约行为、兑用方式、截止日和交单地点、开证行责任、修改、电讯传输的和预先通知的信用证和修改、指定、银行之间的偿付安排、单据审核标准、相符交单、不符单据、放弃及通知、正本单据及副本、商业发票、涵盖至少两种不同运输方式的运输单据、提单、不可转让的海运单、租船合同提单、空运提单、公路、铁路或内陆水运单据、快递收据、邮政收据或投邮证明、"货装舱面"、"托运人装载和计数"、"内容据托运人报称"及运费之外的费用、清洁运输单据、保险单据及保险范围、截止日或最迟交单日的顺延、信用证金额、数量与单价的伸缩度、部分支款或部分发运、分期支款或分期发运、交单时间、关于单据有效性的免责、关于信息传递和翻译的免责、不可抗力、关于被指示方行为的免责、可转让信用证、款项让渡。

相对于 UCP500 而言,UCP600 做了诸多修改:

1. UCP600 取消了无实际意义的许多条款。如"可撤信用证"、"风帆动力批注","货运代理提单"及 UCP500 第 5 条"信用证完整明确要求",第 12 条有关"不完整不清楚指示"的内容也从 UCP600 中消失。

2. 把 UCP500 难懂的词语改变为简洁明了的语言,取消了易造成误解的条款,如"合理关注"、"合理时间"及"在其表面"等短语。

3. 更换了一些定义。如对审单作出单证是否相符决定的天数,由"合理时间"变为"最多为收单翌日起第 5 个工作日"。

4. UCP600 的新概念描述极其清楚准确。如兑付定义了开证行、保兑行、指定行在信用证项下,除议付以外的一切与支付相关的行为。

二、信用证的基本概念和特征

信用证(Letter of Credit,L/C)是指开证银行应申请人的要求并按其指示向第三方开立的载有一定金额的,在一定的期限内凭符合规定的单据付款的书面保证文件。《跟单信用证统一惯例》第2条规定,信用证意指一项约定,无论其如何命名或描述,该约定不可撤销,并因此构成开证行对于相符提示予以兑付的确定承诺。信用证是国际贸易中最主要、最常用的支付方式。

信用证具有以下特征:

1. 信用证是一项自足文件(Self-sufficient Instrument)。信用证虽然是根据买卖合同开立,但信用证一经开立,就成为独立于买卖合同以外的约定。UCP600第四条明确规定,信用证按其性质与凭以开立信用证的销售合同或者其他合同,均属不同业务。即使信用证中援引这些合同,银行也与之毫无关系并不受其约束。

2. 开证银行负首要付款责任(Primary Liabilities for Payment)。信用证支付方式是一种银行信用,由开证行自己的信用作为承付的保证,因此,开证行处于第一付款人的地位。

3. 信用证方式是纯单据业务(Pure Documentary Transaction)。银行处理信用证业务时,只凭单据,不问货物,它只审查收益人所提交的单据是否与信用证条款相符,以决定其是否履行付款责任。即使卖方提交的货物不符合合同约定,只要单单一致、单证一致,银行就必须付款。

三、信用证的基本当事人

(一)开证申请人

UCP600规定,开证申请人(Applicant)是指要求开立信用证的一方,在国际贸易中是指买卖合同中的买方。

(二)开证行

开证行(Issuing Bank)是指接受开证申请人的委托为其开出信用证的银行,通常是指买方营业地的银行。信用证开出后,开证行对信用证独立负责,承担第一付款责任。

(三)通知行

通知行(Advising Bank or Notifying Bank)是指应开证行的要求,向受益人通知信用证的银行。一般说来,通知行是受益人所在地、与开证行有业务往来的银行。UCP600还增加了第二通知行(Second Advising Bank)的概念。UCP600第九条规定,通知行可以通过另一银行("第二通知行")向受益人通知信用证及修改。第二通知行通知信用证或修改的行为表明其已确信收到的通知的表面真实性,并且其通知准确地反映了收到的信用证或修改的条款。

(四)受益人

受益人(Beneficiary)是指有权使用信用证的人。在国际货物贸易中,一般是指卖方。

(五)付款行

付款行(Paying Bank)是开证行的付款代理人。开证行在信用证中指定另一家银行为信用证项下汇票上的付款人,这个行就是付款行。付款行一般是开证行自己,也可以是通知行或其他银行。

（六）议付行

议付行（Negotiating Bank）是指愿意买入或贴现受益人按信用证所开立的汇票的银行。

（七）承兑行

在承兑信用证中，开证行可以在信用证中规定由自己或指定的另一家银行作为汇票的付款人，承兑受益人出具的远期汇票，并到期向受益人付款。该指定银行即为承兑行（Accepting Bank）。通常，在承兑信用证（Acceptance L/C）中涉及承兑行，它可能是信用证中指定的银行，如未指定，即为开证行自己。

（八）保兑行

UCP600 规定，保兑行（Confirming Bank）是指根据开证行的授权或要求在信用证上加具保兑的银行。

（九）偿付行

偿付行（Reimbursing Bank）是指被指示或被授权按照开证行发出的偿付授权书提供偿付的银行。往往是由于开证银行的资金调度或集中在第三国的缘故，要求该银行代为偿付信用证规定的款项，才出现了偿付行。

四、信用证的基本内容

信用证的主要内容包括：

（1）对信用证本身的说明。对信用证本身的说明包括信用证的种类、性质、信用证号码、开证日期、有效期、交货期限、交货地点等。

（2）对货物的要求。一般包括货物的名称、数量和单价。

（3）对运输的要求。在信用证中一般说明起运地、目的地、装运期限以及是否能够分批、转运等内容。

（4）对单据的要求，即货物单据、运输单据、保险单据及其他有关单证。

（5）特殊要求。如限制由××银行议付、限制船舶国籍等内容。

（6）开证行对受益人及汇票持有人保证付款的责任文句。

（7）国外来证大多数均加注：除另有规定外，本证根据国际商会《跟单信用证统一惯例》即国际商会 600 号出版物（UCP600）办理。

（8）银行间电汇索偿条款（T/T Reimbursement Clause）。

五、信用证的种类

根据不同的依据可以将信用证分为不同种类。

（一）跟单信用证和光票信用证

根据信用证项下的汇票是否附有装运单据，信用证可以分为跟单信用证（Documentary Credit）和光票信用证（Clean Credit）。

跟单信用证是指开证行凭跟单汇票或凭转运单据付款的信用证。国际贸易中，绝大部分信用证是跟单信用证。光票信用证是指不附带汇票付款的信用证。光票信用证使用较少,但是当采用信用证方式预付款时,一般采用光票信用证。

(二)不可撤销信用证

根据信用证是否可以撤销可分为不可撤销信用证(Irrevocable L/C)和可撤销信用证(Revocable L/C)。

可撤销信用证是指开证行对所开的信用证在根据信用证办理付款、承兑或议付之前,不必征得受益人同意便有权随时撤销的信用证。不可撤销信用证是指信用证已经开出的,在有效期内,非经信用证相关当事人同意,开证行和保兑行不得片面修改或撤销的信用证。由此可见,可撤销信用证与不可撤销信用证区别的关键在于是否征得信用证当事人的同意。在UCP500中曾经对可撤销信用证有所规定,但是在实践当中,开出可撤销信用证的实例较少,因此,UCP600取消了可撤销信用证的相关规定。

(三)保兑信用证和不保兑信用证

根据是否有另一家银行对信用证加以保兑,可以将信用证分为保兑信用证(Confirmed Letter of Credit)和不保兑信用证(Unconfirmed Letter of Credit)。

保兑信用证是指开证行开出的信用证,由另一银行保证对符合信用证条款规定的单据履行付款义务。保兑信用证开出后,有开证行和保兑行承担第一性的付款义务,因此,这种信用证对卖方最为有利。不保兑信用证是指开证行开出的信用证没有另一家银行予以保兑。

(四)可转让信用证和不可转让信用证

根据信用证是否可以转让分为可转让信用证(Transferable L/C)和不可转让信用证(Non-Transferable L/C)。

可转让信用证是指信用证的受益人在授权付款、承担延期付款的责任、承兑或议付的银行,或当信用证是自由议付时,可以要求信用证中特别授权的转让银行,将信用证全部或部分转让给一个或数个受益人的信用证。可转让信用证只能转让一次,即可以由第一受益人转移到第二受益人,第二受益人不得再次转让。不可转让信用证是指受益人不能将信用证的权利转让给他人。一般而言,在信用证上注明"可转让的",即为可转让信用证,未进行标注即为不可转让。

(五)即期信用证和远期信用证

根据信用证是否需要见票付款,可以分为即期信用证(Sight L/C)和远期信用证(Usance L/C)。

即期信用证是指开证行或付款行在收到符合信用证规定的跟单汇票或转运单据后,立即履行付款义务的信用证。远期信用证是指开证行或付款行在收到信用证规定的单据后,在规定的期限内履行付款义务的信用证。

(六)循环信用证和非循环信用证

根据信用证是否可以重复使用,可以区分为循环信用证(Revolving L/C)和非循环信用证(Non-revolving L/C)。

循环信用证指信用证被全部或部分使用后,其金额又恢复到原金额,可再次使用,直至达到规定的次数或规定的总金额为止。循环信用证又可以分为按金额循环的信用证和按时间循环的信用证。它与非循环信用证的根本区别在于:后者在全部使用后即告失败,而循环信用证可多次循环使用,直到规定的循环次数届满或规定的总金额用完为止。

(七)议付信用证

议付信用证(Negotiation Credit),是指信用证规定由某一银行议付或任何银行都可议付的信用证。开证行邀请其他银行买入汇票及或单据,允许受益人向某一指定银行或任何银行交单议付。议付需要议付行对汇票或单据支付对价,只审查单据而不支付对价,不构成议付。议付信用证通常可以分为:公开议付信用证和限制议付信用证。

(八)对开信用证

对开信用证(Reciprocal L/C)是指两张信用证的开证申请人互以对方为受益人而开立的信用证。对开信用证的特点是第一张信用证的受益人(出口人)和开证申请人(进口人)就是第二张信用证的开证申请人和受益人。第一张信用证的通知行通常就是第二张信用证的开证行。两张信用证的金额相等或是大致相等,两张信用证可同时互开,也可先后开立。

(九)对背信用证

对背信用证(Back to Back L/C)又称背对背信用证、桥式信用证、从属信用证或补偿信用证,是指中间商收到进口商开来的信用证后,要求原通知行或其他银行以原证为基础,另开一张内容相似的新信用证给另一受益人。对背信用证的受益人可以是国外的,也可以是国内的,对背信用证开证银行只能根据不可撤销信用证来开立。

(十)预支信用证

预支信用证(Anticipatory L/C)是指银行允许受益人在货物转运交单前提前预支货款的信用证。开证行在信用证上加上上述条款,一般用红字,因此又称"红条款信用证"(Red Clause L/C)。

六、信用证原则

信用证的基本原则是信用证得以存在和发展的基石,一般说来,信用证有两大基本原则,一是独立抽象原则,二是单证相符原则。

(一)独立抽象原则

独立抽象原则(Abstraction and Independence of the Letter of Credit)是指信用证具有独立性,独立于原基础合同,信用证一旦开出,不受原基础合同关系的约束,不因其变更、消灭、无效而变更、消灭、无效。信用证之所以受到世界各国的欢迎,在于其以银行信用为基础,在于信用证具有独立性。

UCP600对此也作出了规定。UCP600第4条规定就其性质而言,信用证与可能作为其开立基础的销售合同或其他合同是相互独立的交易,即使信用证中含有对此类合同的任何援引,银行也与该合同无关,且不受其约束。因此,银行关于承付、议付或履行信用证项下其他义务的承诺,不受申请人基于与开证行或与受益人之间的关系而产生的任何请求或抗辩的影响。受益人在任何情况下不得利用银行之间或申请人与开证行之间的合同关系。开证行应劝阻申请人试图将基础合同、形式发票等文件作为信用证组成部分的做法。

UCP600 第 5 条规定,银行处理的是单据,而不是单据可能涉及的货物、服务或履约行为。由此可以看出,银行仅仅对单据负责,对基础合同、基础关系不负责,这就体现了信用证的独立性和抽象性。

(二)单单相符、单证相符原则

由于信用证具有独立抽象性,银行对基础关系不负责任,仅仅对信用证本身负责,因此,银行对于单据的审查是信用证的核心。银行对单据的审查程度是信用证的关键。

单单相符是指受益人提交的单据之间相互一致。单证相符是指受益人提交的单据与信用证之间相互一致。一般说来,单单一致是基础,在实际中如果受益人提交的单据之间都是相互矛盾的话,那么根本无从谈起单证相符原则。因此,如果单单、单证表面不相符合,银行有权拒绝付款。

UCP600 还规定了单据审核的标准,无论单据是否伪造,有无瑕疵,只要符合单单一致、单证一致的原则,银行就必须付款。

需要注意的是,审查单据是银行的一项基本义务。如果银行怠于履行这项义务,那么因此造成的损失就由银行承担。信用证所要求的单证相符原则是指"严格的单证相符原则"。严格的单证相符原则要求单据与信用证条款之间要像镜子①一样逐字逐词的完全相同,而且单据之间也必须完全一致。UCP600 第 14 条规定,单据中内容的描述不必与信用证对该项单据的描述以及国际标准银行实务完全一致,但不得与该项单据中的内容、其他规定的单据或信用证相冲突。

七、信用证"欺诈例外"

信用证欺诈例外是指当法院发现信用证开立所依赖的基础合同行为存在欺诈等情形时,可以根据买方的请求下令禁止银行对卖方按信用证开出的汇票及单据付款。

UCP600 第 34 条规定,银行对任何单据的形式、充分性、准确性、内容真实性、虚假性或法律效力,或对单据中规定或添加的一般或特殊条件,概不负责;银行对任何单据所代表的货物、服务或其他履约行为的描述、数量、重量、品质、状况、包装、交付、价值或其存在与否,或对发货人、承运人、货运代理人、收货人、货物的保险人或其他任何人的诚信与否,作为或不作为、清偿能力、履约或资信状况,也概不负责。本条款是信用证独立抽象性原则的具体体现,但是近年来,在国际货物贸易支付的过程中,伪造提单、以假充真等欺诈案件不断发生,对于信用证的独立抽象原则是一个巨大的挑战。

---

① 即所谓的"镜像"(Mirror Image)原则。

需要注意的是,UCP600 对此并未作出规定。确定信用证欺诈例外原则的经典案例是美国的 Sztejn v. J Henry Schroder Banking Corp.(1941)一案①。后来,《美国统一商法典》采纳了上述判例所确立的法律原则,一方面承认信用证的抽象独立原则,一方面又强调信用证欺诈例外。

对于信用证欺诈例外原则,我国是予以承认的。我国的相关规定已与国际的基本做法一致。2005 年 11 月 14 日最高人民法院发布了《关于审理信用证纠纷案件若干问题的规定》,该规定对信用证欺诈例外进行了详细的规定。《规定》第 15 条规定,人民法院通过实体审理,认定构成信用证欺诈,应当判决终止支付信用证项下的款项。但是下列情况除外:

(1)开证行的指定人、授权人已按照开证行的指令善意地进行了付款;
(2)开证行或者其指定人、授权人已对信用证项下票据善意地作出了承兑;
(3)保兑行善意地履行了付款义务;
(4)议付行善意地进行了议付。

《规定》第 10 条规定,凡有下列情形之一的,应当认定存在信用证欺诈:
(1)受益人伪造单据或者提交记载内容虚假的单据;
(2)受益人恶意不交付货物或者交付的货物无价值;
(3)受益人和开证申请人或者其他第三方串通提交假单据,而没有真实的基础交易;
(4)其他进行信用证欺诈的情形。

八、信用证基本流转程序

信用证的流转程序如下②(图 4-2):
(1)买方向其所在地银行填具开征申请书,并交纳开征保证金,向开证行申请开立信用证。
(2)开证行按照开征申请书的内容,审查并开出以卖方为受益人的信用证。
(3)通知行鉴定信用证的表面真实性后通知受益人。
(4)卖方审核信用证与合同条款一致,装运货物。
(5)在信用证规定的交单期和有效期将装运单据和汇票递交当地银行。
(6)议付行对提交的单据进行审查后,若单单一致,单证一致,扣除相关利息和手续费,将余额垫付出口商。

---

①该案涉及一笔猪鬃贸易,合同约定信用证凭单据付款。但卖方所交货物是废纸、牛毛等废物,而非猪鬃。美国纽约最高法院根据买方的要求,禁止银行对卖方付款。判决指出,"本案争论的货物并不仅仅是违反货物质量的担保,而是一文不值的垃圾。那么,当银行在付款之前已经获悉了卖方具有欺诈行为情况下,信用证的独立原则对于肆无忌惮的卖方是不应该适用的"。在该案中,法院认为卖方所交的货物不是猪鬃,因此,法院把信用证与基础交易联系起来,下令禁止银行付款。

②黎孝先.国际贸易实务[M].4 版.北京:对外经济贸易大学出版社,2007:219.

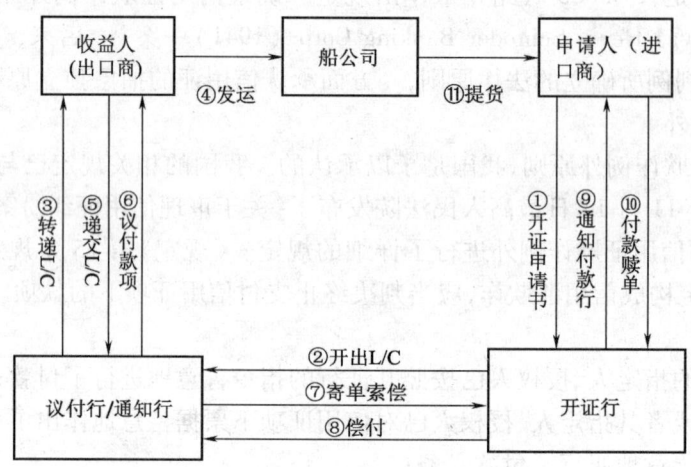

图4-2 信用证业务一般流传程序图

(7)议付行将汇票和装运单据寄往开证行索偿。
(8)开证行对单据进行审查,无误后将款项偿付给议付行。
(9)开证行通知进口商付款赎单。
(10)进口商付款赎单。
(11)进口商付款后,凭提单到目的港提货。

第四节 保付代理

保付代理业务也称承购应收账款业务、代理融通业务,它是保理商从他的客户即供应商那里买进以发票表示的进口商的应收账款,并负责信用销售控制、销售分户账管理和债款回收服务以及坏账担保,以此为经营赊销方式的出口商提供的以融通资金为主兼营综合性售后服务的业务。保付代理业务存在于以赊销为支付方式的贸易中,具有融资、结算、财务管理、信用担保等作用。

近年来,随着经济全球化进程,经济市场逐步由卖方市场向买方市场转变,世界市场竞争更加激烈。卖方为了更好地占有市场,扩大市场份额,不仅在商品质量、价格等方面竞争,在结算方式上也推崇有利于买方的结算工具,赊欠、承兑交单纷纷兴起。因此可以说,基于赊销兴起的保付代理制度正值壮年,前景广阔。

保理业务分国内保理和国际保理两种。本节主要介绍国际保付代理制度。

一、关于保付代理的公约

在国际保理方面主要有以下法律文件:

(一)《国际保理业务惯例规则》

《国际保理业务惯例规则》(Code of International Factoring Customs, IFC)由国际保理商联合会颁布,共 28 条,主要包括总则、信用风险的承担、付款责任、出口保理商和进口保理商的陈述及其他义务、转让的合法性、补偿、预付款、期限、财务、报告和酬金、违反规则、规则修改等内容。

(二)《国际保付代理公约》

《国际保付代理公约》(Convention on International Factoring)由国际统一私法协会于 1988 年 5 月通过,1995 年 5 月 1 日生效。《公约》分为四部分:使用范围和总则、当事人各方的权利义务、再转让、最后条款。

(三)《国际贸易中应收款转让公约》

《国际贸易中应收款转让公约》由联合国国际贸易法委员会于 2001 年 12 月 12 日通过,至今尚未生效。该公约共 6 章 47 条,包括一个公约附件,分别是适用范围、定义和规则解释、转让的效力、权利义务和抗辩、独立适用的法律冲突规则、最后条款以及附件。

二、保付代理的当事人

参与国际保理业务的当事人为[①]:

供应商:对所提供的货物或服务出具发票的一方,其应收账款已被出口保理公司叙作保理业务。

业务人:对由提供货物或服务所产生的应收账款负有付款责任的一方。

出口保理商:在类似意图的协议下对供应商的应收账款叙作保理业务的一方。

进口保理商:同意代收供应商以发票表示的并过户给出口保理商之应收账款的一方,根据本惯例,进口保理商应对过户给他的并已承担信用风险的应收账款付款。

三、保理业务

保理业务提供销售分账户管理、债权回收、信用销售控制、坏账担保和贸易融资等综合性的售后服务。

(一)销售分账户管理

在卖方叙作保理业务后,保理商会根据卖方的要求,定期或者不定期向其提供关于应收账款的回收情况、逾期账款情况、信用额度变化情况、对账单等各种财务和统计报表,协助卖方进行销售管理。需要注意的是,保理商一般均为大商业银行的附属机构,因此,保理商可以充分运用银行在账务管理方面的先进设备、条件,分享银行经验,从而更好地为客户提供服务[②]。

[①]参考《国际保理业务惯例规则》第 1 条.
[②]张学慧.国际经济法教程[M].2 版.北京:首都经济贸易大学出版社,2007:119.

(二)债款回收

债款回收业务是保理业务的核心,能否成功地回收债款是保理业务能否成功的关键。一般说来,债款回收具有较大的难度,一旦无法回收债款,极易形成坏账、呆账等。可以说,债款回收是一项具有较强的技术性和法律性的活动。保理商拥有专门的收债技术与知识,以此为出口商提供回收货款服务。

(三)信用销售控制

信用销售控制(Credit Control)是指保理商利用自身获取信息资源的优势对进口商资信状况进行全面调查,并为出口商提供核定的信用销售额度,将坏账风险降到最低的服务。因保理业务的基础是建立在赊账的基础上,因此,卖方以及卖方的保理人有必要对买方的资信状况进行了解,这有利于以后的债款回收。保理商将买方的信用额度调查清楚之后,向卖方作出说明,据此只承担在核定的信用额度内所做的信用销售的债款回收义务。

(四)坏账担保

坏账担保职能(Full Protection Against Bad Debts)是保付代理业务的又一主要功能。供应商必须在保理商核对的信用额度内进行信用销售,保理商仅对信用额度之内的销售承担100%的坏账担保责任,如果供应商超出信用额度进行销售,对超出部分的债款,保理商是无须承担任何责任的。这里需要注意一点,保理商提供的坏账担保义务是与基础关系紧密相连的,如果买卖双方签订的基础合同不符合保理的相关规定,那么保理商可以据此提出抗辩,对由此造成的纠纷和坏账不提供担保责任。

(五)贸易融资

贸易融资(Trade Financing)是指保理商对出口商提供的与进出口贸易结算相关的短期融资或信用便利。供应商在发货或提供技术服务后,将发票通知保理商就可以立即获得不超过80%的发票金额的预付款融资,这种预付款融资在很大程度上解决了资金占用问题。贸易融资可以分为有追索权的贸易融资和无追索权的贸易融资。有追索权的贸易融资是指保理商在与出口商签订保理合同并向出口商融通资金之后,如果债务人由于某些原因而无力或拒绝支付货款,保理商有权向出口商要求偿还其为出口商所融通的资金款项。无追索权贸易融资是指保理商在与出口商签订保理合同并为出口商融通资金之后,在某些情况下放弃向出口商追索融通资金的权利。实践中以无追索权的贸易融资为主。

案例

【案情】英国伦敦某进口商为购买我国罐头向P银行申请开出L/C,金额为60 280美元。我方银行于10月4日议付,并向开证行寄单索汇。开证行接单后于10月28日来电拒付,理由是:"受益人未按商务合同规定分两批发货装船。"经查我方供货人与英国进口方签订的商务合同确有分两批装运的条款。而我方议付行检查来证并无分批发货条款,且单证相符,单单相符,故复电开证行仍要求付款,且要求保留索偿迟付款项利息的权利。

(资料来源:http://wenku.baidu.com/view/3355b6a3b0717fd5360cdcab.html)

【问题】开证行拒付理由是否成立?我方要求是否合理?

【评析】拒付不成立,我方要求合理。

信用证处理的是单据,开证行付款条件是单单相符、单证相符。这里的相符是指单据表面相符,与实质贸易及合同无关。如果提单描述的货物与信用证不符,可以拒绝付款赎单,但货物品质与合同是否相符与信用证结算无关,因此不可拒绝付款。

司考题

1.[08-1-86 多选]实践中,国际融资担保存在多种不同的形式,如银行保函、备用信用证、浮动担保等,中国法律对其中一些担保形式没有相应的规定。根据国际惯例,关于各类融资担保,下列哪些选项是正确的?

A.备用信用证项下的付款义务只有在开证行对借款人的违约事实进行实质审查后才产生。

B.大公司出具的担保意愿书具有很强的法律效力。

C.见索即付保函独立于基础合同。

D.浮动担保中用于担保的财产的价值是变化的。

【答案】CD

【解析】备用信用证是指担保人(开证银行)应借款人的要求,向贷款人开出备用信用证,当贷款人向担保人出示备用信用证和借款人违约证明时,担保人须按该信用证的规定支付款项。和传统意义的保证相比,备用信用证有如下特点:①备用信用证的保证人是银行;②贷款人出具信用证要求的违约证明时,保证人即向贷款人付款,并不需要对违约的事实进行审查;③开证行作为保证人承担第一位付款责任,而不是次位债务人;④在借贷协议无效时,开证行仍须承担保证责任,也就是说,备用信用证独立于国际借贷协议这一基础交易。因此,A项说法错误。

安慰信,又称担保意愿书,是指由一国政府或母公司根据其下属企业(借款人)的要求,向贷款人出具的表示愿意帮助该借款人偿还贷款的书面文件。其最大的特点是一般不具有法律效力,对担保人只具有道义上的约束力,通常仅适用于信誉良好的大型公司或政府组织。因此,B项说法错误。

国际融资担保中使用最普遍的是见索即付保证,它是指担保人(通常是银行)应申请人的要求或指示,对收益人承担付款义务,只要收益人要求付款,担保人即应向其支付约定金额。其法律特征包括:①独立性。担保人所承担的义务是独立于基本合同的,担保人不能以基本合同对抗收益人。②绝对性。这种担保是绝对的和无条件的,担保人仅凭收益人提出的要求即应付款,而不问付款要求是否有合理依据,不问它所担保的主债务事实上是否履行。③单一性。担保人所承担的义务是付款义务，而不是实际履行本应由申请人(借款人)履行的义务。因此，C项说法正确。

浮动抵押源于英国，是一种很特殊的物权担保方式，是借款人以现有的和将来取得的全部资产，为贷款人设定的一种担保物权。浮动抵押不同于传统物权担保，其担保物固化前一直处于浮动状态，能给贷款人尽可能大的保护。因此，D项说法正确。

2.[08-1-87 多选]根据国际商会《跟单信用证统一惯例》(UCP600)的规定，如果受益人按照信用证的要求完成对指定银行的交单义务，出现下列哪些情形时，开证行应予承付？

A.信用证规定指定银行议付但其未议付。
B.信用证规定指定银行延期付款但其未承诺延期付款。
C.信用证规定指定银行承兑，指定行承兑但到期不付款。
D.信用证规定指定银行即期付款但其未付款。

【答案】ABCD

【解析】《跟单信用证统一惯例》(UCP600)第7条规定，开证行责任：

a.只要规定的单据提交给指定银行或开证方，并且构成相符交单，则开证行必须承付，如果信用证为以下情形之一：

ⅰ.信用证规定由开证行即期付款、延期付款或承兑；
ⅱ.信用证规定由指定银行即期付款但其未付款；
ⅲ.信用证规定由指定银行延期付款但其未承诺延期付款，或虽已承诺延期付款，但未在到期日付款；
ⅳ.信用证规定由指定银行承兑，但其未承兑以其为付款人的汇票，或虽然承兑了汇票，但未在到期日付款；
ⅴ.信用证规定由指定银行议付但其未议付。

b.开证行自开立信用证之时起即不可撤销地承担承付责任。

c.指定银行承付或议付相符交单并将单据转给开证行之后，开证行即承担偿付该指定银行的责任。对承兑或延期付款信用证下相符合单金额的偿付应在到期日办理，无论指定银行是否在到期日之前预付或购买了单据，开证行偿付指定银行的责任独立于开证行对受益人的责任。

根据上述规定可知，本题的正确答案是ABCD。

3.[05-1-43 单选]土耳其甲公司(卖方)与泰国乙公司(买方)订立一货物买卖合同。乙公司申请开出的不可撤销信用证规定装船时间为2003年5月10日前，而甲公司由于货源上的原因，最早要到2003年5月15日才能备齐货物并装船付运。下列哪一种做法是甲公司应采取的正确处理方法？

A.直接请求开证行修改信用证。
B.通过提供保函要求承运人倒签提单。

C. 征得乙公司同意,由乙公司请求开证行修改信用证。
D. 通过提供保函要求承运人预借提单。

【答案】C

【解析】不可撤销的信用证指在信用证有效期内,不经开证行、保兑行和受益人同意就不得修改或撤销的信用证。因而,对于不可撤销信用证来说,收益人不能直接请求开证行修改,A错误。装船日期是信用证中的重要条款,不能在规定的日期装船将导致单证不一致,银行将拒绝付款。实际装船日期与提单上注明的装船日期不一致时,可能出现倒签提单与预借提单。倒签提单是注明的装船日期早于实际装船的日期的提单;预借提单是当信用证规定的装运期间即将届满,而货物还未装船时,托运人为了使提单上的装船日期与信用证规定的日期相符,要求承运人在货物装船前签发的已装船提单。预借提单与倒签提单一样,都是掩盖了货物的实际装船日期,从而避开了迟延交货的责任,当收货人提出赔偿请求时,承运人应对收货人承担责任。为换取预借提单和倒签提单而出具的保函具有欺诈性,一般被认为无效。因而,BD错误。正确的方法应该是征得乙公司同意后,由乙公司请求开证行修改信用证,C正确。

【应该注意的问题】保函的效力是经常考的问题,《汉堡规则》第一次在一定范围内承认了保函的效力:如果保函是善意的则有效,但只在承运人与托运人之间有效,不得对抗第三人;如果保函有欺诈意图则保函无效。

4. [05-1-45 单选]下列哪一项不是出口保理商提供的服务?
   A. 对销售货物质量进行监督
   B. 应收账款的催收
   C. 坏账担保
   D. 贸易融资

【答案】A

【解析】依《国际保理公约》的规定,保理是指卖方、供应商、出口商与保理商间存在一种契约关系。根据该契约,卖方、供应商、出口商将其现在或将来的基于其与买方(债务人)订立的货物销售、服务合同所产生的应收账款转让给保理商,由保理商为其提供下列服务:①贸易融资和销售分户账管理。②应收账款的催收,保理商一般有专业人员和专职律师进行账款追收。③信用风险控制与坏账担保。保理商不负责对销售货物质量进行监督。因而,本题应选A。

5. [08-1-44 单选]修帕公司与维塞公司签订了出口200吨农产品的合同,付款采用托收方式。船长签发了清洁提单。货到目的港后经检验发现货物质量与合同规定不符,维塞公司拒绝付款提货,并要求减价。后该批农产品全部变质。根据国际商会《托收统一规则》,下列哪一选项是正确的?
   A. 如代收行未执行托收行的指示,托收行应对因此造成的损失对修帕公司承担责任。
   B. 当维塞公司拒付时,代收行应当主动制作拒绝证书,以便收款人追索。

C. 代收行应无延误地向托收行通知维塞公司拒绝付款的情况。

D. 当维塞公司拒绝提货时,代收行应当主动提货以减少损失。

【答案】C

【解析】《托收统一规则》第26款(3)a.规定,"代收行必须无延误地对向其发出托收指示的银行寄送付款通知,列明金额或收妥金额、扣减的手续费和(或)支付款和(或)费用额以及资金的处理方式。"所以C是正确的。

复习思考题

1. 阐述适用信用证支付的流程方式以及对信用证欺诈的认定。
2. 比较UCP600与UCP500的异同点。
3. 阐述保付代理的类型和特点。

阅读书目

1. 凯夫斯,等.国际贸易与支付[M].郭迅华,注.北京:中国人民大学出版社,2004.
2. 高倩倩,顾永才.国际支付与结算[M].北京:首都经济贸易大学出版社,2010.

第五章 对外贸易管制法律制度

> **学习目标与要求**

本章主要介绍对外贸易管制法律制度,包括世界各国贸易管制的通行做法和中国现行的对外贸易管制法律制度,其中重点和难点是关税措施和非关税措施。通过学习,掌握世界各国对外贸易管制的具体措施,包括关税分类、非关税措施中的进出口配额制、进出口许可证制、外汇管制等,此外要理解掌握反倾销、反补贴、保障措施的相关知识点。

第一节 对外贸易管理措施

对外贸易管制,是指一国政府为了维护本国的经济利益,履行所缔结或加入国际条约的义务而确立实行各种制度,设立相应管理机构,规范对外贸易的各种活动的法律制度的总称。

一般说来,世界各国都通过关税措施和非关税措施来限制本国产品进出口及外国产品的进口,以此来保证本国市场的稳定,维护国家利益。

一、关税措施

关税是对外贸易管理措施中使用时间最长、最具代表性且最富有成效的调控手段。合理的关税可以保护国家经济健康持续发展,不合理的关税常常成为贸易保护的重要手段,因此又称"关税壁垒"。

(一)关税的概念和特征

关税(Customs Duty/Tariff Duty)是一种边境措施,它是一国政府根据国家制定的海关法律法规,在货物进出本国关境①时,对货物所有人课征的一种税收②。

关税属于流转税的一种。关税作为国家税收的一种,同任何其他税收一样,是国家凭借政治权利取得财政收入的一种方式,也是管理社会经济和国民生活的一种手段。

(二)关税的分类

1. 根据货物的流向以及征税对象的不同,可以将关税分为进口关税(Import Duty)、出口关税(Export Duty)以及过境关税(Transit Duty)。

---

① 关境是指实施同一海关法规和关税制度的境域,即国家(地区)行使海关主权的执法空间。又称"税境"或"海关境域"。通常情况下,关境和国境大小一致,但有时关境小于国境或大于国境。
② 王传丽.国际贸易法[M].北京:中国政法大学出版社,2009:261.

进口关税是指一国海关以保护本国经济为目的,对进口本国关境的货物征收的一种关税。一般说来,进口关税的征收,会提高进口货物在进口国境内销售的价格,从而达到限制进口数目的目的。就当今世界的经济环境而言,高额关税的征收已经成为世界各国实行贸易保护主义的重要手段。各国通过对某种商品课以高额的进口关税,迫使其退出本国市场,从而达到保护本国产业的目的,这种现象就是我们常说的"贸易壁垒",又称"进口附加税"。进口附加税是指对进口货物除了征收基本的关税之外,还要征收临时性或目的性关税。通常而言,进口附加税包括反补贴税(Counter – Vailing Duty)、反倾销税(Anti – Dumping Duty)和临时附加税(Provisional Sur – Tax)。

出口关税是海关对本国商品出口境外所征收的关税。为了发展本国经济,国家一般不对出口商品征收关税。因为出口关税的征收会增加商品的成本,降低商品的国际竞争力,从而影响本国货物的出口。但是,当出口货物为本国经济发展的必需品、在国际上具有垄断地位的商品或者是粮食时,国家为了维持本国经济的发展或者为了履行某项义务,会对出口货物征收出口关税,以达到限制出口的目的。

过境关税是指他国货物在运输过程中途经一国关境时对货物征收的关税,又称通过税。按照《1994年关贸总协定》第5条的规定,各成员方除了对过境货物收取部分服务管理费外,过境关税应免征。

2. 根据征收的目的不同,可以将关税分为财政关税(Financial Tariff)和保护关税(Protective Tariff)。

财政关税是指为了增加财政收入为目的而征收的关税。财政关税的征收对象应为进口数目较大、税负力比较强的商品,一般情况下,对国内无法生产或者生产较少但需求较大的商品不征收财政关税。随着世界经济的发展,大多数发达国家已经不征收财政关税,因此财政关税一般存在于发展中国家。

保护关税是指国家为了保护处于弱小中的国家民族产业的发展而征收的关税。对国家民族产业的保护效果的大小取决于关税税率的高低。在短期之内,征收保护关税可以保护和发展本国民族产业,但是长期征收保护关税,会使本国产业无法融入世界大环境,缺乏竞争力,最终不能在世界产业之林中占据一席之地。

3. 根据国家和输入情况的不同,可以将关税分为优惠关税和差别关税。

(1)优惠关税。优惠关税指为了促进与特定国家之间的贸易往来,对特定国家输入的商品以低于普通关税税率征收的关税。优惠关税一般是互惠的,通过各国间的贸易或关税协定,协定双方相互给予优惠关税待遇。优惠关税又可分为特定优惠关税、普遍优惠关税、最惠国待遇三种。

(2)差别关税。差别关税是指对特定国家输入的商品以高于一般关税税率征收的关税,以示报复、惩罚。差别关税又分加重关税、抵销关税、报复关税和反倾销关税。

(三)关税的税则、关税税率与计征办法

关税税则是指一国海关对于进出其关境的货物征收关税的条例和税率的分类表。

一般而言,关税税则由一国立法机构审议通过,包括税号、商品名称、征税标准、计税单位和税率等内容,是一国海关法律规范的重要组成部分之一,是海关征收关税的依据。

《协调制度》(Harmonized System, HS)是目前国际上应用最为广泛的国际贸易商品分类目录。《协调制度》全称为《商品名称及编码协调制度》。我国作为《协调制度公约》缔约国,从1992年1月1日起采用《协调制度》作为我国《进出口税则》和《海关统计商品目录》的基础目录。关税税则分为单式税则和复式税则两种,国际上多采用复式税则,我国也不例外。

关税税率是指一国海关对课征对象征收关税的比率。一般而言,关税税率都会在关税税则中明确地表示。目前世界各国主要采用复式税率。复式税率是对同一货物采用两种或两种以上的税率。复式税率包括基本税率、协定税率、优惠税率、暂定税率等。

关税的计征办法是指海关在征收关税时采取何种方式、何种手段。一般而言,国际上有四种征收关税的办法:

1. 从量征税(Specific Duty)。从量征税是指以商品的某一计量单位为依据进行征税。这里的"量"包括:重量、长度、件数、面积、体积、容积等。

2. 从价征税(Dutiable Duty)。从价征税是指海关根据货物的价格进行征税。就目前而言,从价征税是国际上使用范围最广的征税方法。

3. 复合征税(Compound Duty)。复合征税是指海关把从价征税和从量征税相结合,以从量或从价征税为主导的征税方法。这种征税方法的优点在于将两者相互结合,兼采了从价征税和从量征税的优点。

4. 选择征税(Alternative Duty)。选择征税是指对同一商品的税率有从价征税和从量征税两种,海关选择其一进行作为依据进行征税的方法。

(四)保税制度

保税制度(Bonded System),是指由国家在港口或机场附近设立保税区、保税仓库或保税工厂,外国商品运进这些保税区域不算进口,不交纳进口税。当然,外国商品只有在上述区域内无须缴纳关税,一旦决定进入国内市场,那么就视同进口货物,需缴纳关税。商品在保税区内可以进行储存、加工、改装等。保税制度具有简化货物通关手续、减轻企业资金负担、加快资金周转、降低出口成本、增强产品在国际市场上的竞争能力、吸引外来资金、增加外汇收入等作用。

二、非关税措施

(一)非关税措施的概念和特征

非关税措施又称非关税壁垒,是指一国政府采用关税之外的其他手段对本国的对外贸易进行管制的措施。一般而言,非关税措施包括直接措施和间接措施。直接措施包括进出口配额制、进出口许可证制度等;间接措施包括外汇管制、苛刻的技术标准、卫生安全检验等。

非关税措施具有以下特征：

1. 与关税措施相比，非关税措施更具灵活性和针对性。关税措施在本质上属于是由立法程序制定的，因此具有滞后性等缺点，无法准确地适应快速变化的市场。非关税措施是行政机关根据需要制定的行政法规，比关税措施灵活，针对性比较强。

2. 非关税措施的作用更加激烈明显。关税措施限制进出口的意图十分明显，如进出口配额制，直接限制进出口的总数，而关税措施往往是通过较高的税率变相地增加进口商品的成本，从而削弱其竞争力，迫使其退出本国市场。

3. 非关税措施比关税更具有隐蔽性、不平等性和不确定性。关税措施的制定往往需要较长的时间，制定过程处于公开透明的环境中，但是非关税措施属于行政措施，非关税措施的制定往往是为了应对特殊情况，一般制定周期比较短，因此，非关税措施的制定往往具有隐蔽性、不平等性和不确定性等特征。

（二）非关税措施的分类

1. 进出口配额措施。进口配额措施（Import Quotas），是指在一定的期限之内，一国政府采取措施限制进口产品的数量。只有在限额数量之内的产品可以进口，在限额之外的产品不允许进口或者在征收高额关税、附加税或罚款之后才能进口。

一般而言，进口配额主要包括两大类，一是绝对配额制，二是关税配额制。绝对配额是指在一定时期内，对某种商品的进口数量或金额规定一个最高数额，达到这个数额后，便不准进口。关税配额是指对商品进口的绝对数额不加限制，而对在一定时期内，在规定的关税配额以内的进口商品，给予低税、减税或免税待遇，对超过配额的进口商品征收高关税、附加税或罚款。

出口配额制往往是出口国迫于进口国对其施加的压力而实行的。一般说来，在配额限度之内可以自行控制出口，超过配额即禁止出口。出口配额制带有明显的强制性，进口国家往往以本国工业无法承受大量进口商品的冲击为由要求出口国限制出口。

2. 进出口许可证制。进出口许可证制度是指对于进口商品必须取得进出口许可证方可进出口的管制制度。进出口许可证制包括进口许可证制度（Import Licensing）和出口许可证制度（Export Licensing）。进出口货物许可证是国家管理货物出境的法律凭证。进出口许可证，包括法律、行政法规规定的各种具有许可进口或出口性质的证明、文件。

3. 外汇管制。外汇管制（Foreign Exchange Control），是指为了国际收支危机和货币信用危机，维持本国货币汇率而对外汇进出实行的限制性措施。外汇管制的手段是多种多样的，大体上分为价格管制和数量管制两种类型：前者指对本币汇率作出的各种限制，后者指外汇配给控制和外汇结汇控制。

4. 进口押金制。进口押金制（Advanced Deposit），是指一国通过法律法规规定，进口商在进口时必须在进口国银行存入一定数量的无息存款。进口押金制实质上是要求进口商提供资金担保，这从一定程度上加大了进口商的资金流转困难程度，从而达到限制进口的目的。

5. 政府采购制度。政府采购制度(Government Procurement),是指以公开招标、投标为主要方式选择供应商,从国内外市场上为政府部门或所属团体购买商品或服务的一种制度。这种做法实质上变相地缩小了进口商品的市场,从而达到限制进口的目的。世界各国一般通过制定《政府采购法》对此进行规定。

第二节　中国对外贸易管理法律制度概述

我国对外贸易管理法律制度主要针对我国货物进出口、技术进出口以及国际服务贸易等进行管理。在中国2001年加入WTO之前,我国的对外贸易法律制度尚不完善,随着加入WTO以及我国经济的迅速发展,对外贸易管理制度趋于完善。目前,中国对外贸易管理法律制度主要体现在国内法以及国际条约中。

一、中国对外贸易管理法律制度的发展历程

自中华人民共和国成立之初到1956年,我国先后颁布了《对外贸易管理暂行条例》、《进出口贸易许可证制度实施办法》等诸多法律法规,但是由于当时特定的国际背景和环境,我国的对外贸易交往范围十分狭小;1956~1976年,因为中国国内深刻的政治运动,法律手段在对外贸易中的作用被大大削弱;1978~1991年,随着改革开放经济的发展,我国逐步恢复了对外贸易法律制度的建设,除了恢复我国的货物进出口法律外,逐步增加了关于技术、服务等方面的法律法规;1992~2000年,我国对外贸易进入快速发展阶段,制定了一大批关于对外贸易的法律法规,其中包括1994年的《对外贸易法》;2001年至今,随着我国加入WTO,中国的对外贸易法律制度进入快车道,2004年第十届全国人民代表大会对《对外贸易法》进行了重新修订,在此基础上形成了以《对外贸易法》为基础,以《技术进出口管理条例》等大量对外贸易管理法律法规为补充的完善法律制度。

二、《对外贸易法》

《对外贸易法》是我国对外贸易法律制度的核心和基础,对我国对外贸易具有重大的指导作用。2004年《对外贸易法》共11章70条,相对于1994年《对外贸易法》而言,主要扩大了对外贸易管理者的范围,增加了与对外贸易有关的知识产权保护、对外贸易调查和对外贸易救济三章新内容。

(一)适用范围

2004年《对外贸易法》第8条规定,依法办理工商登记或者其他执业手续,依照本法和其他有关法律、行政法规的规定从事对外贸易经营活动的法人、其他组织或者个人都可以成为对外贸易的经营者。此外,《对外贸易法》调整的对外贸易管理关系主要是指货物进出口管理关系、技术进出口管理关系以及国际服务贸易管理关系。需要注意的是,

《对外贸易法》不适用于单独关税区①。

(二) 对外贸易管理机构

《对外贸易法》第3条规定,国务院对外贸易主管部门主管全国对外贸易工作。我国对外贸易管理分两级管理,即横向和纵向管理,中央一级,地方一级。除此之外,国务院还设置多处特派员办事处,作为商务部的派出机构,负责解决各地的经济贸易纠纷。

(三) 货物进出口与技术进出口

传统的对外贸易主要是指有形货物的进出口。随着经济的发展,技术进出口也逐步成为对外贸易的重要组成部分,2004年《对外贸易法》对此作出了明确的规定。

1. 国家准许货物与技术自由进出口。原则上国家允许货物与技术自由进出口。2004年《对外贸易法》第14、第15条的规定,国家准许货物与技术的自由进出口,但是,法律、行政法规另有规定的除外。国务院对外贸易主管部门基于监测进出口情况的需要,可以对部分自由进出口的货物实行进出口自动许可并公布其目录。

2. 在特定条件下限制或者禁止进出口。国家基于某些原因,可以限制某些货物或技术的进出口:为维护国家安全、社会公共利益或者公共道德,需要限制或者禁止进口或者出口的;为保护人的健康或者安全,保护动物、植物的生命或者健康,保护环境,需要限制或者禁止进口或者出口的;为实施与黄金或者白银进出口有关的措施,需要限制或者禁止进口或者出口的;国内供应短缺或者为有效保护可能用竭的自然资源,需要限制或者禁止出口的;输往国家或者地区的市场容量有限,需要限制出口的;出口经营秩序出现严重混乱,需要限制出口的;为建立或者加快建立国内特定产业,需要限制进口的;对任何形式的农业、牧业、渔业产品有必要限制进口的;为保障国家国际金融地位和国际收支平衡,需要限制进口的;依照法律、行政法规的规定,其他需要限制或者禁止进口或者出口的;根据我国缔结或者参加的国际条约、协定的规定,其他需要限制或者禁止进口或者出口的。

3. 对货物采取任何措施。《对外贸易法》规定,为了维护国家的安全,国家对与裂变、聚变物质或者衍生此类物质的物质有关的货物、技术进出口,以及与武器、弹药或者其他军用物资有关的进出口,可以采取任何必要的措施,维护国家安全。在战时或者为维护国际和平与安全,国家在货物、技术进出口方面可以采取任何必要的措施。

另外需要注意,国家对限制进口或者出口的货物,实行配额、许可证等方式管理;对限制进口或者出口的技术,实行许可证管理。实行配额、许可证管理的货物、技术,应当按照国务院规定经国务院对外贸易主管部门或者经其会同国务院其他有关部门许可,方可进口或者出口。国家对部分进口货物可以实行关税配额管理。

---

① 单独关税区是指保持单独关税或者特殊贸易的地区。目前,中国的单独关税区包括中国香港、澳门以及中国台北。

(四) 国际服务贸易

服务贸易是近年来兴起的新型贸易类型,已经逐步成为对外贸易的重要组成部分。对于国际贸易服务,目前我国并没有制定单独的《国际服务贸易条例》,而是仅仅进行了原则性的规定,针对不同的服务部门作出了不同的规定。如《对外贸易法》第 27 条规定,国家对与军事有关的国际服务贸易,以及与裂变、聚变物质或者衍生此类物质的物质有关的国际服务贸易,可以采取任何必要的措施,维护国家安全。另外,2001 年中国加入 WTO 后,将逐步履行服务贸易市场准入等原则,逐步开放中国的国内服务市场。

(五) 对外贸易与知识产权保护

知识产权的保护问题一直是中国重点关注的问题之一。对此,新修订的 2004 年《对外贸易法》增加了"与贸易有关的知识产权保护"一章。该章的主要内容包括以下几个方面:

国家依照有关知识产权的法律、行政法规,保护与对外贸易有关的知识产权。进口货物侵犯知识产权,并危害对外贸易秩序的,国务院对外贸易主管部门可以采取在一定期限内禁止侵权人生产、销售的有关货物进口等措施。知识产权权利人有阻止被许可人对许可合同中的知识产权的有效性提出质疑、进行强制性一揽子许可、在许可合同中规定排他性返授条件等行为之一,并危害对外贸易公平竞争秩序的,国务院对外贸易主管部门可以采取必要的措施消除危害。其他国家或者地区在知识产权保护方面未给予中华人民共和国的法人、其他组织或者个人国民待遇,或者不能对来源于中华人民共和国的货物、技术或者服务提供充分有效的知识产权保护的,国务院对外贸易主管部门可以依照本法和其他有关法律、行政法规的规定,并根据中华人民共和国缔结或者参加的国际条约、协定,对与该国家或者该地区的贸易采取必要的措施。

(六) 对外贸易秩序

对外贸易秩序主要是指一国运用国家的行政强制力制止对外贸易中的不规范行为,维护本国经济利益,形成良好的市场经济秩序。2004 年《对外贸易法》对此进行了详细的规定。

《对外贸易法》第 32 条规定,在对外贸易经营活动中,不得违反有关反垄断的法律、行政法规的规定实施垄断行为。在对外贸易经营活动中实施垄断行为,危害市场公平竞争的,依照有关反垄断的法律、行政法规的规定处理。有前款违法行为,并危害对外贸易秩序的,国务院对外贸易主管部门可以采取必要的措施消除危害。

该法第 33 条规定,在对外贸易经营活动中,不得实施以不正当的低价销售商品、串通投标、发布虚假广告、进行商业贿赂等不正当竞争行为。在对外贸易经营活动中实施不正当竞争行为的,依照有关反不正当竞争的法律、行政法规的规定处理。有前款违法行为,并危害对外贸易秩序的,国务院对外贸易主管部门可以采取禁止该经营者有关货物、技术进出口等措施消除危害。

此外,第 35 条还对外贸经营禁止性行为进行了规定。

(七)对外贸易调查

对外贸易调查的主要目的在于防止滥用救济权利保护本国产业和市场经济秩序的重要手段。为此2004年的《对外贸易法》第7章对此进行了专门的规定。另外,《对外贸易法》还授权国务院对外贸易主管部门和国务院其他有关部门及其工作人员可以进行对外贸易调查工作。

(八)对外贸易救济

对外贸易救济主要指在对外贸易的过程中,国内某些产业受到了不公正待遇,国家为了维护本国的经济利益,保护本国产业而进行的一系列贸易救济措施。这些措施包括反倾销措施、反补贴措施、保障措施、中止或终止国际义务措施、建立预警应急机制以及采取反规避措施。除了上述比较完备的对外贸易救济制度,还有对外贸易的双边或是多边磋商。谈判和争端解决机制等在《对外贸易法》中均有体现。

(九)对外贸易促进

国家制定对外贸易发展战略,建立和完善对外贸易促进机制。国家根据对外贸易发展的需要,建立和完善为对外贸易服务的金融机构,设立对外贸易发展基金、风险基金。国家通过进出口信贷、出口信用保险、出口退税及其他促进对外贸易的方式,发展对外贸易。国家建立对外贸易公共信息服务体系,向对外贸易经营者和其他社会公众提供信息服务。国家采取措施鼓励对外贸易经营者开拓国际市场,采取对外投资、对外工程承包和对外劳务合作等多种形式,发展对外贸易。对外贸易经营者可以依法成立和参加有关协会、商会。有关协会、商会应当遵守法律、行政法规,按照章程对其成员提供与对外贸易有关的生产、营销、信息、培训等方面的服务,发挥协调和自律作用,依法提出有关对外贸易救济措施的申请,维护成员和行业的利益,向政府有关部门反映成员有关对外贸易的建议,开展对外贸易促进活动。中国国际贸易促进组织按照章程开展对外联系,举办展览,提供信息、咨询服务和其他对外贸易促进活动。国家扶持和促进中小企业开展对外贸易。国家扶持和促进民族自治地方和经济不发达地区发展对外贸易。

(十)法律责任

2004年《对外贸易法》关于法律责任的规定十分细致。将对外贸易违法行为分为进出口货物、进出口贸易、进出口服务以及对外贸易知识产权等不同领域,通过刑事处罚、行政处罚等加大了处罚力度。

第三节 中国进出口管理的具体法律制度

一、进出口许可证制度

目前我国的进出口许可证制度主要由2004年《对外贸易法》和2002年《货物进出口管理条例》、《货物出口许可证管理办法》(2008年修订)以及《货物进口许可证管理办法》

构成。

根据《对外贸易法》以及《货物进出口管理条例》的相关规定,中国对货物进出口实行统一的管理制度,即自动进出口许可证管理以及非自动许可证进出口许可管理。其中,非自动进出口许可证分一般许可证管理和部分货物配额许可证管理两部分。

(一)自动进出口许可证管理

自动进出口许可证通常适用于自由进出口的部分商品,在进出商提出申请之后,有关机构即根据相关规定自动签发许可证。

自动进口许可证管理主要规定在《货物自动进出口许可管理办法》中,该办法于2004年11月20日由商务部与海关总署联合制定,2005年1月1日正式实施。

根据《货物自动进口许可管理办法》,《自动进口许可证》在公历年度内有效,有效期为6个月。商务部对《自动进口许可证》项下货物原则上实行"一批一证"管理,对部分货物也可实行"非一批一证"管理。"一批一证"指同一份《自动进口许可证》不得分批次累计报关使用。同一进口合同项下,收货人可以申请并领取多份《自动进口许可证》。"非一批一证"指同一份《自动进口许可证》在有效期内可以分批次累计报关使用,但累计使用不得超过6次。海关在《自动进口许可证》原件"海关验放签注栏"内批注后,海关留存复印件,最后一次使用后,海关留存正本。对"非一批一证"进口实行自动进口许可证管理的大宗散装商品,每批货物进口时,按其实际进口数量核扣自动进口许可证额度数量;最后一批货物进口时,其溢装数量按该自动进口许可证实际剩余数量并在规定的允许溢装上限内计算。收货人可以直接向发证机构书面申请《自动进口许可证》,也可以通过网上申请。

需要注意,以下方式进口自动许可货物的,可以免领《自动进口许可证》:

(1)加工贸易项下进口并复出口的(原油、成品油除外);

(2)外商投资企业作为投资进口或者投资额内生产自用的;

(3)货样广告品、实验品进口,每批次价值不超过5 000元人民币的;

(4)暂时进口的海关监管货物;

(5)国家法律法规规定其他免领《自动进口许可证》的。

自动出口许可管理主要涉及纺织品产业。2005年2月6日商务部发布了《纺织品出口自动许可暂行办法》(2005年3月1号生效)。根据该办法,出口商在办理海关出口手续时,需要发证机关提出自动出口申请。《自动许可证》有效期为3个月。

(二)非自动进出口许可证管理

非自动进出口许可证管理主要涉及限制进出口商品。商务部每年均会发布《出口许可证管理货物目录》以及《进口许可证管理货物目录》。进出商在货物进出口之前须向发证机关提出申请,凭进出口许可证通过海关检查验放。进出口许可证有效期为1年。

二、关税管理制度

关税对一国经济的发展具有重要的积极意义,国家对关税的征收往往非常重视。关税是国家财政收入的重要组成部分。通过征收关税可以限制某些商品进口,保护本国产业不受强烈冲击;通过降低关税的方式鼓励某些商品的进口,提高人民生活水平。

目前我国在关税方面的法律依据主要包括《海关法》(1987 年制定,2000 年修订)、《进出口关税条例》(1992 年修订)、《进出口关税税则》以及国务院或是海关总署等行政部门制定的相关法律法规。

在征税方法方面,我国实行以从价税为主,从量征税、复合征税以及滑动税为辅的征税方式。《海关法》55 条对对进出口货物的完税价格进行了原则性规定①。进出口货物的完税价格,由海关以该货物的成交价格为基础审查确定。成交价格不能确定时,完税价格由海关依法估定。进口货物的完税价格包括货物的货价、货物运抵中华人民共和国境内输入地点起卸前的运输及其相关费用、保险费;出口货物的完税价格包括货物的货价、货物运至中华人民共和国境内输出地点装载前的运输及其相关费用、保险费,但是其中包含的出口关税税额,应当予以扣除。进出境物品的完税价格,由海关依法确定。

在关税的征收税率方面,根据新的关税税则,我国的进口税率包括最惠国税率、协定税率、特惠税率和普通税率四种,出口关税只设置一栏出口税率,在一定的期限内对出口商品实行暂行税率。《海关法》第 45 条对规定,进口货物的收货人、出口货物的发货人、进出境物品的所有人,是关税的纳税义务人。

三、进出口商品检验制度

进出口商品检验制度是指为了维护国家利益,保障人民权益,出入境检验检疫机构和其他指定机构依据法律法规或约定对出入境商品进行检验,对出入境动植物进行检验的制度。商品检验业务分为法定检验、公正鉴定以及委托检验三种。

《进出口商品检验法》于 1989 年 2 月 21 日由全国人大常委会通过,2002 年 4 月 28 日进行了修订。2005 年 8 月 31 日《中华人民共和国进出口商品检验法实施条例》颁布,这些法律法规是目前我国进出口商品检验的重要法律依据。

(一)进出口商品检验机构

《中华人民共和国进出口商品检验法》第 2 条规定,国务院设立进出口商品检验部门(以下简称国家商检部门),主管全国进出口商品检验工作。国家商检部门设在各地的进出口商品检验机构(以下简称商检机构)管理所辖地区的进出口商品检验工作。商检机构和经国家商检部门许可的检验机构,依法对进出口商品实施检验。

(二)进口商品的检验

必须经商检机构检验的商品,须有收货人或其代理人向当地的商检机构报检。海关

---

①完税价格是海关征税的基础依据,海关通过估算的方式计算出货物的价格作为征税的依据。

凭商检机构签发的货物通关证明验放。经商检机构检验的进口商品的收货人或者其代理人,应当在商检机构规定的地点和期限内,接受商检机构对进口商品的检验。商检机构应当在国家商检部门统一规定的期限内检验完毕,并出具检验证单。经商检机构检验的进口商品以外的进口商品的收货人,发现进口商品质量不合格或者残损短缺,需要由商检机构出证索赔的,应当向商检机构申请检验出证。对重要的进口商品和大型的成套设备,收货人应当依据对外贸易合同约定在出口国装运前进行预检验、监造或者监装,主管部门应当加强监督;商检机构根据需要可以派出检验人员参加。

(三)出口商品的检验

为出口危险货物生产包装容器的企业,必须申请商检机构进行包装容器的性能鉴定。生产出口危险货物的企业,必须申请商检机构进行包装容器的使用鉴定。使用未经鉴定合格的包装容器的危险货物,不准出口。对装运出口易腐烂变质食品的船舱和集装箱,承运人或者装箱单位必须在装货前申请检验。未经检验合格的,不准装运。

四、外汇管理制度

外汇,是指下列以外币表示的可以用作国际清偿的支付手段和资产包括:外币现钞,包括纸币、铸币;外币支付凭证或者支付工具,包括票据、银行存款凭证、银行卡等;外币有价证券,包括债券、股票等;特别提款权;其他外汇资产。促进国际收支平衡、促进国民经济又好又快发展是外汇管理的基本目标。

目前对外汇起主要作用的法律法规主要是指《外汇管理条例》。该条例于2008年8月5日正式公布,对原条例作了全面的修改。2008年《外汇管理条例》共8章54条,基本解决了近年来我国经济快速发展导致外汇管理方面出现的新问题,完善了人民币汇率制度,建立了国际收支应急保障机制。《外汇管理条例》中明确规定人民币汇率实行以市场供求为基础的、有管理的浮动汇率制度。

《外汇管理条例》还对经常性项目进行了规定:

(1)经常项目外汇收支应当具有真实、合法的交易基础。经营结汇、售汇业务的金融机构应当按照国务院外汇管理部门的规定,对交易单证的真实性及其与外汇收支的一致性进行合理审查。

(2)外汇管理机关有权对前款规定事项进行监督检查。

(3)经常项目外汇收入,可以按照国家有关规定保留或者卖给经营结汇、售汇业务的金融机构。

(4)经常项目外汇支出,应当按照国务院外汇管理部门关于付汇与购汇的管理规定,凭有效单证以自有外汇支付或者向经营结汇、售汇业务的金融机构购汇支付。

(5)携带、申报外币现钞出入境的限额,由国务院外汇管理部门规定。

五、我国反倾销相关制度

倾销是指商品的出口商或者生产商以低于国内商品价格或者低于正常价值的价格向另一国家出口商品,进而对一国的国内工业产生严重冲击的行为。倾销是一种不正当的竞争行为,以打击竞争对手、垄断市场从而获取暴利为目的。针对这种情况,为了保护本国产业不受冲击,各国往往采取一系列的抵制措施限制进口。

我国的第一部反倾销法规《反倾销和反补贴条例》(以下简称《条例》)于1997年3月颁布,并于当年首次使用反倾销手段对外国商品进行了反倾销调查。2001年我国加入世界贸易组织,为了尽快于国际接轨,保护我国国内产业,国务院对原《条例》进行了修订,2001年颁布了《中华人民共和国反倾销条例》,2002年1月1日施行。《条例》分为6章59条,分为总则、倾销与伤害、反倾销调查、反倾销措施、反倾销税和价格承诺的期限与复审以及附则六部分。

(一)反倾销措施实施的条件

根据《反倾销条例》的规定,实施反倾销措施需要具备以下几个要件:

1. 在正常的贸易过程中,进口产品以低于其正常价值的出口价格进入中华人民共和国市场。

2. 该行为对已经建立的国内产业造成实质损害或者产生实质损害威胁,或者对建立国内产业造成实质阻碍。

3. 倾销行为与损害结果之间存在因果关系。

(二)倾销的确定

实施反倾销措施的前提是必须确定倾销行为。在实际操作中,确定倾销行为一般包括三个方面,一是确定商品的正常价值;二是确定商品的出口价值;三是确定二者之间的价值差,也就是倾销幅度。

1. 正常价值的确定。进口产品的正常价值,应当区别不同情况,按照下列方法确定:

(1)进口产品的同类产品,在出口国(地区)国内市场的正常贸易过程中有可比价格的,以该可比价格为正常价值。

(2)进口产品的同类产品,在出口国(地区)国内市场的正常贸易过程中没有销售的,或者该同类产品的价格、数量不能据以进行公平比较的,以该同类产品出口到一个适当第三国(地区)的可比价格或者以该同类产品在原产国(地区)的生产成本加合理费用、利润,为正常价值。

(3)进口产品不直接来自原产国(地区)的,按照前款第(一)项规定确定正常价值;但是,在产品仅通过出口国(地区)转运、产品在出口国(地区)无生产或者在出口国(地区)中不存在可比价格等情形下,可以以该同类产品在原产国(地区)的价格为正常价值。

2. 出口价格的确定。进口产品的出口价格,应当区别不同情况,按照下列方法确定:

(1)进口产品有实际支付或者应当支付的价格的,以该价格为出口价格。

(2)进口产品没有出口价格或者其价格不可靠的,以根据该进口产品首次转售给独立购买人的价格推定的价格为出口价格;但是,该进口产品未转售给独立购买人或者未按进口时的状态转售的,可以以外经贸部根据合理基础推定的价格为出口价格。

3. 倾销幅度的确定。进口产品的出口价格低于其正常价值的幅度,为倾销幅度。

对进口产品的出口价格和正常价值,应当考虑影响价格的各种可比性因素,按照公平、合理的方式进行比较。倾销幅度的确定,应当将加权平均正常价值与全部可比出口交易的加权平均价格进行比较,或者将正常价值与出口价格在逐笔交易的基础上进行比较。出口价格在不同的购买人、地区、时期之间存在很大差异,按照前款规定的方法难以比较的,可以将加权平均正常价值与单一出口交易的价格进行比较。

（三）反倾销措施

一旦确定了倾销行为,政府即可采取反倾销措施。反倾销措施包括临时反倾销措施、价格承诺以及反倾销税三种。

1. 临时反倾销措施。临时反倾销措施包括临时反倾销税和要求提供现金保证金、保函或者其他形式的担保。征收临时反倾销税,由外经贸部提出建议,国务院关税税则委员会根据外经贸部的建议作出决定,由外经贸部予以公告。要求提供现金保证金、保函或者其他形式的担保,由外经贸部作出决定并予以公告,其金额不应当超过初裁决定确定的倾销幅度。海关自公告规定实施之日起执行。临时反倾销措施实施的期限,自临时反倾销措施决定公告规定实施之日起,不超过4个月;在特殊情形下,可以延长至9个月。自反倾销立案调查决定公告之日起60天内,不得采取临时反倾销措施。

2. 价格承诺。价格承诺是指出口商在反倾销调查过程中,向对外经贸部作出承诺,表示将改变价格或不以倾销价出口。外经贸部也可以向出口商作出价格承诺的建议,但是不得强制对方进行价格承诺。出口经营者不作出价格承诺或者不接受价格承诺的建议的,不妨碍对反倾销案件的调查和确定。出口经营者继续倾销进口产品的,调查机关有权确定损害威胁是否有可能出现。外经贸部认为出口经营者作出的价格承诺能够接受的,经商国家经贸委后,可以决定中止或者终止反倾销调查,不采取临时反倾销措施或者征收反倾销税。中止或者终止反倾销调查的决定由外经贸部予以公告。外经贸部不接受价格承诺的,应当向有关出口经营者说明理由。

出口经营者违反其价格承诺的,外经贸部经商国家经贸委后,依照本条例的规定,可以立即决定恢复反倾销调查;根据可获得的最佳信息,可以决定采取临时反倾销措施,并可以对实施临时反倾销措施前90天内进口的产品追溯征收反倾销税,但违反价格承诺前进口的产品除外。

3. 反倾销税。《反倾销条例》规定终裁决定确定倾销成立,并由此对国内产业造成损害的,可以对倾销进口产品的进口经营者征收反倾销税。征收反倾销税,由外经贸部提出建议,国务院关税税则委员会根据外经贸部的建议作出决定,由外经贸部予以公告。海关自公告规定实施之日起执行。反倾销税税额不超过终裁决定确定的倾销幅度。

除此之外,《反倾销条例》还对反倾销税和价格承诺的期限和复审进行了规定。

六、我国反补贴相关制度

补贴是指一国政府为了扶持本国企业开拓国外市场,向商品的出口商或生产者提供资金或是政策上的优惠,提高其国外竞争力。补贴的实质是使商品生产者的成本下降,从而使其产品更具价格优势,增强在国际市场中的竞争力,但是过多的补贴将会对市场秩序产生严重的冲击,导致不公平竞争。

目前在我国生效的关于反补贴的法律法规主要是《中华人民共和国反补贴条例》,该条例最初制定于1997年,2001年对其进行了修订。修订后的《反补贴条例》分为6章58条,包括一个出口补贴清单附件。

七、保障措施

保障措施是在进口对本国产业造成了冲击的情况下采取的特殊补救和预防措施。保障措施强调必须在正常的贸易环境下进行,与不公平竞争截然不同。

《中华人民共和国保障措施条例》于2001年10月31日颁布,后于2004年3月进行了修订。修订后的《保障措施条例》分为5章34条,分别是总则、调查、保障措施、保障措施的期限与复审以及附则。

《保障措施条例》第2条规定,进口产品数量增加,并对生产同类产品或者直接竞争产品的国内产业造成严重损害或者严重损害威胁(以下除特别指明外,统称损害)的,依照本条例的规定进行调查,采取保障措施。

案例

【案情】2009年4月20日,美国钢铁工人联合会以中国对美轮胎出口扰乱美国市场为由,向美国国际贸易委员会提出申请,对中国产乘用车轮胎发起特保调查。6月29日,美国贸易委员会建议在现行进口关税(3.4%~4.0%)的基础上,对中国输美乘用车与轻型卡车轮胎连续3年分别加征55%,45%和35%的特别从价关税。2009年9月12日,美国总统奥巴马宣布,对从中国进口的所有小轿车和轻型卡车轮胎实施为期三年的惩罚性关税。白宫发言人罗伯特吉布斯说,从中国进口轮胎实施的惩罚性关税税率为第一年为35%,第二年为30%,第三年为25%。

(资料来源:http://wenku.baidu.com/view/f497803031126edb6f1a10a7.html)

【问题】1. 美国为什么提出轮胎"特保"?
2. 特保为什么针对中国?
3. "特保"为什么选择轮胎行业?

【评析】1. 根本原因:美国奉行贸易保护主义原则;经济原因:中美贸易中美方处于巨大的贸易逆差中;直接原因:美国贸易政策受到相关的利益集团的影响。

2.中国企业运用法律保护自己合法权益的意识较弱;中国企业打官司打不赢;美国有工会、商会、法律机构等支持。

3.美国是汽车生产和制造大国,汽车工业的总产值和其所带动的相关企业对美国极其重要;汽车工业及其上游轮胎行业关系到美国数以万计工人的就业岗位,不断上升的美国失业率迫使美国工会选择轮胎行业;中国轮胎出口由于价格低廉,很大程度上挤占美国本土轮胎行业的市场,使其企业发展和员工就业面临困难。

司考题

[10-1-85 多选]根据我国相关法律规定,满足下列哪些条件,商务部才可决定采取保障措施?

A.进口产品数量增加。
B.进口产品数量增加是出口方倾销或补贴的结果。
C.进口产品数量增加并对生产同类产品的国内产业造成严重损害。
D.进口产品数量增加并对国内直接竞争产品的产业造成严重损害威胁。

【答案】CD

【解析】根据《中华人民共和国保障措施条例》的规定,如果根据该条例进行的保障措施调查,确定进口产品数量增加,并对生产同类产品或者直接竞争产品的国内产业造成严重损害或者严重损害威胁,可以采取保障措施。应当注意,进口产品数量增加、国内产业受到损害、二者之间存在因果关系,是采取保障措施的三个基本条件。进口数量增加指进口数量的绝对增加或者与国内生产相比的相对增加。适用保障措施要求的产业损害程度重于反倾销或反补贴要求的损害程度,即严重损害而不是实质损害。故CD选项正确,AB选项错误。B选项不选是没有争议的,但本题题干中的提问用词是"……满足下列哪些条件,……才可决定……",容易造成歧义,将题目要求理解为要选择商务部据以采取保障措施的必要要件。如果作此理解,A选项应选。但"生产同类产品的国内产业"与"生产直接竞争产品的国内产业"之间是"或者"关系,如果理解为选择采取保障措施的必要要件,则在CD选项上将会出现是否同时选择、怎样选择的顾虑。本题是多选题,根据选项的设置综合考虑,本题答案为CD选项。

复习思考题

1.阐述反倾销、反补贴以及保障措施的含义及适用条件。
2.阐述中国对外贸易管制制度的方法和措施。

📖 **阅读书目**

徐淑,汪金兰.中国对外贸易摩擦与救济措施法律问题研究[M].安徽:安徽人民出版社,2010.

第六章　国际技术贸易法律制度

> **学习目标与要求**
>
> 国际技术贸易是国际贸易中重要的组成部分,在世界经济发展中发挥着举足轻重的作用。本章主要介绍国际技术贸易的内容、一般理论知识以及相应的法律法规。通过本章的学习,要求了解国际技术贸易的相关概念、国际技术贸易的价格确定和支付方式,掌握国际技术贸易的内容和主要方式、国际技术贸易常用合同的类型和基本条款等内容。

第一节　国际技术贸易法律制度概述

一、国际技术贸易概述

(一)国际技术贸易的概念

国际技术贸易是国际技术转让的一种,联合国《国际技术转让行动守则》给国际技术转让如下定义:"技术转让是关于制造产品、应用生产方法或提供服务所需的系统知识的转让,但不包括货物的单纯买卖或租赁。"国际技术转让则是不同国家(地区)的企业、经济组织或者个人之间,转让、许可技术使用或提供技术服务和咨询的行为。一般认为国际技术转让的含义更加宽泛,既包括有偿的技术转让,也包括无偿的技术援助和技术交流。[1] 国际技术贸易单指具有商业目的的有偿转让。

(二)国际技术贸易的特征

国际技术贸易包括技术的输出和技术的引进,与国际货物贸易相比,国际技术贸易具有以下特征:

1. 交易标的不同。国际技术贸易的交易对象为无形、抽象的专有技术以及工业产权技术,不具有物质形态,如专利权、商业秘密等。而国际货物贸易交易对象则是商品,为有体物。

2. 所有权归属不同。国际技术贸易一般仅转让技术的使用权、销售权或产品制造权。交易发生之后,技术所有人仍保有技术的所有权,可同时允许多方当事人使用其技

---

[1] 林康.国际贸易[M].北京:对外经济贸易大学出版社,2004:5.

术;技术受让人使用技术时受到时间以及地域的限制。国际货物贸易转让的标的为货物的所有权。交易发生后,受让人取得货物所有权,对货物依法享有占有、使用、收益和处分的权利。

3. 交易方式不同。国际技术贸易的形式多种多样,根据受让方和转让方的不同需要可以采取许可贸易、技术咨询与服务、合作生产和特许专营等多种方式。不仅可以转让技术,也可以将技术和资本、人员以及生产等要素结合起来。国际货物贸易的交易方式则较为单一,一般以单纯的买卖交易为主。

4. 价格的确定方式不同。国际技术贸易中技术价格的确定考虑的要素除技术开发费用(如资料费、材料费、专用设备费和科研人员工资等)外,技术的成熟性、先进性和新颖性,技术在实际生产中可能转化的经济利益的大小以及技术转化为生产力所承担的风险等都包含在内。国际货物贸易的价格确定则一般由平均成本加平均利润来确定,较为简单。

5. 履约过程不同。国际技术贸易履约过程较为复杂,既包括协商、签约、给付等过程,也包括技术资料的交付、技术交流、技术保密和技术指导等;此外国际技术贸易的受让方承担的义务不仅包括给付价款等通常义务,还承担保密义务;转让方则通常承担人员培训、技术指导的义务,履约时间较长。国际货物贸易的交易过程相对简单,钱货两清,一次买断。受让方通常不承担保密义务,履约时间较短。

6. 政府的干预程度不同。同货物贸易相比,政府对国际技术贸易的管制较为严格,在技术进出口方面都有体现。由于技术出口会在较大程度上提升他国企业的生产水平、制造能力和发展程度,因此出于对本国经济利益和安全上的考虑,政府对技术出口限制较多;此外,在国际技术贸易中,技术权利方容易利用其优势地位迫使对方接受其不合理条件,为了减少这种情况的发生也为了本国的经济、安全和科技等多方面的考虑,政府对技术引进也做了较多的干预。

(三)国际技术贸易的内容

国际技术贸易的基本内容是知识产权,主要包括以下几个方面:

1. 工业产权。按照《保护工业产权巴黎公约》的规定,工业产权包括发明、实用新型、外观设计、商标、服务标记、厂商名称、货源标记、原产地名称以及制止不正当竞争的权利。在我国,工业产权主要是指商标权和专利权。

(1)商标权。商标是为了区别商品或者服务来源,商品的生产者或经营者在其生产、制造、加工、拣选或者经销的商品上或者服务提供者在其提供的服务上采用的标志。商标可以由文字、图像、字母、颜色组合、三维标志或者上述几种要素的组合,具有显著性的特点。商标权是商标专有权的简称,指商标注册人依照法律规定享有的对商标的支配权以及禁止他人侵害的权利,主要包括商标注册人对注册商标享有的使用权、转让权、继承权和续展权等。

(2)专利权。专利权是指专利权人或者专利受让人对特定的发明创造在特定的时期、特定的地域范围内享有的独占实施权。专利主要包括发明、实用新型和外观设计,不同专利的授权条件不同。发明和实用新型要求具有新颖性、创造性和实用性。新颖性是指该发明或实用新型不属于现有技术,也没有任何单位或个人就同样地发明或实用新型在申请日以前向专利部门提出过申请,并记载在申请日以后公布的专利申请文件或者公告的专利文件中。创造性是指与现有技术相比,该发明具有突出的实质性特点和显著进步,该实用新型具有实质性特点和进步;实用性是指该发明或者实用新型能够制造或者使用,并且能够产生积极效果。外观设计则要求具有新颖性、与在先设计相比有明显区别等。

2. 专有技术。专有技术英文名为"know – how",也称技术秘密,根据1980年世界知识产权组织的定义,专有技术是指"来自经验或技艺,能够实际应用,特别是工业上应用的工业情报、数据、资料或知识"。专有技术可以是产品或方法的构思。

虽然都是一种系统知识,但工业产权和专有技术也有一定差异。首先,保护他们的法律不同。工业产权受到专门的工业产权法律保护,如《保护工业产权巴黎公约》、《专利法》等。专有技术则多受反不正当竞争法律的保护。其次,他们的秘密性不同。取得工业产权前通常有公示过程,取得工业产权后其相关材料完全公开,因此工业产权是公开的技术。专有技术则由权利人采取保护措施保证其秘密性,一旦公开便不再属于专有技术。再次,工业产权和专有技术的保护期限不同。根据法律规定,工业产权保护期或垄断期是有限的,最长为20年,超过此期间任何人可自由使用。专有技术的垄断则是靠权利人对其秘密性的保护,只要专有技术未被公开,则权利人对专有技术可垄断享有。最后,工业产权和专有技术的技术要求不同。专有技术一般只需具有实用性,工业产权则需要其他一些特性,如专利则需具备实用性、新颖性和创造性。

二、国际知识产权的保护

(一) 知识产权的概念和特征

知识产权(Intellectual Property 或 Intellectual Property Rights)是基于创造性的智力成果和工商业标记依法产生的权利的统称。[①] 知识产权的内容是自然人、法人或者其他组织就其创造性的智力成果所享有的一种独占性、排他性的权利,如专利权、商标权以及著作权等。知识产权主要具有以下特点:

1. 专有性。知识产权人对其智力成果享有合法垄断的权利。专有性主要体现在权利人对知识产权享有独占性和排他性。除通过"强制许可"等法律程序,未经知识产权人许可,任何人不得占有或者使用。

2. 无形性。知识产权的客体是人类的智力成果,属于无形的精神财富,其表现需要依附一定的载体。客体的非物质性是知识产权区别于其他财产权利最显著的特征。

---

① 刘春田. 知识产权法[M]. 北京:中国人民大学出版社,2000:6.

3. 时间性。知识产权的法律保护期是有限的,如根据我国法律规定,发明专利保护期间为 20 年,著作权的财产权利保护期间为作者死后 50 年。一旦超过保护期间,知识产权就将成为全人类的共同财富,他人均可以自由使用。

4. 地域性。知识产权作为一种专有权在地域上并不是无限的。一般而言,根据一国法律而取得的知识产权仅在本国范围内有效,超过该地域限制知识产权便不受保护。

5. 复合性。知识产权是一种内容较为复杂、具有多种权能的权利,包含经济性权利和非经济性权利两方面,既包括人身权(如署名权、名誉权和保护作品完整权等),也包含财产性权利(如转让权、使用权等)。

(二)保护知识产权的国际条约

知识产权的国际保护是进行国际技术贸易的基础,只有当一国的知识产权在另一国也受到同等保护时,国际技术贸易才有可能顺利进行。自 20 世纪以来,随着知识产权跨国流动的日益频繁,保护知识产权的国际公约也逐渐增加,按照内容的不同,主要可以分为三类:

1. 保护工业产权的条约。这类条约主要规定了工业产权的保护标准,包括 1883 年《保护工业产权巴黎公约》、1891 年《制止商品产地虚假或欺骗性标记马德里协定》、1925 年《工业品外观设计国际保存海牙协定》、1958 年《保护原产地名称和国际注册里斯本协定》、1970 年《专利合作条约》、1994 年《商标法条约》、2000 年《专利法条约》与 2009 年《商标法新加坡条约》等。①

2. 保护著作权的条约。这类条约对著作权的保护制定了相关标准,包括 1886 年《保护文学作品伯尔尼公约》、1961 年《保护表演者、音像制品制作者和广播组织罗马公约》、1971 年《保护录音制品制作者防止未经许可复制其录音制品日内瓦公约》以及 1996 年《世界知识产权组织表演和录音制品条约》等。

3. 分类条约。该类条约将有关发明、商标和工业品外观设计的信息分类编排成一定的索引式管理结构以便于检索,主要包括 1957 年《商标注册用商品和服务国际分类尼斯条约》、1968 年《建立工业品外观设计国际分类洛迦诺协定》、1971 年《国际专利分类斯特拉斯堡协定》和 1973 年《建立商标图形要素国际分类维也纳协定》。

(三)世界知识产权组织

1. 世界知识产权组织(The World Intellectual Property Organization,WIPO)②的建立。WIPO 的历史可以追溯到 1883 年。法国、比利时、荷兰、意大利等 11 个国家缔结《保护工业产权巴黎公约》,并成立国际局执行行政管理事务。1886 年英国、德国、法国、瑞士等 10 个国家缔结《保护文学作品伯尔尼公约》。1967 年 7 月 14 日,"国际保护工业产权联盟"(巴黎联盟)和"国际保护文学艺术作品联盟"(伯尔尼联盟)的 51 个成员方在瑞典首

---

①张学慧. 国际经济法教程[M]. 北京:首都经济贸易大学出版社,2003:148.
②本部分内容主要参考世界知识产权组织官方网站 http://www.wipo.int/。

都斯德哥尔摩签订《成立世界知识产权组织公约》,该公约于1970年4月26日生效,标志着世界知识产权组织的成立。

2. 世界知识产权组织的宗旨和职责。世界知识产权组织的宗旨包括:①通过国家之间的合作并在适当的情况下与其他国际组织配合,促进全世界范围的知识产权保护;②保证各联盟之间的行政合作。

世界知识产权组织的职责为:①促进和发展旨在便利全世界对知识产权的有效保护和协调各国在这方面的立法措施;②执行巴黎联盟、与该联盟有联系的各专门联盟以及伯尔尼联盟的行政任务;③可以担任任何其他旨在促进保护知识产权的国际组织的行政职位或者参加相关事务;④鼓励缔结旨在促进保护知识产权的国际协定;⑤在知识产权方面为请求法律、技术援助的国家给予合作;⑥收集并传播有关保护知识产权的信息,从事与促进这方面的研究,并公布研究成果;⑦维持有助于知识产权国际保护的服务,在适当情况下,提供服务工作单位名册,并发表名册材料。

(四)《与贸易有关的知识产权协定》

1.《与贸易有关的知识产权协定》签订和保护范围。世界贸易组织于1994年4月在马拉加什通过了《与贸易有关的知识产权协定》(Agreement on Trade – Related Aspects of Intellectual Property Rights,TRIPS)。作为关贸总协定乌拉圭回合谈判的最后文件之一,TRIPS协议是目前唯一由WTO管辖的知识产权条约。我国于2001年加入TRIPS协议,并承诺全面实施TRIPS协议的相关内容。

TRIPS协议第二部分规定保护范围如下:版权和相关权利、商标、地理标识、工业设计、专利、集成电路布图设计(拓扑图)、对未披露信息的保护以及对协议许可中限制竞争行为的控制。

2.《与贸易有关的知识产权协定》的基本原则。其中包括:

(1)国民待遇原则(National Treatment)。根据TRIPS协定第3条规定,在遵守《巴黎公约》、《伯尔尼公约》、《罗马公约》以及《关于集成电路的知识产权条约》规定的前提下,每一成员方给予其他成员方国民的待遇不得低于给予本国国民的待遇,除非以上公约规定了例外情况。

(2)最惠国待遇原则(Most – Favored – Nation Treatment)。根据TRIPS协定第4条规定,一成员方给予的某一成员方国民的任何利益、优惠、特权或豁免,应立即无条件地给予所有其他成员方的国民。但也有例外,如TRIPS协定未做规定的有关表演者、录音制品制作者以及广播组织的权利。

(3)保护公共利益原则。各成员方在制定或者修改规章的过程中,可以基于保护本国公共利益的目的采取相应措施对知识产权进行一定的限制,但其限制不得违反TRIPS协定规定的保护程度与范围。

3.《与贸易有关的知识产权协定》的意义。世界贸易组织的TRIPS协议是迄今为止对各国知识产权制度影响最大的国际性条约。与过去的知识产权国际条约相比,该协议大大加强了知识产权的保护范围和力度,将知识产权保护提升到了一个新的高度。

首先,该协议提高了知识产权的整体保护水平。该协定将知识产权的保护范围扩大到版权及相关权利、商标、专利、集成电路布图设计以及未公开信息等七个方面,其中集成电路布图设计和未公开信息是第一次纳入国际条约的保护范围;知识产权的保护期限也得到相应的延伸,如将版权的保护期限延伸至 50 年等;此外,TRIPS 还规定未经其他成员方同意,不得对本协议的任何条款予以保留。世界知识产权保护的水准因此得到提高。

其次,它是国际上第一个对知识产权执法标准及执法程序作出规范的多边条约。TRIPS 协议第三部分对侵犯知识产权行为应当承担的民事责任、刑事责任、应当适用的程序以及保护知识产权的边境措施、临时措施等都做了明确、严格的规定。这样明确而严格的执法程序是 TRIPS 协议优于其他知识产权条约的一个方面。

再次,它将 TRIPS 争端解决纳入 WTO 争端解决机制,用于解决各成员之间产生的知识产权纠纷。TRIPS 协议第 64 条规定,有关本协议内容的协商和纠纷解决适用关贸总协定第 22 条和 23 条的规定,各成员方根据关贸总协定第 22 条和 23 条内容所订立的关于解决纠纷的规则和程序的谅解备忘录也同样适用。引入世界贸易组织的争端解决机制,保证了各成员方在知识产权领域方面的执法能够有效受到国际监督,提高了知识产权的保护力度,加大了知识产权执法的公正性和客观性。

最后,TRIPS 协议的签订促进了知识产权保护的国际化进程。虽然在 TRIPS 协议之前也有众多的知识产权国际性条约协定,如《保护工业产权巴黎公约》《保护表演者、音像制品制作者和广播组织罗马公约》和《商标国际注册马德里协定》等,也具有统一的国际知识产权组织,但是由于其作用有限,各个国家在知识产权领域的立法上依然千差万别、良莠不齐,这就加大了世界范围内知识产权的保护难度。TRIPS 协议的签订则促使各个国家以 TRIPS 协定的规定作标准,建立健全本国的知识产权法律体系,以达到 TRIPS 协定规定的知识产权保护最低要求,加速了各国在知识产权的保护范围、力度和措施等多方面的统一,促进了知识产权保护的国际化进程。

第二节 国际技术贸易的方式

国际技术贸易作为国际贸易中重要的组成部分,在世界经济发展中起着举足轻重的作用。随着科学技术的发展和经济全球化的不断推进,国际技术贸易迅速发展成为国际贸易的重要方式。国际技术贸易主要采用许可贸易、技术咨询与服务、合作经营与合资经营、补偿贸易、国际工程承包和特许经营等多种方式。

一、许可贸易

(一)许可贸易的概念

许可贸易(Licensing Trade)是国际技术贸易中最为普遍的一种形式,也称许可证贸易,是指工业产权或专有技术的出让方将某项权利授予受让方,允许其按许可方拥有的技术制造、销售该技术项下的产品,并由受让方支付一定报酬的贸易方式。出让方所享有的工业产权或者专业技术不得侵犯第三人的合法权益。

其中,工业产权或专有技术的出让方称为许可方(licensor),受让方称为被许可方(Licensee)。许可贸易一般只转移技术的使用权、制造权或销售权等,所有权并不发生转移,因此,出让方在某些条件下仍可继续使用或者许可他人使用该项技术。

(二)许可贸易的方式

根据许可方授予被许可方的技术范围,许可贸易可以分为以下几种方式:

1. 独占许可。独占许可(Exclusive License)是指在合同规定的时间和地域范围内,技术被许可方排他的享有合同所规定的技术相关权利,在此地域及时间范围内许可方不得使用也不得许可第三人使用同被许可方相同的权利。独占许可中,被许可方获得的授权最大,支付的许可费和提成费也相当高。在第三人侵权的情况下,技术被许可方有权独立提起诉讼。

2. 排他许可。排他许可(Solo License)是指在合同规定的时间和地域范围内,被许可方和许可方同时拥有合同规定的技术使用权、销售权或制造权等,但许可方不得许可第三人在相同期限或缔约范围内使用与技术被许可方相同的权利。若发生第三人侵权,技术的许可方和被许可方均可提起诉讼。

3. 普通许可。普通许可(Simple License)是授权范围最小的一种方式,指在合同规定的期限和范围内,被许可方可按照合同规定享有技术的使用权、制造权、销售权或产品进口权等相关权利,同时许可方也可自己使用或许可第三人使用。一般而言,合同未特别指明是独占许可、排他许可或者其他特殊许可形式时,则视为普通许可。普通许可为技术许可方保留了较多的权利,因此许可费用较低。

4. 分许可。分许可(Sub-License)是指技术受让方可在合同规定的时间和地域范围内享有技术的使用权、销售权、制造权或产品进口权等相关权利,同时被许可方可以自己名义授权第三人使用。被许可方与第三人之间的许可称为分许可或子许可。

5. 交叉许可。交叉许可(Cross License)是指交易各方将各自拥有的技术提供给对方相互使用,合同双方对对方的技术权利享有使用权、制造权、销售权或产品进口权等相关权利,既可以是一种免费的技术使用方式,也可能是由一方支付技术差价。各方的许可权利可以是独占的,也可为非独占。

(三)许可贸易的种类

根据许可贸易的内容不同,许可贸易可以主要分为以下几种:

1. 专利许可。专利许可是指根据专利法以及相关法律的规定,通过签订专利许可合同,专利人将专利使用权、销售权、制造权或专利产品进口权等相关权利许可他人使用。订立专利许可合同应当采用书面形式,合同期限应当在专利有效期内。

2. 商标许可。商标许可也称商标使用许可,是指根据商标法以及相关法律的规定,通过签订商标许可合同,许可方将商标使用权转移给被许可方。经许可使用他人注册商标的,必须在使用该注册商标的商品上标明被许可人的名称和商品产地。

3. 专有技术许可。专有技术在国际上也称为商业秘密,专有技术许可是指专有技术所有人通过许可协议的方式,将专有技术相关权利转让给被许可方。专有技术所有人对该商业秘密采取严格的保密措施,不为公众所知,只有通过许可协议的方式才能为他人掌握。被许可方对该专有技术负有保密义务。

4. 混合许可。一项许可贸易可能只包含专利许可、商标许可和专有技术许可的一种,如单纯的专利许可,也可能包含以上两种或两种以上,此种许可称为混合许可,也称一揽子许可,即多种权利的综合许可。如在许可方允许被许可方使用其专利的同时,也许可对方使用与专利相关的商标。

二、技术咨询与服务

国际技术咨询与服务(Technical Consultation and Service)是指独立的专家、专家小组或者机构作为服务方受委托方要求,就某一技术课题跨越国境,向委托方提供解决技术难题的意见或方案,委托方支付报酬的国际技术贸易方式。具体而言,技术咨询涉及科学技术与经济、社会发展的软科学研究项目及专业性技术等项目;技术服务则主要包括维修服务、信息服务、安装调试服务、供应服务、检测服务、技术文献服务和培训服务7个方面。委托方可利用外部机构帮助解决技术难题,弥补自身内部技术力量的不足,加速发展自己。

三、合作生产

合作生产(Cooperate Production)又称协作生产,是指不同国家的企业中的一方提供有关生产技术或各方提供不同的生产技术,充分发挥合作各方的有利条件,共同从事某项技术的生产、制造或者销售的一种经济合作方式。合作生产中的一方或各方拥有某种特别技术,通过单方许可或者交叉许可的方式,实现国际技术的贸易。各方当事人的权利义务关系主要表现在交换技术、提供劳务和生产成果分配上。

四、补偿贸易

补偿贸易(Compensation Trade)既是一种贸易方式,也是利用外资的一种形式,是指贸易一方在提供信贷的基础上,不以现金支付进口设备、技术服务、原材料等费用,而以产品或者劳务偿付的贸易方式。按照偿付的标的不同,补偿贸易又可分为直接产品补偿、其他产品补偿和劳务补偿。一国兴建大型企业有时便会采用补偿贸易的方式。

与一般贸易方式相比,补偿贸易的持续时间较长,通常为10年至20年或者更长,多数情况下需要金融机构的直接或者间接参与。在补偿贸易中,信贷是补偿贸易必不可缺的前提,并且供应方应当承诺回购设备进口方所生产的产品或者提供的劳务。

五、国际工程承包

国际工程承包(International Contracting for Construction)是指一个国家的工程发包人委托国外的工程承包人按规定的条件完成某项工程任务,承包人负责工程管理、提供材料、组织项目的实施,按照合同要求完成项目建设,经验收合格后交付给发包方,由发包方支付报酬的贸易形式,委托通常采取协商、投标等方式。

承包的项目通常是大型建设项目,主要包括交通、能源、通信等基础设施,住宅房产、科研机构等土木工程,以资源为基地的工程和制造业工程等。在建设过程中承包商常使用最尖端的工艺和技术,采购先进设备,对操作人员进行技术培训,因此很多国家都希望通过国际工程承包来改善本国的基础设施,促进本国企业的技术进步。

六、特许经营

特许经营(Franchise)是近几十年迅速发展起来的一种新型商业技术转让方式,是指一国的特许经营权人以合同形式允许另一国的被特许者有偿使用其商标、商号、服务标志、专利、专有技术以及经营管理的方法或经验等,被特许者按合同规定,在特许经营权人统一的业务模式下从事活动。如美国麦当劳、肯德基快餐店在世界各地都有其被特许经营人,大到商号名称、服务标志,产品的制作方式,小至门面装潢、用具、职工工作服等都完全一样。按照特许权的形式、授权内容与方式的不同,特许经营可以分为生产特许、产品—商标特许和经营模式特许三种。

由于特许经营是将商号、服务标志和专利等全盘转让,特别是商号和服务标志直接关系到企业本身的声誉,因此特许方在进行转让时通常会较为严格地筛选被特许方,通过涉入被特许方的经营活动使得被特许方符合自身要求。特许经营的双方仅是买卖关系,被特许方不是特许方的子公司或者分公司,特许方也不对被特许方的盈亏承担责任,由被特许方独立经营、自负盈亏。

阅读小知识

麦当劳的特许经营历程

麦当劳的前身是1937年由麦当劳兄弟在洛杉矶东部的巴沙迪那小镇开办的一个名为麦当劳的汽车餐厅。麦当劳兄弟本着满足顾客需要的原则,花费大量资金对加工程序、管理模式和服务设备做了改进,吸引了大量顾客。1955年3月,雷·克罗克以270万美元的价格买下了麦当劳兄弟经营的7家麦当劳快餐连锁店以及店名的长期使用权,扩大了麦当劳特许经营的生涯。

麦当劳最初采用的是"甩手掌柜"式的特许经营模式,即只在开业之初指导被特许人店铺的装潢和外送服务的细节,以后便不再做任何的交流与指导。这种特许经营模式造成了危机,很多加盟企业自主改变了汉堡的口味,致使各麦当劳加盟店口味不一、标准各异,影响了麦当劳品牌的声誉。

麦当劳为了改变这一点,在芝加哥东北部开设了第一家"样板店",以顾客至上作为自己的黄金原则,建立了一套严格的质量服务体系——QSC&V体系,即质量(Quality)、服务(Service)、清洁(Clean)和价值(Value)。麦当劳借助此运营体系,制定了调味品、肉、蔬菜和制作工艺的统一标准,推出一个新的品种也有一套严格的程序。经过多年努力,麦当劳凭着其明确的经营理念、规范化管理、严格的监督制度和完备的培训等体系,取得了全世界令人瞩目的成绩。迄今为止,麦当劳在遍及全球近120个国家与地区拥有超过32 000家餐厅,[1]当之无愧地成为异域市场拓展和国际化经营的成功范例。

第三节 国际技术贸易合同

在国际技术贸易中,当事人的权利和义务是根据具体的合同条款来确定的,交易的开始和履行也是依靠执行合同条款进行的。因此技术贸易合同对于交易的顺利进行显得尤为重要。

一、国际技术贸易合同概述

(一)国际技术贸易合同的概念和特征

国际技术贸易合同是指不同国籍的当事人为实现工业产权和专有技术的有偿转让,所订立的规定当事人权利义务的法律文书。国际技术贸易合同主要有以下一些特征:

1. 要式性。由于国际技术贸易合同涉及的标的额较大、内容复杂,因此大部分国家都立法规定国际技术贸易合同为要式合同,需要通过书面等特定方式签订,合同才能成立。

2. 国际性。国际技术贸易合同的国际性主要体现在两个方面:一是合同主体的国际性。国际技术贸易合同是不同国家从事对外贸易经营活动的自然人、法人或者其他组织之间订立的贸易协议;二是合同内容的国际性,在技术的知识产权保护、法律救济、权利用尽等多个方面都涉及国际合作等问题。

3. 双务有偿。国际技术贸易合同是双务有偿合同。技术的转让方应当依照合同的规定给予技术受让方技术指导、人员培训、设备调试等;技术的受让方也应当根据合同条款的要求给付相应的转让费用、保守技术秘密等。

(二)国际技术贸易合同的种类

国际技术贸易合同的种类往往是和技术贸易的方式相对应的,一般分为国际技术许可合同、国际技术咨询与服务合同和国际工程承包合同等。

---

[1] 麦当劳中国网.顶尖的特许经营品牌[R/OL][2011-10-12].http://franchising.mcdonalds.com.cn/cn/index01.shtml.

1. 国际技术许可合同。国际技术许可合同是实践中最为常用的一种技术贸易方式,是指技术许可方将其知识产权或者专有技术允许被许可方有偿使用而签订的授权协议。根据许可的程度不同,又可以分为独占许可合同、排他许可合同、普通许可合同、分许可合同和交叉许可合同等类型。

2. 国际技术咨询与服务合同。国际技术咨询与服务合同也是国际上常采用的技术贸易合同之一,是指委托方就某一技术课题跨越国境,向受托方寻求解决技术难题的意见或方案,委托方支付报酬的协议。其内容、范围和形式较为广泛。

3. 国际工程承包合同。国际工程承包合同是指承包方按照发包方规定的时间、地点和质量等要求完成承包的工程建设项目,发包人向承包人支付报酬的合同。国际工程承包合同又可细分为总包合同、分包合同、联合承包合同和转包合同等。国际工程承包合同最早在19世纪中叶出现,经过一个世纪的发展,现亚太地区、欧美、北美市场集中了大部分的国际承包商。

二、国际技术贸易合同的一般条款

由于国际技术贸易合同涉及的标的较为复杂,内容也比较烦琐,合同条款是由双方当事人通过协商、谈判后形成的产物,因此不可能一一列举所有条款,仅能对技术贸易合同的主要条款做大致介绍。国际技术贸易合同的主要条款包含前言、定义、转让技术的范围和内容、技术价格和支付、技术资料的交付、技术的改进和发展、人员培训、技术保密、争端解决、不可抗力和其他条款等。根据性质不同,其可以分为三大类:商务条款、技术条款和法律条款。

(一)商务条款

商务条款偏重于国际商务的内容,一般依照国际贸易的习惯和国际惯例制定,主要包含前言、定义、技术价格、支付方式和收费等。

1. 前言。前言一般包括以下内容:①合同名称和编号。合同名称要确实反映合同内容、性质和特征,编号可用于识别合同的签约年份、企业所在地、技术行业分类等。[①] ②签约时间和地点。③当事人的法定名称、住址和联系方式。

2. 定义条款。由于国际技术贸易合同涉及两方或者两方以上不同国籍的当事人,各国的风俗习惯、惯例和法律规定不同,因此合同涉及的某些术语或名词的含义也可能不同。为了使合同内容更加清楚、避免纠纷,当事人常将与合同有关的重要词语、专业性术语、容易产生歧义的名词下定义。需要注意的是若同一词语在合同中多次出现,除非特别说明,含义应当一致。

3. 技术价格与支付。在此条款中应当明确价格数额和支付的方式。由于技术价格

---

①如合同编号10USBJY04CNTIC001,10表示签订年份,US表示进口或者出口国别地区,BJ表示进出口企业所在地,Y表示进出口合同标示(进口为Y,出口为E),04标示技术的行业分类等。

是个较为复杂的问题,因此在合同条款中应当明确规定价格的计算方式,除此之外还应当规定、支付期限、支付方式、支付银行以及支付货币的种类等。

4. 税费。由于技术贸易的所涉及的金额一般较大,因此需要承担的印花税、所得税等税费也是一笔不小的支出。为避免纠纷,在合同中提前明确税费的支付方式显得尤为重要。一般而言国际上通常采取以下原则承担税费:受让方与出让方国家之间有协定的,按协定的规定办理;没有协定的,在受让方境外征收的与执行合同有关的税费,由出让方承担;在受让方境内征收的税费由受让方承担,向出让方征收的所得税,由出让方承担,受让方在其支付的使用费中代为扣缴。[①]

(二)技术条款

技术条款是国际技术贸易合同的核心内容,主要包括合同的标的和范围、技术资料的交付、技术改进、产品验收和保密等内容。

1. 合同标的。这是整个合同最为重要的条款之一,是当事人权利和义务成立的基础。此条款主要规定有关技术的名称、规格、技术性能和指标、专利技术的批准时间、批准机关和有效期限等。

2. 合同范围。合同范围条款主要规定技术受让方使用技术的权限,如独占许可、排他许可等;明确技术受让方使用该技术的地理范围,即在哪些国家地区可使用,越过此地理界线便不得继续使用该技术;同时注明技术授权的时间范围,若转让的技术为专利,此范围应当在专利技术有效期间内。

3. 技术资料的交付。这项条款主要规定技术资料的内容,交付的地点、时间和方式,技术文件缺失的补救办法等。因技术资料的缺失而使得技术受让人无法使用该项技术,构成根本违约。

4. 技术改进。在技术贸易合同履行期间,技术转让方和受让方都可能对原有技术作出改进和完善,因此应当规定经过改进和完善的技术的所有权归属哪方,条款还应明确技术被改进以后,彼此有偿或无偿、双向或单向转让。

5. 产品验收。验收条款应当明确验收目的、产品型号、规格、数量、检验的工具和方法、验收标准、验收人员的组成以及验收费用的负担等内容。

6. 保密条款。在技术贸易合同中若涉及技术秘密或者商业秘密,技术受让方有义务保守秘密,并应当采取适当的保密措施,以防止该秘密被第三人知悉,从而维护技术提供方的权益,保持技术或者商业秘密的交换价值。同时,条款应当设定保密期限,以及违反保密条款应承担的责任。

(三)法律性条款

法律性条款直接规定当事人权利和义务,也是大多数国际贸易合同通用的条款。国际技术贸易中的法律性条款主要包含保证、不可抗力、争端解决、合同生效等。由于国际

---

① 张学慧.国际经济法教程[M].2版.北京:首都经济贸易大学出版社.2003:155-156.

技术贸易合同涉及的当事人属于不同国家,其法律规定不尽相同,在遵守各国法律的同时还要符合国际条约或公约,因此内容较为烦琐。

1. 保证条款。保证条款主要包含权利保证和技术保证两方面内容。权利保证是指技术出让方要保证其对所转让的技术享有合法权利,有权进行转让,在技术合同所规定的权限、地理、时间范围内不侵犯任何第三方的利益。若出现第三人对该技术主张权利时,由技术出让方承担责任。技术保障是指出让方要确保其出让的技术是安全可靠的,可以用于实际生产;确保受让方可根据出让方交付的技术资料运用该技术等。除此之外,双方当事人应当提供相应证明,以表明自身具有履约能力、具备良好的信誉。

2. 侵权条款。在国际技术贸易合同中,侵权条款主要包含两类。第一类是第三人侵权的情况。当第三人的行为侵犯了技术贸易合同的知识产权时,出让方应当依法追究其责任。如果合同双方对第三人的行为是否侵权存在争议,或者技术出让方怠于行使权利,受让方有权单独提起诉讼。

第二类是第三人指控技术受让方侵权。技术出让方应当保证对其出让的技术享有知识产权,在合同约定的限度和范围内不侵犯任何第三人的权利。但若由于合同技术转让本身侵犯第三者知识产权,出让方应当承担责任。双方可在合同中约定诉讼费用承担方式、补偿额度等。

3. 违约责任条款。违约责任条款也是技术贸易合同中较为重要的条款,当合同一方违反合同规定时,依照此条款承担责任。合同应当列举当出现不同情况时违约责任的承担方式。构成根本违约使得合同目的不能实现时,受让方可以解除合同并要求赔偿损失。

4. 不可抗力条款。不可抗力是指当事人不能避免、不能克服的客观情况。由于各国对不可抗力的内涵不同,因此在定义条款中通常也会对不可抗力下定义。根据一般国内法和国际公约,出现不可抗力致使当事人无法履行或者只能部分履行合同的,不承担责任。但当事人应当尽到及时通知的义务,并采取合理适当的措施避免损失扩大。

5. 法律适用条款。由于合同当事人分属不同国家地区,各国家地区的法律不同。我国合同法以及相关的国际公约都规定当事人可以选择合同适用的法律,但不得违反社会公共利益。

6. 争议解决条款。争议的解决方式主要包含协商、仲裁和诉讼三种方式。协商为合同当事人达成合意解决争议,此种方式成本较低,也有利于双方当事人加强合作。仲裁一裁终局,因此比较快捷,降低了时间成本;且仲裁员专业性较强,能够为当事人提供各种专业服务;同时仲裁采取不公开审理方式,有利于维护双方当事人技术或商业秘密。诉讼方式所需时间较长,成本较高,在国际技术贸易合同中不常采用。

7. 合同生效条款。合同生效条款主要包含生效时间和生效要件。一般而言合同自双方当事人授权代表签字盖章时生效,需要有关机关批准的,自批准之日起生效。

合同末尾要注明时间、附件份数、合同份数等。

阅读小知识

成套设备技术引进合同（有部分删减）

受让方（甲方）_____　　　转让方（乙方）_____
地址：_____　　　　　　　地址：_____
电话：_____　　　　　　　电话：_____
法定代表人：_____　　　　法定代表人：_____
职务：_____　　　　　　　职务：_____

鉴于公司和买方就本协议达成一致意见，特此订立以下条款：

第1条　定义

本协议各术语的定义如下：

"专有软件"

专有软件是指程序，储存在磁带、磁盘中的信息文件或可从计算机上得到或以其他形式存在的材料中的为公司所专有的一切程序或资料。

"技术规格"

技术规格是指本协议附表A。

第2条　销售主体事项

公司愿意向买方出售，买方愿意向公司购买设备及其附属项目。

设备及其附属项目须符合本协议和技术规格要求。

设备性能必须符合____所规定的性能，达到技术规格和规定数据的标准，并提交全部适用的、必要的图纸、数据和其他技术资料。

公司应于____（日期）之前准备且提交给买方验收手册草案副本3份。审议和批准验收手册的日程载于附表B。

本协议正文规定如与附表规定相抵触，以本协议正文规定为准。验收手册若与技术规格或规定资料相悖，则以技术规格和规定资料为准。

第3条　价格

设备及附属项目购买费加上预付的运往买方的"一切险"运输保险金，总价为：____。

第4条　支付

本协议所规定或涉及的所有款额均为____（某国）法定货币，买方支付公司的所有款项都必须使用____法定货币，公司书面另行通知买方的除外。

买方同意向公司支付买价，总金额为_____。

收到公司的各种发票后，买方必须即刻付给公司业已到期应付的所有款项，包括各种税收费用在内，不得有例外。

第5条　交货与验收

公司至少应在供货前二十八(28)天将初步验收的日期用书面形式通知买方公司,且至少应在七(7)天前书面通知买方验收的确切日期。买方须在上述设备验收日期之后连续____周内,每周为五(5)个工作日,共计____个工作日,完成验收手册所规定的各项检测。

第6条 所有权和损失的风险

公司保留对设备及其附件的所有权,直到总买价全部付清为止。尽管如此,该设备及其可交付的附件的损失风险从设备及其可交付附件在公司工厂交货时已转让给买方(根据《国际商会国际贸易术语解释通则》1980年版)。

第7条 可谅解的延迟

如部分或全部因下列原因而致使任何义务没有或延迟履行,公司不承担任何违约责任:天灾、公敌行为、战争、民变、叛乱、暴动、禁运、火灾、爆炸、地震、雷击、洪水或其他重大事件、其他重大灾难、政府或其他合法当局的法律、法规、命令或规定、运输延误或故障、因买方或罢工或其他劳动争议造成的延误、因物资、材料、附件或设备短缺或供货延误,或其他任何公司无法实际控制的原因。如因此而没有或延误履行协议,公司可以决定延长其执行本协议规定义务的时间,但延长期不得超过事故或其后果的持续期。但公司应尽一切努力减小可谅解延迟所造成的影响。

第8条 税收

除第3条所提及的总买价外,买方须向公司支付所有的出口经纪人佣金以及销售、消费、营业、使用、货物等税或类似的由____地任何税务部门根据现行法律或今后制定的法律,不论其是现在或今后生效的,对公司征收的与本协议有关的税收。

第9条 免责保护

在本协议执行期间,无论如何,买方和公司均应使各自的雇员保持稳定。各方仅对自己的雇员实行工人恤养和职工责任保险。

第10条 担保

按本条款规定,公司保证不会因设备材料和工艺方面的缺陷,以及设计不完善而导致设备达不到技术规格要求。

就完全按公司设计详图制造的设备部件,在正常使用情况下,从签署现场验收合格证之日起,如在两(2)年之内出现故障,公司只负责在公司的工厂进行调换,或视情况进行修理。

第11条 责任范围

任何情况下,公司均不对任何种类或性的间接或意外损失承担责任,包括且不限于因设备或其他任何财产的短缺或使用而导致或发生的任何损失、费用或损害,不论其为何种性质或种类,也不论是何原因。

第12条 出版物

未经公司书面同意,买方不得复制按本协议规定或为促成本协议而得到的任何出版物、文件、手册或资料,买方也不得使用或公开任何为其所有的此类出版物、文件、手册或

资料及其任何副本或复制本,也不得将其内容泄露给任何其他个人、商号或公司,除非:

(i) 为使买方能操作和维护本设备;或

(ii) 给设备的其他买主、承租人或受让人,但此种买主、承租人或受让人必须与买方一样按本条款的限制性规定保存和使用此类出版物、文件、手册和资料;并必须签署一书面协议以取得公司赞同。

第13条 合同的保密

双方当事人、其雇员、代理人、代表或顾问应视本协议及其任何补充协议和所有条款和条件为机密,无论何时,不经另一方同意,均不得将其或其中任何一部分向任何人或团体公开,法律作有规定的除外。

第14条 转让

本协议对协议双方当事人、其各自的继承人和受让人的利益,且对双方当事人、其继承人和受让人均具有约束力,未经一方当事人预先书面同意,另一方不得擅自全部或部分转让本协议、其所规定的双方当事人各自的任何权利或义务,如公司的权益必须转让给继承其全部财产的其他公司时应当例外,且公司还可转让其协议所规定的任何固定或偶然的收款权,也可以转让收取买方按本协议规定为支付任何此种款项而交付的任何押金的利益。

第15条 履行权不得放弃

不论何方在何时未执行本协议的任何规定,或未要求另一方履行合同的任何规定,都不得解释为放弃这些规定,也不得影响本协议或其任何部分的效力,以及上述一方此后执行任何和全部此种规定的权利。

第16条 仲裁

因本协议产生或与本协议有关的任何争议必须提交由一名公司代表与一名买方代表组成的委员会讨论解决。讨论期间,公司必须继续努力履行本协议的条款。如在提交委员会后十五(15)天内未获解决,则按国际商会的仲裁调解规则,由该规则指定的一名仲裁员最终裁决。此种仲裁将在____地举行,仲裁必须使用英语。仲裁裁决为最终裁决,对协议双方均有约束力。仲裁员有权裁定由协议双方或一方承担所有仲裁费用并确定其金额。

如违反或指控违反本协议的时间超过一(1)年,则不得将争议按协议规定提交仲裁,双方也不得对对方提起任何诉讼。

第17条 适用的法律

本协议的执行与解释以美国《加利福尼亚州公司法法典》为准。

协议双方对协议之首所述之日正式签署以下各项规定,特此为证。

甲方代表签字:_____

乙方代表签字:_____

年　月　日

第四节 国际技术贸易的支付

在国际技术贸易中,技术的价格是最重要也是最敏感的问题之一,转让价格的高低在一定程度上决定着国际技术贸易转让的成败。

一、技术价格概述

(一)技术价格的概念

技术价格通常是指技术的转让方与受让方协议达成的技术的货币对价。① 对于转让方而言技术价格是一项对于提供技术的资本回收,对受让方而言则是引进一项技术所支付的成本。

(二)技术价格的特点

技术作为一种特殊的商品,其价格特征和商品价格特征有相似之处,其形成和运动都受到客观经济规律的支配。但由于技术的无形性、新颖性等特点,与商品价格又有显著的差异。

1. 确定价格的基础不同。一般而言,商品价格的确定主要根据该商品的社会或行业的平均成本加利润来确定,符合市场供需关系。技术是一种无形商品,其价格则通常是根据该技术所能带来的市场经济效益大小而定,再加上技术开发费用等。即使技术研制成本高,但若使用该技术所产生的经济效益不大,则技术价格也可能偏低。

2. 价格的构成不同。一般商品的价格由生产成本、物流费用、增值税等税金以及利润四部分组成。正常情况而言,成本在价格中所占比例较大,利润所占比例较小。技术价格的构成比较复杂,主要包括技术开发费用、技术服务费用、项目设计费用、技术培训费用、税金和技术出让方的预期利润等,而利润在技术价格中所占比例较大。

3. 价格的表现形式不同。一般有形商品的价格通常由买卖双方约定一个固定的金额,即使发生通货膨胀(紧缩)或劳动力价格变动等情况,其价格也是在此固定金额上进行调整,因此商品价格相对稳定。而技术价格则通常采取浮动计价的方式,比如按比例提成、混合付款等方式。

二、技术价格的构成

技术价格的构成主要包括以下几个方面:

(一)技术研制费用

技术研制费用是指技术转让方为研发该项技术所支出的费用,主要包括材料费用、设备费用、科研人员工资和津贴福利、对外协作费用、专家咨询费用、折旧费用、技术鉴定

---

① 张学慧. 国际经济法教程[M]. 2版. 北京:首都经济贸易大学出版社,2003:158.

费用和差旅费等。

(二)技术转让直接成本

技术转让直接成本是指在技术转让过程中,技术转让方向技术受让方提供的有关技术资料以及项目联络所花的费用,主要包括技术资料费(设计资料、图纸、说明书、操作手册和维修手册等)、技术交易费(差旅食宿费用、考察成本费用以及公证费等)。

(三)技术服务费用

技术服务费是指为了合同目的的实现,技术转让方向技术受让方提供技术指导、培训等所产生的费用,主要包括技术指导服务费(技术转让方派遣人员的差旅费、工资、津贴、医疗和保险等费用)、技术培训费用和项目设计费用(设备安装调试费用、设计工艺流程费用等)。

(四)机会成本

若卖方在转让技术的同时自身也利用技术生产产品进行销售,则技术转让可能使得卖方失去在某段时间某个地区的部分或者全部销售机会,卖方利润降低,因此转让方可能要求受让方提供一定补偿。而若技术转让方只开发技术不生产产品,则机会成本可能为零。

(五)利润和新增利润

利润是技术转让方在扣除研制成本、技术服务费用和税金后预期得到的盈利额,主要是根据技术可能带来的经济效益来确定。由于技术价格的给付方式不同,因此利润可以是一次性的,也可以是多次利润的总和。而一项新的技术也会给技术受让方带来新增利润,主要包括降低生产成本、提高生产效益、增强产品质量、扩大销售规模等。这些新增利润也会被技术转让方考虑在内,一并加入价格之中。

(六)税金

技术作为商品,在转让时转让方应当依照法律规定向税务部门缴纳一定比例的税金,如关税、增值税、印花税和所得税等。较为常见的是所得税,所得税是按照技术转让的价格扣除全部的成本费用(包括上文提到的技术研制费用、技术转让直接成本等)后,按照各国家法律规定的税率所缴纳的费用。

三、技术价格的支付方式

目前国际上通行的技术价格支付方式主要包括以下三种。

(一)总付

总付(Lump-Sum Payment)是指技术受让方与技术转让方按照合同规定,一次性确定技术价格的固定金额。总付的方式又分为一次总算一次付清和一次总算分期付清两种方式。总付的特点是,支付的技术价格一旦确定,无论后期技术受让方收益多少,技术的应用成功与否,转让方都不得再进一步分享受让方的经济利润。在此种支付方式下,受让方的资金压力增大,独自承担市场、汇率和生产的全部风险;并且转让方缺乏技术改进的积极性,在获得全部价款后有可能不认真履行合同,导致受让方很难顺利地运用技术,阻碍技术转化为实际生产力,降低了受让方的盈利。由于总付的方式对技术受让方而言弊大于利,因此许多国家通过立法加以限制。

(二)提成支付

提成是以受让方使用技术后所获得的收益作为函数,予以确定,按期连续支付技术使用费用的方式,包括按产品价格提成、按新增利润提成、按新增销售额提成等。提成支付(Royalty)的特点是双方只规定提成的比例和基础,只有技术受让方获得相应收益时才按期支付给技术转让方。一般而言,提成的年限应当短于合同期,且提成率通常情况下不得超过净销售价①的5%。国际上常用的提成方法包括固定提成、最高提成、最低提成以及滑动提成三种。提成方式对技术受让方而言,风险较小。

(三)入门费与提成费结合的方式

入门费是技术贸易合同生效后、正式投产前,技术受让方付给技术转让方的一笔费用。这笔费用主要用于表明技术受让方履行合同的决心,补偿技术转让方实施技术转让前所必须支付的费用等。待技术投产后技术受让方再根据收益利润,按照约定的提成比例和提成基础予以付费。采取此种方式技术转让方可尽快收回技术转让的直接费用。

案例

香港润德公司诉中建一局集团第二建筑有限公司等技术服务贸易合同纠纷案②

【案情】2001年6月被告中建一局二建公司作为甲方与原告香港润德公司签订《技术咨询服务协议》。协议约定,由原告就南京弓箭玻璃器皿厂工程提供技术服务,被告按照施工合同总价6%向原告支付技术咨询服务费。协议签订后,被告的上级单位中建一局公司以其南京分公司的名义任命吕建京为项目负责人。此后中建一局又与弓箭玻璃器皿(南京)有限公司先后签订《项目总承包协议》和《建设工程施工合同》。后因被告未支付原告技术咨询服务费用,遂将其告上法定,要求判令被告支付原告技术咨询服务费用7 414 200元以及利息3 012 760.15元,并承担案件诉讼费用。

【问题】原告香港润德公司请求被告中建一局集团有限公司承担技术咨询服务费以及其利息是否具有法律依据?

【评析】此案件是由于技术咨询服务费用的支付而引起的纠纷。北京市第二中级人民法院认为,由于原告香港润德公司与被告中建一局集团有限公司并无合同关系,因此

---

① 净销售价是指产品的总销售价减去与应用技术无关的费用而得出的价格。与应用技术无关的费用主要包括包装费、保管费、运输费、各种商业折扣及退货、设备安装费、广告宣传费、为维持专利或商标而支付的费用和其他流通费用等。

② 北京法院网. 中华人民共和国北京市第二中级人民法院(2008)二中民初字第09019号[R/OL]. (2008-06-12)[2011-08-24]. http://bjgy.chinacourt.org/cpws/more.php? cat2_id=0&foreign=1.

对于原告要求中建一局支付技术咨询服务费用及其利息的诉讼请求法院不予支持。被告中建一局二建公司有独立的法律人格,且与原告香港润德公司有合同关系,因此应当根据合同规定向原告支付技术咨询服务费用。

复习思考题

1. 国际技术贸易的特征是什么?
2. 国际技术贸易与国际货物贸易的区别是什么?
3. 国际技术贸易的方式主要包括哪些?
4. 技术价格与商品价格的区别有哪些?
5. 技术价格的支付方式有哪些?

阅读书目

1. 林康.国际贸易[M].北京:对外经济贸易大学出版社,2004.
2. 张学慧.国际经济法教程[M].北京:首都经济贸易大学出版社,2003.
3. 林奇华.国际技术贸易[M].北京:对外经济贸易大学出版社,2011.

第七章 国际服务贸易制度

> **学习目标与要求**
>
> 20世纪70年代以来,国际服务贸易作为一种新型贸易方式迅速发展,规模不断扩大。本章主要介绍国际服务贸易相关内容,包括服务贸易的概念、基本法律框架、普遍原则和义务以及具体承诺。要求掌握服务贸易的形式和法律制度,了解进行国际服务贸易的原则以及具体承诺的内容。

第一节 服务贸易基本法律框架

一、服务贸易概述

1. 服务与服务业。在《辞海》的定义中,服务亦称"劳务",是不以实物形式而以提供活劳动的方式满足他人某种需要的活动。在经济学中服务一般是指以非实物的形式来满足他人(自然人、法人或其他组织)的某种需要,并取得相应报酬的商业行为。服务业是指生产或销售服务商品的经济部门和企业的集合。随着社会生产力的发展,服务业在国民经济中的地位日益重要,在发达国家GDP中所占比重不断提高,成为最重要的产业部门之一。

2. 服务贸易概述。服务贸易是指一国与另一国之间的服务交换行为,有广义与狭义之分。狭义的服务贸易是一种有形的劳务服务,指一国以提供直接服务活动形式满足另一国某种需要以获取报酬的活动。广义的服务贸易既包括有形劳动,也包括服务提供者与使用者没有直接接触而交易的无形活动。我们所知的国际服务贸易一般是广义上的概念。

由于服务贸易本身的复杂性以及各国服务贸易内容和竞争力的不同,关于服务贸易的定义各国学者都有不同的阐述和解释,国际上也没有统一的标准定义。基于此乌拉圭回合谈判达成的《服务贸易总协定》(*General Agreement on Trade in Services*, GATS)第1条对服务贸易的概念和范围以列举的方式作了相应阐释。GATS协定规定,服务贸易主要有四种方式。

(1)跨境服务。跨境服务(Cross-border Supply)即从一成员方境内向任何其他成员方境内提供服务,如国际电信服务、国际咨询服务和国际视听服务等。此种服务的特点是服务的提供者和消费者处在不同国家,服务的提供没有人员和物资等实体的流动,主要依赖现代先进的科学技术来完成,是国际服务贸易的基本形式。

(2)跨境消费。跨境消费(Consumption Abroad)是指在一成员方境内向任何其他成员方的服务消费者提供服务,如病人到国外就医、旅行者到国外旅游、学生到国外留学等。此种服务主要是通过消费者的跨境移动到其他成员方境内接受服务来实现的。

(3)商业存在。商业存在(Commercial Presence)是指以提供服务为目的,在某一成员方领土内的任何形式的商业或职业存在,包括通过合并、收购等方式创办的公司、子公司、分公司、合资企业、合作企业、代表处或其他。

(4)自然人流动。自然人流动(Movement of Natural Persons)即一成员方的服务提供者在任何其他成员方境内以自然人的存在提供服务,如教授到国外讲学、跨国境的劳动力输出等。此类服务的特点是服务提供者在外国境内向在该成员方境内的消费者提供服务。

3. 服务贸易的分类。GATS成员必须以服务部门的分类来做出具体承诺,因此按照部门划分服务贸易类别非常重要。在国际上服务贸易有多种分类方法,如国际货币基金组织修订的《国际收支手册1995》将服务贸易分为11部门,联合国标准贸易分类按知识含量把服务贸易分为46项。最重要的是由世界贸易组织统计和信息系统局提供,并经世界贸易组织服务贸易理事会评审认可的国际服务贸易分类表,该分类方法于1995年7月17日公布,具有权威性和操作性。该表将国际服务贸易归为11大部门共142个项目。

(1)商业服务。商业服务又可以分为6个种类:①专业服务,其中包括审计和簿记服务、法律服务、会计以及税收服务等11项;②计算机及其有关服务,包括与计算机硬件装配有关的咨询服务和数据处理服务等5项;③研究与开发服务,包括自然科学、社会科学与人文科学、交叉科学的研究与开发服务3项;④房地产服务,包括与船舶有关、与收音机有关等5项;⑤其他商业服务,包括广告服务、管理咨询服务和技术测验与分析服务等16项。

(2)通信服务。通信是指人、进程、地点或机器之间通过某种媒介或者行为进行的信息的交流和传递。通信服务又可以分为5个种类,包括:邮政服务、快件服务、电信服务、视听服务以及其他服务。

(3)建筑及有关工程服务。建筑及有关工程服务共包括5个种类:建筑物的一般建筑工作、民用工程的一般建筑工作、安装与装配工作、建筑物的完善与装饰工作和其他。

(4)销售服务。销售服务包括代理机构的服务、批发贸易服务、零售服务、特约代理服务和其他。

(5)教育服务。教育服务又可分为初等教育、中等教育、高等教育、成人教育和其他教育共5项。

(6)环境服务。环境服务包括污水处理服务、废物处理服务、卫生及其相关服务和其他环境服务。

(7)金融服务。金融服务可以分为3个种类:所有保险及与保险有关的服务,其中包含非生命保险服务等4项;银行及其他(金融)服务(保险除外),包括金融租赁等12项;其他金融服务。

(8)健康与社会服务。健康与社会服务包括医院服务、社会服务、其他人类健康服务和其他健康与社会服务。

(9)与旅游有关的服务。此类服务包括导游服务、宾馆与饭店(包括供应饭菜)、旅行社及旅游经纪人服务社和其他与旅游有关的服务。

(10)娱乐、文化与体育服务。此类服务包括娱乐服务(包括剧场、乐队与杂技表演等)和新闻机构服务等4项。

(11)运输服务。运输服务包括9个种类:①海运服务,包括客运等6项;②内河航运,包括客运等6项;③空运服务,包括包机出租等5项;④空间运输;⑤铁路运输,包括铁路运输设备的维修等5项;⑥公路运输服务,包括包车出租等5项;⑦管道运输,包括燃料运输、其他物资运输;⑧所有运输方式的辅助性服务,包括货物处理服务等3项;⑨其他运输服务。

二、服务贸易多边谈判和《服务贸易总协定》的签署

各国在关贸总协定的乌拉圭回合上达成的《服务贸易总协定》,是迄今第一个调整国际服务贸易、具有法律效力的多边贸易规则,其实施对世界各国服务贸易发展产生了深远影响。

在乌拉圭回合协议达成之前,各国已密切关注服务贸易问题。随着国际服务贸易迅速发展,全球服务贸易进出口总额增速加快,贸易总额在各国GDP中的比重增加,在国际服务贸易中占据优势地位的发达国家主张实行服务贸易的自由化。

美国在1982年蒙特利尔部长级会议上提出新一轮多边谈判应当包括服务贸易,要求削减服务贸易的非关税壁垒,但是遭到发展中国家的强烈反对;后在1984年GATT大会上成立服务贸易谈判工作组。在东京回合上,美国也提出就服务贸易进行谈判,虽未形成统一专门的服务贸易的法律,但在海关估价和政府采购协议中已对某些服务部门作了规范。

1986年9月在乌拉圭埃斯特角城举行的部长会议,正式宣布开始新一轮多边贸易谈判(即乌拉圭回合谈判)。在此谈判中各国就服务贸易进行了艰难的谈判和磋商,共经历了四个阶段。

第一阶段从1986年10月27日正式开始到1988年12月中期审议前为止。在此期间确认了服务贸易是此次三大新议题之一,"部长宣言"制定了要形成处理服务贸易的多边原则和规则的目标,采取"双轨制"(即服务贸易和货物贸易分别谈判),设立了货物谈判委员会和服务谈判委员会。

第二阶段为中期审议起至1990年6月。在此期间,各国将谈判重点集中在国民待遇、最惠国待遇等原则在服务部门的运用方面,进入以通信、建筑等为谈判内容的"部门

测试"阶段。在多边框架协议的形式上,总协定采取了"肯定式清单"列举方式,对发展中国家作出了很多保留和例外。

第三阶段从1990年7月至1993年12月乌拉圭回合谈判结束。这一期间服务贸易谈判在有关协定框架和各部门的谈判方面展开,拟定《服务贸易总协定多边框架协议草案》,并最终达成《服务与贸易总协定》。

第四阶段是《服务贸易总协定》的签署阶段。1994年4月在摩洛哥马拉喀什,各谈判参加方正式签署了《服务贸易总协定》,于1995年1月生效。至此长达8年的乌拉圭回合谈判终于结束。

《服务贸易总协定》作为多边贸易体制下规范国际服务贸易的框架性法律文件,使得多边贸易体制在单一领域实现了重大突破,对国际经济一体化的发展具有重大意义,它的出现是服务贸易自由化进程中的一个里程碑。

三、《服务贸易总协定》的基本框架

《服务贸易总协定》最后文本由序言、范围和定义、具体承诺和一般纪律与义务等共29条组成。前28条为适用于所有成员的基本义务的框架协定,规定了范围和定义、一般义务和纪律以及具体承诺等,第29条为8个附件,主要涉及各国服务部门的特定问题和服务提供方式。

(一)序言

序言部分说明了缔结《服务贸易总协定》的基本宗旨、目的和总原则,主要包括以下几点内容:

1. 希望建立一个服务贸易原则和规则的多边框架,以期在透明度和逐步自由化条件下扩大服务贸易,促进贸易各方和发展中国家经济增长和社会发展。

2. 在尊重各国政策目标的前提下,通过连续不断的多边谈判,促使各成员方在互利基础上获益;并保证权利和义务的全面平衡,促进服务贸易自由化的早日实现。

3. 成员方为了符合国内政策的目标,有权对其领土内提供的服务制定和施行新法规,同时考虑到不同国家发展程度不一,发展中国家可根据其需要实施该权利。

4. 促进发展中国家更多地参与和扩大服务贸易出口,特别是增强其国内服务的能力、效率和竞争力。

5. 制定本协议应考虑到最不发达国家特殊的经济状况及其贸易、发展和财政上的严重困难。

(二)范围与定义

《服务贸易总协定》第1条的规定,《服务贸易总协定》适用于成员方制定和实施的影响服务贸易的各种措施,并以列举的方式给出了服务贸易的定义,协定第1条规定了四种方式的国际服务贸易,包括过境服务、跨境消费、商业存在和自然人流动。对"成员的措施"、"服务"以及"在行使政府权限时提供的服务"给予了限制和范围。

(三) 一般义务和纪律

这一部分是协定的核心,包括第 2 条到第 15 条,规定了成员方必须遵守的普遍义务与原则。它包括最惠国待遇、透明度、发展中国家的更多参与、经济一体化、国内规定、承认、垄断及专营服务提供者、商业惯例、紧急保障措施、支付和转移、保障收支平衡的限制、政府采购、一般例外与安全例外、补贴共 14 条。这些原则是《服务贸易总协定》赖以存在的基础和支柱,各成员方一旦签约就必须普遍遵守。

(四) 具体承诺

本部分包括第 16 条到第 18 条,规定了市场准入、国民待遇和附加承诺等内容。市场准入是指各成员方应给予其他成员方的服务和服务提供者以不低于其在承诺表上所同意和明确的规定、限制和条件。国民待遇是指每个成员方在所有影响服务提供的措施方面,给予其他任何成员方的服务和服务提供者的待遇不得低于其给予本国相同服务和服务提供者的待遇。市场准入和国民待遇不作为各成员必须遵守的普遍义务。各国的具体承诺表应附在服务贸易总协定后,作为本协定的整体组成部分。

(五) 逐步自由化

第四部分为"逐步自由化",包括第 19 条到第 21 条,就进一步扩大服务贸易自由化的谈判原则、适用范围、具体承诺表以及承诺表的修改作出了规定。协议要求各成员方在本协定生效之日起 5 年内开始多边谈判,并在此后持续、定期地进行谈判,每轮谈判都应当逐步提高服务贸易的自由化水平。

(六) 制度条款

"制度条款"包括第 22 条到第 26 条,要求组建服务贸易理事会作为《服务贸易总协定》的争端解决机构,规定了争端解决机制、技术合作以及与其他国际组织之间的关系等内容。

(七) 最后条款

第六部分为"最后条款",包括第 27 条至第 29 条,规定了成员方可对协定利益予以否定的情况,并对《服务贸易总协定》所涉及的"措施"、"一项服务的供给"、"另一成员方的自然人"以及"商业存在"等有关概念作了进一步的定义。

(八) 涉及各国服务部门的特定问题和服务提供方式的附件

《服务贸易总协定》有 8 个附件,包括关于第 2 条(最惠国待遇)豁免的附件、关于根据本协定项下提供服务的自然人流动附件、关于航空运输服务的附件、关于金融服务的附件一、关于金融服务的附件二、关于海运服务谈判的附件、关于电信服务的附件和关于基础电信服务谈判的附件。

1. 关于第 2 条豁免的附件。GATS《关于第 2 条豁免的附件》即最惠国待遇豁免的附件,主要规定一成员方在本协定生效时豁免其在 GATS 协定中第 2 条第 1 款项下义务的条件。原则上,此类豁免不应超过 10 年。

2. 关于本协定项下提供服务的自然人流动附件。此附件在服务提供方面,主要为方便涉及自然人流动的服务,如律师出国办案、现场调研、专家出国会诊等,这些服务通常需要自然人进入服务消费者所在的境内,因此该附件规定各成员方可就此事项进行谈判,以便利自然人在他国境内短暂停留提供服务。同时,附件特别指出,本附件不适用于进入其他成员方寻求就业的自然人,也不适用于各国有关公民身份、永久居住和永久就业的措施。

3. 关于航空运输服务的附件。航空运输附件主要使用于影响定期或者不定期的航空运输服务贸易及附属服务的措施,包括涉及航空器的修理和保养服务、航空运输服务的销售和营销、计算机预订系统服务的措施。服务贸易理事会定期且至少每5年一次审议航空部门的发展情况以及本附件的运用情况。

4. 关于金融服务的附件一。本附件主要适用于影响金融服务提供的措施。金融服务主要包括:①保险及其相关服务。其中包括直接保险(包含共同保险)、再保险和分保险、保险中介(如经纪和代理)和保险附属服务。②保险以外的银行业务和其他金融业务。如接受公众存款和其他应偿还基金、所有类型的贷款(包括消费信贷、抵押信贷、商业交易的代理和融资)、财务租赁、担保和承诺等。

5. 关于金融服务的附件二。该附件规定,尽管有本协定第2条和《关于第2条豁免的附件》第1款与第2款的规定,但是一成员方仍可在《WTO协定》生效满4个月后的60天内,将与本协定第2条第1款不一致的有关金融服务的措施列入本附件。

6. 关于海运服务谈判的附件。根据该附件的规定,只有在根据《关于海运服务谈判的部长决定》规定的实施日期前(即部长决议授权谈判的结果实施之前),本部门的最惠国待遇的豁免才能生效;如未能谈判成功,则在海运服务谈判组最终报告之日,本部门的最惠国待遇豁免才能生效。在谈判结束之日其至实施日前,一成员方仍可修改或撤销在本部门的全部或者部分具体承诺而无须提供补偿。

7. 关于电信服务的附件。基于电信服务部门的特殊性,它既是经济活动的独特部门,同时也是其他经济活动的基本传输手段,各成员制定了本附件。本附件适用于一成员国涉及进入或使用公共电信传输网络和服务的所有措施,但涉及电台、电视节目的电缆或广播播送的措施例外。同时本附件对"电信"、"公共电信传输服务"、"公共电信传输网络"以及"公司内部通信"做了定义。

8. 关于基础电信服务谈判的附件。根据该附件的规定,本部门的最惠国待遇豁免只在以下两种日期方可生效:①根据《关于基础电信谈判的部长决定》规定的实施日期前(即部长决议授权谈判的结果实施之前);②如未能谈判成功,则在基础电信谈判组最终报告之日。

除了《服务贸易总协定》,乌拉圭回合一揽子协议中与服务贸易有关的文件还包括部长会议决定与谅解,如机构安排决定、争端解决程序决定、自然人流动和海运的谈判决定等9项,这些决定和谅解对一些暂时性、技术性的实行程序做了规定,表明了各国通过定期的谈判使服务贸易逐步提高自由化程度的决心。谈判组还提出了《服务贸易总协定》尚未包括的关于补贴、政府采购和保障措施的规则问题,以及为外国服务提供者在另一国市场经营时需要满足的条件而制定规则等其他几个今后要磋商谈判的问题。

《服务贸易总协定》是贸易自由化和贸易保护主义长期斗争与妥协的结果。GATS 协定是第一个世界服务贸易协议,是代表性最广泛、具有针对性的服务贸易多边协定,所有 WTO 成员都自动成为 GATS 协定的成员方,包括发达国家、发展中国家和最不发达国家。协定的产生顺应了各国经济发展的时代潮流,为服务贸易的逐步自由化提供了推动力和体制上的安排与保障,在服务贸易自由化的基础上引入竞争,也可以促进本国服务业的发展。但 GATS 协定仍然存在着许多的不足与缺陷,比如市场准入和国民待遇原则并不具有普遍约束力而易引发争端,适用范围的模糊不清等问题,需要更多的谈判和时间来进行补充和完善。

第二节 服务贸易的普遍义务和原则

基本原则在法律体系中具有最高效力,体现法律体系的价值取向,对具体规划具有指导意义,是该法律体系的基础。《服务贸易总协定》第二部分"一般义务与纪律"共 15 条(其中第 3 条、第 5 条和第 14 条各包括 1 个附条),规定了各成员必须遵守的义务和纪律,贯穿于整个 WTO 服务贸易的相关法律、决定和谅解中。

一、最惠国待遇原则

最惠国待遇原则(Most-Favoured-Nation Treatment)不仅是关贸总协定对货物贸易所确立的首要原则,也是服务贸易的基本原则。《服务贸易总协定》第 2 条第 1 款规定:"每一成员方给予任何其他成员方的服务或服务提供者的待遇,应立即无条件地以不低于前述待遇给予其他任何成员方相同的服务或服务提供者。"在 WTO 的体制下,该原则具有无条件性、无歧视性和自动性的特点。为了获得广泛接受,协定也规定了最惠国待遇的例外,主要有四个方面:

(1)已经列入第二条豁免附件的措施。协定第 2 条第 2 款规定,一成员方可以维持不一致的措施,只要该措施已经列入第 2 条豁免附件并符合该附件的条件。根据《关于第二条豁免的附件》规定,可免除的义务应是经过谈判而达成的协议,且此种免除一般不得超过 10 年,每 5 年由服务贸易理事会负责进行复审,并且在任何情况下必须纳入将来的贸易自由化回合的谈判。

(2)边境贸易的例外。最惠国待遇并不适用于成员方与毗邻国家为方便边境服务交换而彼此提供的优惠和权利。此项例外不需要成员方申请而自动有效。毗邻国家之间基于历史、文化、风俗以及地理优势等理由,必然会存在一些其他国家所不能比的联系。

(3)经济一体化组织的例外。根据 GATS 协定经济一体化条款的规定,经济一体化组织内部成员方彼此给予的优惠待遇可以作为最惠国待遇的例外。一体化组织内部的成员之间的优惠是谈判的结果,《服务贸易总协定》对此并不反对。

(4)政府采购的例外。政府采购是指一国政府机构不为商业倾销或商业目的提供服务而进行的采购。GATS协定规定政府采购不适用最惠国待遇原则。

最惠国待遇原则的基本点是要求在GATS协定成员方间进行贸易时彼此不得实施歧视待遇,各成员方一律平等,只要进出口的服务是相同的,则应一视同仁不附带任何条件。由于各部门有谈判压力,可能存在着部门间妥协、相互补偿或者跨部门报复,因此无条件的最惠国待遇在实际执行中是很难实现的,所以在谈判中应防止对无条件最惠国待遇不合理的背离,防止成员方利用例外对其他成员方进行歧视。

二、透明度原则

透明度原则(Transparency)在国际和地区法律体系中扮演着日益重要的角色,透明度原则要求各成员方应迅速公布所有适用或者影响服务贸易的政策、体制或者规定,以使各成员方所采取的涉及服务贸易或GATS协定的任何措施都能让其他成员方尽可能方便、迅速地获知。据此,GTAS协定第3条从以下几个方面规定了成员方的义务:

(一)立即公布相关措施

根据协定第3条规定,公布的范围为所有普遍适用的有关或者影响本协定实施的措施,以及一成员方为签字方的涉及或者影响服务贸易的国际协定;公开的方式应优先采用公布,即使不能公布也应采取其他能够公之于众的方法;公开的时间应当迅速且最迟在生效之时。

(二)每年向理事会报告新措施

协定规定各成员方应至少每年一次向服务贸易理事会汇报显著影响其在本协定下所做的具体承诺的新法律、规章、行政措施及其任何修改情况。

(三)设立咨询点

透明度原则不仅要求各成员方的相关措施予以公布,而且要求该公布的措施能够便于其他成员方获得,因此,协定规定各成员方应当在WTO协定生效后2年内设立至少一个咨询点,在其他成员方提出获取符合该协定规定的应当公开的具体资料时迅速答复并予以提供。对于个别发展中国家,设立的时间可以有适当的灵活性。

透明度原则的适用也有例外。一旦公开便会阻碍法律的实施、违背公共利益或者损害公营、私营企业合法商业利益的机密资料,各成员方可以不公开;或者成员方的政策法律等虽然普遍适用本协定,但在"紧急情况下"各成员方也可不予公开。

透明度原则是确保国际服务贸易正常进行、维持公平竞争、避免歧视、推动贸易和投资持续增长的重要手段。但在国际贸易实践中,部分国家对某些措施总是故意或无意的加以隐藏掩盖,致使该条款的执行遇到较大阻力,而"机密信息""紧急情况"的例外也容易被成员方予以滥用。

三、发展中国家的更多参与

贸易离不开发展中国家的参与,且 GATS 协定的宗旨之一便是帮助发展中国家在服务贸易中更多地参与和扩大服务贸易的出口,提高其国内服务的能力、效率和竞争力。据此,GATS 协定第 4 条规定应通过谈判的形式来促进发展中国家成员更多地参与世界贸易,要求发达国家以及其他可能的成员方在 WTO 协议生效后 2 年内建立联系点以便发展中国家成员的服务提供者获得相应市场的有关资料,且对于最不发达国家成员应当予以特殊考虑。

本条规定是发展中国家成员争取的结果,指出了发达国家与发展中国家以及最不发达国家之间在服务贸易领域的不平衡状态,是尽快提高国际服务贸易整体水平的方式之一。虽然该条规定对发展中国家的更多参与仅做了笼统的规定,但对于发展中国家而言具有积极意义。发展中国家可以充分利用此项原则在以后相关部门谈判中谋求发达国家的让步,要求发达国家更多地开放市场,从而促进发展中国家在服务贸易领域更好更快地发展。

四、经济一体化

经济一体化(Economic Integration)有广义和狭义之分,广义的经济一体化即世界经济一体化,指世界各国经济之间彼此相互开放,形成相互联系依赖的整体;狭义的经济一体化即区域经济一体化,指区域内两个或两个以上国家或地区,由政府间缔结条约,建立多国的经济联盟。地区经济组织在很多方面的政策是内外有别的,区域外的国家若想进入区域内的市场,受到的限制比区域内成员多。GATS 协定对区域经济一体化做了相关规定。

(一)签订经济一体化协议需满足的条件

根据 GATS 协定第 5 条第 1 款的规定,任何成员方可以参加或达成在参加方之间实现服务贸易自由化协议,但此种协议要符合以下条件:

1. 此类协议必须适用于众多的服务部门,既不得建立单一的服务贸易部门一体化,也不得事先排除某一服务部门。这是从服务部门的数量、涉及的贸易总量以及服务提供方式方面予以衡量。

2. 在该协议生效时或者在一个合理的时间框架内,取消成员方之间现有的歧视性措施,并禁止新的或者更多的歧视性措施。但根据协定第 11 条"支付和转让"、第 12 条"对保障收支平衡的限制"和第 14 条"一般例外"及附则"安全例外"作出的措施例外。

(二)经济一体化组织成员的义务

经济一体化组织的成员方对经济一体化组织之外的《服务贸易总协定》成员方以及对服务贸易理事会负有一定的义务。

1. 对于经济一体化协议以外的任何成员,该协议不得提高在相应服务部门或分部门中在该经济一体化协议之前已使用的服务贸易壁垒的总体水平。同时,经济一体化协议的参加方对于其他成员从此协议中可能获得的贸易利益不得谋求补偿。

2. 对服务贸易理事会应当尽通知义务。在经济一体化协议的达成、扩大或作任何重大修改过程中,一成员方准备修改或者撤销具体承诺从而违背其在承诺表中所列的规定和条件时,应提前90天通知服务贸易理事会。

此外,根据第5条的补充规定,成员方之间也可以订立劳动力市场一体化协议。劳动力市场一体化是相对于劳动力市场之间的分割提出来的,即各成员方的公民有进入另一成员方就业市场的自由,并应包括有关工资标准、保险等社会福利的规定,但此类协议应当免除协议参加方的公民有关拘留和工作许可的要求,并通知服务贸易理事会。

在经济一体化日益发展的今天,各种类型的区域性协议日益增多,这也是实现经济全球化这一目标的必经历史阶段。但经济一体化协议也可能使得封闭市场越来越大,对其他国家造成一定消极影响,因此应当加以较为严格的限制和必要的检查审议。

五、紧急保障措施

《服务贸易总协定》保障措施制度的构建一直是发达国家与发展中国家激烈争论的焦点,发达国家希望取消紧急保障措施(Emergency Safeguard Measures)以促进服务贸易自由化,但许多已经建立的多边协议不乏有关服务贸易保障措施的身影。经过磋商谈判以及对此制度的灵活处理,服务贸易中紧急保障措施以正式文本形式出现在GATS协定中。

GATS协定第10条对服务领域的紧急保障措施做了指示性规定,若因成员方没有预见到的变化或某一具体承诺,而使某一服务的进口数量太大以至于对本国内的服务提供者造成了严重损害或威胁,协定准许成员方通过多边谈判可部分或全部地中止此承诺以弥补这一损害。此类保障措施应遵循无歧视原则。谈判结果应在WTO协定生效之日起3年内付诸实施。在这3年过渡期内,任何成员方在其承担的义务生效1年后,可通知服务贸易理事会并说明情况,采取临时性的紧急保障措施,修改或撤销其承担的特定义务,但这种临时性的安排应在WTO协定生效3年后(1997年)停止使用。

六、保障收支平衡的例外

《服务贸易总协定》第12条规定了保障收支平衡的例外(Restrictions to Safeguard the Balance of Payments),允许成员方在出现严重收支不平衡和对外财政困难或者威胁时,可以对其已作出具体承诺的服务贸易,包括与该承诺有关交易的支付和转移,采取或者维持限制。各成员承认处于经济发展或者经济过渡过程中的成员,其收支平衡会受到特殊压力,因此该成员会有必要使用限制以确保维持足以实施其经济发展或经济过渡计划的财政储备水平,但同时要符合几个条件:①不应在成员方之间造成歧视;②符合国际货币基金组织协议的条款;③应避免对任何其他成员方贸易、经济和财政利益造成不必要的损害;④不超过为解决收支困难而必要的程度;⑤应当随着国际收支状况的好转逐步取消限制措施。

各方成员在援用国际收支平衡例外对服务贸易进行限制时,应立即通知服务理事会,迅速与国际收支平衡限制委员会进行磋商,以便其审查限制措施是否符合相关要求。

七、一般例外和安全例外

服务贸易作为一个特殊的贸易领域,许多影响服务贸易的措施涉及政治经济稳定、公共道德等国计民生的重大问题,对此 GATS 协定给予了一定考虑,做了例外条款。

(一)一般例外

GATS 协定第 14 条规定,只要不在情况相同的国家构成武断的、不公正的歧视,或对服务贸易的变相限制,则各成员方可采取下列与协定不同的措施:

1. 为保护公共道德或公共秩序所必需的措施;
2. 为保护人类、动植物的生命健康所必需的措施;
3. 实施与本协定不抵触的国内法律或规章,包括防止欺诈和欺骗行为或处理服务合同的违约事项,保护与个人资料的处理和传播有关的隐私及个人记录和账户秘密,维护成员方基本安全利益;
4. 为保证公正有效地对其他成员方的服务和服务提供者征收直接税(包括所得税和资本税等)而实施的差别待遇措施;
5. 为避免双重征税而实施的差别待遇的措施。

成员方在适用例外措施时,不得在相同条件的成员方之间,采用武断的或非公正的歧视方式,或使这些措施对服务贸易构成隐蔽限制。

(二)安全例外

协定第 14 条附则规定了安全例外:不要求成员方提供公开后会使其基本安全利益遭受不利的资料。并且,成员方为保护其基本安全利益,可对下列情况下的服务贸易采取安全措施:直接或间接为军事设施供应而提供的服务;有关裂变或聚变材料或提炼这些材料的服务;在战时或国际关系处于其他紧急情况期间所提供的服务;成员方为履行联合国宪章下维护国际和平安全义务而采取限制措施。但是,根据这两项规定采取限制措施及终止,应尽可能直接通知服务贸易理事会。

第三节 服务贸易的具体承诺

《服务贸易总协定》在第三部分规定了具体承诺,要求成员方按照不同形式的服务提供方式,就市场准入和国民待遇及其他影响服务贸易的措施作出承诺,包括市场准入、国民待遇以及附加承诺。这部分的承诺不是 GATS 协定成员必须接受的义务。

一、市场准入(Market Access)

不断扩大市场准入程度是世界贸易组织追求的目标之一。作为影响服务贸易自由化的关键因素之一,市场准入在GATS法律体系中占据着重要地位。GATS协定第16条对市场准入做了相应规定,要求各成员方给予其他任何成员方的服务和服务提供者的待遇,不得低于其承诺表中所同意和明确的规定、限制和条件,换言之应该无歧视地给予其他任何成员方。

成员方在作出市场准入承诺的服务部门中,除在承诺单中列明外,不应以某一地区分部门为基础或以整个国境为基础采用和维持下列措施:

(1)数量限制。协定规定作出市场准入承诺的成员方不得采取以下措施:限制服务提供者的数量、限制服务交易或资产的总金额、限制服务交易的总量或以数量表示服务提供的产出总量、限制某服务部门或某一提供者为提供特定服务而需雇用的自然人总数。

(2)法律实体的限制。法律实体的限制是指成员方不得限制或要求服务提供者需要经过特定法人实体或合营企业才能提供服务。

(3)对外国资本参与程度的限制。即成员方不得对外国服务提供者限定其最高股份比例或对单个或总体的外国投资总额予以限制。

本条规定确保市场准入原则的执行,对已经作出市场准入承诺的成员方,如果在承诺时没有明确附加条件和限制而采取以上所述各项限制措施,均构成对GATS义务的违反。

二、国民待遇原则

协定规定在遵守其所列任何条件和资格的前提下,各成员方在影响服务提供的所有措施方面给予任何其他成员的服务和服务提供者的待遇,不得低于其给予本国同类服务和服务提供者的待遇。国民待遇原则(National Treatment)作为特定义务承诺列在GATS协定中,在服务贸易自由化过程中起着重要的促进作用,但由于其仅仅适用于一国作出具体承诺的服务部门,并且允许有例外,加上各国服务业及服务贸易的发展不平衡,使得国民待遇难以得到普遍执行。

三、附加承诺

附加承诺(Additional Commitments)是指成员方将其虽不在市场准入和国民待遇义务要求以内的,但却影响服务贸易所承担的义务,包括有关资格、标准或许可事项的措施,进行谈判所作出的承诺,此承诺一并列入成员的承诺表中。这一规定扩展了服务贸易的特定义务范围,旨在推进服务贸易自由化进程,但由于此承诺并非强制性规定,具有较大的随意性,因此大多数成员方已提交的具体承诺表中都未列入"附加承诺",使得附加承诺条款并未起到较大的实质性作用。

四、逐步自由化

世界服务贸易多边谈判的目标就是通过各成员方对其服务贸易承诺表的不断修订,逐步实现更高的服务贸易自由化水平。GATS协定第四部分就进一步扩大服务贸易自由化的谈判目的、适用范围、具体承诺减让表以及减让表的修改作出了相应规定。

(一)具体承诺的谈判

各成员方应在不迟于WTO协定生效之日起5年,开始进行定期的连续回合的谈判,以减少或取消各种措施对服务贸易的不利影响。谈判应当在互利的基础上进行,尊重各国政府的政策目标和发展水平,促进所有参加方的利益,并保证权利和义务的总体平衡,逐步推行服务贸易自由化进程。

协定还规定了适用的范围为:①就某些部门、分部门达成新的市场准入方面的承诺;②就某些部门、分部门达成新的国民待遇承诺;③将已有协议的部门和分部门中对市场准入方面的限制全部或部分撤销;④将已有协议的部门和分部门中的对国民待遇方面的限制全部或者部分地撤销。

对于每一回合的谈判,应当制定谈判准则和程序。服务贸易理事会应对服务贸易进行总体以及分部门的评估。谈判应旨在提高各成员在本协定项下所作具体承诺的总体水平,促进双边、诸边或多边谈判,推进自由化的进程。

(二)具体承诺减让表

GATS协定成员方通过谈判承担特定的自由化义务,或维持现状或逐步放开,这些义务被列在服务贸易减让表中。根据协定规定,每个成员方应当根据自己承担的特定义务制定减让表,每一减让表应当列明以下事项:①市场准入的内容和限制条件;②国民待遇的条件和要求;③附加义务承诺;④各项承诺实施的时间框架;⑤各项承诺生效的时间。具体减让表附在本协定之后,成为本协定的组成部分。

成员方只有提交了减让表才承担与自由化有关的义务。一旦成员方提交了某一特定部门的减让表,则表示对于这一特定部门,除了减让表中设定的限制以外不存在其他贸易壁垒。

目前承诺减让表一般包括以下几个部分:服务提供方式,如跨境交付、境外消费、商业存在或自然人流动,可选择其中一项或多项;列明特定部门;最后分栏列明市场准入限制、国民待遇限制以及其他承诺等。

(三)承诺表的修改

协定第21条对成员方修改和撤回自己的承诺表做了相应规定。成员方若想修改或者撤销承诺减让表中任何承诺,应在该承诺生效之日起3年期满后进行,且应当在实施之日3个月前通知服务贸易理事会。因修改或撤销该承诺受到影响的成员有权请求同修改成员方进行谈判,进而达成补偿性调整协议。在谈判中,有关成员应努力维持互利承诺的总体水平,使其不低于在此类谈判前具体承诺减让表中规定的有力水平。若双方未能达成协议,受影响成员方可提交仲裁,修改方在作出符合仲裁结果的补偿性调整的行为前,不得对其以前的承诺做修改或撤销。若修改方未遵守仲裁结果而撤销或修改承诺,则受影响成员方可在实质相等的利益之下采取相应的报复措施。

随着中国入世,自由化的市场给中国既带来了机遇,同时中国也面临着挑战。近年来,服务贸易成为国际贸易中成长最为迅速的领域之一。而中国国内服务行业发展水平较低,缺乏较强的竞争力,在经济全球化的当下,中国要在遵守世贸组织规则和服务贸易原则的基础之上,加快发展国际服务贸易,增强国际竞争力,逐步推进服务贸易自由化进程,从而带动整个经济快速、稳定发展。

案例

2004 年美墨电信服务案①

【案情】1997 年之前,墨西哥的国内长途和国际电信服务一直由 Telmex 公司所垄断;1997 年之后,墨西哥政府授权多个电信运营商可以提供国际电信服务,但根据墨西哥国内法,在国际电信市场上对外呼叫业务最多的运营商有权利与境外运营商谈判线路对接条件,而 Telmex 公司作为墨西哥对外呼叫业务最多的运营商,自然就享有了该项谈判权利,事实上就拥有了排除外部竞争者的权力,从而引发了希望大举进入墨西哥市场的美国电信业巨头的不满。

2000 年 8 月 17 日,美国以墨西哥的基础电信规则和增值电信规则违背了墨西哥在 GATS 中的承诺为由,向墨西哥提出磋商请求,之后,美墨双方进行了两次磋商,但未能达成共识,后诉诸 WTO 争端解决机构。2002 年 8 月 26 日,WTO 总干事任命以 Ernst - Ulrich Petersman 为首成立三人专家组。另有澳大利亚、巴西、加拿大、欧共体、古巴、日本、印度、危地马拉、洪都拉斯和尼加拉瓜十国提交了他们的书面意见。专家组分别于 2003 年 11 月 21 日和 2004 年 4 月 2 日提交了中期报告和最终报告,2004 年 6 月 1 日,经过再次磋商,墨西哥放弃了上诉,正式接受了专家组的最终报告,并最终就此电信服务争端与美国达成协议。协议中,墨西哥同意废除本国法律中引起争议的条款,并同意在 2005 年引进用于转售的国际电信服务;美国同意墨西哥继续对国际简式电信服务进行严格限制。

【问题】美墨电信服务案对我国对外发展电信服务有什么启示?

【评析】该电信服务贸易的争端是 WTO 建立以来处理的第一个关于服务贸易的争端,其争议焦点是 WTO 历来十分关注的电信服务。它不仅涉及微观层面的两成员电信商之间的贸易条件,也涉及宏观层面一成员调整其引进国外电信服务的许可、竞争等方面的政策。面临日趋激烈的电信业的竞争,我国政府和有关电信服务企业还应努力熟悉

---

① 中国商务部服务贸易指南网. WTO 服务贸易第一案——2004 年美墨电信服务案[J/OL]. (2008 - 05 - 06) [2011 - 08 - 24]. http://tradeinservices. mofcom. gov. cn/h/2008 - 05 - 06/34834. shtml.

GATS下争端解决机制,勇敢面对潜在的一些争端,争取使我国电信服务企业能在激烈的市场竞争中争得一席之地并获得长足的发展;应按GATS及其有关电信服务的附件的要求和中国电信改革开放的方向,加快制定和出台有关的电信法律、法规,建立健全完善的电信服务贸易方面的法律体系。

复习思考题

1. 《服务贸易总协定》中规定服务贸易的形式有哪几种?
2. 服务贸易有什么特点?
3. 《服务贸易总协定》中规定的一般例外和安全例外有哪些?

阅读书目

1. 林康.国际贸易[M].北京:对外经济贸易大学出版社,2004.
2. 王传丽.国际经济法[M].北京:中国人民大学出版社,2007.
3. 余劲松.国际经济法[M].北京:北京大学出版社.2009.
4. 张学慧.国际经济法教程[M].2版.北京:首都经济贸易大学出版社,2007.

第八章 世界贸易组织多边贸易管理的法律制度

☆ **学习目标与要求** ☆

本章主要介绍世界贸易组织多边贸易管理的法律制度,内容涵盖了世界贸易组织的组织机构、基本原则和法律体系等。要求了解世界贸易组织的机构组成,重点掌握世界贸易组织的货物贸易法律制度、与贸易有关的投资措施协定以及与贸易有关的知识产权协定这三方面的法律规定。

第一节 世界贸易组织概述

一、世界贸易组织的成立

早在20世纪30年代,建立一个世界性货物贸易协调机构的想法已经萌芽。1929~1933年的大萧条带来了极不稳定的经济环境,为了防止经济萧条带来的社会动乱,引导世界范围的繁荣,各国认为建立一个开放性的贸易秩序、构建稳定的经济环境确有必要,世界贸易组织应运而生。

世界贸易组织(World Trade Organization,以下简称WTO)的历史可以追溯到1944年。1944年布雷顿森林会议提出,在成立世界银行(World Bank,WB)和国际货币基金组织(International Monetary Fund,IMF)的同时,成立一个国际性贸易组织。1947年美国发起拟定了《关税与贸易总协定》(the General Agreement on Tariffs and Trade,以下简称GATT),作为推行贸易自由化的临时契约。1986年乌拉圭回合谈判时成立谈判组欲对GATT进行修订和完善,但谈判新议题中已经涉及服务贸易、与贸易有关的投资措施和与贸易有关的知识产权等非货物贸易的内容,这些内容很难在原有的GATT框架下进行谈判,因此经过多次协商各国决定成立一个新的国际贸易组织来分别谈判解决。1994年4月15日在摩洛哥的马拉喀什市举行的关贸总协定乌拉圭回合部长级会议,通过《马拉喀什建立世界贸易组织协议》(Agreement Establishing the World Trade Organization,以下简称WTO协议),该协议决定取代关贸总协定,成立更具全球性的世界贸易组织。从此,世界贸易组织成为世界经济发展的三大支柱之一。截至2011年10月,世界贸易组织成员共达153个。

二、世界贸易组织的宗旨

根据WTO协议序言规定,世界贸易组织旨在:提高生活水平,保证充分就业,大幅度、稳步提高实际收入水平;扩大货物和服务的生产与贸易;坚持走可持续发展的道路,加强采取符合各成员国不同经济发展水平的措施,促进对世界资源的最优利用,保护环境;作出积极努力以确保发展中国家,尤其是最不发达国家在国际贸易增长中获得与其经济发展水平相适应的份额和利益;通过双方互惠互利,切实降低关税和其他贸易壁垒,在国际贸易关系中消除歧视待遇;建立一个完整的、更有活力的和持久的多边贸易体系;保持多边贸易体制的基本原则和加强体制的目标。

三、世界贸易组织的组织机构

WTO 在组织上取代了关贸总协定,成为协调和约束各成员国之间贸易法律、法规和政策的政府间国际组织。按照世界贸易组织协议的规定,WTO 建立起了一套组织机构,以便于 WTO 协议和多边贸易协定的实施、管理和应用。WTO 设有部长级会议、总理事会、专门理事会、委员会、总干事和秘书处等。

WTO 沿用关税贸易协定的惯例,采用协商一致的方式进行决策。根据 WTO 协议第 9 条的注释,协商一致(Consensus)是指在作出决定的会议上,若没有一个成员对所作出的决议提出正式反对意见,则视为以协商一致的方式对事项作出了决定,沉默、弃权和缺席均不影响决定的作出。协商一致的方式保证了所有成员的利益能够被考虑到。另外,WTO 也规定了在一国一票的基础上,采取投票进行多数表决的四个领域:部长级会议和总理事会对 WTO 协议和多边贸易协定所作出的解释需成员的 3/4 作出;WTO 协议和其他多边贸易协定的一般条款的修改需成员的 2/3 通过,但 WTO 协议第 9 条(决策程序)、GATT1994 第 1 条(最惠国待遇)和第 2 条(减让表)、GATS 第 2 条第 1 款(最惠国待遇)以及 TRIPS 协定第 4 条(最惠国待遇)的修改,需全部成员通过;部长级会议决定豁免某成员 WTO 协议和多边贸易协定义务时,须经过 3/4 的成员作出。

四、世界贸易组织的法律体系

世界贸易组织的法律体系集中体现在《乌拉圭回合多边贸易谈判的结果:法律文本》上,具体而言由以下几个方面组成:

(一)世界贸易组织基本法

《马拉喀什建立世界贸易组织协议》(Agreement Establishing the World Trade Organization)是世界贸易组织的章程和基本法,也是世界贸易组织法律体系的核心内容,具有契约性和法规性,主要规定了世界贸易组织的宗旨、原则、活动范围、职责、组织机构、与其他国际组织的关系、预算与会费、法律地位、决策规则、成员资格和协议的修正等。

(二)世界贸易组织的货物贸易法

货物贸易法在世贸组织部门法律体系中发展最早也是最为成熟的。《1944 年关税与贸易总协定》(关贸总协定 1994)是货物贸易法中最为基本的法律;其次制定了一系列和货物贸易有关的非关税措施协定,如《技术贸易壁垒协定》、《关于实施关贸总协定 1994

第 6 条的协议》、《关于实施关贸总协定 1994 第 7 条的协议》、《装运前检验协定》、《原产地规则协定》、《进口许可证程序协定》、《补贴与反补贴措施协定》和《保障措施协定》等。在农产品、纺织品等特定货物贸易领域，WTO 也做了相关规定，制定了《农产品协定》、《卫生与动植物检疫措施协定》和《纺织品服装协定》等予以规制。

（三）世界贸易组织的服务贸易法律制度

《服务贸易总协定》是世界贸易组织关于服务贸易规制的最主要的法律。总协定规定了服务贸易的范围和定义、一般义务和具体承诺等内容，是世界贸易组织的服务贸易领域的原则、规则、规章和制度的集中体现。另外，还包括《乌拉圭回合多边贸易谈判的最后文本》的部长级会议决议和宣言、《关于服务贸易总协定中机构安排的决定》以及《关于服务贸易总协定中某些争端处理程序的决定》等。

（四）世界贸易组织的与贸易有关的知识产权法律制度

《与贸易有关的知识产权协定》是世界贸易组织与贸易有关的知识产权领域的重要协定，首次将知识产权保护纳入了多边贸易体系，在世界范围内加强对知识产权的保护。该协定共 7 个部分 37 条，对知识产权保护的范围、基本原则、效力、范围、取得和保护、争端的防止和解决、过渡安排和机构安排等做了详细规定。

（五）世界贸易组织争端解决的法律制度

《关于争端解决规则和程序的谅解协定》以及《关于服务贸易总协定中某些争端处理程序的决定》是世界贸易组织解决争端主要依靠的法律。协定规定了世界贸易组织争端解决的规则、普通程序和特别程序等内容。

（六）世界贸易组织关于贸易政策审议机制的法律制度

关于贸易政策审议机制的法律制度体现在乌拉圭回合谈判的《贸易政策审议机制》中。该协议规定了贸易政策评审机制的目的、国内政策透明度、审议机构、审议程序等方面的法律制度。

（七）世界贸易组织的诸边贸易制度

诸边贸易协定不属于世界贸易组织成员方"一揽子"接受的范围，由各成员国根据自身条件选择性接受。现在 WTO 的诸边贸易协定主要包括《民用航空器贸易协定》、《政府采购协定》、《国际乳制品制定》和《国际牛肉协定》。

第二节 世界贸易组织的基本原则

为扩大商品交易以及服务贸易，实现世界贸易组织的宗旨，世界贸易组织制定了一系列多边贸易规则，包括非歧视原则、最惠国待遇原则、国民待遇原则、互惠原则、关税减让原则、取消数量限制原则以及透明度原则等。这些原则是世界贸易组织的主要法律规范，构成了世界贸易组织的基本框架。

一、非歧视原则

(一)非歧视原则的含义

非歧视原则(Non-discrimination)是世界贸易组织基本原则的基石,是国际法上国家主权平等原则在国际贸易关系中的延伸,又称无差别待遇原则。它要求成员方在实施某种优惠和限制措施时,不得对其他成员方实施歧视待遇。根据非歧视原则,世界贸易组织一成员对另一成员不得采取未对其他任何成员适用的优惠和限制措施。

(二)非歧视原则的适用

非歧视原则是贯穿整个世界贸易组织诸协定的指导原则,具体表现为一般最惠国待遇原则和国民待遇原则,在《1994年关税与贸易总协定》、《服务贸易总协定》、《与贸易有关的知识产权协定》、《与贸易有关的投资措施协定》等法律文件中都有相应体现。这项原则主要适用于关税减让、数量限制、进口配额限制、海关估价、原产地标记、贸易条例的公布和实施等各个方面。它要求在国际贸易关系中,交易各方应当根据世界贸易组织的规定,无歧视地对待其他成员方,消除贸易关系中存在的不平等、不公平现象。

二、最惠国待遇原则

(一)最惠国待遇原则的含义

根据1978年8月联合国国际法委员会拟定的《最惠国条款最后草案》,最惠国待遇(Most Favored Nation Treatment)定义为:施惠国给予受惠国或者与该受惠国有确定关系的人或物的优惠,不低于该施惠国给予第三国或者与该第三国有同样关系的人或物的待遇。最惠国待遇是非歧视原则的内容之一,是构建公平、平等、自由的国际贸易关系中不可或缺的元素,体现着缔约国之间消除差别待遇、建立机会均等、展开公平竞争等基本理念。

(二)最惠国待遇原则的适用

最惠国待遇的适用范围逐步扩大,在货物贸易方面可适用于过境自由、数量限制、对经济发展的政府援助、对产品进口的紧急措施、对进出口以及进出口国际支付方面所征收的关税和费用、对进口货物征收的国内税和费用等;在服务贸易领域可适用于中央、地方政府和主管机关所采取的影响服务贸易的措施,也包括其授权行使权力的非政府机构所采取的措施等;在与贸易有关的知识产权领域适用于对版权、集成电路拓扑图等知识产权的保护。

(三)最惠国待遇的例外

最惠国待遇原则并非绝对,实际运行中允许有部分例外的存在。有的例外确为实现公平竞争的国际贸易环境,有的例外是缔约多方相互妥协的结果,有的例外则含有本国保护的意味。具体而言我们可以将最惠国待遇的例外分为以下几类。

1. 货物贸易领域下的最惠国待遇例外。具体包括:

(1)一般例外。GATT1994第20条规定了一般例外的几种情况,主要包括①为维护公共道德所采取的必要措施;②为保护人类、动植物的生命或健康所采取的必要措施;③关于金银进出口的措施;④为实施与本协定各项规定无抵触的法律和规章而采取的必要措施;⑤有关监督所制产品的措施;⑥为保护本国具有艺术、历史或考古价值的文物而采取的措施;⑦关于保护有限天然资源的措施;⑧为履行符合总协定原则的任何政府间商品协定所承担的义务;⑨为保证国内工业需要而对某些原料所采取的输出限制措施;⑩为当地非常紧缺物资的取得和分配而采取的措施。这些例外措施也适用于服务贸易领域和知识产权贸易领域。

（2）安全例外。GATT1994第21条规定,对关系国家安全资料的公布、核裂变物质、武器军火贸易、在战时和维持国际和平与安全而采取的行动,均作为例外。

（3）边境贸易、关税同盟和自由贸易区的例外。GATT1994第24条规定,任何成员可为方便边境贸易对毗邻国家给予某种利益。成员方可以与一些特定的国家结成关税同盟或自由贸易区。对于边境贸易、关税同盟或自由贸易区成员之间相互给予的优惠,其他成员不能自动获得。

2. 服务贸易领域下的最惠国待遇原则的例外。GATS第2条规定,在边境贸易、关税同盟和自由贸易区可享有最惠国待遇例外的同时,成员方还可以按照一定的程序申请新的豁免,但一般情况下此类豁免不应超过10年。

3. 与贸易有关的知识产权领域下最惠国待遇的例外。TRIPS协议中规定的最惠国待遇的例外主要包括:TRIPS未规定的有关表演者、录音制品制作者及广播组织者的权利,和TRIPS协议对某成员生效之前,该成员已经与其他成员特别签订的协议中给予的优惠或特权,且此优惠或特权没有给其他成员国国民等。

三、国民待遇原则

（一）国民待遇原则的含义

国民待遇原则(National Treatment)是非歧视原则的另一重要内容,是指为保障公平竞争、防止歧视性保护、实现贸易自由化,成员国一方在经济活动和民事权利义务方面,保证给予另一成员国国民在本国境内享受与本国国民同等的待遇。国民待遇制度用于确认外国国民的法律地位,被广泛地运用于民事领域和国际经济贸易与协定领域。

（二）国民待遇原则的适用范围

在《关贸总协定1994》、《服务贸易总协定》、《与贸易有关的投资措施协定》以及《与贸易有关的知识产权协定》等协定中,都规定了国民待遇原则,要求外国国民在法律地位、诉讼程序以及投资等方面享有不低于本国国民的待遇,从而消除给予外国国民在货物贸易、服务贸易、投资、知识产权等领域的歧视性待遇。

（三）国民待遇原则的例外

1. 货物贸易领域。在货物贸易领域GATT对国民待遇原则的例外主要集中体现在20条"一般例外"中,如成员方可根据该条款,为了保护本国具有艺术、历史或考古价值的文物而对进口产品采取有别于本国产品的待遇。在世界贸易组织的其他协议中也规定了国民待遇的例外。如《补贴与反补贴措施协定》中规定在 WTO 协定生效之日起 5 年内,发展中国家成员可以对国内产品进行补贴。

2. 服务贸易领域。在服务贸易领域,国民待遇原则是作为成员方经谈判而承担的具体义务,而不是必须遵守的一般义务。成员国谈判时采取反向列举的方式,将不按照国民待遇的安排列在承诺表中。此外,它还规定了一般例外和安全例外等。

3. 与贸易有关的知识产权领域。在此领域《巴黎公约》、《伯尔尼公约》、《与贸易有关的知识产权协定》以及《有关集成电路知识产权条约》中都规定了国民待遇的例外情况。

4. 与贸易有关的投资措施领域。《与贸易有关的投资措施协定》规定了范围更广泛的国民待遇原则的例外。其一,GATS 协定下有关国民待遇原则的例外都适用于与贸易有关的投资措施领域;其二,给予发展中国家与最不发达国家一定的宽展期,暂缓适用国民待遇原则。其中,发展中国家为 5 年,最不发达国家为 7 年。

四、互惠原则

(一)互惠原则的含义和适用

互惠原则(Reciprocity)又称对等原则,指两成员国在国际贸易中相互给予对方优惠,是两国之间进行商务谈判和确定商务关系的基础。互惠原则体现在关税与贸易、非关税壁垒、知识产权、服务贸易、与贸易有关的投资措施等领域。通过实施互惠原则,可以保护贸易平衡,促进贸易自由化的实现。

(二)互惠原则的例外

互惠原则作为国际贸易中的一条重要原则,WTO 要求各成员国普遍适用,但仍有例外。例如《关贸总协定 1994》允许成员在某些特殊情况下,根据"免责条款"撤回它已经作出的关税减让。由于发展中国家与发达国家在政治、经济等方面相差悬殊,因此《服务贸易总协定》规定了不少例外情况,对发展中国家成员给予了适当的灵活性,促进和帮助发展中国家稳步走向贸易自由化。

五、关税减让原则

(一)关税减让原则的含义

关税与非关税措施同是国家管理进出口贸易的常见方式,由海关对所有进出口货物进行统一征收,包括进口关税和出口关税。关税是 WTO 承认的唯一合法的保护工具。关税减让(Tariff Concession)主要是进口关税的减让,指在最惠国待遇原则的基础上,各成员通过公式减让或者有选择的、逐项产品谈判的方式,互相让步,承担减低关税的义务,从而消减关税并尽可能消除关税壁垒。

(二)关税减让原则的例外

缔约方在某些特殊情况下可以使用关税减让的例外。如因大量进口而造成国内产业遭受严重损害时,可以引用关贸总协定中的免责条款,撤销关税减让等。关贸总协定第28条《减让表的修改》,以及第28条附加《关税谈判》中也规定了关税减让的例外。

六、取消数量限制原则

(一)取消数量限制原则的含义

数量限制是非关税壁垒中最常用的方式。取消数量限制原则(Elimination of Quantitative Restrictions)是指成员国为控制产品进出口的水平、来源和去向,通过制定配额、设置进出口许可证和数量性外汇管制等方式对某些产品的进口数量或金额加以直接的限制,或限制、禁止向其他成员国输出销售该产品。数量限制的具体方式有配额、进口许可证、自动出口限制、数量性外汇管制等。

数量限制易导致国际贸易的不公平性,容易产生对出口方歧视性待遇,不利于自由贸易。WTO提倡贸易自由化,主张取消任何非关税壁垒。通过乌拉圭回合谈判,在取消数量限制方面取得了重大进展,包括采取"逐步退回"的办法逐渐减少设定配额和进口许可证,把取消数量限制扩大到服务贸易等其他领域等。

(二)取消数量限制原则的例外

就目前情况看,立即取消非关税措施是不现实的,因此又规定了在不同情况下可以援引的例外条款,主要包括以下四种情况:为保护农业、渔业产品市场而实施的限制;为保护本国对外独立的金融地位、保障国际收支平衡而实施的限制;为促进不发达国家成员经济发展而实施的限制以及为实施保障措施协定规定的数量限制。

七、透明度原则

(一)透明度原则的含义

保障国际多边贸易自由化是世界贸易组织的宗旨之一,而实现这一宗旨一定程度上依赖于各国贸易法规和政府政策的公开透明度。透明度(Transparency)是WTO三个主要目标之一,GATT1994第10条规定:"缔约国有效实施的涉及海关对产品的分类或估价,税捐和其他费用的征收率,对进出口货物及转账支付的规定、限制和禁止,以及影响进出口货物的销售、分配、运输、保险、存仓、检验、展览、加工、混合或使用的法令、条例等,一般援用的司法判决及行政决定,都应迅速公布,以使各国政府及贸易商对他们熟悉。一缔约国政府或政府机构与另一缔约国政府或政府机构之间缔结的影响国际贸易政策的现行协定,也必须公布。"透明度原则旨在保障多边贸易体制的公开、公平和自由发展,已经成为各成员国在货物贸易、服务贸易和知识产权等方面中应当遵守的基本原则。

(二)透明度原则的例外

透明度原则也是有一定范围的,在GATT1994、TRIPS协议和TRIMS协议中都规定,缔约国可不予公开会阻碍法律的贯彻执行、有损公共利益或损害公司企业的正当合法商业利益的机密资料。

第三节　世界贸易组织货物贸易法律制度①

一、《1994 年关税与贸易总协定》

《1994 年关税与贸易总协定》(General Agreement on Tariffs and Trade, GATT) 是乌拉圭回合谈判后形成的最为重要的法律文件,是对 1947 年形成的《关贸总协定》的修正、补充与发展,旨在实质性消减关税和其他贸易壁垒,消除国际贸易中的歧视待遇,实现贸易自由化的目标。

《1994 年关税与贸易总协定》主要由以下几个部分组成:①《世界贸易组织协定》生效之日前经过更正、修改和订正的《1947 年关税与贸易总协定》;②世界贸易组织成立之前在《1947 年关税与贸易总协定》项下已经实施的与关税减让相关的议定书和核准书、根据 GATT1947 第 25 条给予的且在《WTO 协定》生效之日仍有效的关于豁免的决定以及 1947 年关贸总协定缔约国全体作出的其他决定等;③乌拉圭回合达成关于 GATT1947 的六个条款的谅解,包括《关于 1994 年关贸总协定第二条第一款第二项解释的谅解书》、《关于 1994 年关贸总协定第十七条解释的谅解书》、《关于 1994 年关贸总协定收支平衡规定的谅解书》、《关于 1994 年关贸总协定第二十四条解释的谅解书》、《关于依据 1994 年关贸总协定豁免义务的谅解书》以及《关于依据 1994 年关贸总协定第二十八条解释的谅解书》;④《1994 年关贸总协定马拉喀什议定书》。

二、关于农产品的法律制度

世界贸易组织关于农产品贸易的规定主要集中在《农产品协定》(Agreement on Agriculture) 中。《农产品协定》为世界贸易组织协定附件 1A,由 13 个部分 21 条 5 个附录组成,主要包含四方面的内容:将农产品贸易中的非关税措施关税化、逐步消减约束性关税、逐步减少国内价格支持和逐步减少出口补贴。

(一) 非关税措施的关税化

《农产品协定》要求各方取消非关税措施,包括数量限制、随意性许可证以及可变税率,采用一定的计算方法使得发达国家对原先实施非关税措施的产品适用关税税率。根据关税化得出的关税税率以及适用于其他产品的约束性关税,不得随意提高。

(二) 逐步消减约束性关税

各方承诺按照一定的百分比对约束性关税进行减让。发达国家和过渡经济国家均承诺平均削减 36% 的关税,发展中国家则平均削减 24%。发达国家的上述减让必须在 6 年内完成,发展中国家则为 10 年。

---

① 本节内容主要参考自世界贸易组织官方网站 http://www.wto.org/。

对于某些受到高度保护的产品,则采取承担现行的和最低准入义务承诺的方式,对关税化加以补充,主要包括现行准入承诺和最低市场准入承诺。

(三)逐步减少国内价格支持和逐步减少出口补贴

农产品协议把补贴划分成两类,一类为许可使用、不必承担消减义务的绿色补贴,第二类为必须承诺承担消减义务的黄色补贴。黄色补贴主要为国内支持补贴。协议为各国政府向国内生产者提供的国内支持总量,制定了最高上限,进行分期消减出口补贴,而对于不承担出口补贴削减义务的产品,今后不得再给予此类补贴。

三、关于纺织品和服装的法律制度

纺织品和服装贸易约占世界贸易的9%,是发展中国家对外贸易中的一个重要领域。发达国家(主要是进口国)为了保护本国纺织品业,1973年于日内瓦签订了《国际纺织品贸易协定》(Arrangement Regarding International Trade in Textiles)。同农产品类似,纺织品和服装贸易因此协议而长期游离于关贸总协定体制之外。由于该协议具有强烈的贸易保护色彩,对发展中国家的出口造成不利影响。在发展中国家的努力下,纺织品和服装贸易问题被列为乌拉圭回合贸易谈判的议题之一,反映发展中国家立场的《纺织品与服装协定》(Agreement on Textiles and Clothing,ATC)得以制定。该协定规定了一般规则、纳入进程、反规避条款、过渡性保障机制、管理机构、争端解决和适用产品范围等内容。与《国际纺织品贸易协定》相比,《纺织品与服装协定》明确规定在10年过渡期内取消《国际纺织品贸易协定》的数量限制,且10年过渡期不得延长、提高现行双边协定中的年增长率等内容,在强化GATT的制度和规则的基础上,真正迈向了纺织品贸易自由化。

四、关于装运前检验的法律制度

如何规范装运前检验措施,是乌拉圭回合谈判的重要议题之一,经多方协商最终达成了《装运前检验协定》(Agreement on Preshipment Inspection,API)。《装运前检验协定》由1个序言和9个条款组成,最主要规定了进口成员方义务(包括非歧视检验、检验标准和地点、国民待遇、透明度、价格核实、保护商业秘密以及避免装运前检验延误七项义务),出口成员方的义务(包括非歧视义务、透明度义务和技术援助义务三项)以及检验机构和出口商之间争端的解决。

五、关于原产地规则的法律制度

国际贸易货物的原产地是指作为商品而加入国际贸易流通的货物的来源地,即对货物进行最后实质性加工的国家和地区。最后实质性加工一般是指这种改变形成了一种具有独立的名称、用途和特征的"新产品"。由于商品原产地的不同会影响商品的税率等,为明确原产地规则,进行除关税优惠之外的原产地规则的长期协调,保证这些规则本身不构成不必要的贸易壁垒,促进国际贸易的流动,乌拉圭回合谈判中形成了《原产地规则协定》(Agreement on Rules of Origin)。其主要内容为:宗旨与适用范围,过渡期间的规则,过渡期后的规则,通知、审议和争端解决程序,原产地规则的协调等。

六、关于海关估价的法律制度

海关估价是指一国海关机构为征收关税而对进出口货物完税价格的确定,是海关征税业务中的一项重要工作。确定货物完税价格的海关估价,是各国关税政策以及对外贸易政策的重要组成部分。一国政府可以滥用海关估价限制产品进口,从而造成国际贸易的歧视和阻碍。因此为减少和避免海关估价对国际贸易的不利影响,促进 GATT1994 目标的实现,维护发展中国家在国际贸易中的利益,在乌拉圭回合中各成员国谈判签订了《关于实施关贸总协定 1994 第 7 条的协定》(Agreement on Implementation of Article VII)。该协定的核心内容为海关估价的方法,主要包括进口货物的成交价格、相同货物的成交价格、类似货物的成交价格、倒扣价格、计算价格以及其他合理方法。

七、关于信息技术产品协定的法律制度

信息技术产品贸易在信息产业发展及全球经济强劲增长中具有重要作用。为扩大商品生产和贸易,实现信息技术产品全球贸易的最大自由化,鼓励世界范围内信息技术产业的技术进步,1996 年世界贸易组织在新加坡召开首届部长级大会,29 个参加方签署了《关于技术产品贸易的部长宣言》,1997 年在美国和欧盟的推动下,40 个参加方签订了《信息技术协定》(Information Technology Agreement,ITA)。《信息技术协定》主要规定了信息技术产品的范围、关税及其他税费削减、实施期、成立扩大信息技术产品贸易委员会、附件 A 协调制度税则号清单和附表 B 产品清单。

八、关于贸易技术壁垒的法律制度

为了避免技术法规、技术标准和合格评定程序对国际贸易造成不必要的障碍,1979 年制定了《贸易技术壁垒协定》(Agreement on Technical Barriers to Trade,TBT),1991 年乌拉圭回合谈判中对此做了重新修订,1994 年于马拉喀什正式签署生效。该协定由前言、15 项条款和附件组成,规定了中央政府、地方政府以及非政府机构对技术法规、标准的拟订、采纳与适用;合格评定程序及其承认;对其他成员国的技术援助;对发展中国家的特殊和区别待遇;成立贸易技术壁垒委员会;磋商与争端解决。乌拉圭回合达成的《技术性贸易壁垒协议》适用于 WTO 的所有成员,具有真正的普遍性。

九、关于卫生与动植物检疫措施的法律制度

在乌拉圭回合谈判之前,仅在 1994GATT 第 20 条第 2 款中制定了关于卫生和动植物的检疫措施,规定各成员国为了保护人类及动植物的生命和健康,可以对进口产品实施必要的卫生检疫措施。随着新贸易保护主义的兴起,一些国家采取的卫生检疫给国际贸易造成

了不合理的障碍。乌拉圭回合谈判中,形成了《实施卫生与动植物检疫措施协议》(Agreement on the Application of Sanitary and Phytosanitary Measures,SPS),并将其作为成员国一揽子接受协议的一部分。《实施卫生与动植物检疫措施协议》由前言、正文共14个条款及3个附件组成,主要规定了各成员国的权利和义务、非疫区和有害生物或疾病低度流行区的评定、风险评估制度的建立、对发展中国家成员方的特殊待遇、管理机构及争端解决等。

十、关于倾销和反倾销的法律制度

(一)倾销的定义

倾销(Dumping)作为一种国际贸易行为,往往会给被倾销国的经济带来消极影响。根据乌拉圭回合谈判达成的《关于执行1994年关贸总协定第6条的协议》(Agreement on Implementation of Article VI)第1条规定,如果在正常的贸易过程中,一项产品从一国出口到另一国,该产品的出口价格低于在其本国内消费的相同产品的可比价格,即产品以低于其正常的价值进入另一国的商业渠道,则该产品将被认为是倾销。

(二)倾销的认定

根据GATT1994第6条的规定,构成倾销有三个要素:①产品以低于正常价值或者公平价值的价格进行销售;②这种低价销售的行为给进口国相关产业造成了损害或者损害的威胁;③损害与低价销售之间存在着因果关系。其中则涉及了正常价值、出口价格以及倾销幅度这三个概念的确定。

1. 正常价值。当出口价格低于该出口国正常贸易中用于消费的相同产品的正常价格时,便认定该出口产品为倾销产品。因此,正常价格的确定对于认定是否倾销有着非常重要的意义。一般情况下,对于市场经济国家,确定正常价值通常有以下几个途径:出口国国内销售价格、第三出口国价格、出口国结构价格(指产品在原产地的生产成本基础上加上合理的销售费、管理费和其他费用及利润所形成的价格)等;对于非市场经济国家,则采取替代国价格、结构价格和相似产品在进口方的销售价格等方法确定产品的正常价值。

2. 出口价格。根据《1994年反倾销协议》规定,出口价格是指"出售给进口商的实际价格;若出口价格无法确定,或由于出口商和进口商或第三者之间存在着伙伴关系或某种补偿安排,则采用进口产品首次转售给独立买方的价格作为出口价格,但应扣除进口至转手之间所增加的费用,如运输费、保险费、装卸费、进口关税、转手费用、合理利润等;当局决定的合理基础价格,但这仅限于在产品不转售给独立买方,或转售时产品状况与进口时不同的情况下采用"。

3. 倾销幅度。进口产品的出口价格低于其正常价值的幅度,为倾销幅度。确定倾销幅度时,出口价格与正常价值应在同一时间基础上,按同一贸易水平,依照公平、合理的方式进行比较;若需要进行货币折算时,应当按照销售日汇率为准。

(三)反倾销的程序规则

反倾销调查程序主要包括以下几步:①反倾销调查的提起。一般是由进口国境内的受损产业或者产业代表向本国反倾销调查主管机关提交书面申请。但当具备了存在倾销、损害结果以及两者因果关系的充分证据时,反倾销主管机关可主动发起反倾销调查。可见,反倾销调查的发起包括依申请和依职权两种模式。②反倾销立案。进口国反倾销调查主管机关收到反倾销调查的申请后,对于内容完备、证据充分的案件决定立案。这是反倾销调查工作的开始。③反倾销调查。一般情况下,进口国反倾销调查主管机关发起反倾销调查应在立案之后一年内结束,无论何种情况不得超过从调查开始之后的18个月。反倾销调查主要包括实地调查、问卷调查、抽样调查和听证会调查四种方式。④裁定。裁定包括初裁和终裁两个部分。初裁是指在完全结束调查之前,进口国反倾销调查主管机关初步认定进口商品存在倾销情形,则可采取临时反倾销措施。终裁是指反倾销调查主管机关最终认定进口商品存在倾销且造成损害,则裁定征收反倾销税。⑤行政复审。行政复审是指进口国反倾销调查主管机关主动或应当事人的申请对已经发生法律效力的反倾销措施进行重新审议的行为,主要包括期中复审、期满复审和新出口商品复审三种类型。

(四)对倾销的救济措施

对倾销的救济措施主要包括以下三种:①临时措施。临时措施是进口国反倾销调查主管机关在初步裁决认定进口产品存在倾销且造成损害时,临时采取的反倾销措施,包括征收临时税、支付现金或保证金的方式等。一般情况下,临时措施应从开始调查之日起的60日后采取,一般情况下时间不得超过4个月。②价格承诺。价格承诺是出口商主动承诺修改产品价格,或停止以倾销价格向该地区出口,使得反倾销调查主管机关对倾销损害的消除满意,则调查程序可以暂时中止或终止而不采取临时措施或征收反倾销税。进口国主管当局可以提出价格承诺的建议,但是不得强迫出口商作出价格承诺。③终裁征收反倾销税。当反倾销调查最终裁定存在倾销、损害结果及二者之间有因果关系后,由进口国主管机关确定征收反倾销税。征收的反倾销税不得超过倾销幅度。

十一、关于补贴与反补贴的法律制度

补贴是当今世界贸易中主要的非关税壁垒之一,在乌拉圭回合谈判中形成了对《关贸总协定》第6条、第16条规定具体化的《补贴与反补贴措施协议》(Agreement on Subsidies and Countervailing Measures,SCM Agreement)。此协议由11个部分32条和7个附件构成,涉及总则、补贴的分类、反补贴措施、发展中国家成员、过渡性安排、争端解决等内容,是WTO关于补贴与反补贴问题的最集中、最系统的准则体系,也是WTO补贴与反补贴规则体系最为重要的组成部分。

(一)补贴的概念

根据协议第1条规定,补贴是指在一成员国领土内,政府或任何公共机构向某特定对象提供财政资助以及任何形式的收入支持或者价格支持,使得该特定对象获取一定利益,直接或间接地增加本国出口某种产品或减少本国进口某种产品,最终损害其他成员国的利益的措施。

(二)补贴的分类

补贴的分类是在补贴的专项性基础上进行的,补贴的专项性是指该补贴是成员国授予其管辖内的某一或某些特定产业或者企业提供的。《补贴与反补贴措施协议》认可了四种类型的专向性:法律专向性、事实专向性、区域(地理)专向性以及拟制专向性。

根据以上类型,补贴主要分为以下三类:①禁止性补贴。此类补贴主要包括在法律上或在事实上,仅以出口实绩为条件或将其作为若干其他条件之一提供的出口性补贴,以及仅以进口替代为条件或将其作为若干其他条件之一提供的进口替代性补贴。②可诉性补贴。此类补贴可促进国内经济发展,却也可能给他国经济贸易利益带来不利影响。当此种补贴威胁到其他成员国利益时,可通过单边救济或者争端解决机制解决。③不可诉性补贴。这是指WTO允许的,不受其他国家反对的,也不受反补贴措施约束的各种补贴措施,包括非专向性补贴,政府对科研开发、落后地区、环境保护等专向补贴。①

(三)反补贴措施

对于WTO成员方实施的补贴,其他成员国可采取以下几种方式:①单边救济措施,也称国内救济措施,是指根据本国制定的反补贴法律法规发起反补贴调查程序,并同时采取临时措施、价格承诺和征收反补贴税等。②多边救济措施。多边救济措施是指受害方成员国通过诉诸WTO争端解决机构或者补贴与反补贴委员会,由其授权,采取反补贴措施。③双轨制反补贴措施。《补贴与反补贴措施协议》规定了双轨制的救济措施,即单边救济和多边救济在程序上可同时进行,但救济措施只能采取一种。

十二、关于进口许可证的法律制度

进口许可证制度是世界各国普遍使用的一种进口管理制度。有关如何简化进口许可程序、提高透明度方面的谈判早在肯尼迪回合就已经开始。东京回合谈判达成了《进口许可程序守则》,乌拉圭回合谈判在此基础上达成了《进口许可程序协议》(Agreement on Import Licensing Procedures, AILP)。《进口许可程序协议》是对《关贸总协定》第8条和第13条的具体化,共由8个条款组成,主要包括总则、自动进口许可、非自动进口许可、进口许可委员会、通知、磋商和争端解决、审议和最后条款等内容。协议规定进口许可程序的基本原则为合理与透明度原则、程序简便原则、宽大原则以及用汇平等原则等。

---

① 叶全良,王世春.国际商务与反补贴[M].北京:人民出版社,2005:21.

十三、关于保障条款的法律制度

GATT 第 19 条对保障措施做了一个原则性规定,为防止各成员国滥用此规定,明确适用条件和实施规则,乌拉圭回合谈判形成了《保障措施协定》(Agreement on Safeguards),进一步细化保障条款,该协定与《1994 年关贸总协定》第 19 条共同构成了保障措施的法律制度。该协议主要包括了总则、条件、调查、严重损害或严重损害威胁的确定、保障措施的实施、保障措施的期限和审议、其他措施的禁止和取消等。

(一)保障条款的概念

保障条款也称保障措施,是指一成员国正在进口至其领土的某一产品的数量与国内生产相比绝对或相对增加,且对生产同类或直接竞争产品的国内产业造成严重损害或严重损害的威胁时,该成员国在特殊情况下可免除其承诺的义务或协定所规定的行为规范,从而降低或避免此损害或者损害威胁。

(二)保障措施实施的前提条件

根据协议规定,保障措施实施应同时具备以下四个条件:某种进口产品的数量在一定时期内呈现急剧的增加(满足四个"足够":足够近期、足够突然、足够急剧和足够重大①);进口增加是因不能预见的情况和承担总协定包括关税减让在内的义务所造成的;对国内工业造成严重损害或严重损害威胁;有证据证明,数量增加与国内产业损害有因果关系。

(三)保障措施的实施

一成员国应仅在防止或补救严重损害并便利调整所必需的限度内实施保障措施。协议对保障措施实施的无歧视性、逐步递减、差别待遇和取缔灰色区域等方面做了相关规定,保障措施分为关税与数量限制两种。但也有例外,如对于来自发展中国家成员的产品,只要其有关产品的进口份额在进口成员中不超过 3%,且进口份额不超过 3% 的发展中国家成员份额总计不超过有关产品总进口的 9%,即不得对该产品实施保障措施。

十四、关于政府采购法律制度

《1947 关税与贸易总协定》在创立之初将政府采购排除在外。随着国家公共服务职能的扩大,许多国家的政府和政府控制的机构成为产品和服务的采购人,为了消除政府采购政策可能引起的贸易壁垒,1979 年《政府采购守则》产生。在乌拉圭回合谈判中,《政府采购守则》的 12 个缔约方对《政府采购守则》进行了修订和完善,达成《政府采购协定》(Agreement on Government Procruement)。

《政府采购协定》是 WTO 协定项下的一个诸边贸易协定,不属于成员国强制加入的条约。该协定的基本规则是国民待遇。在政府采购中,外国的供应者、货物及服务所享受的待遇不得低于本国的供应者、货物及服务所享受的待遇。协议共有 24 个条款和 5 个

---

① 此认定标准主要根据阿根廷鞋类案和美国小麦面筋案中专家组和上诉机构的裁决。案例概况将在节后阐述。

附录,分别规定了适用范围、合同估价、国民待遇和非歧视原则、原产地规则、发展中国家的特殊和差别待遇、技术规格、采购程序和例外规定等。

阅读小知识

我国加入 WTO 部分货物贸易承诺内容[1]

部分货物贸易开放终点一览——最终平均税率表

编号	产品名称	年份							
		2004	2005	2006	2006.07.01	2007	2008	2009	2010
01	农产品(不含鱼和渔产品)	15.627	15.350	15.227		15.223	15.23	15.225	15.221
02	鱼和渔产品	10.957	10.481			10.479			
03	石油				6.111				
04	木材、纸浆和纸盒家具	6.388	5.575	5.538		5.524			
05	纺织品和服装	12.864		11.459				11.458	11.456
06	皮革、橡胶鞋类和旅行用具	13.253				13.174			
07	金属	7.308				7.303			
08	化工品和照相用品	7.102	6.930	6.875		6.844		6.810	
09	运输工具	14.147	12.902	12.284		11.832			
10	非电气设备	8.113	8.029	8.025		8.020			
11	电气设备	8.936				8.642			
12	矿产品、宝石和贵金属	9.346				9.176			
13	未列名制成品	12.117				11.881			

案例

欧盟诉美国小麦面筋保障措施案[2]

【案情】1997 年美国小麦面筋产业协会向美国国际贸易委员会(以下简称 USITC)提出书面申请,要求对小麦面筋的进口发起保障措施调查。1998 年 USITC 裁定,小麦进口

---

[1] WTO/FTA 咨询网. 货物贸易开放终点一览表[R/OL]. (2006 – 05 – 11) [2011 – 08 – 24]. http://chinawto.mofcom.gov.cn/index.shtml.

[2] 江苏贸促网. 美国小麦面筋保障措施案[R/OL]. (2011 – 09 – 11). http://www.ccpitjs.org/Article/ShowInfo.asp? ID = 3920.

数量激增,对美国国内小麦面筋产业造成了严重损害,并作出决定,采取进口配额制的保障措施,但该措施不适用于发展中国家成员,并将该裁定和决定通知 WTO 保障措施委员会。欧盟为保障措施实施对象之一。

1997 年欧共体向美国提请磋商失败,提请 WTO 争端解决机构(以下简称 DSB)成立专家小组,要求专家小组裁定美国对小麦面筋采取保障措施的做法违反了《GATT1994》第 1 条、第 19 条以及《保障措施协议》第 2 条第 1 款、第 4 条、第 5 条、第 8 条和第 12 条的规定。2000 年专家小组认定美国已经减损或侵害了欧盟根据《保障措施协议》应享有的利益,建议 DSB 要求美国修改其保障措施,以与《保障措施协议》保持一致。

【评析】本案由于起诉、应诉双方均是 WTO 规则的主要倡导者,对于 WTO 规则的理解具有相当的深度,对规则的运用可谓轻车熟路,因此这是一场高水平对手之间的较量。专家小组在对此案进行审理时,对《保障措施协议》中一些较为模糊的地方也做了较深入的分析,得出相应结论。在保密信息的提供、通知义务的履行、"平行原则"的再次确认、因果关系分析中"所有相关因素"问题等都做了深入探讨和分析。

在此简要阐述专家小组报告中关于"两段比较法"再次否定的论述,此论述再次确定了在阿根廷鞋类案中确定的四项"足够"原则。欧共体在质疑 USITC 关于进口增长的结论时,曾用了"两端比较法"。美国认为,欧共体在阿根廷鞋类产品保障措施案中严厉抨击这种方法,而现在自己又使用,这显然是相互矛盾的。对此,专家小组采纳了阿根廷案专家小组的观点,即以"两端比较法"并不能适当地分析进口情况的全貌。判断进口是否增长,关键要分析调查期内,特别是近期内进口变化的整体趋势,即是否满足足够近期、足够突然、足够急剧和足够重大的四个条件。两个专家小组先后就该问题表达了同样的观点,且这种观点得到了上诉机构的认同。这就为今后成员分析进口状况提供了更为明确的指导。

第四节 与贸易有关的投资措施协定

投资措施作为 1986 年 10 月开始的乌拉圭回合谈判中多边贸易谈判的三个新议题之一,经过多方交流和磋商,最终达成《与贸易有关的投资措施协定》(*Agreement on Trade-Related Investment Measures*,TRIMS,以下简称《TRIMS 协定》)。作为迄今为止国际社会制定和实施的第一个具有全球性的有关国际直接投资措施方面的协议,该协议成为世界贸易组织法律体系的有机组成部分。

一、相关概念

(一)投资措施

投资措施的含义有狭义和广义之分。狭义的投资措施是指东道国及其政府为贯彻本国的外资政策,对外国直接投资的项目或企业所采取的各种法律和行政措施。广义的投资措施还包括投资母国为保护本国海外私人投资者的利益和安全所采取的法律和行政措施。TRIMS 协定中的投资措施仅指狭义的投资措施。

(二) 与贸易有关的投资措施

与贸易有关的投资措施指东道国采取的,能够影响国际贸易发展的规模和走向,对国际贸易有直接扭曲或限制作用的投资措施。对国际贸易的扭曲是指改变国际贸易的正常流向,对国际贸易的限制是指阻碍国际贸易活动的正常进行。

二、TRIMS 协定的内容

《TRIMS 协定》由序言、正文和附件 3 个部分组成,正文部分共有 9 个条款,下面做简要介绍。

(一) 序言

序言明确规定了制定该协议的目的:期望促进世界贸易的扩大和逐步自由化,便利跨国投资,以提高所有贸易伙伴、特别是发展中国家成员的经济增长;同时保证自由竞争,避免某些投资措施可能带来的贸易限制和扭曲。

(二) 适用范围

协定所述的适用范围较为简略,第 1 条规定该协议适用于与货物贸易有关的投资措施,与知识产权和服务贸易有关的投资措施不由此协议管辖,且该协定只适用于可能对贸易产生限制或扭曲作用的投资措施。

(三) 国民待遇和普遍取消数量限制原则

该协议规定,各成员国实施的投资措施必须符合国民待遇原则和禁止数量原则。该协议在附件中分别列举了违反国民待遇和禁止数量限制的行为。

与国民待遇义务不一致的行为主要包括以下几种:①要求企业购买或使用国内产品或任何自国内来源的产品;②要求企业购买或者使用的进口产品限制在与其出口的当地产品的数量或价值相关的水平上。

与普遍取消数量限制义务不一致的措施主要包括:①限制企业进口其生产所使用的或与其生产有关的产品或将进口量与企业出口当地产品的数量或价值相联系;②通过将企业可使用的外汇限制在与可归因于该企业外汇流入相关的水平上,从而限制该企业用于当地生产或与当地生产相关产品的进口;③限制企业产品出口或出口产品的销售。

(四) 例外情况

《TRIMS 协议》第 3 条规定 1994GATT 规定的所有例外都应视情况适用于该协议,主要涉及 GATT 第 20 条一般例外中的公共道德、环境保护、保护知识产权等,第 21 条规定的安全例外以及发展中国家成员保障国际收支而实施的数量限制等。这些例外为该协议的实施提供了一定的弹性,使得该协议在实践上具有可操作性。

(五) 过渡期安排

该协议第 5 条规定,各成员国必须自查其法律法规,将其中不符合《TRIMS 协定》规定的条款与《WTO 协定》生效之日起 90 日内通知货物贸易理事会,并限期改正。《TRIMS 协定》对不同国家规定了不同的改正期限:发达国家应在《WTO 协定》生效之日起 2 年内改正,发展中国家为 5 年内,最不发达国家为 7 年内。任何成员方不得修改其已经通知货物贸易理事会的所有与贸易有关的投资措施;同时,凡在《WTO 协定》生效前 180 天内实施的与该协定不服的贸易有关投资措施不享有过渡期。

(六)**透明度原则**

透明度原则是 WTO 的基本原则之一,贯穿于 WTO 的各个协议之中。在《TRIMS 协定》中,透明度原则也得到了充分体现。该协议第 6 条规定缔约国中央或地方政府有效实施的与货物贸易有关的投资措施都应迅速通知世界贸易组织秘书处并公布;一缔约国政府或政府机构与另一缔约国政府或政府机构之间缔结的影响货物贸易政策的现行协定,也必须公布;对另一成员提出的提供信息的请求给予积极考虑,并提供充分的磋商机会,但不要求任何成员披露会妨碍执法、违背公共利益或损害特定公私企业合法商业利益的信息。

(七)**与贸易有关的投资措施委员会**

该协定第 7 条设立了与贸易有关的投资措施委员会,该委员会每年至少召开一次会议或在任何成员国请求下召开会议;履行货物贸易理事会所指定的职责,并提供机会帮助各成员就涉及本协定的运用和执行的任何事项进行磋商;监督本协定的运用和执行,并每年向货物贸易理事会报告。

(八)**磋商和争端解决**

产生的与贸易有关的投资措施争议适用于《争端解决谅解》以及 GATT1994 第 22 条和 23 条的规定。

第五节 与贸易有关的知识产权协定

随着知识经济时代的来临,科学技术在各国的经济发展中发挥着重要影响,知识的生产、传播和运用在世界经济贸易的竞争中起着决定性的作用。乌拉圭回合最终形成了《与贸易有关的知识产权协定》(Agreement on Trade – Related Aspects of Intellectual Property,TRIPS,以下简称《TRIPS 协定》),首次将知识产权保护纳入了多边贸易体系,在世界范围内加强对知识产权的保护。该协定共 7 个部分 37 条,对知识产权保护的范围、可获得性、行使标准、施行、获得与维持程序、纠纷的预防及解决等作了详细规定,已超出任何现有的知识产权国际公约,为知识产权的国际保护确立了新的、统一的国际标准和准则。

一、《TRIPS 协定》的宗旨

《TRIPS 协定》的宗旨主要体现在协定的序言部分:减少对国际贸易的扭曲和阻碍;促进对知识产权的有效和充分保护;保证实施知识产权的措施和程序本身不成为合法贸

易的障碍;促进技术革新和技术转让;有助于社会和经济福利及权利与义务的平衡。《TRIPS 协定》主要是发达国家意志的体现,发展中国家妥协的产物,其要求的保护水平超过了发展中国家的能力,协定更倾向于保护私人利益而较少关注公共利益等,这些都是《TRIPS 协定》的不足之处。

二、《TRIPS 协定》总则和基本原则

(一)最低保护水平

《TRIPS 协定》规定的水平是"最低标准",各成员方的国内立法可以给予比该协定更为广泛的法律保护,但不得低于该协定所规定的保护水平。一成员国的国民在任何其他成员国国内所享受到的国民待遇不能低于该条约规定的最低标准。

(二)国民待遇原则及例外

根据 TRIPS 协定第 3 条规定,在遵守《巴黎公约》、《伯尔尼公约》、《罗马公约》和《关于集成电路的知识产权条约》中各自规定的例外的前提下,每一成员国给予其他成员国民的待遇不得低于给予本国国民的待遇。但《巴黎公约》、《伯尔尼公约》、《罗马公约》、《关于集成电路知识产权条约》中各自有关国民待遇例外规定的除外。

(三)最惠国待遇原则及例外

根据《TRIPS 协定》第 4 条规定,一成员国对任何其他国家国民给予的任何利益、优惠、特权或豁免,应立即无条件地给予所有其他成员国的国民。同时该协定规定了四种最惠国待遇原则的例外:①基于自一般性的、并非专门限于知识产权的国际司法协助协议而产生的任何优惠、特权及豁免;②按照《伯尔尼公约》、《罗马公约》规定不具有国民待遇性质而只对另一国的优惠、特权或豁免待遇;③《TRIPS 协定》未作规定的有关表演者、录音制品制作者以及广播组织的权利;④《TRIPS 协定》对某成员方生效之前,该成员方与其他成员方特别签订的协定中给予的优惠或特权,且这些协议不对其他任何成员国构成任意或不合理的歧视,同时应通知与贸易有关的知识产权理事会。

(四)保护公共利益原则

各成员国在制定或者修改规章的过程中,可以基于保护本国公共健康、维护对社会经济和技术发展至关重要的公共利益,或防止知识产权人权利滥用等采取一定措施对知识产权进行一定限制,但其限制不得违反 TRIPS 协定规定的保护程度与范围。

(五)《TRIPS 协定》与其他知识产权国际公约的关系

《TRIPS 协定》的目的是对知识产权的国际保护进行全面性的规定,而不是取而代之,因此,《TRIPS 协定》成员国在专利、商标、工业品外观设计、地理标志、商业秘密、版权、集成电路拓扑图和有关表演者、录音制品制作者与广播组织方面不得背离其可能在《巴黎公约》(1967 文本)、《伯尔尼公约》(1971 文本)、《关于集成电路知识产权条约》和《罗马公约》项下相互承担的现有义务。但未加入《罗马公约》的成员国不受《罗马公约》的限制。

三、知识产权的范围

《TRIPS 协定》第二部分主要规定了知识产权的范围和行使标准。

（一）版权和相关权利

与《伯尔尼公约》、《罗马公约》相比，《TRIPS 协定》对版权的保护有所更新与延伸。

1. 排除某些权利的保护。首先协定排除了精神权利的保护。根据 TRIPS 协定的规定，各成员方都应遵守《伯尔尼公约》，在《伯尔尼公约》中规定了经济权利和精神权利。由于《TRIPS 协定》只处理与贸易有关的知识产权问题，因此在版权方面只规定了针对版权和邻接权的经济权利。协定规定各成员对《尼泊尔公约》第 6 条第 2 款所给予或派生的权利在本协定下不具有权利和义务，从而将精神权利排除在外。其次协定规定版权的保护应当延及其表述方式，但是排除对思想、程序、操作方法或者数学概念本身的保护。

2. 将计算机程序和有独创性的数据汇编列为版权的保护对象。该协定规定，无论以源代码还是以目标代码表达的计算机程序，均应作为《伯尔尼公约》1971 年文本所指的文字作品给予保护。但该保护不延伸至数据或资料本身，不应影响对数据或内容本身所获得的任何著作权。

3. 增加了计算机程序及电影作品的出租权。该协定规定，计算机程序和电影作品的作者或者作者的合法继承人有权许可或禁止将其享有版权的作品原件或者复制件向公众进行商业性出租，但各成员国有权决定其他类型的作品是否享有出租权。

4. 延长某些作品的保护期限。根据《罗马公约》的规定，表演者、录音制品制作者和广播组织的保护期限为 20 年，TRIPS 协定则将此期限延长为自录制或表演发生之年年终延续到第 50 年为止。TRIPS 协定赋予的表演者权利相对《罗马公约》较窄。TRIPS 协定所指的录制只限于录制到录音制品上，而《罗马公约》并无此限制。

（二）商标权

根据 TRIPS 协定的规定，商标权的保护必须经过特定的注册程序才能产生，其注册商标所表示的商品或服务性质，在任何情况下均不得成为该商标获得注册的障碍；将"视觉上能够识别"作为区别于其他企业货物或服务的资格标准；扩大了驰名商标在客体范围和权利范围上的保护，将《巴黎公约》关于驰名商标的保护原则扩大到服务商标，对驰名商标的保护扩大到不相同或不相类似的商品或服务；补充了驰名商标认定的标准等。

（三）地理标识

地理标志是指识别一货物来源于一成员领土或该领土内一地区或地方的标识，该货物的特定质量、声誉或其他特性主要归因于其地理来源。TRIPS 协定规定各成员国应在地理标识方面提供法律措施以阻止利用商标作虚假的地理标识暗示、在商品的称谓或表达上暗示或明示商品虚假来源等行为；专门就葡萄酒和烈性酒等酒类商品地理标志加以特殊保护，如规定了商标行政主管部门的撤销权等；同时规定了地理标志保护的例外，包括以下五项：①善意或在先使用；②商标的善意申请、注册或使用；③惯用名称；④名称权；⑤已经在起源国不受保护、停止保护或已废止的地理标识。

(四)工业设计

TRIPS协定首次在世界范围内统一了工业设计的保护标准,并确定了这一领域的一些基本规则。该协议规定各成员国应给予新的或原创性的独立创造的工业设计提供保护,特别强调了对纺织品的保护;保护期限为10年,在此期间未经权利人许可,任何第三方不得以商业为目的,对所含设计是一项受保护设计的复制品或实质上是复制品的物品,进行生产、销售或进口。但各成员国在不损害所有权人和第三人的合法利益的正常使用时可例外。

(五)专利权

该协定规定只要产品或者方法具有新颖性、包含发明性步骤,并可供工业应用都可授予专利,而不因发明地点、技术领域、产品是进口的还是当地生产的而受到歧视,但人或动物的医学诊断方法、治疗方法以及外科手术方法、除微生物之外的动植物,以及生产动植物的方法例外。专利权人享有制造、使用和销售等权利;专利的保护期限不得短于自申请之日起的20年。同时,TRIPS协定还对专利权的限制以及举证责任做了一些原则性的规定。

(六)集成电路布图设计权

集成电路布图设计是指将两个以上电子元器件(其中至少有一个是有源元件)集成在基片之中或者基片之上,并用部分或者全部互连线路连接的三维配置方案。TRIPS协定对集成电路布图设计的保护是建立在《华盛顿公约》的基础之上,协议规定全体成员方同意,依照《集成电路知识产权条约》第2条至第7条(排除第6条第3款)、第12条、第16条第3款,为集成电路布图设计提供保护。布图设计的知识产权保护期不少于10年;如果从创作完成之日起计算,保护期不应少于15年。同时协议还对"善意侵权"做了相关规定,即如果因不知所销售的物品中包含了非法复制的集成电路布图设计,不应被视为侵权。

(七)未披露过信息的专有权

未披露信息包括商业秘密和未披露的实验数据。

1.商业秘密。构成商业秘密必须符合3个条件:未公开、因保密而具有商业上的价值、合法控制它们的主体已经为保密而采取了措施。未经权利人许可,其他任何自然人、法人或者其他组织不得披露、使用和转让等。但善意第三人的使用以及第三人独立开发完全相同的商业秘密而使用的例外。

2.未披露的实验数据。协议规定应当保护批准销售使用新型化学个体制造的药品或农业化学物质产品的条件,需通过巨大努力取得的、未披露的实验数据或其他数据,以防止不正当的商业使用。但属为保护公众所必需,或未采取措施以保证该数据不被用在不正当的商业使用中的,可例外。

四、知识产权的执法

(一)民事程序及救济

TRIPS协定中共用了7条法律规定知识产权的民事救济程序,包括公平和公正的程序、证据、禁令、损害和知情权等。

1. 程序必须公平和公正。协议规定被告有权获得及时和详细的书面通知,包括起诉依据;应允许当事人由独立的法律顾问代表出庭,并且关于强制本人出庭的程序不应规定得过于烦琐。此类程序的所有当事人均有权证明其权利请求并提供所有相关证据。除了违反各成员国宪法规定外,该民事救济程序应能确认和保护机密信息。

2. 证据。如果一方当事人已经出示合理获得且足以证明其权利请求的证据,并指明对方当事人控制有证明其权利主张的证据时,可采取举证责任倒置。此外,如果一方当事人在合理期限内拒绝提供证据,成员国可授予司法机关在确保当事人对有关主张或者证据有陈述或辩解的机会下,根据已提供的信息作出初步的或者最终的决定。

3. 救济方式。TRIPS 协定对知识产权的侵权规定了以下几种救济方式:①禁令。司法机关有权责令一方当事人停止侵权,特别是有权阻止涉及知识产权侵权的进口商品进入其管辖内的商业渠道。在强制许可的情况下,该救济措施仅适用于使用费支付的纠纷。②损害赔偿。对于故意或者有充分理由应当知道自己从事侵权活动的侵权人,司法机关有权责令侵权人向权利人支付足以补偿其因知识产权侵权所受损害的赔偿或向权利人支付有关费用(包括律师费用)等。③其他救济方式。如司法机关有权在不给予任何补偿的情况下,责令将已发现侵权的货物、用于制造侵权货物的材料和工具清除出商业渠道或者下令将其销毁等。仅除去非法加贴的商标的货物不能进入商业渠道。

(二)行政程序及救济

TRIPS 协定对行政程序的救济规定仅有第 49 条,即协定允许各成员国通过行政程序责令进行任何民事救济,但应符合与民事救济程序中的实质相当的原则。

(三)临时措施

知识产权侵权的一个显著特点是侵权人很容易隐匿或者销毁侵权物品。按照 TRIPS 协定的规定,为了保全被诉侵权的有关证据、制止侵犯任何知识产权活动的发生,尤其是制止刚由海关放行的包括进口商品在内的侵权商品进入其管辖范围的商业渠道,司法机关可以采取迅速有效的临时措施,主要包括临时禁令和证据保全。

(四)有关边境措施的特殊规定

这主要是指海关对侵权商品进出关境的控制措施。协定规定各成员国应当制定相关程序,使得权利持有人在有正当理由怀疑假冒商标或盗版货物有可能被进口时,能够向行政或司法主管当局提出书面申请,要求海关当局暂停放行这些货物进入自由流通。主管当局有权要求申请人提供保证金或者其他等效保证,同时在符合一定条件时主管当局可以依职权主动采取行动,根据其获得的初步证据对正在侵犯知识产权的货物暂停放行。

(五)刑事程序

对严重侵犯知识产权构成犯罪的,TRIPS 协定要求成员适用刑事程序加以制裁和处罚。对具有商业规模的故意假冒商标或者抄袭版权的案件采取刑事措施是该协定对各个成员方国内知识产权的刑事立法提出的最低要求。刑事措施包括监禁、罚金、没收、销毁侵权货物以及制造该货物的原材料和工具等。

五、过渡期安排

《TRIPS协定》规定了不同国家过渡期的安排：发达国家为WTO协定生效之日起1年内；发展中国家和处在从中央计划经济向市场和自由企业经济转型过程中的成员方为5年；最不发达国家为11年。根据协议规定，现所有成员国应完成了过渡期。

六、机构与争端解决

《TRIPS协定》设立与贸易有关的知识产权理事会，以保障该协定的实施。该协定的争端适用于《争端解决谅解》和GATT1994第22条和第23条的规定。

司考题

1. 国内某产品生产商向我国商务部申请对从甲国进口的该产品进行反倾销调查。该产品的国内生产商共有100多家。根据我国相关法律规定，下列哪一选项是正确的？（2010-1-44）

　　A. 任何一家该产品的国内生产商均可启动反倾销调查。
　　B. 商务部可强迫甲国出口商作出价格承诺。
　　C. 如终裁决定确定的反倾销税高于临时反倾销税，甲国出口商应当补足。
　　D. 反倾销税税额不应超过终裁决定确定的倾销幅度。

2. 甲乙二国均为世贸组织成员国，乙国称甲国实施的保障措施违反非歧视原则，并将争端提交世贸组织争端解决机构。对此，下列哪一选项是正确的？（2010-1-46）

　　A. 对于乙国没有提出的主张，专家组仍可因其相关性而作出裁定。
　　B. 甲乙二国在解决争端时必须经过磋商、仲裁和调解程序。
　　C. 争端解决机构在通过争端解决报告上采用的是"反向一致"原则。
　　D. 如甲国拒绝履行上诉机构的裁决，乙国可向争端解决机构上诉。

参考答案：D、C

复习思考题

1. 世界贸易组织主要的组织机构有哪些？
2. 关税减让原则的含义及其例外有哪些？
3. 倾销的定义是什么，构成要素有哪些？
4. 《TRIPS协定》规定的知识产权的范畴包括哪些？

📖 阅读书目

1. 曹建明,贺小勇.世界贸易组织[M].北京:法律出版社,2011.
2. 张学慧.国际经济法教程[M].2版.北京:首都经济贸易大学出版社,2007.
3. 薛荣久.世界贸易组织(WTO)教程[M].北京:对外经济贸易大学出版社,2003.

第九章 区域经济一体化组织

学习目标与要求

本章将介绍区域经济一体化组织的相关内容,要求了解经济一体化组织的经济理论基础,了解三大区域经济一体化组织——欧洲联盟、北美自由贸易区和亚洲—太平洋经济合作组织的成立和组织机构,重点掌握经济一体化组织的定义、分类以及三大区域经济一体化组织的经济法律制度。

第一节 区域经济一体化概述

经济一体化组织的合法性来源于《关税与贸易总协定》的规定。《关税与贸易总协定》第24条规定,为便利成员国领土之间的自由贸易,关贸总协定不限制成立关税贸易区或自由贸易区,或为成立关税贸易区和自由贸易区而订立协议。

进入20世纪90年代以来,区域经济一体化组织如雨后春笋一般在全球涌现,1/3的区域性经济组织集中在1990~1994年间成立。区域性经济一体化组织的出现使得地区经济依赖和协作更加紧密,而区域经济一体化的进程也大大推动了区域性经济一体化组织的建立和发展。

一、区域经济一体化的定义

在经济学领域,"一体化"一词最早运用在企业兼并与合并之中,主要用来研究通过卡特尔、托拉斯和康采恩等形式结合而成的经济联合体,直到20世纪50年代才具有国家之间经济融合的含义。

西欧国家筹划建立欧洲煤钢共同体时使用了"经济一体化"一词。经济一体化一般具有广义和狭义之分。广义的经济一体化即世界经济一体化,指世界各国之间彼此开放,成为一个相互联系又相互依赖的有机整体。狭义的经济一体化即区域经济一体化(Regional Economic Integration),是指具有一定地理关联关系的两个或两个以上的国家或地区之间,通过让渡部分政治经济权利,建立共同的协调机构,制定统一的经济贸易政策,消除相互之间的贸易壁垒,逐步实现区域内的协调发展和资源的优化配置,以促进经济贸易发展,追求地区利益最大化。贝拉巴拉萨认为,经济一体化是一个过程,包括采取种种措施消除各国经济单位之间的歧视;也是一种状态,表现为各国之间形式差别的消失。

二、区域经济一体化的形态

区域经济一体化的形态,根据不同标准可以有几种分类方式:

(一)按照经济一体化的范围划分

按照经济一体化的范围不同可以分为部门经济一体化和全盘经济一体化。部门经济一体化(Sectoral Economic Integration)主要是指各国(地区)之间在某一特定部门领域内实行一体化的措施,如欧洲煤钢共同体、欧洲原子能共同体以及美加汽车贸易协议都是典型的部分经济一体化组织。全盘经济一体化(Overall Economic Integration)即为区域内各成员国的所有经济部门的一体化,如北美自由贸易区和欧洲联盟等。

(二)按照参加国经济发展水平划分

按照参加国的经济发展水平进行分类,可以分为水平经济一体化和垂直经济一体化。水平经济一体化(Horizontal Economic Integration)又称横向经济一体化,主要由经济发展水平大体相同或者相近的国家(地区)组成经济一体化组织,如欧洲联盟、中美洲共同市场以及东盟自由贸易区等。垂直经济一体化(Vertical Economic Integration)又称纵向经济一体化,由经济发展水平不同的国家(地区)组成,国家之间具有更大的互补性,如1994年1月1日成立的北美自由贸易区等。

(三)按照经济一体化程度划分

按照经济一体化程度的不同可将经济一体化分为特惠贸易协定、自由贸易区、关税同盟、共同市场、经济同盟和完全经济一体化,这是较为重要的一种划分方式。

1. 特惠贸易协定(Preferential Trade Arrangements)。特惠贸易协定是指各国之间通过协定或者其他形式,对全部商品或者部分商品规定较为优惠的关税,但各协定方之间仍保持数量限制等其他形式的贸易壁垒,对协定方以外的国家仍保持关税,如1932年英联邦特惠制度、1975年洛美协定。这是经济一体化较为松散和低级的一种形式。

2. 自由贸易区(Free Trade Area)。自由贸易区是指两个或两个以上的国家或地区通过签订自由贸易协定,削减或者取消相互之间的关税或其他非关税措施,所组成的贸易区域。但各成员国同时保留原有的独立对区域外国家的关税结构和其他贸易保护措施。自由贸易区一般包括转口集散型、贸工结合以贸为主型、出口加工型和保税仓储型等。这类贸易区发展十分迅速,最具有代表性的为1994年成立的北美自由贸易区。

3. 关税同盟(Customs Union)。关税同盟是指两个或两个以上的国家或地区通过签订条约、协定,取消区域内关税或其他贸易壁垒,对外实行统一的关税和外贸政策,其目的在于使成员国的产品在关税同盟内处于优势地位,排除非成员国产品的竞争。这在一体化程度上比自由贸易区更进了一步,是区域经济一体化过程中最为基本的形态。成员国之间不仅取消贸易壁垒,而且建立了对外共同、统一的关税税率。1958年欧洲共同体和1981年中部非洲国家经济共同体为典型的关税同盟。关税同盟具有一定的超国家性质。

4. 共同市场(Common/Single Market)。共同市场是指在成员国内完全废除关税、实现共同对外关税的基础上,允许商品、资本、人员和劳务等生产要素在成员国之间自由流动,如1960年中美洲共同市场和1991年南方共同市场。在共同市场的形态下,各成员国主动自愿让渡部分主权(主要包括进口关税制定权、技术标准制定权、国内间接税率调整权和干预资本流动权等),将政府干预或调解经济的主要政策工具转移给经济一体化组织,由经济一体化组织共同行使。共同市场下经济调节的超国家性质比关税同盟更进一步。

5. 经济同盟(Economic Union)。经济同盟是指成员国之间在实行关税、贸易和市场一体化的基础之上,进一步协调成员之间的财政政策、货币政策、汇率政策和社会福利政策等,并拥有一个制定相关政策的较高层次的超国家性的机构,最为典型的代表为1993年成立的欧洲联盟。

6. 完全的经济一体化(Complete Economic Integration)。完全的经济一体化是经济一体化的最高级形式。完全的经济一体化不仅包括经济政策的统一,还包括政治制度和法律制度的协调乃至统一;不仅实现在经济上的合作,还要实现政治、外交、安全等方面的合作与统一。完全经济一体化组织有自主的组织管理机构,成员国让渡部分的决策权与管理权,交予该机构统一行使。在现有的各种组织中,目前还没有这类一体化组织,欧洲联盟正在向此种类型渐进发展。

三、关税同盟理论

学者们在对区域经济一体化研究的过程中,产生了诸多理论。由于经济一体化所涉及的内容包含了经济、法律、外交、国防以及文化等诸多方面,因此发展出了经济学理论、新地理学理论、国际关系学理论以及国际政治学理论等。其中最为重要的便是经济学理论。经济学理论里又包含了关税同盟理论、共同市场理论和共同货币区理论等,关税同盟理论又是建立经济一体化组织的基础。下面就关税同盟理论进行简要介绍。

关税同盟是区域经济一体化中发展较为成熟,也是比较稳定的一种形式。它对外统一关税,对内实行贸易自由化,成员国之间实行关税政策的一体化,充分显示出集团内外有别的特点。关税同盟的实质是集体贸易保护主义,其理论的渊源可以追溯到19世纪德国李斯特提出的保护贸易理论。系统提出关税同盟理论的为美国普林斯顿大学经济学教授雅各布·瓦尔纳(Jacob Viner)。1950年瓦尔纳在其著作《关税同盟问题》一书中用"贸易创造"与"贸易转移"来衡量关税同盟的实际效果,为今后的关税同盟效应理论奠定了基础。

(一)关税同盟的静态效应

关税同盟的静态效应是指假定在经济资源总量和技术条件不变的情况下,关税同盟对集团内外国家、经济发展以及社会福利所造成的影响。具体而言,关税同盟的静态效应主要包括贸易创造效应和贸易转移效应。

1. 贸易创造效应(Trade Creating Effect)。贸易创造效应是指在关税同盟内部实行自由贸易之后,在国内生产成本高的产品由其他生产成本低的成员国进口,使得资源利用率提高;与此同时,将国内本来用于生产的资本引导到其他成员国以低成本购买该产品,这样既节省了消费者的开支,又扩大了成员国之间的贸易。

2. 贸易转移效应(Trade Diverting Effect)。贸易转移效应是指关税同盟在实行统一关税后,对外采取歧视性的贸易措施。若产品生产成本较低的第三国不在关税同盟区内,该国该产品在关税同盟国内的税后价格可能高于成员国生产成本较高的相同产品的价格,使得成员国用本同盟区其他成员国生产的成本较高、效率较低的产品替代第三国成本较低、效率较高的产品,从而造成一定的损失。

一般而言,一个国家是否加入关税同盟通常是根据贸易创造和贸易转移的差值来确定的。当一国对贸易产品的供求弹性较大、与其他成员国之间贸易产品成本差别较大、伙伴国与第三国同种贸易产品的价格或成本差别较小时,贸易创造效应可能大于贸易转移效应,该国便会倾向于加入关税同盟。成功的关税同盟应使成员国的贸易创造效应大于贸易转移效应。

(二)关税同盟的动态效应

关税同盟动态效应是指在竞争增强、贸易条件动态变化的情况下,关税同盟对投资、经济增长率和社会福利等方面的影响。有时动态效应远比静态效应重要,对成员国的经济增长有重大影响。动态效应主要包括规模经济效应、促进竞争效应、刺激投资效应和资源配置效应等。

1. 规模经济效应。关税同盟的建立带来了一个较大的市场,在比较成本法则①的定律下,必然促使成员国之间进行专业分工。随着专业分工的不断深化,生产效率也必定不断提高。生产效率高又进行专业化生产的企业相继扩大生产,实现规模经济,从而又反作用于生产,使得成本降低、效率提高。

2. 促进竞争效应。关税同盟的成员国之间的货物实现了自由流通,大大降低了各国对本国企业的保护,提高了市场的透明度,增强了企业之间的竞争。同时又刺激了企业改组和产业合理化,推动企业进行技术改革,从而提高了经济效益。

3. 刺激投资效应。关税同盟的建立将引起企业生产向专业化靠近并且不断扩大,生产技术不断进步,同时投资市场扩大,不稳定的风险降低,激发了成员国以及非成员国投资的积极性。而关税同盟的贸易转移效应也可能促使原本将产品出口到同盟国市场的非成员国,因受到贸易歧视提高了生产成本,非成员国为降低生产成本,很可能在同盟国开办企业,就地生产就地销售。

4. 资源配置效应。关税同盟成员国间实现了资本、人员、货物以及技术等的自由流

---

① 比较成本法则理论来源于英国资产阶级古典政治经济学代表人物大卫·李嘉图(David Ricardo)。他认为国家不一定需要生产各类商品,而应该集中力量生产获利较大的商品,在资本和劳动力不变的情况下,使得生产总量增加,再通过国际贸易获得其他商品;各国为使本国贸易利益最大化,逐步形成国际分工。

动,这在无形中加剧了各成员国生产要素的相对价格和绝对价格①趋于均等化。在此作用下,生产要素从边际生产力低的成员国转向边际生产力高的成员国,从而提高了资源利用率,降低了资源闲置率,实现了资源的优化配置。

无论从关税同盟的静态效应还是动态效应进行分析,关税同盟作为区域经济一体化中稳定、成熟的形式均对贸易起到了积极和促进的作用。

四、区域经济一体化对国际贸易的影响

在国际政治多极化和经济全球化的进程中,区域经济一体化的产生及发展扩大,对国际贸易产生了巨大的影响。

(一)对区内成员国贸易的影响

1. 积极影响:

(1)创造了良好的市场贸易环境。由于区域经济一体化组织在不同程度上减免关税、取消数量限制、放松或取消外汇限制,使得区域内各成员国之间形成一个紧密联系的整体,降低了投资风险;同时各成员国之间采取措施提高市场透明度,减少行政干预,让企业在市场经济的作用下优胜劣汰,生产技术得到不断提高。经济一体化的种种优势使得成员国之间形成一个稳固而统一的整体,让区域内部的市场环境好于第三国市场。

(2)促进成员国经济发展。对区域内成员国而言,区域经济一体化强化了集团内部成员国之间的依赖性,深化了成员国之间的交流与合作,优化了成员国之间的资源配置,降低了资源闲置率,促进了集团内部经济贸易的增长。

(3)提高了成员国在国际贸易中的地位。在国际贸易中区域内各成员国作为一个整体采取同一声音与外界对话,无形中增大了在国际贸易中的分量;在贸易谈判中以整体的形象出现,谈判砝码增加、影响力增强,大大提高了成员国在国际贸易中的地位。

(4)加快成员国科技进步。区域经济一体化组织给区域内成员国以及企业提供了技术交流与合作的平台,各成员国或企业之间可自由进行诸多领域的交流与合作,有利于成员国科技的进步、发展与完善。

2. 消极影响。区域经济一体化组织也会给成员国带来一定消极影响。首先区域经济一体化组织会加速企业垄断。区域内由于自由贸易的发展,企业之间在相互合作的同时也相互竞争,并根据市场规则优胜劣汰,导致实力较弱的中小企业破产或者被兼并,实力较强大的大企业积累资本扩大生产,加速了集团内部资本的集中和垄断的形成。其次由于成立区域经济一体化组织需要各成员国让渡部分政治经济主权,因此成员国经济贸易政策的自主权也会受到相应的制约。

---

① 相对价格的概念起源于英国古典政治经济学家大卫·李嘉图,是指两种或两种以上的商品由供需作用所形成的价格比例关系。绝对价格是指用货币单位表现出来的商品价格。

(二)对非成员国贸易的影响

区域经济一体化组织的形成改变了世界格局。区域经济一体化组织的发展一定程度上改变了世界"一国独大"的局面,使得世界的政治经济向多极化方向发展,形成了"一超多强"的政治经济格局,促进了世界和平与稳定。

然而区域经济一体化组织的形成也阻碍了经济全球化进程。经济一体化组织通常采用对内开放、对外保护的政策,在国际贸易中对区域外国家设立贸易壁垒,使得其他国家的产品受到排斥,降低了市场透明度,阻碍了区域集团外国家与集团内国家的正常贸易,在一定程度上恶化了国际贸易环境。同时,由于区域经济一体化组织的产生和不断演变,原本国际贸易中国与国之间的贸易战争逐渐转化为集团与国、集团与集团之间的贸易战争,阻碍了经济全球化进程。

第二节 欧洲联盟[①]

一、欧洲联盟的建立

欧洲联盟(European Union,EU,以下简称"欧盟")的前身是欧洲共同体。第二次世界大战以后,为了增进西欧各国间经济联合与发展,欧洲联邦主义者让·莫内(Jean Monnet)和法国外长罗伯尔·舒曼(Robert Schuman)提出"舒曼计划",法国、联邦德国、荷兰、意大利、比利时和卢森堡六国建立起欧洲煤钢共同体。1958年六国又共同建立欧洲原子能共同体和欧洲经济共同体。1965年欧洲煤钢共同体、欧洲原子能共同体和欧洲经济共同体统一起来,统称欧洲共同体。1991年欧共体成员国领导人在荷兰的马斯特里赫特举行会议,就《欧洲联盟条约》(Treaty on European Union,也称《马斯特里赫特条约》,Maastricht Treaty,以下简称《马约》)达成协议,旨在建立欧洲经济货币联盟和欧洲政治联盟。

1993年11月1日,《马约》正式生效,欧盟诞生,标志着欧共体从经济实体向政治经济实体过渡,为欧盟日后成为一个集政治实体与经济实体于一身、在世界上具有重要影响的区域一体化组织奠定了基础。随着欧盟的不断扩大,其现已拥有27个成员方,成为全球最为重要的区域经济一体化组织之一。

根据《马约》的规定,欧盟旨在建立一个欧洲经济货币联盟和欧洲政治联盟,促进和平,追求公民富裕生活,实现社会经济可持续发展,加强国际合作,并提出了要实现的四个主要目标:一是"建立一个包含一种单一及稳定货币的经济和货币联盟";二是"构建共同防务政策的共同外交和安全政策";三是引入联盟公民身份,加强对其成员国国民权力和利益的保护;四是"发展在司法和国内事务的紧密合作关系"。

[①]本节内容主要参考欧洲联盟官方网站 http://europa.eu/。

二、欧洲联盟的组织机构

欧盟设立了一套具有立法权、行政权和司法权的机构,主要包括欧洲议会、欧洲理事会、欧盟理事会、欧盟委员会和欧洲法院等。

(一)欧洲议会

欧洲议会(European Parliament)是欧盟唯一一个由欧盟成员国人民直选产生的机构。议会大厦设在法国斯特拉斯堡,议会秘书处设在卢森堡。欧洲议会是欧盟的立法、监督和咨询机构,其工作职能主要包含:与欧盟理事会在贸易、运输和环境等38个领域共享立法权,共同决定结构基金、科研、环境、能源、产业政策及对第三国的发展援助等方面的预算;通过弹劾欧盟委员会行使监督权等。

(二)欧洲理事会

欧洲理事会(European Council)即欧盟首脑会议,也称高峰会议,是欧盟的最高决策机构,由欧盟27个成员国国家元首或政府首脑和委员会主席共同组成,设立理事会常任主席,对内主要负责支持欧盟会议、协调欧盟内部立场,对外代表欧盟,俗称"欧盟总统"。欧洲理事会的职权包括以下几个方面:为联盟的发展确定总的政治方针;裁决在决策机构中出现的争论;在涉及欧盟利益的事务领域表达共同立场;倡导和发起在新领域的合作等。

(三)欧盟理事会

欧盟理事会(Council of the EU)即欧盟各国部长理事会,由各成员国正副部长组成,实行轮值主席国制。欧盟理事会作为欧盟的重要决策机构之一,主要负责法律、法规的制定;协调欧盟成员国之间的经济政策;签订环境、贸易、渔业、科技和交通等方面的国际性条约;批准欧盟每年的财政预算;发展和协调欧盟共同外交、安全和司法政策等。

(四)欧盟委员会

欧盟委员会(European Commission)是欧盟的执行机构,总部设在布鲁塞尔,主席由欧盟27个成员方最高元首组成的理事会提出,经欧洲议会批准通过,现任主席为杜朗·巴罗佐(José Manuel Durao Barroso,任期为2010.02~2015.02)。欧盟委员会是整个欧盟行政体系的引擎,主要负责向理事会和议会提出立法动议并监督其执行;负责欧盟的预算管理、资金分配;实施欧盟条约、法律、法规和理事会决定;代表欧盟进行商务和合作方面的国际条约谈判等。

(五)外交署

根据2009年生效的《里斯本条约》(Treaty of Lisbon),欧盟把原属于欧盟理事会和欧盟委员会的外交权力合二为一,成立单一的外交机构——外交署(European External Action Service)。2010年12月1日欧盟"外交署"正式开始运行,现任外长为英国上院领袖凯瑟琳·阿什顿(Catherine Ashton,任期为2009.11~2014.11)。"外交署"作为欧盟层面处理日常对外事务的部门,直接服务于欧盟的共同外交政策,旨在促进欧盟共同外交政策的具体落实,帮助欧盟理事会、欧盟委员会及其成员国在共同外交政策实施方面进行协调,以提高共同外交政策的决策和执行效率等。

（六）欧洲联盟法院（Court of Justice of European Union）

欧洲联盟法院是欧盟的仲裁机构，总部位于卢森堡，官方语言为法语。其下设三个子法院：欧洲法院（the Court of Justice）、普通法院（the General Court）和公务员法庭（the Civil Service Tribunal）。

欧洲联盟法院负责审理和裁决在执行欧盟条约和有关规定中发生的争执；审查由欧洲议会和欧盟理事会共同制定的法令的合法性；审查由欧盟理事会、欧盟委员会、欧洲中央银行以及欧洲议会制定的旨在对第三方直接产生法律效力的法令的合法性等。

三、欧洲联盟法律的形式及其效力

欧洲联盟法是欧洲在进行一体化进程中形成的一系列法律的总称，包括建立欧共体/欧盟的公约，欧共体/欧盟与其他国家签订的双边或多边条约、协定等。在欧盟法的理论中，对欧盟法的分类多样，其中最重要的是将欧盟法分为一级立法与二级立法。

（一）一级立法

一级立法是指成员国为建立欧共体/欧盟而签订的一系列的基础性条约、附件和协定书等，他们构成了欧盟法律制度的基础，涉及欧共体/欧盟建立、组织机构、法律地位及其重要的对内外政策等，主要包括《建立欧洲煤钢共同体条约》、《建立欧洲经济共同体条约》、《建立欧洲原子能共同体条约》和《欧洲联盟条约》，这四个核心条约被称为宪法性条约。此外，还包括"欧共体理事会关于欧洲议会直接选举的法令"、《单一欧洲法令》和《阿姆斯特丹条约》等。这些条约的效力高于所有其他欧共体/欧盟的法律，也高于成员国国内法，在欧盟法律体系的地位，就如同宪法在国内法律体系的地位。

其次，还包括一些协调欧共体/欧盟各成员国国内法的条约，如《关于欧共体专利公约》和《关于民商事案件管辖权及判决执行的卢加诺公约》等。这些协调性条约在效力层级上低于宪法性公约，其规定不得与宪法性条约相抵触。

（二）二级立法

二级立法是指由理事会和委员会制定的条例、指令和决定。

条例（Regulation）是欧盟适用最为广泛、最有力的法律形式，具有普遍适用性、全面约束力和直接适用性。条例不需要成员国采取任何程序性事项，便自动成为成员国国内法的组成部分。欧盟规定，各成员国在国家资助、关于财政预算程序和有关工人被解雇之后的权利方面必须使用条例。在关税同盟、共同农业政策等方面，条例也是被依赖的主要工具。

指令（Directives）不具有全面约束力，在其所欲达到的目标上，仅适用于接受指令的成员国，并且这些成员国对实现目标的方式和方法上具有选择权，因此通常不具有直接适用性。实践中，当成员国法律在某一领域有冲突，或者成员国在货物、人员、服务和资金流动方面存在限制，影响到共同市场的建立、共同政策实施的情况下，采用指令的形式。

决定(Decisions)的针对对象特定,为某一个或者某几个成员国或者成员国公民,对适用对象具有全面约束力和直接适用性。决定可分为实施性决定、准司法性决定和行政性决定等。欧盟可以通过这一形式直接要求某成员国或者国民履行某种义务、实施某种行为等。决定通常用于解决具体问题。

四、欧洲联盟的经济一体化法律制度

欧盟的起源可以追溯到1951年4月18日欧洲煤钢共同体的建立,经过50多年的发展,欧盟不断进步、成熟与完善。与北美贸易自由区和亚太经合组织相比,拥有自己独立的立法机构是欧盟的一个重要特点。为建立关税同盟和农业共同市场,逐步协调经济和社会政策,实现货物、人员、服务和资本的自由流通,建立货币同盟,欧盟制定了一系列的经济一体化法律,使得欧盟具有了真正的法律体系。下面择要介绍。

(一)关税措施

建立关税同盟是《建立欧洲经济共同体条约》(Treaty Establishing the European Coal and Steel Community)的核心内容。条约规定为建立共同市场、促进共同体经济活动的发展,成员国间应当取消商品进出口关税和数量限制,以及具有同等影响的一切其他措施,并对第三国采取共同的关税税则。

1. 成员国之间的关税措施。为废除成员国之间的贸易限制、实现货物贸易自由的目标,欧共体要求各成员国之间的货物贸易应当逐步消减直至取消关税。据此条约规定,关税同盟应当从1957年1月1日到1970年1月1日之间建立。欧共体六个创始国经过10年过渡期,到1968年7月1日,提前1年半取消了成员国农产品和工业品全部关税。随着丹麦、爱尔兰、希腊、葡萄牙、芬兰和瑞典等国家加入欧共体/欧盟,关税同盟的范围也不断扩大。迄今为止,欧盟的27个成员方均相互取消了关税。

同时,欧共体/欧盟禁止与进出口关税有相同作用的任何措施,如货物通关前征收的仓储费或保管费、动植物卫生检疫费用、颁发进出口证明时收取的费用等。收取这些捐税相应地增加了进口产品的成本费用,提高了进口产品的价格,由于国内同类产品并不收取此类费用,因而此类收费产生了与关税类似的效果,不利于产品的自由流通,阻碍了货物贸易自由的实现,为此欧共体/欧盟要求各成员国取消与进出口关税有相同作用的捐税。但欧共体/欧盟也规定了相应的例外情况,主要包含以下三类:①成员国对国内相同产品也同样征收的捐税;②为了履行欧共体/欧盟规定的强制检验义务而收取的成本费用;③成员国为进口商提供服务而收取的费用。

此外欧共体/欧盟还规定各成员国之间应当非歧视性地适用国内税。歧视是指在相同条件下,给予他国的待遇低于给予本国的待遇。根据《马约》第90条规定,任何成员国对其他成员国的产品所直接或间接征收的国内税,不得高于对本国同类产品直接或间接征收的国内税;任何成员国不得为保护国内产品,直接或者间接地征收国内税。

2. 对第三国的关税税则。欧共体成员国对第三国的产品进口采用共同的关税税则,此关税税则是海关作出收税决定时的依据。1994年1月1日生效的《共同体海关法典》(*The Community Customs Code*)规定了海关税则、海关估价和原产地规则等内容。共同海关税则包括基本商品分类目录、税率及其他收费、对某些进口产品的中止或消减关税的措施等。

税率是共同海关税则的重要部分之一。税率分为自主税率与协定税率。自主税率是根据欧共体六个创始国的关税所确定的。欧共体成立之初,为统一关税先将六国分为四个关税区①,再将四个关税区的关税算术平均数作为共同关税税率,此关税税率是欧共体与第三国进行关税谈判的基础。协定税率即为最惠国税率,适用于世界贸易组织成员方以及与欧共体/欧盟签订最惠国待遇协定的国家。

海关估价的基础是成交价格。成交价格是指货物出口到关税领土时买家支付给卖家的实际价格或者应当支付的价格。在海关估价的实际操作中,若成交价格不能确定,则以相同或类似货物出口到欧共体关税领土时的实际价格为估价基础;若同类或类似货物出口到欧共体关税领土时的实际价格不能确定,则以进口货物在欧共体内的销售价格作为扣除价格进行计算;若扣除价格不能确定,则以进口货物的成本价格为基础进行计算。

原产地规则总体上可以分为三类:①非优惠性原产地规则。其主要体现在根据理事会第2913/92号颁布的《共同体海关法典》上,适用于欧共体与第三国之间的非优惠贸易以及成员国内部贸易关系。其中主要包括"完全原产产品"和"含有进口成分产品"原产地标准。"完全原产产品"原产地标准是指完全在该国境内(包括领海)获得或者制造的产品,以该国为产品的原产国,如在一国境内收获的水果、在领海内捕获的海产品等。"含有进口成分产品"原产地标准是指经过两个或两个以上国家生产的产品,以对产品进行最后实质性加工的国家作为产品的原产地。②优惠性原产地规则。优惠性原产地规则适用于与欧共体有优惠贸易协议的国家以及其他享有优惠进口关税的产品。不同的优惠贸易协议在具体的规定和商品范畴上有细微差异,但认定来自受惠国产品的情形基本相同,主要包括两种:完全在受惠国获得或者生产的产品;该产品在受惠国经过加工装配后,产品发生了税号的改变。③高新技术产品的特殊原产地规则。这是指当欧盟境内企业用第三国进口的零部件组装成产品时,只有当此产品具备符合当地含量要求的欧共体部件的条件下,才属于欧共体产品。

(二)非关税措施

非关税措施也叫非关税壁垒,是一国/地区调整贸易关系的重要工具之一,指一国/地区制定的除关税以外的旨在限制贸易进口的法律上的各种措施。欧盟对内不许成员国对货物进出口进行数量限制,对外的非关税措施主要包括技术性贸易壁垒和绿色贸易壁垒等。

---

①意大利、法国和德国三国各为一个关税区,比利时、荷兰和卢森堡同为一个关税区。

1. 成员国之间的非关税措施。《马约》规定成员国之间应当取消数量限制以及与数量限制有相同效果的一切措施,并规定了12年的过渡期。数量限制的表现方式主要有配额、进口许可制度、自动出口限制以及数量性外汇管制等。"与数量限制有相同效果的措施"是指成员国制定的所有直接或者间接的,已经阻碍或者可能阻碍共同体内部贸易的规则都应该认定为与数量限制有同等效果的措施[1],主要包括完全禁止某种产品进口、限制海关岗位开放时间以及出入境地点、进行广告促销鼓励本国消费者购买本国产品等。但当进口产品出现可能不利于人类生命健康、妨碍保护动植物、危害公共秩序和安全等情况时,成员国可以对进口货物或者过境货物采取数量禁止或者数量限制。

2. 对第三国的非关税措施。随着国际贸易自由化的不断推进,各国/地区的关税水平不断下降,关税对本国/地区产业的保护力度日益削弱,因此各国/地区开始通过采取非关税的措施保护本国产品。欧共体/欧盟对第三国的非关税措施主要包括技术性贸易壁垒和绿色贸易壁垒等。

技术性贸易壁垒是指进口国通过制定法律、法令、条例和规定,建立技术标准、认证制度等方式,对进口产品制定过高的技术要求,增加进口难度,从而达到限制进口、保护本国产品的目的。到目前为止欧盟针对进口产品制定的技术标准达到10多万个,部分要求连美国、日本等发达国家都难以达到,发展中国家更是难以望其项背;同时还制定了一系列的合格认证制度以及对货物包装与标签的要求,增加了第三国产品进入欧盟的难度。

绿色贸易壁垒是指进口国以保护本国生态环境、自然资源以及人类和动物的健康为由,制定烦琐的检验审批程序对进口产品设定贸易壁垒,以达到限制进口的根本目的。欧盟的绿色贸易壁垒主要包括绿色生产、绿色技术标准、绿色环境标志、绿色包装制度和绿色卫生检疫制度等。例如,欧盟对食品残留农药制定了最高残留量标准,但由于生产水平和条件的限制,许多发展中国家出口的农副产品很难达到欧盟所制定的标准。该措施在很大程度上限制了发展中国家对欧盟的农副产品的出口,从而达到保护成员国农副业的目的。

(三)货币制度与政策

建立欧洲货币联盟(European Monetary Union,EMU)是欧洲经济共同体各国经济一体化的发展后的必然趋势,也是欧盟的目标之一。为了建立货币联盟,欧盟先后成立货币委员会、欧洲货币局以及欧洲中央银行等机构,制定了一系列的货币政策。

1. 单一货币制。随着布雷顿森林体系的崩溃,欧共体为了创造相对稳定的货币环境,便产生了建立单一货币的意向。《马约》的签订为实现单一货币的措施与步骤制定了明确的日程。

欧元的实行主要分为四个阶段。第一阶段从《马约》签订到1998年底,为实行欧元

---

[1] Case 8/74,ECR837;Procureur du Roi vs Benoit and Gustave Dassonville.

的准备阶段。1995年马德里峰会确定了欧洲货币联盟的单一货币的名称为欧元(the euro)。1998年5月在布鲁塞尔会议中,各国领导人正式同意于1999年1月1日启动欧元,并宣布了首批加入欧元区的11个国家名单[①],确定了加入欧元区的标准以及欧元区各国货币的双边汇率,选出了欧洲中央银行行长、副行长和董事。

第二阶段为1991年1月1日到2002年1月1日,此期间为各国货币向欧元转化的过渡期。过渡期内,欧元正式成为欧洲货币联盟首批成员国的法定货币。成员国内的企业和个人在开设和使用本国货币账户的同时,可以开设欧元账户。金融市场的业务必须以欧元进行支付结算。但过渡期内,欧元并不在各成员国国内发行。

第三阶段为2002年1月1日到2002年7月1日,欧元取代各国货币成为法定货币,但在此期间欧元与欧元区国家的本位币同时流通,称为"双重流通时期",欧元的纸币和硬币开始发行。

第四个阶段从2002年7月1日开始,欧元区的本国货币完全退出市面。欧元成为欧元区国家的唯一货币,欧洲的统一货币正式形成。随着欧元区的扩大与发展,现共有17个欧盟成员加入欧元区。[②]

欧元的诞生使得欧盟建立欧洲货币联盟的目标得以实现。欧元区的形成、扩大和发展为资本和劳动力的流动提供了便捷通道,加速了成员国内商品和服务流通,在一定程度上促进并带动了欧洲政治与经济一体化的进程。同时,欧元作为欧盟的统一货币参与国际经济贸易支付和结算,本身也促进了国际经济贸易的发展,提升了欧洲在国际经济贸易格局中的地位。

2. 法定最低准备金。法定最低准备金是欧洲中央银行重要的货币政策之一,指金融机构依照法律规定,向中央银行缴存自身所吸存款一定比例的最低限度的准备金。缴纳比例通常由中央银行确定,称为法定准备金率。《欧洲中央银行规约》(*Statute of the European System of Central Banks*)规定,按照货币政策的目标,欧洲中央银行可以要求设在各成员国内的货币金融机构在欧洲中央银行和国家中央银行存放最低准备金。货币金融机构主要包括银行、货币市场中的一些公共基金以及租赁机构等。欧洲中央银行向各银行缴纳的最低准备金支付利息。目前每个机构必须向欧洲中央银行缴纳的准备金应当等于或者高于其总负债的2%。欧洲中央银行通过调整法定最低准备金的方式,控制货币金融机构的货币流通数,影响其创造信用贷款的能力,从而间接调整市面的货币供应量,为欧元区稳定汇率、防止通货膨胀等作出重要贡献。

3. 公开市场和信贷操作。公开市场和信贷操作是指中央银行为调节货币供应量,买

[①]当时欧盟共有15个成员国,加入欧元区的共有11个成员国,分别为:德国、法国、荷兰、比利时、卢森堡、奥地利、意大利、芬兰、爱尔兰、西班牙和葡萄牙。丹麦与英国在犹豫之中,不愿加入;希腊由于通货膨胀与长期利率等指标都不满足条件,无法加入;瑞典由于缺乏公众支持,也决定暂不加入。

[②]包括首批加入欧元区的11个国家,还有6个国家先后加入欧元区:希腊于2000年加入,斯洛文尼亚于2007年1月1日加入,塞浦路斯与马耳他于2008年加入,斯洛伐克于2009年加入,爱沙尼亚于2011年1月1日启用欧元。

进或卖出有价证券,吞吐基础货币的行为。《欧洲中央银行规约》规定,为了实现欧洲中央银行体系的目标和任务,欧洲中央银行可以从事以下交易:①共同体或非共同体货币或黄金参与金融市场的各项交易活动,如确定买入和卖出(现款和期货)、再买入、借出或者借入债券和流通证券等。②在借款应提供适当担保的基础上,与信贷组织和其他市场参加者进行信贷交易。欧洲中央银行公开市场操作主要有五种:反向交易、直接交易、发行债券、外汇互换和吸收定期存款。总体而言,当欧洲中央银行认为需要锁紧银根时,便卖出证券从而回收部分基础货币;认为需要放松银根时便买入证券,扩大基础货币供应量,直接增加金融机构可用资金的数量。公开市场与信贷操作是欧洲中央银行调节货币供应量的重要方式,通过买进或卖出有价证券和吞吐基础货币,直接调整欧元区的货币量,影响货币的存贷利率,从而间接地影响汇率变化。

五、欧洲联盟对世界的影响

作为全球范围内最大、最成熟的区域经济一体化组织,欧洲联盟的成立和发展在促进成员国经济和政治一体化的同时,对世界经济和政治格局也产生了深远的影响。

首先,随着欧盟的不断发展和扩大,其整体经济实力得到进一步加强。2006年欧盟的人均生产总值为36 015美元,联盟生产总值达到13.3万亿美元,超过美国13.0万亿美元成为全球第一大经济实体。2006年起,世界500强企业中的欧洲公司的销售额已超过美国公司。如今欧盟已成为世界经济格局中极为重要的一极,在全球化运动中扮演着日渐重要的角色,并有逐渐取代美国成为全球化主导力量的趋势。

其次,欧盟的成立和发展为区域经济一体化树立了典范,为世界其他地区的经济联合组织的建立提供了一定的参考和示范。事实证明,欧盟的成功使其成为其他经济联合组织效仿和参考的对象,从而带动和加速了世界经济区域化的进程。

最后,欧盟的成立与发展也对世界格局也产生了一定的影响。欧盟成立以前,美国在世界上具有超级大国的地位,其强权政治和霸权主义影响着世界的和平与稳定。欧盟的发展壮大使其成为可以与美国抗衡的不可忽视的力量,冲击了美国超级大国的地位,一定程度上削弱了美国世界霸主的地位,促进了世界向多极化发展,为实现世界的和平、稳定与发展发挥着重要作用。

 案例

欧盟无线数据卡双反案①

【案情】2010年6月30日,欧委会对中国无线数据卡(又称无线宽域网络调制解调

---

① 中华人民共和国商务部进出口公平贸易局. 欧盟终止对中国无线数据卡产品的"两反一保"调查[EB/OL]. (2011 - 03 - 04)[2011 - 08 - 25]. http://gpj.mofcom.gov.cn/subject/mymcyd/index.shtml.

器,英文名:Wireless Wide Area Networking Modems)发起反倾销和保障措施调查。9月16日,欧委会又对该产品发起反补贴调查。经过中方多层磋商交涉和充分的法律抗辩,协调组织相关地方、行业组织、企业进行了各项应对工作,寻求通过业界协商与合作化解摩擦,最终该案申诉方和中国企业达成合作和解协议后提出撤诉。欧委会于1月25日终止了该案保障措施调查。2011年3月3日,欧委会再次发布公告,决定终止对我输欧无线数据卡产品的反倾销和反补贴调查。

【问题】面对欧盟对我国无线数据卡发起反倾销、反补贴调查,我国应当如何应对?

【评析】本案是欧盟首次对中国出口的同一产品同时进行反倾销、反补贴和保障措施三种调查,这种做法在世界贸易组织各成员贸易救济实践中极为罕见,涉及中国企业出口额约41亿美元。这是迄今中国遭遇涉案金额最大的贸易救济调查。商务部新闻发言人指出,欧盟为保护某一成员国中一家企业的利益滥用贸易救济措施,扰乱正常的贸易秩序,损害欧盟各成员国广大消费者的利益,与中欧全面战略伙伴关系和日益加深的经贸友好合作现实背道而驰。

通过中方多层努力,中欧双方企业终于达成和解。本案的成功化解,有利于中欧双边经贸关系的稳步发展,有利于鼓励双方业界加强对话与合作,实现互利共赢,有利于维护欧盟各成员国广大消费者的利益,为妥善解决中欧贸易摩擦树立了好的范例。在今后中欧贸易摩擦中,双方救济调查机关应加强沟通,增进互信,为继续推动双方产业合作努力。

第三节 亚洲及太平洋经济合作组织[①]

一、亚洲及太平洋经济合作组织的建立

亚洲及太平洋经济合作组织(Asia – Pacific Economic Cooperation,APEC,以下简称"亚太经合组织")是继欧盟之后产生的又一个具有代表性的区域经济一体化组织。20世纪80年代,随着全球冷战的结束,世界政治与经济形式逐步回暖,区域经济集团化日趋成为时代潮流,亚洲地区在世界经济中的比重也在逐渐加强。1989年1月澳大利亚总理霍克提议召开亚太地区部长级会议,增强地区经济合作。以此为契机,1989年11月,澳大利亚、美国、加拿大、日本、韩国、新西兰和东南亚国家联盟在堪培拉举行亚太经济合作会议首届部长级会议,标志着亚太经合组织的正式成立。1991年,中国以主权国家身份,中国台北与香港以地区经济名义加入亚太经合组织。

1991年11月召开的第三届部长级会议通过了《多边投资担保机构公约》(Convention Establishing the Multilateral Investment Guarantee Agency,MIGA,也称《汉城公约》)。该公约规定,亚太经合组织旨在"为本地区人民的共同利益保持经济的增长与发展;促进成员间

[①] 本节内容主要参考亚太经济合作组织官方网站 http://www.apec.org/。

经济的相互依存;加强开放的多边贸易体制;减少区域贸易和投资壁垒"。亚太经合组织成立初期是一个区域性经济论坛和磋商机构。随着成员国的逐步扩大与发展、组织机构与制度的完善,亚太经合组织已成为亚太地区级别最高、影响最大、机制最完善的经济合作组织,在推动区域经济投资自由化、便利化,加强缔约国之间经济技术合作,促进亚太地区经济发展与共同繁荣等方面发挥着重要作用。

二、亚太经合组织的组织机构[①]

经过二十几年的发展,亚太经合组织逐渐形成了一套工作机制,包括领导人非正式会议、部长级会议、高官会、委员会、专题工作组以及秘书处等多层次组织机构,下面分别介绍。

领导人非正式会议(Leaders' Meeting)是亚太经合组织中最为重要、最高级别的会议,每年召开一次,由各成员领导人或代表出席(中国台北只能派出主管经济事务的官员出席),主要就有关经济问题发表意见,交流看法,并形成重要的纲领性文件——领导人宣言,用以指导亚太经合组织的各项工作,下设 APEC 商务质询委员会、部长级会议和专业部长会议。

APEC 商务咨询委员会(APEC Business Advisory Council)是亚太经合组织常设机构,主要职责是在工业与商业方面,为亚太经合组织领导人提供良好建议。

部长级会议(Ministerial Meeting)是亚太经合组织决策机制中的一个重要组成部分,由各缔约国的外交部部长以及外贸部部长或经济部长、商业部长等(台北和香港派代表)出席,先于领导人非正式会议前召开,为领导人非正式会议做前期准备工作,贯彻实施领导人非正式会议通过的各项纲领性文件,听取和审议高官会议报告,讨论区域内重要经济问题,决定亚太经合组织的行动纲领和计划等。

专业部长会议(Sectoral Ministerial Meeting)主要负责日常工作组的工作,下设高官财务会议(Senior Finance Official Meetings)。

高官会议(Senior Officials' Meeting)是亚太经合组织的协调机构,下设贸易和投资委员会(Committee on Trade & Investment)、预算管理委员会(Budget & Management Committee)、经济委员会(Economic Committee)和经济技术合作高官指导委员会(SOM Steering Committee on ECOTECH)4 个委员会,经济技术合作高官委员会内含电信、交通、旅游、渔业等 11 个专题工作组(Special Task Groups)以及日常工作组(Working Groups)。高官会议的工作内容主要包括根据领导人和部长级会议的指示与决定开展工作,审议工作组和秘书处的工作等。

秘书处(APEC Secretatriat)于 1993 年在新加坡设立,是支持亚太经合组织运转的核心机构,为亚太经合组织的协调工作、信息管理、信息交流和技术咨询等活动提供支持与

[①] 节后附亚太经合组织组织机构图.

服务。

三、贸易投资自由化、便利化法律制度

实现贸易投资自由化、便利化是亚太经合组织的两大支柱之一,实行开放式、非歧视性的模式,促进亚太地区的经济繁荣。贸易投资自由化、便利化制度集中体现为1995年《大阪行动议程》(The Osaka Action Agenda Implementation of the Bogor Declaration),2002年对《大阪行动议程》做了部分修订,其目标是发达经济体在2010年以前、发展中经济体在2020年以前实现自由和开放的贸易与投资。为此,《大阪行动议程》做了以下规定。

(一)一般原则

《大阪行动议程》用一节共十条的内容阐述了实现贸易和投资自由化与便利化的一般原则。

1. 全面性原则(Comprehensiveness)。全面性是指亚太经合组织自由化和便利化进程将是全面性的,缔约国应消除阻碍实现自由和开放的贸易与投资长远目标的所有障碍。

2. 与世界贸易组织协定一致性原则(WTO Consistency)。此项原则是指亚太经合组织行动议程范围内的自由化和便利化措施应当与WTO协定保持一致,不得违背。

3. 可比性原则(Comparability)。亚太经合组织将努力确保贸易与投资自由化和便利化在总体上具有可比性,确保缔约国已采取的自由化便利化措施在总体上具有协调性。

4. 非歧视性原则(non-Discrimination)。该原则是指亚太经合组织各缔约国之间采取的贸易与投资的自由化便利化措施应当实施非歧视性原则。

5. 透明度原则(Transparency)。各缔约国应当确保各国可能影响缔约国之间货物、服务以及资本流动的法律、法规以及行政程序的透明化,以便在亚太地区建立一个开放和可预测的市场环境。

6. 维持现状(Standstill)。各缔约国应当努力不使用可能导致保护主义升级的措施,以此确保贸易与投资自由化和便利化进程具有稳定性和可持续性。

7. 自由化时间表(Simultaneous Start, Continuous Process and Differentiated Timetables)。缔约国成员应当按照规定的时间表,不延迟地推行自由化、便利化以及经济合作的进程。

8. 灵活性(Flexibility)。鉴于各缔约国之间的经济发展水平不同,各国具体情况也具有多样性,因此在进行贸易与投资自由化和便利化的进程中,针对这些不同情况要有一定灵活性。

9. 合作(Cooperation)。合作是指各缔约国之间应当积极推动经济和技术合作,以此促进亚太地区自由化和便利化的进程。

10. 相关性、进步性和有效性(Relevance, Progressiveness and Effectiveness)。亚太经合组织应使所有经济体及其人民切实受益。面对影响经济持续增长和发展、可带来巨大进步和变化的新问题,亚太经合组织应展示其领导作用。

(二)贸易与投资自由化和便利化措施的基本内容

《大阪行动议程》第一部分第一节完整地展示了贸易与投资自由化和便利化措施的框架、行动进程,将关税、非关税措施、服务、投资、海关手续、知识产权、政府采购等15个具体领域纳入规范范畴。每个具体领域都涉及目标、单边行动计划以及集体行动计划。

1. 单边行动计划(Individual Action Plans)。单边行动计划是各缔约国在自愿与协商的基础上,依照各国的具体情况主动制定时间表,规范缔约国的行动准则。1994《茂物宣言》(The APEC Economic Leaders Declaration of Common Resolve)明确指出,单边行动计划是实现亚太地区贸易与投资自由化和便利化的主要途径。到目前为止,共有18个国家制定了单边行动计划。单边行动计划主要是靠各缔约国自愿、主动执行,同时通过制定时间表、设定单边行动计划标准化文件等方式进行监督。在制定单边行动计划的缔约国中,中国作为负责任的大国,为发展中经济体起到了示范作用。中国提出:在关税问题上,到2000年将关税降至15%;在非关税措施问题上,审核现有的非关税壁垒,并逐步消减直至消除;在投资、服务市场等问题上,逐步开放服务贸易市场,在投资领域给予外国投资者以国民待遇。中国的单边行动计划涉及关税、电信、知识产权、非关税壁垒等多个方面,从1997年1月1日同时开始实施。

2. 集体行动计划(Collective Action Plans)。集体行动计划采用的是各缔约国共同参加与合作的方式,减少和消除知识产权、技术、投资和服务贸易等方面的障碍,共同推动缔约国之间以及与第三国之间的贸易与投资活动。集体行动计划集中体现和反映了缔约国推动自由经济的共同意愿。集体行动计划在关税、非关税措施、服务、投资、海关手续等多个方面都有规定,下面简要介绍服务贸易、投资以及产品的标准与统一化三方面。

(1)服务贸易(Services)。服务贸易是集体行动计划体现较为突出、也是较有成效的方面,服务贸易主要分为四块:电信、交通、能源与旅游,要求逐步消除以上4类行业在进入市场时所受到的限制。

(2)投资(Investment)。在投资领域,亚太经合组织的目标是通过逐步提高最惠国待遇、国民待遇以及确保透明度的方式,实现投资环境自由化;通过技术援助和合作促进投资活动。为此,集体行动计划主要从七个方面提出了长期(Long – term)、中期(Medium – term)与短期(Short – term)活动。

①透明度(Transparency)。亚太经合组织制定了四类短期活动增加亚太经合组织投资制度透明度,包括更新亚太经合组织投资制度指南、建设包含投资法规和投资机会内容的软件网络、加强缔约国之间在制定投资政策方面的理解、改善统计报告的状况和收集数据的状况。

②政策对话(Policy Dialogue)。在政策对话方面,亚太经合组织制定了两类短期活动,包括与亚太经合组织工商团体就改善亚太地区投资环境加强对话,与适当的国际组织就全球和地区投资问题继续对话。

③研究与评估(Study and Evaluation)。短期活动包括确定并实施WTO执行研讨会

的后期培训,对投资自由化在亚太地区经济发展中的作用进行一次评估,研究现有的各种次区域投资安排之间可能存在的相同成分;中期活动是深化亚太经合组织对自由、公开投资的理解;长期活动则为评定正在制定的亚太经合组织范围投资准则的优势等。

④便利化(Facilitation)。短期活动为通过逐步减少投资障碍、提倡促进投资便利化活动等方式,实施投资贸易便利化的倡议。

⑤经济与技术合作(Economic and Technical Cooperation)。规定了短期活动为确定亚太地区技术合作需求,组织培训项目,帮助各缔约国完成亚太经合组织投资目标。

⑥能力建设倡议(Capacity Building Initiatives)。采取有利于能力建设的新行动。

⑦选择菜单(Menu of Options)。改进中的选择菜单。

(3)产品的标准与统一化(Standards and Conformance)。为了消除产品的技术性壁垒,将国内标准与国际标准接轨、实现亚太地区各缔约国产品的标准与统一化,集体行动计划主要在与国际标准接轨、良好的管理措施、一致性评估的相互认可和技术基础设施发展的合作这四个方面做了相关规定。

①与国际标准接轨(Alignment with International Standards and Active Participation in International Standardization)。为积极参与国际标准化,亚太经合组织将通过以下方式促进亚太地区各成员国与国际标准接轨:确定与国际标准接轨的其他优先领域①,各缔约国每年就接轨计划进程提交报告,2005年对各缔约国与国际标准接轨的工作进行全面评估等。

②良好的管理措施(Good Regulatory Practice)。亚太经合组织将继续采集、更新良好管理措施数据库中的材料,同时对实施管理和部门特性良好措施的个案进行研究和展开特定课题研讨会,调查在亚太地区加强管理措施的方式。

③一致化评估认可(Recognition of Conformity Assessment)。在与地区性专业团体的合作中,亚太经合组织审评对相互认可安排的执行和使用情况,为认可一致化评估结果提供便利。要求工业化经济体于2005年之前开始执行信息科技产品贸易便利化工作计划,发展中经济体在2008年前执行。

④技术性基础设施发展合作(Cooperation on Technical Infrastructure Development)。亚太经合组织经济体承诺执行中期技术性基础设施发展项目的各项计划,并在2005年后对上述项目的执行情况进行全面评估。

近几年来,亚太经合组织通过设立数据库、专题调研、开发网络软件、举办研讨会等方式,不断推进亚太地区贸易投资的自由化与便利化的实现,从而推动全球贸易自由化的进程。正如《茂物宣言》里提到的一样:亚太地区实行贸易和投资自由化的结果,不仅意味着亚太经合组织各缔约国之间的壁垒的实际减少,也意味着亚太经合组织缔约国与

---

① 1995年通过的《大阪行动议程》首先将电子和电器产品、食品商标、熟料产品和橡胶产品四个方面作为重点领域,1996年后又列了部分其他重点领域,2002年《大阪行动议程》修订,将考虑其他优先领域的发展。

非缔约国之间的壁垒的实际减少。

四、经济与技术合作法律制度

经济与技术合作与贸易投资自由化、便利化同为亚太经合组织的两大支柱。亚太经合组织成立之初对经济技术合作并未重视,直到1995年11月,亚太经合组织领导人在大阪通过了《大阪宣言》与《大阪行动议程》,将经济与技术合作作为亚太经合组织的两大支柱之一,在大阪行动议程第二部分做了相关规定,与第一部分贸易投资自由化与便利化相对应。而后亚太经合组织又通过了《亚太经合组织加强经济合作与发展框架宣言》、《走向21世纪的亚太经合组织科技产业合作议程》以及《数字亚太经合组织战略》等文件,为促进缔约国之间经济与技术交流合作、缩小经济与技术差距、实现可持续增长、改善经济与社会福利作出了贡献,也为实现贸易与投资自由化提供了更为广阔的前景。

(一)经济和技术合作的重要组成部分

《大阪行动议程》提出,在尊重亚太经合组织各缔约国自主权的基础上,应当认识到政策共识(Common Policy Concepts)、共同活动(Joint Activities)和政策对话(Policy Dialogue)是亚太经合组织进行经济和技术合作的三大要素,应当在各具体领域内得到体现。

政策共识主要包含经济和技术合作的每一具体领域的目标、基本原则和优先顺序等,用以指导亚太经合组织的共同活动、通报亚太经合组织以及各缔约国的经济政策与活动进展。根据政策共识,亚太经合组织缔约国开展共同活动,如参加汇编与分享数据资料信息、考察、培训、举办研讨会及技术演示等,以此为亚太经合组织分析当前和未来经济趋势、制定并实施政策措施提供协助,提高对本地区资源的有效率用率。最后,各缔约国可就经济与技术问题展开政策对话,分享技术知识与经验,根据各缔约国政策上的差异,确定进行合作的最佳途径。

(二)具体领域的经济和技术合作

亚太经合组织的经济和技术合作主要包括以下领域:农业技术合作、能源、渔业、人力资源开发、产业科学与技术、经济基础设施、海洋资源保护、中小企业和通信与信息等多个方面。在《大阪行动议程》中,对每个具体领域的政策共识与共同活动做了介绍。下面择要阐述。

1. 农业技术合作(Agricultural Technical Cooperation)。鉴于亚太经合组织各缔约国的需求和发展水平不尽相同,加强农业技术合作对促进农业的均衡发展、资源的合理利用与保护显得尤为重要。亚太经合组织将主要通过以下集体行动,提高农业及相关产业的生产能力,促进经济增长和社会繁荣:2003年前在各缔约国建立动植物良种源数据库,从而促进动植物良种源保护和利用;2003年前制定出发展超级市场/冷藏链或其他相关的分销体系的合作计划,加强农产品的生产、加工、销售、分销和消费的地区合作;2003年前更新农业金融体制信息,加强发展农业金融体制方面的地区合作;2002年前确定农业技术转让和培训的关键信息,促进农业技术的转让和培训等。

2. 能源(Energy)。亚太地区的能源消费正在迅速增长,与亚太地区的经济扩张趋于同步。由于能源的有限性,使得无论从能源安全意义上还是环境意义上,能源都成为经济可持续增长的一个潜在瓶颈。在政策共识方面,亚太经合组织经济体将优先就区域能源问题培养共识,减少能源部门对环境的影响。开展多种共同活动,包括开展与能源工作组工商网络、能源管理者论坛、亚泰能源研究中心的合作,制定和执行能源安全倡议以及开展能源政策互检等。通过共同政策原则和紧密的合作,将亚太经合组织经济体建成一个有利于可持续发展的能源共同体,实现经济增长、能源安全与环境保护的目标。

3. 人力资源开发(Human Resources Development)。亚太地区的人才是这一地区最重要的财富,随着亚太地区人口的增长,亚太地区对人力资源的需求也不断增多,并且存在多样性的特点。为了应对人力资源方面的挑战,亚太经合组织将教育、劳动力及社会保护和能力建设定为优先主题。在三个主题下又设了八个优先行动领域,包括提供优质基础教育和为寻求技能者提供更多机会等方面。具体而言,亚太经合组织制定以下共同活动:实施亚太经合组织工商志愿者计划和领导人教育倡议,进行科学教育项目和技术应用的研究,培训高级管理人员、经理、工程师、官员和其他工作人员,定期就各经济体人力资源开发的政策和状况举行对话等。

亚太经合组织在人力资源发展领域做了大量工作。2001年北京亚太经合组织人力资源开发高峰会议发表了《亚太经合组织人力资源能力建设北京倡议》,倡议要求把建立政府、企业和教育学术界的合作关系作为人力资源开发的重点。在1993~2000年所有的项目中,属于人力资源开发领域的就占据了42%。这些活动为提高人民素质、促进人的全面发展和社会进步作出了重要贡献。

4. 中小企业(Small and Medium Enterprises)。中小企业是亚太地区经济增长和技术改造的关键动力。在亚太地区,中小企业占企业总数98%,吸纳从业人员占私营部门就业人员60%,占销售额的50%,出口额的30%,占对外直接投资总额的10%和数量的50%[①],并且他们能够灵活的适应技术进步以及消费者需求的多样性。亚太经合组织经济体将通过改善经济环境、完善中小企业政策和帮助中小企业确定优先行动领域的方式,保持和发展中小企业的活力。共同活动主要包括:举办培训项目、研讨班、讨论会,进行诸如产业前景类型的研究,考察各经济体中小企业的政策和更新《亚太地区中小企业指南》等。

五、争端解决机制

大部分区域性经济一体化组织都有自己的争端解决机制,以便于解决各缔约国之间的纠纷。在亚太经合组织成立之初,并未明确涉及争端解决的问题。在1994年茂物会议上指出,为了解决各缔约国所出现的经济争端,避免争端重复出现,应当建立一套争端

---

① See a Report Highlighting the Contribution or Medium, Small and Micro Enterprises to the Asia Pacific Region.

解决的服务机制。1995年通过的《大阪行动议程》也对争端调解的目标、准则和拟采取的集体行动做了相应规定。此后亚太经合组织的高管会议、专家组对争端解决服务机制做了初次谈判,通过了基本原则等。但到目前为止,亚太经合组织的争端解决机制并未取得较大发展,当出现贸易争端时,大部分成员国倾向于适用WTO争端解决机制。

阅读小知识

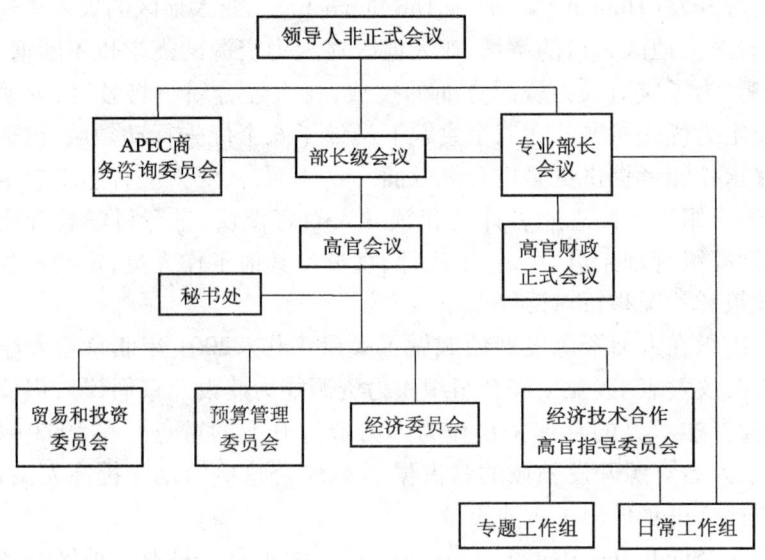

亚太经合组织的组织机构图[①]

第四节 北美自由贸易区[②]

一、北美自由贸易区的建立与发展

1980年美国总统里根在竞选时提出了在北美建立共同市场的构想,它的前身是美国与加拿大建立的美加自由贸易区。由于美、加两国经济发展水平接近、贸易来往密切、交通便利,经济上相互的依赖程度较高,1989年美、加两国签订了《美加贸易自由协定》,规定逐步取消商品(包括农产品)的关税壁垒和非关税壁垒,取消数量限制,开展自由、公平

[①]APEC. Asia – Pacific Economic Cooperation [EB/OL]. [2011-04] (2011-06-21). http://www.apec.org/About-Us/How-APEC-Operates/~/media/Files/AboutUs/Structure/Overview_structure_April2011.ashx.

[②]本节内容主要参考北美贸易自由区官方网站 http://www.nafta-sec-alena.org/。

贸易。后墨西哥与美国展开谈判,两国领导人提出多项框架协议,1990年达成谅解协议;1991年加拿大参加谈判,三国经过14个月磋商,于1992年8月1日达成《北美自由贸易协定》(North American Free Trade Agreement,以下简称NAFTA),该协定1994年1月1日生效,标志着北美自由贸易区(North American Free Trade Area)的正式成立。

北美自由贸易区是世界上第一个由发达国家与发展中国家组成的区域经济一体化组织,在经济上相互依赖相互补充,同时具备一定的不对等性。

二、北美自由贸易区的组织机构

北美自由贸易区是世界上最大的自由贸易区,其内部组织都以委员会为主,委员会以下又设立工作小组,其功能在于解释有关争端及其他执行事项。

自由贸易执行委员会(The Free Trade Commission)是北美自由贸易区最主要的委员会之一,成员由各缔约国代表组成,主要负责监督NAFTA的执行,解释NAFTA内容,进一步研讨商定协议有关事项,监督其他各委员会的工作,审理任何可能影响NAFTA执行的事务等。

自由贸易执行委员会下设总秘书处(the Secretariat),并在美、加、墨三国设立分处,受自由贸易执行委员会监督。秘书处协助自由贸易执行委员会工作,设立仲裁小组,为其他各种委员会提供行政协助等。

其他协助机构还包括金融服务委员会、小型企业委员会、有关标准措施委员会、劳工工作委员会等13个委员会,各司其职,共同协助自由贸易执行委员会执行NAFTA。

三、《北美自由贸易协定》的主要内容

《北美自由贸易协定》是由美、加、墨三国签订的贸易协定,旨在取消贸易障碍,促进商品和劳务在缔约国之间的流通;创造公平的竞争环境;加强三国在全球市场的竞争力;增加各成员国之间的投资机会;保护知识产权;建立执行协定和解决争端的有效机制等。其内容主要包含货物贸易规则、技术贸易规则、政府采购、金融贸易规则以及服务贸易规则等多个方面,现就NAFTA中的主要内容做一个大致介绍。

(一) 货物贸易规则(Trade in Goods)

NAFTA在第二部分规定了货物贸易的相关规则,包括国民待遇、关税减让、原产地规则、农产品贸易等内容。

1. 国民待遇规则(National Treatment)。NAFTA的国民待遇条款是GATT条款的延伸,协定规定缔约国应当根据GATT第3条以及GATT相关解释说明的规定,给予其他缔约国的进口货物国民待遇,缔约国的州或省应当给予其他缔约国进口货物不低于他们给予本地类似的直接竞争产品或者替代产品的优惠政策。美、加、墨三国同时也写入了保留条款,规定某些货物贸易不受国民待遇的约束。

2. 关税相互减免(Tariff Elimination)。减免关税是促进三国贸易的重要举措,《北美

自由贸易协定》第302条规定:除协定另有规定,任何缔约国不得提高商品现有关税,不得另行征收关税;各缔约国之间应当逐步取消关税。

根据工业制成品、农产品、纺织品等商品的敏感性不同,商品种类可分为五种,A类商品(主要为服饰类)应当于1994年1月1日立即减为零关税;B类商品(主要为纺织品类)应当在5年内,即1994年1月1日至1998年1月1日期间分五次均衡消减为零关税;美加之间的B+类商品的减免期间为6年;C类商品为10年内(1994年1月1日至2003年1月1日)分十次逐年均衡消减,2003年降为零关税;C+内商品(玉米、糖、某些水果以及蔬菜等)的减免期限最长,为15年,到2008年1月1日降为零关税。

3. 原产地规则(Rules of Origin)。为了防止非缔约国的商品"搭便车"享受自由贸易区的各项优惠措施,NAFTA第401、第402条规定,缔约国必须标明商品的原产地,由此确定应当适用的关税标准。协定第401条规定了属于北美自由贸易区的产品主要包括:①依照协定第415条规定,完全在缔约国一方或多方获得(不包括购买)或者生产的货物;②货物本身含有一定的非缔约国原料或部件,但原产于缔约国境内,并且符合协定附件401规定;③虽然原料或零部件中含有非缔约国成分,但经过缔约国加工有了实质性改变;④虽然有部分原料或部件含有非缔约国成分,未经缔约国加工或未作实质改变,但是在一个或几个缔约国内制成并且整体符合NAFTA原产地要求。协定501条规定各缔约国应当在1994年1月之前根据《北美自由贸易协定》的规定在货物上打上原产地资格标志,以便于海关检查。

4. 能源和基础石化产品贸易(Energy and Basic Petrochemicals)。《北美自由贸易协定》第六章规定了能源以及基础石化产品贸易规则,旨在实现能源与基础石化产品贸易自由化。协定规定各缔约国应当取消进出口限制,但根据反倾销、反补贴规定作出的数量限制例外;不得对能源和基础石化产品征收出口税费,但对出口到所有缔约国的产品或者对本国同类产品都征收的例外;缔约国可以维持本国对能源以及基础石化产品的进出口许可证管理等。

5. 农产品贸易(Agriculture and Sanitary and Phytosanitary Measures)。从《北美自由贸易协定》最初的协商开始,农产品一直是具有争议的论题。经过三方艰苦谈判与协商,最终达成三个分别的双边协定,农产品也成为协定中唯一未经三方共同签订的部分。协定第七章规定了农产品贸易以及卫生检疫规则,除少数农产品外,大部分农产品都应当根据各自双边协定分阶段削减关税,最迟在2008年完全取消大部分农产品关税。加拿大与美国的协定主要包含糖、乳制品以及家禽类等农产品,规定了农产品限制以及关税配额;墨西哥与美国的协定主要包含花生、棉花、奶类以及食糖等农产品,在配额限制内实行零关税;加拿大与墨西哥之间对奶制品、禽肉以及鸡蛋实行数量限制。

(二)技术性贸易

《北美自由贸易协定》第三部分对技术性贸易(Technical Barriers to Trade)做了相关

规定。缔约国为国防需要、人类安全、动植物的生命健康以及环境等，可制定有关标准化措施禁止进口某缔约国的不符合规定的某一产品或者经由某服务提供商提供的服务项目；缔约国应当根据协定 301 条（市场准入）以及 1202 条（服务贸易）的规定，对其他成员国的商品或者服务给予非歧视待遇；缔约国不得制定任何非必要的技术贸易壁垒措施；缔约国之间应当提供必要的技术信息、技术指导以及技术支持等。

（三）政府采购

协定第四部分政府采购（Government Procurement）相关规定是在 GATT《政府采购协议》以及《美加自由贸易协议》的基础上制定的，协定将各缔约国大部分联邦一级的政府机构以及重要的政企单位、公用事业部门的采购纳入政府采购的范畴。政府采购的内容主要包含非军事用品以及非建筑业服务，协定将不属于政府采购内容的项目反向列举予以排除；为防止其他缔约国"搭便车"的情况出现，政府采购同样适用原产地规则，并且在特殊条件下，缔约国可以取消第四部分规定的应当归于另一缔约国的优惠政策。

（四）投资规则

NAFTA 的投资规则（Investment）集中在十一章，它以美国式的双边投资协议为基础，吸收了《美加自由贸易协定》的内容，并加以变通和发展，形成了保障投资安全与自由的国际规则。与《美加自由贸易协定》相比，NAFTA 将投资规则的适用范围扩大到了有价证券投资，增加了对技术转让、当地含量等履行要求的限制，纳入发展中国家墨西哥，规定发生投资争端时通过有约束力的仲裁方式解决。具体而言 NAFTA 的投资规则主要有以下内容：

1. 投资。根据《北美自由贸易协定》第 1139 条规定，投资是指：①企业以及企业股票；②企业的债券/贷款，并且企业是投资者的连属机构或者企业债券/贷款的原始偿还期不少于 3 年，但不包括国有企业的债券/贷款；③所有者有权分享企业所得或利润的企业利益；④在企业解散后所有者分得企业资产的企业利益；⑤为经济目标或其他商业目标使用的固定资产；⑥来自于承诺在缔约国境内从事经济活动的资本或者所产生的利益。协定规定的投资方式包括直接投资与间接投资，采用开放式的列举限定了投资范畴。但考虑到墨西哥属于发展中国家，其经济发展水平与美、加相比差距较为悬殊，因此协定允许墨西哥保留一些基础领域或者可以拒绝此类投资。

2. 投资者。《北美自由贸易协定》第 1139 条规定了投资者的定义。投资者是指寻求投资、正在进行投资或者已经存在投资的缔约方的国民、企业、政府以及国有企业。国民是指具有缔约国国籍的公民以及永久居住的自然人，企业是指依照法律设立的组织，包括公司、信托、合伙、独资企业、合资公司或者其他组织。国有企业是由缔约国所有或者通过所有者利益控制的企业。

3. 国民待遇。外国投资者和东道国的其他投资者具有平等竞争的条件是国际投资协定中最重要的一个待遇标准。《北美自由贸易协定》规定的国民待遇同时适用于缔约国的投资者以及投资者的投资，即适用于投资设立后阶段也适用于投资设立前阶段；不仅适用于缔约国政府,也适用于缔约国的州或省级政府。

协定第1102条规定在投资的设立、获得、扩大、管理、经营、运作和出售或者其他处分方面,缔约国给予其他缔约国投资者的待遇应当不低于它在类似情况下给予本国投资者的待遇。就缔约国的州或者省而言,上述的待遇是指不低于类似情况下该州或省给予其所在的缔约国其他地方投资者和投资的最优惠待遇。协定也对国民待遇标准做了例外规定以及保留条款,如国民待遇不适用于缔约国以及国有企业的采购方面。

4. 履行要求。履行要求是一国投资政策的工具之一,目标是如何尽可能地使外国投资更有利于本国经济增长与发展。履行要求是指东道国对于外国投资者的投资以及经营活动附加的条件或限制。NAFTA第1106条规定,缔约国不得在境内对另一缔约国或者非缔约国投资者投资的设立、取得、扩展、管理、经营或者运作强加以下要求或者强迫其做任何承诺或者负担:①出口一定水平或百分比的货物或者服务,或者要求达到一定水平或百分比的当地含量;②购买、使用当地生产的货物、当地提供的服务,给予这些货物和服务以优先或者购买来自其境内生产者的货物或服务;③进口量或价值需占出口量或价值的一定比例,或视该投资流入外汇的金额而定;④根据出口、价值或者赚取的外汇情况,限制该投资者的生产或其提供货物或服务在其境内销售;⑤排他性的向特定地区或市场供应生产的货物或提供的服务;⑥转移技术、生产程序或其他具有财物价值的知识给予境内的人,但经法院、行政裁决或竞争当局作为违反竞争法所采取的补救措施的例外。

5. 资金转移规则。资金转移条款主要设定东道国允许的与投资有关的资金的支付、兑换和汇出的义务,使得投资者可以享有其投资所带来的经济利益,这也是国际投资条款中规定投资待遇的重要内容。NAFTA第1109条规定缔约国应许可所有与另一缔约国投资者在其境内投资有关的转移,且该转移应当是自由和无迟延的。其中主要包括利润、股息、利息、资本收益、特许使用费、投资者或者投资者的投资、订立的合同项下的支付以及投资的全部或部分出售或者清算所得等。协定也对例外情况做了相应规定,缔约国在支付平衡困难时,可以采取临时性措施限制转移。

(五)服务贸易

NFATA将服务贸易(Services and Related Matters)纳入规范的领域,在协定中服务贸易的条款主要集中在5个章节中,包括第十二章跨境服务贸易,第十三章电信服务,第十四章金融服务,第十五章竞争政策、垄断和国有企业以及第十六章商务人员临时入境。下面对各项内容做简要介绍。

1. 跨境服务。跨境服务(Cross-Border Trade in Services)贸易制度分布在协定第十二章,服务的生产、分配、营销、销售、交付、购买、使用,与服务有关的运输,以一缔约国服务提供者的存在方式和在另一缔约国境内提供的服务等都属于《北美自由贸易协定》的管辖范围,但金融服务、航空服务、政府采购、政府补贴、缔约国政府支持的贷款、担保和保险例外。国民待遇、最惠国待遇以及原产地规则在跨境服务中同样适用;同时还规定缔约国应确保许可和证明的要求和程序公开、公正、透明和客观,以消除服务贸易壁垒等。

2. 电信服务。电信服务(Telecommunications)具有经济活动的双重职能,它既是经济活动的直接参与者,又是其他经济活动传递的重要平台和媒介,因此电信行业一直是一国的重要产业之一。协定第十三章对电信服务做了规范,要求缔约国应当保证其他缔约国的个人或企业,合理以及非歧视性地进入或者使用公用网络或者服务,包括租用私人网络。同时,规定为防止技术性损害和对公共网络的干扰,保护用户的安全,缔约国也可规定一定的限制措施。

3. 金融服务。金融服务(Financial Services)是各国服务贸易中最为重要的一项,NAFTA设计了一个长达15年的金融服务贸易自由化的框架,主要涉及银行、保险以及证券等方面,适用于缔约方采取或者维持下列措施:与其他缔约国的金融机构有关的措施;由其他缔约国投资者设立金融机构的投资以及过境金融服务贸易。在金融服务贸易中,非歧视待遇原则、透明度原则以及国民待遇原则同样适用,并且协定将国民待遇的受惠对象扩展到投资国的金融机构、投资以及跨境服务提供者。

4. 其他。《北美自由贸易协定》第十五章规定了竞争政策、垄断和国有企业(Competition Policy, Monopolies and State Enterprises),涉及竞争法、垄断、国有企业、贸易与竞争政策以及相关定义等内容,以保证公平的竞争秩序,促进该区域的贸易自由化发展。第十六章规定了商务人员临时入境(Temporary Entry for Business Persons)的相关措施,界定了商务人员和临时入境的含义,对临时入境的内容做了具体的规定,保证在客观、协调的标准下,在互惠原则的基础上便利商务人员的临时入境。

(六)争端解决机制

NAFTA针对不同的争议内容,建立了不同的争端解决机制解决各类争议。协定主要规定了三种争端解决机制,第十一章规定了解决投资者与东道国之间争端解决机制,第十九章规定了反倾销、反补贴税的争端解决机制,第二十章规定了一般解决机制。

1. 一般争端解决机制(Dispute Settlement Procedures)。一般争端解决机制的适用范围较为广泛,包括:NAFTA的解释与适用;一缔约国所实施的与协定不一致的国内措施;一缔约国所实施的可能导致协定项下一定利益的丧失或损害的国内措施。当出现争议时,缔约国政府可以要求和相关缔约国政府进行协商,若在30~45天内仍不能解决问题,则任何相关缔约国可要求自由贸易执行委员会召开会议,委员会通过采取斡旋、调解、调停或者其他方式解决争端;若仍未能解决,则任何相关缔约国可以要求设立仲裁法庭解决争议。

2. 反倾销与反补贴的争端解决机制(Dispute Settlement in Antidumping/Countervailing Duty Matters)。相关争议发生时,有关缔约国临时设立两国专家组,根据一缔约国的书面请求审查以下事项:①其他成员国对本国反倾销法和反补贴法的修改是否符合《关贸总协定》、《反倾销守则》和《反补贴守则》的规定以及本协定和本章目的;②审查成员国根据本国反倾销法和反补贴法的相关规定所作出的最后行政决定是否符合一般法律原则以及相关国际条约、协定。

3. 东道国与另一缔约国投资者之间的争端解决机制(Settlement of Disputes between a Party and an Investor of Another Party)。

在东道国违反第十一章 A 节投资规则确定的基本义务、违反其所作承诺的情况下，缔约国的投资者可以将权利要求提请仲裁。仲裁庭由 3 名仲裁员组成，依据本协定决定应适用的国际法规则，就争议的问题作出裁决。仲裁裁决为最终裁决，具有法律效力。若有关争端方不执行仲裁裁决，胜诉方可申请强制执行。

复习思考题

1. 按照一体化的程度可以将经济一体化组织分为哪些形态？
2. 欧洲联盟的原产地规则可以分为哪几类？
3. 亚太经合组织的两大支柱是什么？请简要阐述。
4. 北美贸易自由区的争端解决机制包括哪些？

阅读书目

1. 王传丽.国际经济法[M].北京：中国人民大学出版社,2007.
2. 余劲松.国际经济法[M].北京：北京大学出版社,2009.
3. 张彬.国际区域经济一体化比较研究[M].北京：人民出版社,2010.
4. 张学慧.国际经济法教程[M].2 版.北京：首都经济贸易大学出版社,2007.

第三编

国际投资法

第一章 国际投资与国际投资法

学习目标与要求

国际投资是国际资金流动的一种重要形式。本章将主要介绍国际投资的概念、类型及国际投资法的概念、特征和渊源。通过本章的学习,应掌握国际投资的概念、种类,了解投资环境对国际投资的影响,掌握当今国际投资法的渊源。

早在19世纪末20世纪初,国际投资就已经开始出现;到了第二次世界大战以后,国际投资有了突飞猛进的发展,特别是随着全球经济的一体化,国际投资的发展呈现出新的趋势和特点。对国际投资的理解有广义、狭义之分,国际投资法所调整的是狭义的国际私人直接投资关系。国际投资法的渊源包括国内法渊源,也包括国际法渊源,它对国际投资的发展起到了非常重要的作用。

第一节 国际投资概述

一、国际投资的概念及类型

(一)国际投资的概念

国际投资是指资本的跨国流动,是一国投资者将资本投放到另一个国家以营利为目的的经济活动。接受投资的国家称为资本输入国或东道国,输出投资的国家称为资本输出国。

(二)国际投资的类型

由于国际投资涉及的领域非常广泛,因此形式多样。国际投资有广义、狭义之分。广义的国际投资包括国际直接投资和国际间接投资。所谓国际直接投资(International Direct Investment),是指一国私人(包括自然人、法人等)将资本直接投放到外国的企业,直接或间接控制投资企业的经营活动的投资。其实现方式主要是在外国设立独资企业、合营企业或者其他企业,收购、兼并外国企业,为参与企业经营而取得外国企业的股权等。所谓国际间接投资(International Indirect Investment),是指投资者通过向外国政府或私人贷款或购买外国公司债券、政府债券及股票等进行的投资活动。间接投资的主要方式是贷款和证券投资。可见,直接投资和间接投资均包括股票和其他证券投资。那么,在实践中,如何确定股票等证券投资是直接投资还是间接投资呢?这就需要有一个判断的标准。对此,各国法律规定有所不同,有的以外资占企业的股权比例作为判断的标准,有的以外资股权比例标准结合其他"外资参与"标准来判断,有的直接以"外资参与"程度(如外国投资者派驻企业董事的人数、外国人员被雇用人数等)作为判断的标准。根据国际货币基金组织的定义,拥有25%投票权的股东,才能视为对企业有直接控制权。美国《1976年国际投资鉴定法》规定,拥有外国企业股权10%以上者才可视为对企业有直接控制权。因此,单凭投资者购买股票等行为很难确定它是直接投资还是间接投资,必须看它购买股票后是否已形成对企业的控制权。直接投资和间接投资的主要区别是:①主体不同。国际直接投资的主体一般仅限于私人,而国际间接投资的主体还包括政府和国际金融组织等。②是否控制企业不同。国际直接投资是指直接或间接控制企业的经营活动,而国际间接投资则无此控制。狭义的国际投资仅包括国际直接投资,又称私人直接投资,不包括国际间接投资。国际投资法所调整的主要是狭义的私人直接投资。

二、国际投资的现状和发展趋势

国际投资的历史可以追溯到19世纪末20世纪初。当时的国际投资不仅规模小且主要集中在宗主国及其殖民地或附属国之间进行。到了第二次世界大战以后,跨国公司成为对外投资的重要主体以后,国际投资才有了突飞猛进的发展。特别是现在,随着全球经济的一体化、各国参与国际合作和国际分工程度的加深、发展中国家经济的稳步增长,国际直接投资的发展出现了新的趋势和特点,表现在以下几个方面:

(1)国际投资规模继续扩大。随着经济全球化的进程,国际直接投资发展稳步增长。

(2)发达国家既是主要的资本输入国,同时又是主要的资本输出国。发达国家由于其投资环境较好,风险较小,而且收益较高,因此不仅更多地吸引了外国投资,同时也成为主要的投资来源地。

(3)跨国公司的外国直接投资呈持续上升的势头。近年来,随着国际投资自由化趋势的发展,跨国公司在国际投资中所占的比重越来越大。以跨国公司对外直接投资为核心的国际生产体系在快速形成,该体系涵盖了约6万家跨国公司及其所拥有的50多万个国外分支机构,占世界总产量约25%,在为国际市场提供货物和服务、推动世界经济发展方面发挥着重要作用。跨国公司体系内部创造的新技术是其国外分支机构资产存量的重要组成部分,新技术在公司体系内部大规模流动,使东道国有可能通过恰当的政策来鼓励新技术在国内传播。主要发生在发达国家的研究和开发业务在跨国公司内部成长,加大了它们与发展中国家公司在市场竞争能力上的不平衡。按国外资产额评出的世界最大的100家大公司在国际生产体系中占有绝对统治地位,其销售总额为4万亿美元,股票资产总额超过了4.2万亿美元。在100家世界顶尖跨国公司中,有85家西方大公司连续数年保持在排行榜前列。

(4)大规模的并购正在重塑全球生产体系。近几年外国直接投资额激增,主要原因是美国和西欧公司的兼并和收购,所有这些正在重新塑造着国际生产体系,许多案例交易额都高达数十亿美元。这种现象在发展中国家也呈上升趋势。

(5)发展中国家面临巨大的挑战。外国直接投资已日益成为发展中国家获取国际资金的主要来源,资金额超过了官方援助资金和国际金融机构贷款。发展中国家的外国直接投资发展非常不平衡,许多贫困国家在全球化的体系中正越来越被挤到边缘上,而另外一些发展中国家由于其投资环境的改善、经济结构的调整以及巨大的市场潜力,近年来已成为新的投资热点。

(6)政府决策发生新的变化。跨国公司与资本输入国政府之间既有共同的目标,又有利益冲突,采取适用的政策是各资本输入国积极争取外国投资的关键举措。近年来,各发展中国家纷纷修改本国调整外商投资的法律,创造对外国直接投资更为有利的环境。

三、国际投资环境

国际投资环境指国际范围内某个国家或地区内能有效地影响国际资本运行的一切条件和因素。这些条件和因素既有物质的也有社会的,既有政治的也有经济的,既有法制的也有文化教育的,同时还包括自然的、科学技术乃至民族意识、社会文化传统等,范围非常广泛,它们相互联系,构成投资的综合环境。概括起来,主要包括以下几个方面:

(1)政治环境:主要指政局是否稳定,外资政策是否具有连续性、稳定性,有无战争和社会政权体制变革的风险,政策措施透明度是否高,行政体制是否完善,行政效率是否高等。应该说,政治环境稳定是吸引投资者进行国际投资的前提条件。

(2)法制环境:主要包括法律秩序是否稳定,法律制度是否具有完善性、稳定性、连续性,执法是否严格,司法是否公正以及人民群众的法律意识、法制观念是否较强等。

(3)经济环境:主要包括一个国家的经济体制,经济结构,经济发展水平,基础设施建设,市场规模及潜力,以及一个国家的自然资源、地理环境等。

(4)社会文化环境:指国民教育素质、社会历史文化传统、民族特色、风俗习惯、社会风气、社会对外资的态度、劳资关系、国民消费特点等。

尽管投资环境由诸多因素构成,但法制环境是最重要的。因此改善投资环境,特别是改善法制环境,对一个国家吸引外资具有很重要的意义。

第二节 国际投资法概述

一、国际投资法的概念和特征

国际投资法(International Investment Law)是调整国际私人直接投资关系的法律规范的总称。它有如下几方面特征:

(1)具有私人性。广义的国际投资关系既包括官方投资也包括私人投资。所谓官方投资,指各国政府之间或国际组织与国家之间的资金融通关系,如外国政府、国际经济组织的贷款、援助等。所谓私人投资,指各国自然人、法人及其他经济组织的海外投资。国际投资法调整的投资关系仅限于私人投资关系。这里所谓"私人投资"并不从资本的来源而言,而是根据投资者的身份来定,即不论资本来源于国家、集体还是个人,只要投资者以私人身份而不是以官方代表的身份出现,东道国就把他们当做私人资本,并作为私人资本来管理。

(2)具有直接性。根据投资者对投资是否具有直接或间接的控制权,将国际投资分为直接投资和间接投资。所谓直接投资,是指投资者对其所投资的企业享有经营管理权和控制权的投资,国际投资法所调整的对象仅限于国际私人直接投资关系,不包括间接投资。

(3)具有跨国性,投资关系复杂。国际投资法所调整的是具有跨国因素的国际投资,它不仅包括不具有资本输入国国籍的外国投资者的投资,还包括来自资本输入国境外的投资者的投资。例如,在我国境内设立的三资企业的外方主体包括具有外国国籍的自然人、法人和其他经济组织,还包括我国海外侨胞和港澳同胞,他们都被视为外方主体。国际私人投资由于涉及不同国籍的投资者的投资,因此投资关系错综复杂。在资本输入国内既包括外国私人投资者与国内投资者之间、不同外国私人投资者之间的投资合作关系,还包括外国投资者与资本输入国政府之间的投资合作关系或投资管理关系;在资本输入国境外,还包括外国投资者与其投资母国的海外投资保险关系以及投资母国与资本输入国之间关于跨国投资管理的关系。因此,国际投资法既有调整国际私人投资关系的国内法规范,又包括国际法规范。

(4)具有资本性。国际私人直接投资资本结构比较复杂,既包括现金投入,又包括实物投入,如原材料、配件、机器设备、厂房等,同时诸如专利权、商标权、专有技术等知识产权以及特许经营权、抵押权、留置权、用益物权等财产权都可作为投资。[1]

二、国际投资法的渊源

国际投资法的渊源包括国内法规范和国际法规范两方面。

(一)国内法渊源

1.资本输入国的外国投资法。资本输入国的外国投资法是国际投资法的重要渊源,其内容非常广泛,包括调整外国投资关系的所有法律规范。如外商投资法(包括外资鼓励法、外资管理法、外资审核法)、外汇管理法、涉外税法、技术引进法等。

2.资本输出国的外国投资法。资本输出国有关国际投资方面的法律规范主要是保护其本国海外投资的保险法律制度,目的是保障本国海外投资者的安全和利益,促进其在海外投资发展。

---

[1] 韦经建,刘世元,车丕照.国际经济法概论[M].吉林:吉林大学出版社,2000.

(二)国际法渊源

国际投资法的国际法渊源主要是国际条约。国际条约是国家之间缔结的确立有关国际投资权利义务的书面协议,包括双边和多边条约。双边条约指两国间签订的为促进和保护相互投资而缔结的协议,其主要形式有"友好通商航海条约""投资保证协定""促进和保护投资协定"等,现以后者最为常见。多边条约又包括区域性多边条约和世界性多边条约。区域性多边条约是指区域性国际组织为协调成员国的外国投资法律而签订的条约,如1994年的《北美自由贸易协定》和建立欧盟的《马斯特里赫特条约》等,它们为促进区域投资的发展起到了非常重要的作用。世界性多边条约目前已经生效的只有两个:《解决国家与他国国民间投资争端公约》(Convention on the Settlement of Investment Disputes between States and National of Other States,简称《华盛顿公约》)和《多边投资担保机构公约》(Convention Establishing the Multilateral Investment Guarantee Agency,简称《汉城公约》)。前者旨在为解决一国与他国民间投资争端提供便利,后者则是通过建立多边投资担保机构来促进国际投资的发展。诚然,无论双边条约还是多边条约,只对缔约国有约束力,构成缔约国之间的"特殊国际法",不具有普遍约束力,但它们所创设的某些规则一旦被国际社会广泛接受也会具有普遍约束力。另外,随着世贸组织影响的扩大,世贸组织中与投资有关的协议,如《与贸易有关的投资措施协议》《服务贸易总协定》《与贸易有关的知识产权协定》《补贴与反补贴协定》也在投资领域发挥着越来越大的作用。

(三)其他渊源

1. 联大规范性决议。自20世纪60年代以来,联合国大会先后通过了一系列重要决议,例如1962年的《关于自然资源之永久主权原则》、1974年的《建立新的国际经济秩序的行动纲领》、1974年的《各国经济权利和义务宪章》等。这些文件不仅确立了一般的新国际经济秩序的基本原则,同时也成为调整国际投资关系的重要国际法准则。

2. 国际惯例。根据联合国《国际法院规约》第38条之规定,国际惯例是国际法的渊源,当然也是国际投资法的渊源。构成国际惯例的国际投资法律渊源一般应具备两个条件:①各国的反复的类似的活动;②被认为具有法律约束力以及具有经济性权利义务。如各国实践中经常使用的"国籍求偿原则"、"用尽当地救济规则"等。相对而言,国际惯例成为国际投资法的渊源为数较少,不占重要位置。此外,根据《国际法院规约》第38条规定的一般法律原则、司法判例等,也可以成为国际投资法的渊源。

三、国际投资法的体系

国际投资法是由调整国际私人直接投资的国内法规范和国际法规范所组成的法律体系。国内法规范包括资本输入国法制和资本输出国法制。资本输入国法制包括资本输入国所制定的外商投资法、合营企业法、外汇管理法、涉外税法、反托拉斯法等以及其他国内法规中有关外商投资的规定。资本输出国法制主要是指各国的海外投资保险法及其他对外投资法规。国际法规范主要包括国际条约、联合国有关决议以及国际惯例。国际条约又包括双边投资条约、区域性多边投资条约以及世界性多边投资条约。

综上所述,国际投资法现已发展成融国内法规范和国际法规范、实体法规范和程序法规范、公法规范和私法规范为一体的综合性的法律体系。

1. 试述国际投资的概念和种类。
2. 试述国际投资法的概念和特征。

第二章 资本输入国外国投资法律制度

> **学习目标与要求**

资本输入国外国投资法是资本输入国制定的有关保护、鼓励、管制外国私人直接投资关系的法律规范的总称。本章将主要介绍发达国家外资法、发展中国家外资法、中国外资法,重点介绍中国利用外资的主要形式和法律实务。通过本章的学习,应了解发达国家外资法的基本内容及特点,重点掌握中外合资经营企业法、中外合作经营企业法、外资企业法对外资的有关规定等内容。

第一节 外资法概述

一、外资法的概念、体系

资本输入国为了更多地吸引外资,发展本国经济,就必须创造较好的投资环境。而一国投资法制是否完善直接决定投资环境的好坏。外资法是指资本输入国制定的有关保护、鼓励、管制外国私人直接投资关系的法律规范的总称。它的主要作用就是调整资本输入国政府与外国投资者之间以及资本输入国私人与外国投资者之间的权利义务关系。各国为了更多吸引外资,促进本国经济的发展,无不通过法律手段调整国际投资关系。纵观各国外资法的立法与实践,外资法大致可以归纳为如下三种模式:

(一)制定专门的外资法典

这些国家为更好地规范外资,制定了统一的外商投资法典,调整外资在本国的投资关系,并辅之以其他相关法律、法规。例如,1993年墨西哥制定了《外国投资法》,1991年俄罗斯制定了《外国投资法》,1976年阿根廷制定了《外国投资法》等。除以上专门的外商投资法典,这些国家国内的其他民商立法如民法、商法、公司法、证券法、石油法、矿业法、技术转让法等,也适用于外国投资关系。

(二)制定一系列外资法群作为调整外资的法律规范

这些国家没有统一的外资法典,而是由一个或若干个调整外资的专门法律、法规构成外资法群,并辅之以国内其他相关法律。如新加坡、毛里求斯等国家。

(三)内外资适用统一法律

这些国家没有制定关于外资的专门法典或专门法规,而是通过国内法律、法规来调整有关外资活动。这主要是一些发达国家的做法。发达国家中除日本、澳大利亚、加拿大等少数国家,其他国家均没有制定专门外资法,外资与内资一样,一律适用国内法有关规定,外资在这些国家基本享受国民待遇。①

二、外资法的基本内容

尽管各国外资法立法模式不同,但大多包含以下内容:在外资准入方面,主要包括外资的定义,外资的范围和比例、资本的构成,外国投资者的地位和待遇、资本和利润的汇出,国有化问题,对外资的审批等等;在外资运营方面,包括外资企业机构的设置,人、财、物,产、供、销的管理,投资者的权利和义务以及投资争议的解决方式等等。纵观各国外资法,基本上都包括保护、鼓励及管制外国投资的法律规范。但由于发达国家和发展中国家经济技术发展水平、经济基础、经济结构的差异,政治、社会情况的不同,因而,二者的外资立法也表现出不同的特色。下面分别介绍两种不同类型的外资法。

第二节 发达国家外资法

一、概述

从国际投资的历史发展来看,发达国家一直是国际投资的主角,它们既是最主要的资本输出国又是最主要的资本输入国。发达国家由于其经济基础较好,经济技术发展水平较高,所以,其对外资的态度也表现得比较宽容,一般采取自由开放的政策,对外资的自由流动干预较少,外资企业基本享受"国民待遇"。

二、发达国家对外资的保护与鼓励

大多数发达国家实行自由开放的经济政策,外资与内资适用同样的国内法律,外资企业一般享受国民待遇,资本、利润可以自由汇出,在这些国家,外国投资者的投资遭遇国有化、被征收等政治风险的可能性很小。当然,外资企业的经营管理一般也不受限制。

尽管如此,各国为了更多地吸引外资,在某种程度上也对外资采取一定的鼓励措施。如美国,虽然联邦政府对外资没有特殊的优惠政策,但一些州为了促进本地经济的发展,常常向外国投资者提供一些优惠待遇。如税收方面,美国现有 47 个州对外国投资者免征债券融资税。同时,美国从联邦政府到地方政府形成了一套非常完善的吸引外资的政策、信息咨询服务网络,同时美国商务部国际贸易管理局(ITA)会同美国驻外使领馆商务处及一百多个遍布世界的促进投资和贸易的代表处,共同为外资提供投资信息咨询服务,以促进外资的进入。

日本和加拿大的外资政策变化较大。日本对外资的态度和立法经历了从保守到逐步开放的过程。20 世纪五六十年代,由于日本经济还没有从战争的重创中恢复过来,经济发展水平不高,因此,对外资从准入到运营各个阶段都实行严格的管制措施。随着经

---

① 余劲松. 国际投资法[M]. 北京:法律出版社,1997:156-157.

济实力的增强,日本不断调整外资政策,1967 年、1969 年、1970 年、1971 年、1975 年日本数次修改其外资法,对外资进行有目的、有重点地逐步开放,开放的产业不断扩大,至 20 世纪 70 年代后期,日本经济实力已增长到可与美、欧国家相匹敌时,日本才开始对外资采取非常主动和积极的态度,取消对外资准入的限制,实行资本交易自由原则,外资进入不再实行审批制度,而实行自动许可制,除涉及国家经济安全的特殊领域外,外资可享有准入自由。加拿大对外资的态度也经历了一个从开放→实行某些限制→再开放的过程,目前对外资也采取比较自由的政策,只在某些方面予以限制。

三、发达国家对外资的限制

发达国家对外资的总体态度是鼓励较少,干预也很少,但这并不意味着在这些国家外资享有完全的准入自由和经营自由。在某些方面外资仍然受到一些限制,主要表现在:

(一)投资领域的限制

发达国家为了保证国家经济主权和独立,防止外资对本国经济发展造成不利影响,根据国际惯例,都规定了禁止和限制外资进入的领域。具体投资领域的限制,各国规定有所不同。例如:美国法律规定在石油管道铺设、联邦政府矿业开采领域禁止外资进入;加拿大在报纸、银行、保险金融业禁止外资进入;日本在广播、电视、沿海航运业及农、林、牧、采掘业、皮革及皮革制造业禁止外资进入;瑞典、瑞士、挪威在国际空运等方面禁止外资进入。除非根据国家间的互惠待遇或国际条约,否则禁止外资进入这些领域。另外有些领域限制外资进入:如美国、日本、加拿大等国的广播电视业;法国的零售商业、手工业、农业等;英国、德国、澳大利亚、瑞士等国的金融、保险业等,这些领域需经专门审批才能进入。

(二)股权及所有权限制

发达国家对那些限制外资进入的领域以及与本国经济发展关系重大的领域一般都有外资参股的比例要求。如美国 1976 年《联邦通讯法》(Federal Communication Act)规定,外国人在电报企业或卫星通讯公司中所占股权不得超过 20%;芬兰在自然资源领域规定,外资参股的比例限制在 20% 以内;其他国家如法国对投资公司、澳大利亚对非银行的中介及保险公司、挪威对旅行社等均有明确限制,以保证本国公民对这类企业的控制权。

(三)对外资进入的审批制度

审批制度是指资本输入国政府依据一定的程序和标准,对外资流入进行审查和批准的制度。审批制度是为了规范、控制、管理外国投资,使利用外资与本国经济发展的总体目标保持一致。因此发达国家也规定了对外资的审批制度,只是发达国家对外资的审批条件较发展中国家要宽松、自由得多。如美国,对外资进入不实行一般审查制,只规定了外国投资者的一般申报义务。加拿大 1973 年立法对外资实行全面审批制度,1985 年立法改为申报与审查并行的制度。日本 1980 年修改了原来严格的审批程序,实行申报与劝告制度。

第三节 发展中国家外资法

一、概述

发展中国家总体经济技术水平不高,投资环境较差,因此,为了更多吸引外资,大多数国家对外资的政策和立法表现为鼓励措施较多,但限制条件也比较多。由于发展中国家的经济体制、经济发展水平和发展速度、自然资源、历史条件等差异较大,因此利用外资的态度也不尽相同。如非洲国家对外资一直采取较为宽松的政策,鼓励措施较多,限制措施较少,但由于市场较小,自然资源有限,因此一直以来吸引外资状况不理想。东南亚联盟国家注重将优厚的鼓励措施和适当的限制相结合,注重引进外资的实效。亚洲中东及北非产油国大多颁布了外资法和石油法,对外资鼓励措施较多,同时限制较严。拉丁美洲国家对外资限制较严。俄罗斯及中东欧国家随着其政治、经济体制的剧变,外资政策和立法也发生了很大变化,表现为进一步放宽了对外资的限制,加强对外资的保护,同时给予外资以特殊鼓励。近年来,随着国际投资自由化趋势的加强,发展中国家的外资政策和立法有了一些重大的新的发展,对外资的管理都不同程度地从限制较多到逐步放宽,反映了旨在加强和推动外资流动的更加灵活和务实的态度。纵观发展中国家的外资法,主要表现在对外资的保护、鼓励和管制规范上。

二、发展中国家保护外资的法制

发展中国家对外资保护主要表现在三个方面:宪法保护、专项保护、外资法的保护。

(一)宪法保护

发展中国家一般在宪法中规定对外资保护的基本原则。为了减少外国投资者的后顾之忧,大多数国家都对国有化及补偿问题作出原则规定。除为了本国公共利益的需要,一般不对外资进行征收和国有化,即使给予征收或国有化,也规定了补偿原则。另外有些国家还在宪法中规定给外资以国民待遇原则,并作出了保护外国投资及私有财产的规定,明确本国所缔结的国际投资条约的法律效力。

(二)专项保护

一些发展中国家在外国投资者投资某些特定项目时通过颁布特别法令、签订特许协议等形式对外资实行专项保护。如一些国家为了吸引外国资本、技术投资到本国自然资源的开发,铁路、公路、发电站等基础设施建设等方面,常常与外国投资者签订特许协议或保证合同,规定合同所应适用的准据法、契约性权利的稳定性条款及投资者的待遇等,以保证投资者的投资权益。

(三)外资法的保护

大多数发展中国家对外资的保护体现在各国外资法律规范中。各国外资法对外资的保护集中体现在以下几个方面:第一,减少政治风险的承诺。跨国投资者投资中最担心的就是在东道国发生政治变动时的投资风险。因此,大多数国家在外资法中都明确规定,最大限度地保证避免外国投资者这类风险的发生,并规定了救济措施,如关于征收或国有化及补偿的规定。发展中国家大多在外资法中明确规定在一般情况下不对外资进行征收或国有化,即使在特殊情况下依法进行征收或国有化,也给予适当、合理的补偿。第二,关于投资原本和利润汇出的规定。大多数发展中国家承诺保证外国投资原本和利润的自由汇出。第三,关于投资者待遇的规定。不同国家根据其本国经济发展水平的不同分别给予外国投资者以国民待遇、最惠国待遇及普遍优惠待遇。当然发展中国家给予外资的待遇标准大多以互惠为条件。

三、发展中国家鼓励外资的法制

发展中国家整体投资环境较发达国家要差。因此,这些国家大多通过投资立法形式给外国投资者不同程度的优惠待遇和鼓励措施以吸引外资。各国对外资的优惠待遇和鼓励措施不尽相同,但都是根据本国社会经济发展目标,按产业政策、地区发展政策、技术政策等,有目的、有重点、有选择地给予外国投资者。各国优惠条件不同,形式多样,主要表现在税收优惠、关税优惠、财政优惠等方面。

(一)税收优惠

税收优惠可以说是资本输入国吸引外资的最重要的手段。税收优惠是指一国依法给予外国投资者的税收减免和税率从低的优惠。发展中国家对外资的税收优惠主要体现在以下几个方面:

1. 按产业政策给予优惠。一国不同的产业部门在国民经济发展中的作用和地位是不同的,因此大多数国家根据本国不同产业部门在国民经济中的地位和作用规定不同的税收优惠。如智利对投资在采矿业的外国投资者可以减低2%~4%的比率缴纳所得税。

2. 根据经济发展次序给予优惠。一些国家根据本国经济发展的优先次序,对那些投资在国家重点发展、优先发展、亟须发展或需要扶植的产业的投资者给予特别的优惠。如印度尼西亚政府为了吸引投资者投资到本国优先发展的行业,从1970年起每年公布《外国投资优先顺序表》,对投资于本国优先发展行业的企业给予税收优惠,如延长免税期等。另一些国家对先驱企业给予优惠。所谓先驱企业(Pioneer Enterprises),是指国家经济发展亟须的企业。如马来西亚1968年《投资鼓励法》规定对先驱企业根据其投资规模的大小给予不同的免税期优惠和其他补助。

3. 根据外汇平衡需要给予优惠。为了改善国际收支状况,扩大出口创汇,大多数发展中国家对出口型外资企业提供了特别优惠。如马来西亚对出口型企业提供的优惠有:免除工资税、提供出口补助、从应税所得额中扣除促进出口费用等。

4. 按就业政策给予优惠。一些国家为了提高本国国民的就业率,对能够为本国国民提供较多就业机会的外国投资者给予优惠。如突尼斯法律规定,对能够提供50个以上长期就业岗位的外国投资项目在正式开业后的5年内免纳营业税,同时享有其他税收优惠;能够提供10个以上长期就业岗位的外国投资项目在正式开业后的3年内免纳营业税,同时享受其他税收优惠。[①]

5. 对利润再投资的优惠。如果外国投资者将在东道国获得的利润进行再投资,有利于外资企业的长远发展,更有利于东道国充分利用外资,发展本国经济。因此,许多国家对利润再投资给予优惠。如巴西规定,外国公司利润再投资于扩充工厂设备的,可以减税5年。

6. 技术发展优惠。随着各国技术密集型产业的发展,各国越来越重视技术的引进,表现为各国对能提供先进技术或促进技术改造、开发、创新的外国投资,给予税收上的优惠。

7. 按地区发展政策给予的优惠。许多国家为了加速本国特定地区的优先发展,或为促进本国不同地区的均衡发展,往往对这些地区的投资给予更多的优惠。

（二）关税优惠

许多国家为了降低外国投资者的生产成本,对一些新建企业免除其所需物资的进口关税;另有些国家对新投资项目的设立或原有投资项目的扩大所需要的设备和原料给予关税优惠。同时,为了促进外国投资者尽可能使用当地原料和半成品,一些发展中国家有关关税减免的优惠通常只在一定期限内使用。

（三）财政优惠

一些国家为促进本国产业的发展,还对外国投资者提供各种财政优惠,包括财政补贴、资金援助、优惠贷款、融资便利等。如一些国家对投资在特定行业的外国投资者提供长期低息贷款、无担保贷款、发放利息津贴等,有些国家对外国投资者在企业设立前的项目研究费用、开发费用等提供补贴。

（四）对经济特区的优惠

经济特区指一个国家或地区划出一定范围的区域,在该区实行更为开放的政策,实行更为特殊的管理,提供更为优惠的条件,以吸引外资和技术,促进本地区经济的发展乃至本国的发展。各国经济特区名目繁多,种类各异,从传统的自由港、自由贸易区到出口加工区、自由关税区、边境贸易区、经济技术开发区、科学工业园区等等[②]。各国政府在这些地区,除了提供比较优良的基础设施和服务设施外,主要是在税收优惠、财政优惠、行政优惠和政府保证等方面提供鼓励措施。

1. 税收优惠：主要包括减免进出口税、所得税、财产税、买卖税、雇佣税等等。如印度规定,在经济特区的企业免缴制成品的消费税。

2. 财政优惠：主要指资本输入国政府对在经济特区的投资企业提供特别的财政优

---

① 高尔森. 国际税收浅论[M]. 天津:南开大学出版社,1985:78.
② 余劲松,吴志攀. 国际经济法[M]. 北京:北京大学出版社 高等教育出版社,2000:243.

惠,主要包括各种投资补助、资本津贴和贷款。如沙特阿拉伯规定,政府对工业港口的企业提供沙特工业发展基金会的无息贷款,最高可达投资总额的50%。

3. 行政优惠:近年来,资本输入国政府为了提高工作效率,争相为外国投资者提供各种方便条件,如简化投资审批程序,简化外国人出入境和货物进出口的各种手续,以便利外国投资者,改善投资环境。

4. 特殊的政府保证:一些国家为经济特区的外国投资者提供特殊的政府保证。如对经济特区的企业提供税收抵免和税收饶让制度,保证不实行国有化和征收,不实行外汇管制,给予外国投资者投资原本和利润汇出保证等等。[①]

纵观各国外资法,以各种形式的优惠措施吸引外资已成为发展中国家的普遍做法。进入20世纪90年代以来,由于世界格局的重大变化,国际资本短缺问题日益突出,国际投资市场竞争愈加激烈。许多发展中国家为了弥补资金缺口,竞相放宽对外资的限制,增加各种优惠措施,特别是提供各种税收优惠。对于投资者来说,税轻利厚、税重利薄,资本输入国的各种税收优惠措施确实在一定时期内起到了吸引外资的实效,引导了外资流向本国亟须发展的行业,加速了本国经济的发展。但值得注意的是,投资者的投资决策并不完全取决于资本输入国投资优惠措施的多少,主要还是由其投资动机决定的。国际私人直接投资的主要动机还是巩固、扩大国内外市场,获得稳定的原料来源,降低生产成本,分散投资风险等。而投资者的根本目的就是谋求利润的最大化和风险的最小化。因此,资本输入国对外资的主要吸引力还是其市场或资源,是高收益、低风险的投资环境。所以,一国整体投资环境的好坏才是决定资本流向的根本要素,而一国的税收优惠只是其投资"软环境"的一部分。发展中国家必须注重改善投资环境,"软"、"硬"措施并举,才能收到较好的投资效果。

四、发展中国家管制外资的法制

外国投资对资本输入国经济的发展既有积极作用又有消极影响,如果放任自流,很可能对其经济结构平衡甚至国际经济主权带来负面影响。特别是近年来,随着国际投资自由化趋势的加强,跨国公司在国际投资中所占的比重越来越大。据统计,目前,几万家跨国公司控制了七成的世界贸易、七成半的国际直接投资,200家最大跨国公司的总收入等于世界总收入的1/3。对国际资本的输入,特别是跨国公司的进入,如果不加以引导,可能会对资本输入国的经济、政治、社会稳定等各个领域产生无法预料的后果。因此,发展中国家大都通过外资法来管制外国投资,以引导、监督外国投资,消除其消极影响,使外资符合本国的经济社会发展目标。各国对外资的管制主要集中在外资准入和外资运营阶段,包括对外资的审批制度、投资监督、外资投向、外国投资原本和利润的汇出、当地物资利用、雇用限制、投资期限及本地化等方面。

---

① 曾华群. 国际投资法学[M]. 北京:北京大学出版社,1999:61-63.

（一）外国投资的审批制度

外国投资审批制度，是指资本输入国政府根据本国经济发展的水平和目标，按一定标准和程序，对外资流入进行审查和批准的制度。

绝大多数发展中国家对外资进入实行审批制度。审批制度的基本内容包括审批机构、审批标准、审批程序，具体来说各国立法各有不同。有的国家对所有外资均进行审批，有的国家规定只有申请优惠待遇的或投资总额超过一定数额的或投资在特定领域的外资才需要审批。

1. 审批机构的设置。有的国家设立专门的中央级审批机构，有的国家由各地方有关部门行使审批权，有的国家实行中央和地方复合审批制。

2. 审批的标准。大多数国家对外资项目的审批标准有积极标准和消极标准。积极标准以外资是否符合本国经济发展目标来衡量。由于各国经济发展水平和目标不尽相同，所以其衡量标准也不尽一致，但一般重点考虑以下一些情况：①对国际收支平衡的影响；②对本国技术发展的影响；③对国内企业的影响；④对不发达地区经济发展的贡献；⑤所产生的就业机会；⑥产品出口或替代进口；⑦内外资比例；⑧本地原料的利用；⑨产品质量和价格的影响。① 所谓消极标准，是指不予批准外资的条件。大多数国家都以是否有损国家主权、违反国家法律和社会公共利益、是否造成环境污染等作为判断的标准。

3. 审批程序。设立一项外资项目，通常要经过申请或立项、正式申请、审查与批准几个环节，在具体审批程序和期限上各国规定有所不同。值得注意的是，随着国际投资市场竞争的激烈，发展中国家开始对外资采取更为开放的态度。许多国家开始精简审批机构，简化审批制度，缩短审批期限，在审批程序上实行"一条龙"服务（One – step Stops）。一些国家在新颁布的外资法中出现了一些新模式，废除对外资项目的逐一审批制度，而是规定对外资开放的一般原则和一般原则的某些例外，即一般情况下，对外资流入不进行审批，只对那些违反国家安全、违反国家反垄断法法规、环境保护法规和道德规范的项目，或国家禁止或限制外资流向的部门才进行审批。通过审批程序，资本输入国对外资流向进行引导，对企业经营活动进行监督，以便使对外资的利用符合本国经济发展的总体目标。

（二）投资领域、投资比例及投资期限

多数发展中国家外资法明确规定了外国投资的范围、投资比例及投资期限。

1. 投资领域。发展中国家通常鼓励外商向高新技术领域，能够增加就业、培训本国人员的行业，劳动密集型行业，技术复杂的资本密集型行业以及能够增加出口的本国优先发展行业投资，而限制向本国已有一定基础，需要重点保护的行业投资（如国民经济支柱产业），本国生产可以满足人民需要的行业则禁止投资（如公用事业、广播通信等）。进入20世纪90年代以后，发展中国家有关外资投向的法律规定日趋放宽。一些国家随着

---

①联合国跨国公司中心. 关于跨国公司的国内法规: 英文版[M]. 1983: 11 – 12.

其经济实力的不断增加,对外资限制的行业也在逐渐减少,外资投资范围日益放宽。

2. 投资比例。发展中国家为了对其境内的外国投资方向加以控制,普遍在外资立法中对外国投资比例加以限制。有的国家针对不同行业规定不同的外资比例,凡属国家鼓励投资的行业,一般外资比例规定较高,而对国家限制投资的行业,外资比例则规定得较低。

3. 投资期限。有些发展中国家针对不同外资项目规定了不同的外资投资期限。有的在立法中规定,有的允许当事人在合同中约定投资期限,约定期满后可以延长。另有些国家为了在一定期限内将外资企业转变为内资企业,以加强本国民族工业的发展,提出了外资企业"本地化"要求,即规定外资企业在一定年限内其外资股权比例必须逐渐降低,内资比例逐渐增加,使输入国逐步达到控制外资企业的目的。应该说,发展中国家规定的这类"名义股制度"未必能真正实现"本地化",因为有的投资项目尽管外资股权比例下降了,但外国投资者仍可通过经营管理和技术上的优势来实际控制企业。

(三)投资原本和利润的汇出

投资原本是企业生存与发展的基础。多数发展中国家对投资原本汇出限制较严,一般都有期限、限额和其他条件的限制。如希腊规定,在投资之日起未经过一年,并且在企业投产前,不得抽回原本,外国投资者每年汇出的投资原本不得超过投资总额的10%。对投资利润(包括股息、红利等)的汇出,多数发展中国家限制较松,没有特殊限制,外国投资者只要履行了必要的手续,即可将投资利润汇出。另有些国家提供投资原本和利润汇出的保证,但附加一定的限制条件,如规定投资原本和利润汇出需经政府批准,在特殊时期设定投资原本和利润汇出的最大限额等。

(四)实际贡献要求

一些发展中国家对外国投资者提出实际贡献要求,如当地采购要求、出口实绩要求、贸易平衡要求、技术转让要求等。这种实际贡献要求很可能会对国际贸易产生扭曲和限制作用,因此遭到以美国为首的发达国家的反对。基于此原因,发达国家提出广泛的包括上述管制措施的清单,并被最终纳入世界贸易组织法律框架中,这样就对中国及其他加入世界贸易组织的缔约国产生拘束力,加入世贸组织的发展中国家将被迫改变上述管制措施,对外资采取更为开放的态度。

第四节 中国外资法

一、概述

我国自1979年实行改革开放政策以来,至今已形成了多层次、宽领域、全方位的对外开放格局,利用外资取得了举世瞩目的成就。我国已经成为吸收外资最多的国家之一。

随着我国改革开放进程的加快,外资立法也经历了一个从无到有、逐步完善的过程。

迄今已陆续制定颁布了 200 多项涉外经济法规，形成了宪法、法律、行政法规、地方法规相互结合的多层次结构体系，具有自己独有的特点：①我国没有制定全国统一的外国投资法典，而是以三资企业法为核心，其他单项外资法律、法规为补充形成一个国内外资法群，辅之以我国所缔结或参加的有关双边条约或国际公约等作为国际法规范，二者相互结合形成我国外商投资法体系；②对外资实行逐一审查制度，鼓励与限制相结合，对外资优惠较多，限制也较多；③随着我国迈入世贸组织的大门，我国相关外资立法逐步完善，对外资的限制也在逐步放宽。应该说，外资法的逐步发展，对我国利用外资、对经济的发展起到了保驾护航的作用。我国外商投资法的主体是国内立法部分，其层次结构如下：

（1）宪法性规定。这是最高层次立法。我国《宪法》序言明确了我国利用外资的基本方针和原则，同时，进一步规定了利用外资的形式，并承诺对外国投资和外国投资者的合法权益予以保护。

（2）国家专项单一立法。这是第二层次立法，包括全国人大及其常委会制定的《中华人民共和国中外合资经营企业法》及其《实施细则》、《中华人民共和国中外合作经营企业法》及其《实施细则》、《中华人民共和国外资企业法》等，以及经全国人民代表大会授权国务院及所属部门根据宪法和法律制定的行政法规、国务院部门规章，除此之外，还包括与外商投资有关的民法、合同法、民事诉讼法、公司法、劳动法等相关立法。

（3）地方性法规。这是第三层次立法，主要是由各省、自治区、直辖市及经批准的计划单列市制定的有关外资的法规。地方性法规已构成我国外资法的非常重要的一部分。

（4）国际法规范。我国所缔结或参加的有关保护投资的双边条约、多边条约、国际公约，此外还有国际惯例，这些构成我国外资法体系的一部分。如《中华人民共和国和美利坚合众国关于投资保险和投资保证的鼓励投资的协议和换文》、《解决国家和他国国民之间投资争议公约》、《多边投资担保机构公约》等。

以上两个层次、四个方面的法律法规上下结合、纵横交错，构成我国外商投资企业法的完整体系，它们在引进外资方面发挥了非常重要的作用。然而，随着我国改革开放进程的加快，我国外资立法也逐渐暴露出诸多问题，如立法权限过于分散，法与法之间矛盾、重复明显、缺少协调，给实际利用外资带来一定的困难。随着我国经济的发展，以利用外资的形式来分别立法的体制显然已不适应社会主义市场经济的需要，特别是中国已加入世界贸易组织，我们对外资法也应作适时的调整。

我国外资法的内容也是从保护、鼓励及管制、管理外资等几个方面入手。下面将做具体分析。

二、中国保护外资的法律

中国在宪法、外资法中分别规定了对外资的保护。

（一）中国宪法保护外资的规定

《中华人民共和国宪法》第 18 条确定了中国保护外资的基本原则：第一，所有在中国境内的外国投资者（包括自然人、法人）及其投资的企业的合法权益和利益，均同等地受中国法律的保护；第二，在中国境内的外国投资者及其投资的企业必须遵守中国法律。

（二）中国有关外资法律的规定

中国有关外资保护的法律规定主要有以下几方面：

1. 关于国有化、征收及其补偿的规定。《中华人民共和国外资企业法》、《中华人民共和国中外合资经营企业法》、《中华人民共和国台湾同胞投资保护法》及其他鼓励华侨和港澳台同胞投资的法律法规中相继对国有化、征收及补偿问题作了明确规定。在一般情况下，中国对外商、华侨和港澳台同胞投资的企业不实行国有化和征收，只有在特殊情况下（如发生战争、战争危险或其他紧急状态以及严重自然灾害等不可抗力事故时），为了社会公共利益的需要，才依法行使征收权，但征收后给予相应的补偿。可见，我国已通过法律手段承诺保护外国投资者的合法权益，以减少国有化等政治风险。

2. 中国依法保护外国投资者经中国政府批准的协议、合同、章程。外国投资者从外商投资企业所获得的合法利润、其他合法收入和清算后的资金，可以汇往国外；在外资待遇方面，原则上，外商投资企业在其经营活动中享受与中国其他企业同等的待遇；在税收、物资进出口等方面，外资企业享受比中国内资企业更为优惠的待遇。

三、中国有关鼓励外资的法律规定

我国自 1980 年设立经济特区以来，至今已形成规模巨大的外引内联、东西相贯、南北并进的多层次、全方位的对外开放格局和经济特区网络，为适应经济发展的需要，外资企业法中制定了许多吸引外资的鼓励措施，主要体现在关税、税收及行政上的优惠。

（一）关税优惠

我国 1996 年以前的法律规定，对外商投资企业作为投资进口、追加投资进口的本企业生产用的机器设备、零部件、其他物料等免征关税。1996 年 4 月国务院调整进口税收政策，新设立的外资企业不再享受进口设备和原材料减免进口税的待遇。2001 年 12 月中国加入了世贸组织，中国承诺对多种商品降低关税，外资企业进口生产用商品也能享受此类优惠。为鼓励外商进行技术开发和创新，海关总署、国家税务总局等有关部门于 1999 年 8 月联合推出一系列进一步鼓励外商投资的措施，这些措施包括：①对已设立的鼓励类和限制乙类外商投资企业、外商投资研究开发中心、先进技术型和产品出口型外商投资企业技术改造，在原批准的生产经营范围内进口国内不能生产或性能不能满足需要的自用设备及其配套的技术、配件、备件，可按《国务院关于调整进口设备税收政策的通知》的规定免征进口关税和进口环节税。②对属于鼓励类和限制乙类的外商投资企业在投资总额内采购国产设备，如该类进口设备属免征进口税收范围，可全额退还国产设备增值税。外商投资企业进行符合国家产业政策的技术改造以及生产高新技术产品，其采购的国产设备按有关规定抵免企业所得税。③外商投资设立的研究开发中心，在投资总额内进口国内不能生产或性能不能满足需要的自用设备及其配套的技术、配件、备件，可按《国务院关于调整进口设备税收政策的通知》的规定免征进口关税和进口环节税。

(二)税收优惠

我国对外商投资企业的税收制度经历了一个历史演变过程。改革开放初期,一直到1991年,我国一直实行内外资企业两套税制。为吸引外资,我国一直对外资给予特别税收优惠制度和政策。

根据1991年《中华人民共和国外商投资企业和外国企业所得税法》及其实施细则以及相关税收法律的规定,我国对外商投资企业的税收鼓励分为一般优惠、地区优惠、长期经营的生产性企业的优惠、技术发展优惠、特定行业及投资项目的优惠、对特定企业的优惠等。

一直到2008年,我国实行新的《中华人民共和国企业所得税法》,才把内外资的所得税法统一。二者统一适用一个制度、统一税率、统一优惠。

(三)行政优惠

我国为改善对外商投资企业的管理和服务,制定了一系列措施,为外国投资者提供投资和经营活动的便利条件,提高行政审批效率,这些行政优惠措施有:

1. 凡属鼓励类且不需要国家综合平衡的外商投资项目,均由省级人民政府审批,报国家计委、国家经贸委、外经贸部备案。国家计委、国家经贸委、外经贸部收到备案报告后,如有不同意见要在一个月内予以答复。各地方政府为改善投资环境,正逐步简化审批程序,缩短审批期限。

2. 进一步完善对经常项目下售汇真实性审核的报关单联网核查系统,缩短审核时间;对因特殊情况无法使用报关单联网核查系统核查而需以函调方式核查的,应提高核查速度。外商投资企业可凭企业设立时的技术转让协议及批准文件办理其技术引进项目下的售付汇手续。外商投资企业可在限额内将外汇结算账户中的存款转为定期存款。按属地管理原则,下放资本项目外汇收入结汇的审批权限,取消资本项目外汇收入结汇备案登记制度。

3. 逐步缩小对外商投资企业进口设备的强制性价值鉴定范围,改进鉴定办法,对外商独资企业进口设备不再进行强制性价值鉴定。规范海关管理,提高办事效率,加快通关速度。坚决制止对外商投资企业的乱收费、乱检查和各种摊派。

四、市场准入负面清单制度

中国加入世贸组织后,进一步修改了有关外商投资法律的规定,对外资的管制在逐步放宽。根据《国务院关于实行市场准入负面清单制度的意见》,从2015年12月1日起,到2017年12月31日,我国将在部分地区试行市场准入负面清单制度。从2018年起,正式实行全国统一的市场准入负面清单制度。

(一)相关概念

国民待遇加负面清单模式实际上是一种外资准入模式。有些国家进行投资协定谈判时,采用准入前国民待遇加负面清单的管理模式。这种模式是指东道国通过对外资实行准入前国民待遇给予外资最大限度的准入,但允许东道国采取一定的保留措施来保护本国产业和国内经济,保留措施一般可分为三类:一般例外、临时保障措施和不符措施,其中不符措施通常以"负面清单"的形式体现出来。①

1. 准入前国民待遇。如前所述,国民待遇原则要求一国对其国内和国外的投资、产品和服务同等对待。随着全球经济发展、各国竞争激烈,国民待遇原则逐渐呈现出向投资前阶段延伸的趋势。这一趋势虽然尚未在国际公约中得到确定,但世界上已有许多国家正在进行负面清单基础上的准入前国民待遇的实践。

2. 负面清单。负面清单是东道国对准入前国民待遇做出保留或限制的一种措施,以保护本国产业。一方面,清单上所列行业,其准入前国民待遇受到限制,东道国保留在这些行业中的权力;另一方面,东道国对负面清单以外的领域,则应当遵守国民待遇原则。负面清单是被允许的不符措施或者被允许采取不符措施的行业的一个列表,实际上是原则的例外,遵循的是"除非是法律禁止的,否则就是法律所允许的"解释逻辑,体现的是"法无禁止即自由"的法律理念。②

国民待遇负面清单制既是对投资国的限制,也是对东道国本身的一种约束,可以说,是贸易自由与国家主权之间平衡的产物。

(二)国民待遇负面清单制在我国的实践

2013年8月22日,国务院正式批准设立上海自由贸易试验区,9月30日公布了《中国(上海)自由贸易试验区外商投资准入特别管理措施(负面清单)》,标志着中国在外商投资管理方面正式开始试验负面清单管理模式。2014年6月30日又颁布了新修订的负面清单版本。该负面清单的内容实际上来自《外商投资产业指导目录(2015年)》(以下简称《目录》),共计139条管理措施,其中直接禁止的有36条,限制的有38条,都是将《目录》中的禁止和限制类的行业直接转化成了负面清单的内容。目录中采矿、航空、通信、湿地等国家历来控制的行业纳入了负面清单中;但是禁止投资因特网数据中心、禁止投资文物拍卖、禁止投资盐业批发、禁止直接或间接从事和参与游戏运营服务等没有在《目录》中出现的产业和管制措施,也出现在了负面清单中;而人们最为关注的金融业,却没有体现在负面清单中;另外针对投资银行、信托公司、保险公司、证券公司、期货公司等重要金融机构形式的限制仍在。③

从2017年7月28日起,我国已开始实行新的《外商投资产业指导目录(2017年修订)》(以下简称2017年版《目录》),本次修订一个主要变化就是对结构进行了调整,明确提出外商投资准入特别管理措施(外商投资准入负面清单)。

按照负面清单模式改革要求,2017年版《目录》更进一步将部分原鼓励类的有股比

---

① 封骁. 负面清单管理的难点与对策[J]. 现代商业,2014(27).
② 曾华群. 国际投资法学[M]. 北京:北京大学出版社,1999:423.
③ 商舒. 中国(上海)自由贸易试验区外资准入的负面清单[J]. 法学,2014(1).

要求的条目,以及限制类、禁止类整合为外商投资准入负面清单,作为对外商投资实行准入前国民待遇加负面清单管理模式的基本依据。负面清单之外的领域,原则上不得实行对外资准入的限制性措施,外商投资项目和企业设立实行备案管理。按照外商投资准入负面清单模式特点,2017年版《目录》删除了2015年版《目录》中内外资一致的限制性措施。原限制类和禁止类中的11个条目按内外资一致原则管理。如大型主题公园建设等内、外资均须履行项目核准程序,高尔夫球场、别墅等内、外资均禁止新建,以及博彩业、色情业等内、外资均禁止投资等。①

国民待遇负面清单制度是当今国际投资待遇的一种趋势,我国正在积极探索与实践中,也正在逐步推进对外资全面实施准入前国民待遇加负面清单制。

五、外资运营管制

我国外资法对外资运营活动中涉及的人、财、物、产、供、销等各个方面,规定了不同的管制措施,这些管制措施主要包括:

1. 企业经营管理机构的规定。我国外资企业法没有按公司法规定设置企业经营管理机构,外资企业不设股东会,只设董事会,董事会兼股东会和董事会的双重职权。董事会会议的法定人数为2/3以上的董事。同时根据不同的企业形式又规定了不同的组织机构。比如对中外合资经营企业规定:设立董事会、监事会及总经理制,并规定了董事会的人员组成及职能、权限。对中外合作经营企业规定:法人型中外合作企业的组织机构,参照合营企业的做法;非法人型合作企业,可设立董事会制、联合管理制或委托管理制。

2. 计划管理的规定。我国现在实行市场经济体制,因此外国投资者在我国可独立自主地从事各项生产经营活动,外资企业在企业的人、财、物、产、供、销等各个方面享有经营自主权;同时,为避免外商投资企业的经济活动与国家经济发展目标不相一致,又规定外国投资者的经营活动必须符合国家经济发展计划的要求。

3. 购销业务管理。物资采购和产品销售是企业生产经营的重要环节,也直接关系到我国经济、社会发展的总体目标。因此,我国过去一直在这些方面管理较严。对外资企业规定有"当地成分要求"、"国内销售要求"、"贸易平衡要求"等。加入世贸组织后,我国上述与世贸组织相关协议不相符合的规定已经作出修改。同时,为改善国内投资环境,扩大对外商投资企业贸易权的开放,对外贸易经济合作部于2001年7月2日发出《关于扩大外商投资企业进出口经营权有关问题的通知》,以进一步减少对外资的管制。

第五节 中国利用外资的主要形式及法律实务

外国投资者在中国的投资方式主要有设立合营企业、合作企业和外商独资公司,合

---

① 中华人民共和国中央人民政府网.发展改革委有关负责人就《外商投资产业指导目录(2017年修订)》答问[2017-09-26]. http://www.gov.cn/zhengce/2017-06/28/content_5206418.htm.

作开发、设立外商投资股份有限公司、BOT投资方式、设立投资性公司、设立外资金融机构、国际租赁、投资基金和股票市场等。除此之外，还包括具有投资和贸易双重性质的"三来一补"（来件加工、来件装配、来料加工、补偿贸易等），其中以前三种为外商投资的主要形式（我们简称三资企业）。

一、中外合资经营企业

（一）概念及特征

中外合资经营企业（以下简称合营企业），是指中国的公司、企业或其他经济组织和外国的公司、企业、其他经济组织或个人，按照平等互利原则，经中国政府批准，在中国境内设立的，为实现特定的商业目的，双方共同投资、共同经营、共担风险、共负盈亏的企业形式。

中外合资经营企业的法律特征有：

1. 中外合资经营企业是股权式企业（Equity Joint Venture）。合营者的出资折算成股权，各方按出资比例对企业行使权利、承担义务，即合营各方以出资额享受股东的三项权限，即分红权、管理权、清算权。

2. 中外合资经营企业是中国法人。中外合资经营企业是依中国法律在中国境内设立的，是中国法人，受中国法律的保护与管辖。

3. 合营各方共同投资、共同经营、共负盈亏、共担风险。中外各方以现金、实物、工业产权、专有技术、场地使用费等作价出资，依出资比例分享权利、分担义务；合营各方共同参与经营管理；合营各方按各自股权比例分享利润，分担风险和亏损，并以各自认缴的出资额对企业债务承担责任。

4. 中外合资经营企业是有限责任公司，具有自己独立的财产。合营各方以其各自认缴的出资额为限对合营企业承担责任，合营企业以全部资产为限对公司债务承担责任。

5. 在中外合营企业中产生三种法律关系，即中方合营者与外方合营者之间的关系；中方合营者与合营企业的关系；外方合营者与合营企业的关系。但中外投资者所签订的合营合同只能约束中外双方合营者之间的关系。

（二）基本文件

协议、合同、章程是中外合资经营企业的基本文件。

1. 协议。协议是指合营各方对设立合营企业的某些要点和原则达成一致意见而订立的文件。因此，协议是合营各方通过谈判而签订的初步协议，只包括与设立合营企业有关的基本问题，原则性较强，是各方进一步磋商的基础。如果合营企业协议与合营企业合同有抵触，应以合同为准。当然，经合营各方同意，也可以不订立协议，只订立合同和章程。

2. 合同。合同是合营各方为设立合营企业就相互权利义务关系达成一致意见而订立的文件。不论合营企业合同还是合作企业，合同在企业所制定的三个文件中都居于中心地位,它既是协议的具体化和固定化,又是制定章程的依据,依法签订的合同对各方当事人均有约束力。

根据《中华人民共和国中外合资经营企业法实施条例》的规定,合营企业合同应包括下列主要内容:①合营各方的名称、注册国家、法定地址和法定代表人的姓名、职务、国籍;②合营企业名称、法定地址、宗旨、经营范围和规模;③合营企业的投资总额、注册资本,合营各方的出资额、出资比例、出资的交付期限以及出资额欠缴转让的规定;④合营各方利润分配和亏损分担的比例;⑤合营企业董事会的组成、董事名额的分配以及总经理、副总经理及其他高级管理人员的职责、权限和聘用办法;⑥采用的主要生产设备、生产技术及其来源;⑦原材料购买和产品销售方式;⑧财务、会计、审计的处理原则;⑨有关劳动管理、工资、福利、劳动保险等事项的规定;⑩合营企业期限、解散及清算程序;⑪违反合同的责任;⑫解决合营各方之间争议的方式和程序;⑬合同文本采用的文字和合同生效的条件。合营企业合同的附件,与合营企业合同具有同等效力。

3. 章程。合营企业章程是按合营企业合同规定的原则,经合营各方一致同意,确定合营企业的宗旨、组织原则和经营管理方法等事项的文件。合同与章程的主要区别是:合同是规定当事人双方权利义务的文件,只对当事人有拘束力,章程是关于企业组织及活动的基本规则,对合同当事人及以后参加企业的人均有拘束力;合同与协议一样,都是合营各方制订的内部文件,不对外公开;章程是以企业名义制定的对外公开的文件。

(三)注册资本与投资总额

1. 注册资本。注册资本是指为设立合营企业在登记管理机构登记的资本总额,是合营各方认缴的出资额之和。我国外资企业法明确规定注册资本采用认缴制,所谓"认缴"是指投资各方已正式承担法律上的责任,必须(但可能尚未)缴付出资的一种法律上的承诺行为;而我国《公司法》是采取实缴资本制的。所谓"实缴"是指登记机关登记的全体股东实际上已缴付的出资。

2. 注册资本的减少。合营企业在合营期内不得减少其注册资本。因投资总额和生产经营规模等发生变化,确需减少的,须经审批机构批准。

3. 出资额的转让。外资法对股东出资额的转让作出了非常严格的限制,它规定了投资者的一致同意原则、优先购买权原则、政府机关批准原则。如《中华人民共和国中外合资经营企业法实施条例》第20条规定,合营企业注册资本可以减少,但"合营一方向第三者转让其全部或者部分股权的,须经合营他方同意,并报审批机构批准,向登记管理机构办理变更登记手续。合营一方转让其全部或部分股权时,合营他方有优先购买权。合营一方向第三者转让股权的条件,不得比向合营他方转让的条件优惠"。

4. 投资总额。合营企业的投资总额(含企业借款),具体为按照合营企业合同、章程规定的生产规模需要投入的基本建设资金和生产流动资金的总和。

(四)出资方式

合营企业各方的出资方式主要有货币、实物、工业产权和专有技术、土地使用权及其他财产权利。

1. 货币出资。合营各方以货币出资的,可以是人民币也可以是外币,合营各方出资的货币需折算成人民币或外币时,必须按缴款当日中华人民共和国外汇管理局公布的外汇牌价折算,不得自定汇价。

2. 实物、工业产权、专有技术、土地使用权等的出资。合营各方若以实物(包括机器设备、原材料、零部件、建筑物、厂房等)、工业产权、专有技术出资,必须折算成股权,且必须符合我国法律规定。根据《中华人民共和国中外合资经营企业法》第5条规定:"外国合营者作为投资的技术和设备,必须确实是适合我国需要的先进技术和设备。如果有意以落后的技术和设备进行欺骗,造成损失的,应赔偿损失。"《中华人民共和国中外合资经营企业法实施条例》进一步强调,外国合营者作为出资的机器设备或者其他物料应当是合营企业生产所必需的,但中国不能生产,或虽能生产,但价格过高或在技术性能和供应时间上不能保证需要的;作为外国合营者出资的工业产权或者专有技术,必须符合下列条件之一:能显著改进现有产品的性能、质量,提高生产效率;能显著节约原材料、燃料、动力。

3. 合营各方的出资必须是自己所有的现金、实物、工业产权、专有技术等,合营任何一方不得用以合营企业的名义取得的贷款,或以合营他方的财产和权益担保的贷款作为其出资,也不得用以合营企业名义租赁的设备或其他财产,以及合营者以外的他人财产作为自己的投资。这样规定的目的就是防止中方或其上级主管部门作外方借贷的连带债务人。当然,投资者的出资可以自己的名义借贷,也可以自己的财产做担保。

4. 合营各方凡是以实物、工业产权和专有技术出资的不允许在其上设立任何担保物权。出资者应当出具对其出资拥有所有权或处置权的有效证明;同时,其出资不得侵犯任何第三方的工业产权或知识产权。

5. 出资期限。合营各方应当按照合同规定的期限缴清各方的出资额。逾期未缴或者未缴清的,应当按合同规定支付迟延利息或者赔偿损失。

(五)技术引进

我国外商投资企业引进国际先进技术的方式不外乎两种,其一是技术资本化方式,即外国投资者将自己拥有的先进技术作为出资;其二是技术贸易方式,即合营企业通过与外方合营者或合营者以外的第三方签订技术转让协议购买技术的使用权。

1. 外国投资者以技术作为出资时应注意的有关问题。主要有以下几个方面:

(1)外国投资者作为出资的技术必须符合我国法律的具体要求。我国《中外合资经营企业法》等对外商以技术出资规定了严格的条件限制,以保证技术的先进性和适用性。

(2)外商投资者必须保证对出资的技术拥有所有权和处置权。

(3)技术出资的比例限制。我国外资法规定,外国投资者以技术出资时,一般不得超过企业注册资本的20%,其目的就是防止外国投资者技术出资占的比例过大,导致现金与实物投入不足而影响企业的正常开业和经营。

(4)技术作价必须科学合理。

2.签订技术转让协议应注意的有关问题。技术转让协议又称许可证方式,按权利转让范围及许可性质的不同,可分为独占许可、排他许可和普通许可,其许可费依次降低。技术转让协议所涉及的范围相当广泛,有针对专利转让或特许的,有涉及与专利相关的技术资料的转让和特许的,有的是关于计算机软件特许权的转让、商标的转让、直接销售产品部件,合营企业的技术和行政管理、服务、技术人员的训练等。由于技术转让协议内容复杂,各国法律规定不一。大多数发展中国家都通过制定法律和法令,明令禁止某些技术转让协议或协议条款的签署。我国2002年1月1日施行的《中华人民共和国技术进出口管理条例》中规定了技术进口合同不得含有限制性条款。根据上述法律规定,技术转让协议应符合以下规定:

(1)技术使用费应公平合理。技术使用费的确定应与该项技术的价值或价格相符合。但有时该技术的价值很难确定,例如技术输出方所输出的技术可能已在一些发达国家广泛使用后才转让给合营企业,开发该项技术的成本事实上已大部分或全部偿清,此时技术价值和价格的确定便容易产生分歧。所以,合营企业所引进的技术必须保证其先进性、适用性,且该项技术的价格应与合营企业一方利用该技术所应取得的权利利益的范围和幅度相一致。同时,在合同中应明确规定技术转让合同到期后应由哪一方拥有相关技术的所有权。

(2)除双方另有协议外,技术输出方不得限制技术输入方出口其产品的地区、数量和价格。

(3)输入方有权按自己认为合适的来源购买需要的机器设备、零部件和原材料。

(4)订立技术转让协议的双方,相互交换改进技术的条件应对等。有些技术转让协议中规定技术输入方有义务将其与引进的技术相关的发明或改进无偿回赠提供技术一方的条款,此条款为片面技术回授条款,一般不利于引进技术一方。应该说,技术转让协议签订后,双方均可能对原有技术进行新的改进。如果技术输出方完成了新的技术突破,形成新技术,它可能会利用该新技术生产此类产品,或将该新技术转让给第三方,这无疑会使技术输入方依原转让合同所取得的技术或所生产的产品变得过时或没有竞争力;而技术输入方亦可借助引进的技术研制成功新技术,而任何一方对技术新的改进都会给对方造成不利影响。因此,《中华人民共和国技术进出口条例》规定,"限制受让人改进让与人提供的技术或者限制受让人使用所改进的技术"为限制性条款,为法律所禁止。

(5)技术转让协议期满后,技术输入方有权继续使用该项技术。

(6)技术转让协议的期限一般不超过10年。目前世界各国技术的发展日新月异,为了使我国能不断获得适合需要的先进技术,各方应严格遵守协议期限的要求,将此为强制性条款。

(7)不得含有为中国法律所禁止的不合理的限制性条款。

我国作为资本输入国,采用直接投资方式和技术转让特许协议方式引进技术各有利弊。采取技术转让特许协议方式,外资对国内企业不构成任何威胁,但我方必须首先支付一定数量的特许权使用费,即外汇,这对我国外汇储备构成一定的压力。采取直接投资方式,可以直接实现技术转移的目的,同时亦避免了我国外汇储备的减少。但采取直接投资方式(即外方以技术出资)却容易出现以下一些问题:

第一,"技术资本化"的问题。主要表现在,如果外方投资者以技术输出的方式输出技术,与中方投资者组成合营企业,则应将技术折算成股权,在合营期间依股权比例分享利润,在合营期满后,该项技术仍归外方所有。依法律规定,合营企业期限一般较长,基本上在10年以上,而技术转让协议一般不超过10年,这样外方以技术出资得到的利润分成总收入必然大大超过技术转让协议中技术使用费的收入。

第二,技术老化的风险。中方以技术出资的方式引进技术时为防止技术老化的风险,可在合同中约定:在作为出资的技术老化后,外方应无偿提供新技术以替换老化技术,如不能提供新技术,应以等值现金或实物替代,同时对出资的技术应合理作价。

第三,外国出资者对合营企业的控制。合营企业中的外方以技术出资,即便拥有少数股权,也可以通过对企业产品质量的监控、培训中方技术人员、提供后续技术等对合营企业予以限制,以谋取对企业的控制。当然,如果我国法律规范严格,合营企业控制得当,也不会构成威胁。

二、中外合作经营企业

(一)概念

中外合作经营企业(以下简称合作企业),是指由外国的企业、其他经济组织或个人(以下简称外国合作者),同中国的企业或其他经济组织(以下简称中国合作者)依照中国法律,在中国境内共同举办的以合同规定双方权利义务关系的一种企业形式。合作企业有如下特征:

1. 合作企业是契约式企业。根据《中华人民共和国中外合作经营企业法》的规定,中外合作者举办合作企业,应当依照本法规定,在合作合同中约定投资或者合作的条件、收益或者产品的分配、风险和亏损的分担、经营管理的方式和合作企业终止时财产的归属等事项。可见,合作企业各方的权利和义务应在合作企业合同中予以明确。合作各方的投资或合作条件可以不折算成股权,或者虽折算成股权,但收益分配、风险承担、债务分担及企业终止时剩余财产的分配等,可完全不按或不完全按其投资的股权状况决定。

2. 合作企业是中国企业。合作企业是依中国法律,经中国政府批准,在中国境内设立的。它们在受到中国法律保护的同时,也应遵守中国的法律、法规,不得损害中国的社会公共利益。合作企业符合中国法律关于法人条件的规定的,可依法取得中国法人资格,不符合法人条件的,可设立其他方式。

合作企业与合营企业相比,在许多方面都有共同之处:二者在设立程序、条件,主体资格、出资方式、企业的经营管理制度、税务、外汇管理、财务与会计、争议的解决等方面基本相同。同时,二者都是依中国法律在中国境内设立的,因此应遵守中国法律的有关规定,受中国法律的管辖和保护,中国对合营企业和合作企业享有属地管辖权和属人管辖权。当然,合营企业和合作企业毕竟是两种不同的企业,二者也存在许多不同之处。

(二)中外合资经营企业和中外合作经营企业的区别

尽管合营企业和合作企业都是在中国境内设立的由中外双方共同投资的企业,但二者仍有以下区别:

1. 企业类型不同。合营企业属"股权式"企业,合营各方如果以实物、工业产权、专有技术、土地使用权等出资必须折价入股,依出资比例分享利润,分担风险和亏损;合作企业是"契约式"企业,合作各方出资不必折价入股,而是依合作合同确定收益或产品分配、风险和亏损分担的比例。

2. 合同性质不同。合营企业合同以设立合营法人实体为主要内容,合同中的任意性条款比较少;而合作企业合同以约定经营业务为主要内容,有关重要事项一般只作原则性规定,具体内容由双方自行约定。因此,合作企业合同的任意性条款较多,当事人选择更大。

3. 企业组织形式不同。合营企业具有法人资格,组织形式为有限责任公司;合作企业包括具有法人资格的企业和不具有法人资格的企业。法人型合作企业一般采取有限责任公司形式,非法人型合作企业的组织形式可以灵活掌握。

4. 企业经营管理方式不同。合营企业的经营管理方式是董事会领导下的总经理负责制;法人型合作企业的经营管理方式与合营企业相同,非法人型合作企业的经营管理方式比较灵活,既可采取董事会制,还可实行联合管理制或委托管理制。

5. 投资回收方式不同。合营企业中各方投资者的投资只能依出资比例,从企业赢利中回收,合营期满之前,外方合营者不能提前回收投资;合作企业可以在合作合同中灵活规定投资回收方式。我国法律允许外方先行回收投资,规定合作期满时合作企业的全部固定资产无偿归中方所有的,可以在合同中约定外国合作者在合作期限内先行回收投资,只要外方依法或依合同约定对合作企业承担责任,并经税务机关审查批准。外方先行回收投资的方式主要有三种:从利润分成中先行回收投资,从企业的营业收入中先行回收投资,从固定资产折旧费中先行回收投资。

三、外资企业

外资企业是指依照中国有关法律在中国境内设立的全部资本由外国投资者投资的企业,不包括外国的企业和其他经济组织在中国境内的分支机构。从外资企业的概念,分析其具有以下法律特征:

(1)外资企业的投资主体是外国投资者。这里所谓的"外国投资者"既包括外国的公司、企业、其他经济组织和个人,也包括港、澳、台同胞和海外华侨。外资企业的全部资本必须由这些外国投资者所有,不能由中国人所有,企业所获利润也全部由外国投资者所有。如果外资企业是由外国母公司设立,则外资企业的股权必须是由母公司全部所有。

从资本的构成来看,外资企业的资本可以由某一个外国投资者所有,也可以由几个外国投资者共同投资。但外资企业不包括中国企业在外国设立的公司又回国投资设立的企业。

(2)外资企业是依中国法律在中国境内设立的。外资企业是在中国境内依中国法律成立的,其主营业地在中国,外资企业可以采取法人实体和非法人实体。

(3)外资企业是一个独立的法律实体。外资企业是由外国投资者独自投资、独立经营、独自享有利润、独自承担风险和亏损的企业,其组织形式可采取法人或非法人形式。采取法人形式的,可设立有限责任公司和股份有限公司;采取非法人形式的,可采取合伙、无限公司或两合公司等方式。因此其与合营企业和合作企业相比,在经营上有更大的独立自主权和灵活性,是独立的经济实体,这是它与外国企业分支机构的主要区别。外国企业的分支机构是依外国法律设立的,不具有中国法人资格,其经营活动要受总公司的制约。

外资企业在设立程序、组织形式、出资方式、经营管理制度、税务、财务与会计、企业的终止和清算、争议的解决等方面与合资企业相似。①

四、外商投资股份有限公司

1995年1月1日,自外经贸部发布实施《关于设立外商投资股份有限公司若干问题的暂行规定》(以下简称《暂行规定》)以来,一种新的外商投资形式,即外商投资股份有限公司开始出现,并得到中国法律的确认。

(一)概念

所谓外商投资股份有限公司(以下简称外股公司),是指依法设立的,全部资本由等额股份构成,中外股东共同持有公司股份,外国股东以可自由兑换外币购买并持有公司注册资本的25%以上股份,股东以其所认购的股份对公司承担责任,公司以其全部财产对公司债务承担责任的企业法人。调整外股公司的法律法规包括《中华人民共和国公司法》(以下简称《公司法》)、《外商投资股份有限公司暂行规定》、国务院《股份有限公司发行境内上市外资股的规定》(以下简称《外资股规定》)及《外商投资企业和外国企业所得税法》、《指导外商投资方向暂行规定》及《外商投资产业指导目录》等。上述法规具有不同层次的效力。

(二)设立外股公司应注意的法律问题

1.发起人资格。外股公司设立可采取发起设立和募集设立两种方式。以发起方式设立的外股公司应至少有一个发起人为外国股东,包括外国的法人、自然人、港澳台同胞,中方发起人限于在中国境内的法人。募集设立除满足以上条件外,还必须符合股份公司成立的条件。

---

①姚梅镇.外商投资企业法教程[M].北京:法律出版社,1994:60-61.

2. 发起人协议。发起人为确定各自的权利义务,规范公司设立、经营中的问题,应签订发起人协议,以免发生争议。

3. 发起人的出资。发起人可以以货币出资,也可以以实物、工业产权、非专利技术、土地使用权作为出资,但除货币外的出资,必须进行评估作价,核实财产,并折合为股份。

4. 外股公司注册资本的最低限额为人民币 3 000 万元,其中外国股东购买并持有的股份应不低于公司注册资本的 25%,所有设立外股公司的申请均须外经贸部最后批准。

5. 已设立的三资企业(包括中外合资企业、合作企业及外商独资企业)经申请符合条件的,可以转变为外股企业。

6. 为了规范外股公司上市,2001 年 5 月对外贸易经济合作部发出《关于外商投资股份公司有关问题的通知》,主要内容如下:

(1)现有外商投资股份公司申请上市发行 A 股或 B 股,应获得外经贸部书面同意并应符合下列条件:①申请上市与上市后的外商投资股份公司应符合外商投资产业政策;②申请上市的外商投资股份公司应为按规定和程序设立或改制的企业;③上市后的外商投资股份公司的非上市外资股比例应不低于总股本的 25%;④符合上市公司有关法规要求的其他条件。

(2)上市前属于中外合资企业的 B 股公司,申请其非上市外资股上市流通,应按《关于境内上市外资股(B 股)公司非上市外资股上市流通问题的申请方案》并符合下列要求,在获得外经贸部书面同意意见后,向中国证监会报送非上市外资股的资料:①A 股转发 B 股后,外商投资股份公司的非上市外资股占总股本的比例不得低于 25%;②拟上市流通的非上市外资股存续超过一年;③符合上市公司有关法规要求的其他条件;④外商投资性公司持有的非上市外资股暂不得转为流通股。

7. 为了推动境内股票市场的健康发展,规范外商投资股份有限公司上市发行股票和外商投资企业进入股票市场的行为,外经贸部和中国证监委联合发出了《关于上市公司涉及外商投资有关问题的若干意见》。

五、国际合作开发

国际合作开发是我国利用外资开发自然资源的一种国际合作方式,一般是由我国政府或国家公司同外国公司或公司集团签订协议,由国家赋予外国合作者以开发自然资源的特许权,外国合作者根据协议,在指定的区域内,在协议规定的期限内,双方共同开发我国自然资源,外国合作者按约定条件分享收益和分担风险的一种合作形式。合作开发主要用于石油、天然气、煤炭、矿产资源、森林等自然资源领域的开发。由于自然资源的开发一般投资规模较大,回收期长,技术要求高,风险较大,单靠本国的技术和资金难以进行,因此,许多国家都采取这种国际合作开发的形式开发自然资源,我国也不例外。我国现主要利用这种形式进行海上石油和陆上石油的开采。国际合作开发与其他合作企业形式相比具有以下特点:

第一,中外双方合作开发的前提条件是必须由中国政府依法让渡国家对自然资源的部分主权权力,使外方合作者依法取得对自然资源开发的特许权或开采权,由这些享有自然资源开发权的外国大公司开采我国的自然资源。

第二,合作各方的主体地位特殊。一方是代表中国政府的国家公司,另一方是外国公司或公司集团。根据我国颁布的《中华人民共和国对外合作开采海洋石油资源条例》和《中华人民共和国对外合作开采陆上石油资源条例》的规定,中外合作开采海洋石油资源和陆上石油资源的中方主体分别是中国海洋石油总公司、中国石油天然气集团公司和中国石油化工集团公司,三者都是国家授权全面负责对外开采石油资源的专营机构,是独立核算的经济实体,具有法人资格。对外贸易经济合作部是合作开采石油合同的审批机构,合作开采合同经对外贸易经济合作部批准后,方可成立,其他任何公司或经济组织都不能从事合作开采石油资源的业务。与中方合作的外方主体可以是外国的公司或公司集团,由于石油资源的开采一般投资较多,风险较大,而技术要求又非常复杂,一般小企业是无法完成的,所以,在中国通过投标或谈判的方式与中方签订合作合同的大多是外国具有相当实力的大专业公司或公司集团。

第三,合作方式特殊。国际合作开发的方式是采用契约合作方式,但这种契约合作方式与前述中外合作企业有着本质区别,双方所签订的合作合同兼有风险合同、产品分成合同和合作经营的特点。根据《中华人民共和国对外合作开采海洋石油资源条例》和《中华人民共和国对外合作开采陆上石油资源条例》的规定,其合作方式如下:由签订合同的外方合作者单独投资进行勘探、负责勘探作业,并承担勘探风险;在发现具有商业开采价值的油(气)田后,由外国合作者与中国石油公司共同投资,合作开发;外国合作者承担开发作业和生产作业,直至中方石油公司按照合同约定可以接替生产作业为止。采用这种合作方式,我国可以在少承担风险或不承担风险的情况下,达到利用外国资金和技术开采自然资源的目的。

六、BOT 投资方式

BOT 是英文 Build(建设)、Operate(运营)、Transfer(转让)的首字母缩写,它是国际工程承包市场上出现的一种新型融资方式。BOT 投资模式涉及项目一般为东道国大型基础设施,如公路、机场、电站、隧道、通信等的建设以及石油、天然气、煤炭等能源开发,投资规模大,经营时间长,项目风险大,参加人数多,以东道国政府的特许经营许可作为前提,以资本输出国特定保险机构、双边投资保证协议、国际投资保护条约等承保项目融资政治风险作为保证,所进行的投资模式。BOT 方式于 1984 年首次在土耳其出现后,很快在世界各地盛行。著名的 BOT 项目有英吉利海峡隧道、马来西亚高速公路、菲律宾电厂项目、香港东区海底隧道等,我国近几年才利用 BOT 方式进行基础设施的开发,已经运作的项目有广西来宾电厂 B 厂、湖南长沙电厂等。由于该融资模式近年渐兴,许多问题尚待进一步深入研究,但是作为一种新型项目融资方式,其具有广阔的发展前景。

(一) 概念

BOT 是利用私人资本投资于公益性基础设施的一种融资方式。传统的 BOT 概念,是指政府部门就某个基础设施项目与私人企业(或项目公司)签订特许权协议(或称特许权合同),授权签约方私人企业(项目公司)来承担该基础设施项目的投资、融资、建设、经营的一种项目融资方式。该项目公司在协议期内对项目的设计、咨询、供货、施工等进行一揽子承包(即建设阶段);在项目完工后,在特许经营权范围内进行经营,收取费用,作为还贷和赢利的资金来源(即运营阶段);在特许经营权期满后,将项目无偿转让给东道国(即转让阶段)。在协议期间,政府部门行使监督权、调控权。近十几年来,随着 BOT 方式在不同国家和地区的应用,又演变出近 20 种变种,主要有 BOOT(Build – Own – Operate – Transfer)、BOO(Build – Own – Operate)、BT(Build – Transfer)、BTO(Build – Transfer – Operate)、BOS(Build – Operate – Sale)等,但实践中经常使用的还是 BOT 形式。

(二) BOT 的特点

1. 投融资方式的特殊性。一般传统的基础设施项目其投资主体、经营主体、责任主体和资金来源都是国家,因此风险也由国家来承担,而 BOT 投融资方式的投资主体、经营主体、责任主体则实现了多元化,允许私人企业参与项目投融资,这样,一方面弥补了长期以来国家基础设施投入不足的缺口,另一方面使投资风险分散化,可以更好地实现资金的良性循环。

2. 适用范围的特殊性。BOT 方式大多用于资本密集型的基础设施建设,适用于投资规模大、投资回收期限长、投资风险大、整体系统性强的项目。

3. 投资风险承担的特殊性。由于基础设施项目投资风险非常大,既包括商业性风险,如投资成本不能及时回收,也包括政治性风险,如政府的征收、外汇管制、拒发营业许可证、提高税率等不利于项目公司的政策或措施。针对这一难题,BOT 方式将投融资风险化整为零,采取由投资者、贷款者、政府及相关其他当事人共同分担风险的方式,将巨大的投资风险分散化,从而吸引了更多私人资本的进入。

4. 财产权利的特殊性。BOT 项目在经营期限届满后,其所有权转移给政府,政府是项目的最终所有人,项目公司则只拥有项目设施所有权基础之上的经营权,是一种不完全的财产所有权。

(三) BOT 的基本法律结构

一个 BOT 投资项目涉及建设、经营、移交等各个环节,其投资方式相当复杂,一个项目合同是通过各种合同文件将各参与方连接在一起的,所涉及的参与方包括政府、承包商或股东、供应商、保险公司、经营商、建筑承包商和产品购买方等。BOT 投资项目所涉及的主要合同文件包括:

1. 特许协议。特许协议,即主合同,是由一国政府与投资者(或项目公司)签订的,由政府赋予投资者(或项目公司)以某种特许经营权的合同。

各国基础设施建设涉及国家经济主权,应当由国家专营,私人企业若参与国家基础设施建设,必须经东道国批准并与东道国签订协议。投资者(或项目公司)与资本输入国(东道国)签订的协议被称为特许协议。通过签订特许协议,投资者获得了基础设施建设的经营权,同时得到了东道国减少政治风险的保证。所以,特许协议是签订其他合同的基础,是 BOT 投资中的主合同,其他合同为从合同。

2. 股东协议。股东协议是项目公司与各参股股东签订的协议。除极少数 BOT 项目公司是由某一个投资人出资外,大多数 BOT 项目的公司都是由多家投资者共同组成一个国际性财团公司,各个投资人向项目公司出资而成为项目公司的股东。项目公司和投资股东通过签订股东协议明确各股东的权利义务。各投资股东依股权比例分配股权,依股本比例缴足股本,并负担一定的项目开发费用。

3. 贷款协议。贷款协议是项目公司与国际商业银行等贷款者签订的协议。由于 BOT 项目投资规模较大,大部分资金要靠贷款来提供。项目公司在项目贷款协议中,借款人是项目公司,贷款人往往是由多家金融机构组成的银团,目的是分散风险。这种项目贷款合同涉及融资担保、贷款偿还方式、风险与责任的分担等内容。由于项目公司对项目本身并不拥有所有权,所以 BOT 项目贷款的追索权是有限的,项目公司作为借款人,只以项目自身预期收益为偿还来源,以项目财产为偿还担保的抵押物。

4. 建设工程承包合同。建设工程承包合同是项目公司与建筑承包商签订的承包该投资项目的合同,通常采用交钥匙合同形式。合同一方当事人是项目公司,另一方当事人可以是专业建筑工程公司,也可以是项目公司的股东。双方通过签订工程承包合同来规范各自的权利义务,最终使该投资项目符合东道国(资本输入国)政府的要求。如果合同一方当事人是项目公司的股东,应在合同中明确作为承建商和股东当事人的利益。当然,如果项目公司是由投资人经营管理,其本身拥有足够的实力和技术力量,也可以自行设计、建设并经营项目。

5. 经营管理合同。如果项目公司委托营运商对项目进行经营管理,则根据项目贷款人的要求,项目公司与项目的营运商或经营管理人应签订经营管理合同。营运商或经营管理人应具有较高的管理技术和管理水平,以保证最高的投资收益,同时使项目贷款人及时回收贷款。经营管理合同主要规定特定设施的经营和管理、项目设施经营所取得的收入处理等问题,如用来还债、回收投资、再经营等。

6. 保险合同。BOT 项目投资风险很大,为了转移风险,大多数项目公司都寻求财力、信用很高的国际大保险公司承担项目风险。项目公司和保险公司签订的保险合同,主要承保建筑风险、业务中断风险、整体责任风险、政治风险等。

7. 回购协议。回购协议是由项目公司与东道国政府主管部门或公共部门签订的由东道国政府主管部门或公共部门购买项目产品或服务的协议。

除上述协议,有的项目公司还签订工程咨询合同、审计合同、法律咨询合同、担保合同等,这些法律文件共同构成 BOT 项目的基本法律框架。[①]

[①] 苏号朋,朱家贤.国际投资法律事务与典型案例评析[M].北京:经济管理出版社,1997:118-138.

七、外商投资性公司

随着中国改革开放的深入进行,一家外国公司(特别是跨国公司)在中国投资几家、十几家甚至几十家企业的现象越来越多。例如西门子公司在中国拥有 30 多个投资项目,分布在中国十几个城市。为了更好地协调管理外国公司在华各个投资项目,实现外国资金技术人员的最优化配置,1995 年 4 月,对外贸易经济合作部颁布了《关于外商投资举办投资性公司的暂行规定》(以下简称《外商投资性公司暂行规定》),允许外商设立投资性公司。中国目前已批准多家跨国公司在中国设立投资公司。

(一)外商投资性公司的概念和性质

根据《外商投资性公司暂行规定》,外商投资性公司系指外国投资者在中国以独资或与中国投资者合资的形式设立的从事直接投资的公司,公司形式为有限责任公司。

从《外商投资性公司暂行规定》的内容来看,外商投资性公司的出资方式、责任形式、组织形式等与中外合资经营企业和外资企业几乎相同,因此其性质仍属于外商投资企业。但其业务性质与上述两种企业相比,又具有特殊性。

(二)设立外商投资性公司的条件

1. 外国投资者资信良好,拥有举办投资公司所必需的经济实力。

2. 申请前一年投资者的资产总额不低于 4 亿美元,且该投资者在中国境内已设立了外商投资企业,其实际缴付的注册资本的出资额超过 1 000 万美元,并有 3 个以上拟投资项目的项目建议书已获得批准;或者,外国投资者资信良好,拥有举办投资公司所必需的经济实力,该投资者在中国境内已设立了 10 个以上从事生产或基础设施建设的外商投资企业,其实际缴付的注册资本的出资总额超过 3 000 万美元。

3. 以合资方式设立投资性公司,中国投资者应当资信良好,拥有投资公司所必需的经济实力,其资产总额不低于 1 亿元人民币;投资性公司的注册资本不低于 3 000 万美元。

(三)外商投资性公司的主要业务

外商投资性公司的主要业务是从事直接投资活动。外商投资性公司既不是从事生产的企业,也不是从事服务的企业,而是一种投资管理公司。通过其所从事的投资活动,对所投资的项目进行管理、协调,实现资产、技术、人员的优化配置,最大限度地发挥跨国公司在华投资的整体效益。为实现上述目的,根据《外商投资性公司暂行规定》,外商投资性公司经批准可以经营以下部分或全部业务:

1. 在国家鼓励和允许外商投资的工业、农业、基础设施、能源等领域进行投资;

2. 投资性公司可受其所投资企业的书面委托(经董事会一致通过),向其提供下列服务:

(1)协助或代理所投资的企业从国外采购该企业自用的机器设备、办公设备和生产所需的原料、元器件、零部件和在国内外销售其所投资企业生产的产品,并提供售后服务。

（2）在外汇管理部门的同意和监督下,可以对其所投资企业的外汇余缺进行调剂,实现企业的外汇平衡。

（3）协助所投资企业招聘人员并提供技术培训、市场开发和咨询。

（4）向所投资的企业提供直接或间接的财政支持。直接财政支持是指投资公司可以经中国人民银行批准,直接向所投资企业拆借资金;间接财政支持主要是指投资公司可协助所投资企业寻求贷款及提供担保。

（5）为所投资企业提供咨询服务。

因此,中国法律赋予投资公司对所投资的企业统筹管理、协调服务、宏观调控的能力,这会加大跨国公司对中国的投资力度,有利于中国更多地吸引外资。[1]

八、外资金融机构

外资金融机构是指外国金融机构在中国境内投资设立的从事金融业务的分支机构和具有中国法人地位的外商独资金融机构、中外合资金融机构。现已在中国设立的外资金融机构有外资银行、外资财务公司和外资保险公司。申请设立外资金融机构的外国金融机构,总资产须达到一定的规模,其所在国须有严格的金融监管,并且在华设立代表机构达2年以上。设立外资金融机构须按有关法律法规申请,报经国家金融主管机关批准。

九、国际租赁

国际租赁是指一国的出租人在一定的期限内把技术或设备出租给另一国的承租人使用,承租人按租赁合同向出租人给付租金。出租人以租金方式回收投资,并保留租赁物的所有权。国际租赁一般是融资租赁,即一种以提供信贷为目的的租赁,承租人不但得到租赁物的使用权,而且得到信贷。国际租赁有以下几个特点：

其一,国际租赁是货物、技术与融资相结合的国际经济技术合作方式,它将货币信贷同实物信贷、技术信贷结合在一起,并以货币形式偿付租金。

其二,国际租赁是一种对标的物的所有权与使用权相分离的流通形式。国际租赁的标的物包括了技术、设备或其他物品,转移的是标的的使用权而不是所有权。

其三,国际租赁业务比较复杂。国际租赁不但涉及出租人与承租人,还涉及银行、保险公司、制造商、经销商或经纪人,法律关系复杂。

十、外方投资者投资股票和基金

这是指外国投资者和中国香港、澳门、台湾地区的自然人、法人和其他组织,以及定居在国外的中国公民和国家规定的境内(外)上市外资股的其他投资人,通过国内的沪、

---

[1] 陈安.国际投资法学[M].北京:北京大学出版社,1999:343-345.

深证券交易所或境外证券交易所,认购由中方股份公司发行的、在境外上市的外资股票和向境外投资人募集而在境内上市的外资股票的投资方式,或由中外双方依法创办中外合资基金与管理公司。

十一、企业产权转让

根据我国法律规定,我国允许国有中小型企业和集体企业采取多种形式对外合资、合作,包括依法有偿出让或受让国有企业产权。凡是外国的法人、自然人或者其他组织按规定可以受让中方国有企业产权,同时该企业成为外商投资企业,可以享受国家规定的对"三资企业"的优惠政策。

十二、跨国并购

跨国并购将成为我国吸收外资的新形式,并且已经成为全球外商直接投资的主要方式。根据相应的统计,全球通过跨国并购方式的投资比重达到70%以上,发达国家之间甚至达到90%左右。长期以来我国由于法律法规的限制、资本市场不够健全、缺乏有效的中介机构等因素,主要通过"绿地投资"方式吸引外国直接投资。2002年11月,原国家经贸委、财政部等部委公布了《关于吸收外资参与国有企业资产重组与并购的暂行规定》,为跨国公司并购国有企业提供了法律和政策依据。随着我国国有企业改革逐步深化,相关法律法规进一步完善,股权分置改革试点稳步推进,中国利用外资将呈现出以绿地投资、跨国并购和证券市场投资等为主要方式的多元化格局。

复习思考题

1. 发达国家外资法的主要特点是什么?
2. 发展中国家关于外国投资法律的主要特点是什么?
3. 中外合资经营企业的概念和特征是什么?
4. 签订中外合资经营企业合同应注意哪些问题?
5. 中外合资经营企业的注册资本和投资总额是如何规定的?
6. 中国在签订技术引进协议时应注意哪些法律问题?
7. 中外合作经营企业的概念和法律特征是什么?
8. 外资企业的概念和法律特征是什么?
9. 中外合资经营企业、中外合作经营企业和外资企业在组织形式、经营管理方式、投资回收方式、收益分配方式上有什么不同?
10. 简述BOT的概念和法律特征。

第三章 资本输出国海外投资法律制度

> **学习目标与要求**
>
> 资本输出国海外投资法律制度主要包括两方面：一是对海外投资的鼓励措施，二是对海外投资的保护措施。本章主要介绍对海外投资的税收鼓励措施、海外投资保险制度和中国对境外投资的管理和保护。通过本章的学习，应掌握海外投资保险制度的概念和特征；了解美国海外投资保险制度的特点和主要内容；了解中国境外投资的发展情况及对其管理和保护的法律制度等内容。

第一节 概　述

一、资本输出国海外投资法制概述

（一）资本输出国海外投资法制的概念

资本输出国海外投资法制，即海外投资法，它是指资本输出国（投资来源国）为鼓励、保护、管理本国海外投资而制定的调整对外投资关系的各种法律规范的总称。海外投资法对资本输出国促进本国对外投资，加强国际竞争地位，维护本国经济利益具有重要意义。但各国基本上没有统一的全面调整海外投资关系的专门立法，其海外投资法分散在本国的贸易、税收、外汇、保险等各种法律法规中，呈现出分散的特点。各国海外投资法主要包括对海外投资及投资者的资格审查，投资方式的规范，与海外投资有关的税收、外汇、贸易等方面的管理以及海外投资保护机制。

（二）海外投资法的类型及特点

根据联合国跨国公司中心统计资料表明，长期以来发达国家既是最大的资本输入国，也是最大的资本输出国。1992年以前，发达国家对外投资总额一直占世界对外投资总额的90%以上，1986年以前更高达98%以上。后来随着发展中国家经济技术发展水平的不断提高，资金、技术实力的不断增强，尤其是石油国家以及新兴市场国家和地区的兴起和发展，发展中国家对外投资比重才逐步增大。由于各国经济发展水平的不同，对外投资幅度差异较大，导致其海外投资立法在内容和侧重点上也存在很大的差别。

发达国家由于其经济发展水平较高，资本输出有利于发达国家抢占国际市场，优化资源配置，带动产品技术出口，增加国家税收及增加就业人口。因此，发达国家对本国私人海外投资鼓励、保护措施较多，限制较少，其对外资的保护集中体现在各国制定的海外投资保险法上。发展中国家由于经济实力较弱,外汇资金有限,因此其海外投资立法中都有一套严格的对海外投资的管理审批制度,同时亦注重对海外投资者利益的保护和鼓励。

二、海外投资的鼓励和保护机制

(一) 税收鼓励措施

投资者在国外投资,通常要受到资本输入国和资本输出国的双重税收管辖。尽管大多数资本输入国给予外国投资者以各种形式的减免税优惠,但投资者仍将就其海外投资所得向其本国纳税。为了减轻海外投资者双重纳税的负担,资本输出国往往采取以下措施给予海外投资者以税收优惠:①税收抵免,是指海外投资者的投资所得在资本输入国已纳税款的,可以在本国应纳税款中相抵或扣减。②免税政策,是指凡海外投资者投资所得,在资本输入国已纳税者,资本输出国不再对这部分海外收益征税。这是在承认资本输入国优先征税权的前提下,资本输出国放弃征税权。通过这一政策,减轻海外投资者的实际税收负担,以鼓励其向外国投资。③税收饶让,即资本输出国不仅对于已向投资东道国缴纳的税额给予抵免,而且对于本国海外投资者在海外的所得因东道国给予的税收优惠而未缴纳的税款视同已缴纳税款给予抵免。税收饶让措施一般通过双边税收协定来规定,目前,大多数国家只承认预提税的饶让,少数国家对公司所得税、地方所得税等都予以饶让。④延期纳税,资本输出国对海外企业的投资收入,在汇回本国以前不予征税,这种做法可以减轻海外投资者的税收负担。

(二) 政府的财政支持与鼓励

1. 资金支持。大多数发达国家设立了各种开发性的金融机构,或设立开发性金融公司,以条件优惠的贷款或股权投资以及特别投资基金形式向其海外投资者提供资金支持。如日本有输出入银行、海外经济协力基金等十几家机构,法国有国民信托银行,英国有英联邦开发公司,美国有海外私人投资公司等,这些机构都有向其海外投资者提供资金支持的业务。

2. 其他财政支持。大多数国家还给予海外投资者以其他财政支持。如有的国家对海外投资者进行与投资有关的可行性研究或投资前调查提供资助,资助额不等,可相当于其投资前研究费用的50%~100%;还有的国家为了鼓励中小企业向海外投资,特别对一些中小投资者提供投资启动支持,为其寻找融资来源,准备法律文件,为投资企业培训输入国技术人员等。

3. 投资情报服务及技术支持。大多数发达国家通过国家行政机关、驻外使领馆等设立经济情报中心或投资促进机构,通过出版物、研讨会、交易会、组织投资考察团等,为其海外投资者提供各种投资信息,帮助投资者了解资本输入国的宏观经济情况、经营费用、行政程序及法律框架等,有时还直接作为中介,牵线搭桥,帮助投资者把握投资机会,同时为海外投资企业培训技术人员。

（三）保护机制

资本输出国对海外投资者的保护主要是通过海外投资保险制度及外交保护权对海外投资者投资中的政治风险及利益损失提供保障。

三、海外投资管理机制

发展中国家大多通过审批机制对海外投资方向、财务状况、外汇、税收、金融等方面进行管制。发达国家大多通过竞争法、税法、出口管制法、反贿赂法、公司法、证券法等对海外投资的设立、运营等各个阶段进行管理,以避免投资者的海外投资扰乱本国经济秩序,破坏本国经济的发展。

第二节　海外投资保险制度

一、概述

（一）海外投资保险制度的概念、特点及历史发展

1. 概念。海外投资保险制度（Investment Insurance Scheme）是资本输出国为了保护本国国民在外的投资安全,依照本国国内法的规定,对本国海外投资者因在国外遇到的政治风险而遭受的损失,给予事后补偿的一种保险制度。

2. 特点。海外投资保险制度与投资保证是不同的。投资保险是一种商业风险,一般是在政府支持下设立相关保险机构,在出险时由保险公司补偿投保人一定比例投资损失的一种保险制度,一般保险公司在承保前对投保的资产都有一定的条件要求；投资保证是一种政治保证,它是依国家法律,由政府出面对海外投资者的投资损失进行全部赔偿的制度。二者都只限于政治风险。

海外投资保险制度与一般私人保险是不同的。从形式上看,二者比较相似,都是由投保人与保险机构订立保险合同,投保人支付保险费,保险机构承担保险责任。但实际上,二者有着本质的区别:投资保险制度具有明显的官方性质,是一种政府保证,实施保险的前提往往与政府签订的投资保证协定或公约有关。一般私人保险,具有私人性质,商业色彩较浓。具体而言,二者区别如下:

（1）保险对象不同。海外投资保险适用对象仅限于海外私人直接投资,不包括海外私人间接投资,也不包括官方投资；一般私人保险可承保各种投资。

（2）保险机构不同。海外投资保险一般是由政府机构或公营公司作为保险机构,且各国设立的海外投资保险机构一般都有国家财政予以支持,因此其抗风险的能力较强,能够承担海外投资者在输入国所遭受的政治风险。一般私人保险是由私营保险公司承保,政府较少给予财政支持,因此其抗风险的能力较弱。

（3）保险范围不同。海外投资保险只限于政治风险,如征用险、外汇险、战争险等,不包括一般商业风险；一般私人保险机构由于承保能力有限,主要承保一般商业风险,无力承保政治风险。

（4）保险赔偿数额不同。海外投资保险机构所承保的政治风险,由于其风险较大,一旦出险,则理赔数额巨大,保险公司难以承受,所以,保险公司一般只按保险投资额的一定比例补偿,不赔偿投保人的全部损失;私人保险一般承保的风险相对较小,因此,可赔偿投保人的全部损失。

（5）保险目的不同。海外投资保险机构在承保之前,一般都要求投资输入国与资本输出国政府已签订双边投资保护条约,或要求投资得到资本输入国的认可,以避免保险事故的发生,因此各国政府设立海外投资保险机构的目的主要是防患于未然,尽量避免保险事故的发生;而私人保险的目的主要是事后补偿损失。

（二）作用

海外投资者投资收益的取得很大程度上取决于风险的大小。如果资本输入国投资环境不太理想,尤其是政局不稳,法制不健全,投资者所面临的政治风险就会非常大,一旦出现政治风险,将会给投资者带来重大财产损失,一般的私人保险公司是无力或不愿承担这种保险业务的。通过确立海外投资保险制度,政府就可以承担这类政治风险,彻底解决海外投资者的后顾之忧。

二、美国海外投资保险制度

（一）保险人

保险人是指承担保险责任的保险公司。美国海外投资保险机构名称几经更迭,最早叫"经济合作署",后曾改名为"共同安全署"、"国际合作署"、"国际开发署",无论名称如何变化,其承保机构始终是美国政府的一个行政部门。自 1964 年美国海外投资保险机构改为"海外私人投资公司"(Overseas Private Investment Corporation,OPIC)后,其承保机构性质才由官方机构改为兼具"公、私"两方面性质:一方面海外私人投资公司具有"公"的性质。它是美国国务院直接领导下的一个机构,属国际开发合作总署"三个直辖"单位之一。其最高权力机构是董事会,国际开发合作总署署长兼任董事长,美国贸易代表或副代表兼任副董事长,公司总经理和副总经理由总统委任,总经理兼任董事。公司现有大约 160 多名雇员,由 15 名董事组成董事会,7 名来自政府,其中 4 名分别拥有国务院、财政部、商务部和劳工部次长头衔,另 8 名董事来自私营部门,属不同领域的代表。公司法定资本由国库拨款。另一方面,公司又具有"私"的性质。从公司的法律地位来看,OPIC 完全依美国公司法,按公司体制组建,属于美国华盛顿哥伦比亚特区的一个法人,享有公司法所规定的一切权利和义务。OPIC 兼具"公、私"两方面性质,能够更好地实现其职能。一旦保险事故发生,OPIC 依其充足的保险储备金可迅速对其海外投资者给予赔偿,化解投资者的风险损失。理赔后,OPIC 可以公司名义代替投资者行使代位求偿权,向资本输入国政府进行追偿。这样一方面可以避免在解决国际投资纠纷时美国政府与资本输入国政府直接对抗;另一方面,OPIC 作为公司,一旦出现纠纷,在诉讼和仲裁程序中,又具有独立的法人资格,可以独立自主地行使自己的权利,显示出其灵活性的特点。①

(二)投资保险原则

海外私人投资公司向私人企业提供保险服务的基本指导原则是保险的提供应符合保险业务的风险管理原则,并努力与其他保险公司共同承担保险和再保险业务,以加强公司的抗风险能力。海外私人投资公司在提供保险时,优先向美国中小企业提供保险。对资产净值不超过250万美元或资产总值不超过750万美元的企业或美国Forture杂志排名1000名以外企业的海外投资,给予优惠保险;优先向在不发达的友好国家和地区投资的企业提供保险,并要求所承保的海外投资应符合东道国国家和地区经济发展的需要,有利于当地人民生活水平的提高。②

海外私人投资公司的主要业务是向美国海外投资者提供担保,同时也向海外投资项目提供赞助。其赞助措施包括海外私人投资公司直接向中小企业提供较优惠的中长期贷款,或向中小企业提供投资项目费用支出。所以说美国海外私人投资公司不仅是一个保险机构,还是执行美国政府对外政策,开辟海外市场,扩大商品、技术、资金、劳务输出的有效工具。③

(三)投资保险范围

海外投资保险机构的保险范围只限于政治风险,不包括一般的商业风险。它只承保由于资本输入国政府、国内不同利益集团、敌对势力的影响,导致资本输入国现行社会政治状况发生变化,国家政策、法律出现不确定性,而给海外投资者带来的经济损失。美国海外私人投资公司主要承保以下四种风险:

1. 征收险。所谓征收险是指由于东道国政府当局的征收行为、没收行为或国有化措施,使投资者的资产或收益遭受全部或部分损失的风险。"征收"是指资本输入国政府直接或间接剥夺投资者在某一项目中的基本权利或财产利益的政府行为,包括国有化、没收、征用或蚕食性征收等。根据美国对外援助法的规定,征收险应包括以下几个构成要件:

(1)征收行为。征收行为主要包括行为主体和行为内容两方面。行为主体是资本输入国政府(即东道国政府),既可以是输入国政府当局或某一机构直接实施征收行为,也包括政府授权、批准、认可或纵容第三方所采取的征收行为,还包括那些虽不是输入国合法政府,也未被输出国政府承认的某一实体,只要其对投资项目所在地拥有事实上的控制权,且它事实上在行使政府或某一机关的职能,这个实体的行为即可视为"政府当局"的行为。征收行为包括直接征收和间接征收。所谓直接征收,是指输入国政府直接剥夺海外投资者的财产所有权的行为,包括征用(Expropriation)、没收(Confiscation)、国有化(Nationalization)以及资本输入国政府违反其与投资者所签订的投资契约而给投资者造成损失的情形。所谓"征用",是指资本输入国(东道国政府)直接将投资者的投资财产

---

① 余劲松.国际投资法[M].北京:法律出版社,1997:244-248.
② 王贵国.国际投资法[M].北京:法律出版社,1990:221-222.
③ 王贵国.国际投资法[M].北京:法律出版社,1990:221-223.

和收益收归国有,同时给予一定补偿的行为。所谓"没收",是指资本输入国政府直接剥夺投资者对其投资财产及收益的所有权而不给予任何补偿的行为。所谓"国有化",主要是指资本输入国政府的行为不只是针对海外投资者,而是对投资者所投资领域的所有私人企业或财产进行剥夺所有权的行为。一般,各国对国有化都给予一定补偿。所谓间接征收,一般是指资本输入国政府通过对投资者采取一系列措施,对投资者行使其财产所有权的行为进行无理干涉,使投资者无法行使其对所投资财产的权利,最终导致投资者遭受严重损失,等同于征收的行为。一般而言,资本输入国政府对投资者的直接征收行为比较容易判断,间接征收行为较难判断。间接征收一般不是由一个单独行为构成,而是通过资本输入国政府的一系列行为,最终导致了征收的后果。海外投资保险机构所确认的征收对象既包括财产权利(如投资者的现金出资和贷款,投资的利润和贷款利息),同时亦包括其他债权,如契约权等。

(2)损失后果。根据美国海外私人投资公司保证合同的规定,构成征收险的征收行为一般应造成以下任何一种后果达1年以上:阻碍投资人获得海外美资企业依据有价证券以指定货币支付给投资人的到期款项;阻碍投资人作为股东或债权人有效地行使由于投资而取得的对于海外美资企业的基本权利;阻碍投资人转让有价证券或有价证券所派生的权利;阻碍海外美资企业对本企业重要财产的使用或处置实行切实有效的控制,阻碍建设或经营该投资项目;阻碍投资人有效控制在证券方面作为投资收益和资本收益所获得的款项。①

(3)征收行为与损失后果之间存在因果关系。如果投资者所遭受的损失与东道国的征收行为无直接的因果关系,则不构成征收行为。

综上所述,构成征收险应当满足上述三个要件,承保机构才予以承保。

2.禁兑险。禁兑险指由于东道国实行外汇管制,致使投资者的投资及投资所得(包括投资的本金、贷款利息、技术援助费、提成费、管理费及投资证券所得、红利、股息等),或投资回收所获得的东道国的当地货币不能自由兑换为美元的风险。OPIC将禁兑险分为积极禁兑险和消极禁兑险。所谓积极禁兑险是指东道国颁布法令禁止投资者将当地货币兑换成美元,使投资者遭受损失的风险;消极禁兑险是指东道国尽管没有颁布禁兑法令,但是当投资者不能将当地货币兑换成美元时,东道国有关当局未采取任何措施给予救济,致使投资者遭到损失的行为。

OPIC所承保的投资者所遭受的禁兑风险必须是投资者在一定时期内无法通过任何合法途径、任何手段最终将当地货币兑换成美元。如果投资者可将当地货币兑换成第三国货币,再最终兑换成美元的,则不属于禁兑险,OPIC将不予赔偿。

当然,OPIC承保禁兑险的前提条件是在签订保险合同时,投资者必须能证明东道国已同意投资者的投资原本及利润的自由汇出。如果东道国采取禁兑措施是基于投

---

① 余劲松.国际投资法[M].北京:法律出版社,1997:250-255.

资者的腐败、贿赂等违法行为,导致东道国作出合理反应而采取的禁兑措施,不属于禁兑险。

OPIC 设立禁兑险主要是弥补由于过去资本输入国的歧视性政策,使美国投资者遭受的经济损失。目前,各资本输入国,特别是发展中国家,争相改善本国投资环境,保证投资者的投资和投资所得的自由兑换,因此,现在,美国的海外投资者遭受禁兑险的风险不大,该项业务已不再是 OPIC 的主要保险项目。

3. 政治暴行险(Risk of Political Violence)。政治暴行险是美国 OPIC 在战乱险基础上于 1985 年规定的一个险种。所谓政治暴行险,是指因资本输入国内部为实现某种政治目的而采取的暴力行为所导致的投资者财产损失的风险。政治暴行险也包括三个构成要件:

(1)风险事件。政治暴行险的范围比一般国家所承保的战乱险的范围要大,凡是东道国内部个人或集团为了实现某种政治目的而采取的破坏活动给美国海外投资者所造成的损失均在承保范围之内。因此,在确定风险事件是否发生的诸多因素中,该行为是否具有一定政治目的且有组织地进行是至关重要的。凡是不因政治目的而引起的一般劳资纠纷、学生骚乱等行为则不属此类风险。

(2)损失。OPIC 承保的损失包括经营收益损失及资产损失。即由于上述风险事件,使得美国海外投资者所投保的财产被毁坏、被夺走并扣留、被丢失,或风险事件中一方为了对付紧急或预期的敌对行为所采取的阻止、抗击、防御行为的结果直接造成投保财产的毁坏、丧失、被夺走或扣留;或由于风险事件的发生,使得投资项目设施遭到破坏,从而使得投资者的经营收益受到的损失。对于以上损失,投保人可单独购买其中一种或同时购买两种。OPIC 承保的财产损失仅限于有形财产,不包括证券、档案文件、债券、现金等的损失。对经营收益损失,OPIC 规定只包括因风险事件所造成的投资者的预期收益损失。对以下损失,OPIC 不予赔偿:①在战乱中损失的金银珠宝、现款、珍贵艺术品;②损失少于 5 000 美元者;③在暴行中因投资方有关人员不采取应有的防护保全措施而遭受损失者;④主要由于投资人一方的不轨行为(包括行贿、腐化等)激起或挑起暴力行为,因而遭受损失者。[①]

(3)风险事件与损失之间的因果关系。一国一旦发生战乱等政治暴行事件,就会引发一系列相关事件,使投资者遭受诸多损失。OPIC 承保的损失必须与风险事件之间有因果关系,否则 OPIC 不予赔偿。

4. 营业险。除上述三种主要险别外,美国 1985 年还设立了一个新的险别——营业险。所谓营业险,是指由于东道国发生了禁兑事故、征收事故或政治暴行风险事故,致使投资人的某项营业暂时中断而使投资者遭受损失的,承保人也给予赔偿。通过增设这一险别,使投资者因上述政治风险而减少的收益也得到赔偿,无形中扩大了风险范围,增加

[①] 曾华群. 国际投资法概论[M]. 福建:厦门大学出版社,1995:87-89.

了投保者的投资信心。

(四)被保险人

被保险人指有资格申请海外投资保险的美国投资者,也称投保人。美国法律规定的合格被保险人,包括以下几类:

1. 美国公民。这是指具有美国国籍的自然人。

2. 美国法人及社团。美国法人及社团指依美国联邦、州或其他地方法律设立的,其财产至少有51%为美国人所有的法人合伙及其他社团。

3. 外国法人及社团。外国法人及社团指依外国法律设立的法人、合伙企业或其他社团,其资产的全部或95%以上为美国公民、法人或其他社团所有。

(五)保险对象

保险对象,指可作为海外投资保险的承保对象的投资项目。海外私人投资公司在选择承保对象时,既要考虑商业利益,更要考虑政治因素。依美国法律规定,只有符合以下条件的投资项目才予以承保:

1. 合格的投资。OPIC承保的财产包括有形财产和无形财产,既包括现金投资、实物投资,也包括权益投资。

2. 不予保险的投资项目。OPIC对需承保的投资项目,不仅考虑对资本输入国经济发展的益处,还应符合美国的经济利益。凡对美国国民经济发展目标、国际收支平衡、国内就业等有不利影响的项目,OPIC拒绝为其提供担保。[①]

(六)保险期限

OPIC依投资者的投资种类、性质及投保险别的不同,规定的保险期限也有不同,一般,保险合同的最高期限为20年。

(七)保险金额

保险金额指保险事故发生后,保险人应向被保险人实际支付的赔偿金额。保险金额一般依据投资者的损失额与相应的赔偿率来确定。美国法律规定,OPIC承保的保险金额限于被保险人最初投保时,经保险公司批准的投资项目的美元票面价值和保险合同限度内该投资实际上赢得的利润、利息或其他收益的总和。但实际上,OPIC在实际理赔时,最高只承担90%的风险责任,另10%由被保险人自己承担。

(八)保险费率

美国法律规定,保险费率依承保行业、险别及范围的不同而有所区别。一般中小企业的保险费年率,禁兑险为0.3%,征用险为0.4%~0.8%,政治暴行险为0.6%,综合险年率为1.5%,特别保险费率可低于或高于上述规定。

(九)争议解决

根据OPIC章程的规定,保险人与被保险人因保险索赔问题发生争议的,双方可协商

[①] 王贵国. 国际投资法[M]. 北京:北京大学出版社,2001:185-187.

签订协议,以仲裁方式解决。仲裁地点在华盛顿特区,仲裁裁决是终局决定。

第三节 中国对境外投资的管理和保护

一、概述

我国境外投资是指我国的公司、企业,乃至个人将资本投向境外地区(包括香港、澳门、台湾地区),以设立子公司、分公司,建立合营企业,收购外国企业等形式进行的投资。

我国自改革开放以来,在积极引进外资和国外先进技术的同时,也有条件地允许国内企业对外投资。早在1992年,中国就被联合国列为新兴的主要对外投资者,并被视为亚洲最大的对外投资者之一。中国的境外投资具有以下特点:

(1)起步较晚,但发展速度非常快。从改革开放到现在的30多年里,中国对外投资的发展速度非常快,超过了大多数发展中国家的发展速度,一些中央直属企业和部属企业的境外投资已达一定水平。

(2)投资领域主要集中在第一、二产业,第三产业的投资有待发展。中国境外投资所涉及的领域非常广泛,从工业品制造加工、农业种植、资源开发、进出口贸易、交通运输,到餐饮、旅游、工程承包、咨询服务等诸多部门和行业均有涉足。

(3)投资所涉国家和地区虽广泛,但多半位于发达国家和地区,尤其是港澳地区。到目前为止,我国境外投资已分布到130多个国家和地区。投资的国家主要集中在发达国家,尤以欧洲、北美为最多,而对发展中国家的投资主要集中于"一带一路"沿线国家。

从调整境外投资的法律规范来看,我国目前还没有专门的境外投资法,主要是国务院各部委颁布的若干规章、条例以及中国对外缔结的双边条约和参加的国际公约。目前我国调整境外投资的国内法规范主要有:1992年对外经济贸易部颁布的《关于在境外举办非贸易性企业的审批和管理规定(试行)》,1989年国家外汇管理局颁布的《境外投资外汇管理办法》及其实施细则,1996年国务院颁布的《中华人民共和国外汇管理条例》,1992年国有资产管理局等部门颁布的《境外国有资产产权登记管理暂行办法》及1993年《关于用国有资产实物向境外投资开办企业的有关规定》,1996年财政部发布的《境外投资财务管理暂行办法》等。我国调整境外投资关系的国际法规范,主要是我国对外签订的一些双边投资保证协定、相互鼓励和保护投资协定、税收协定以及我国参加的《多边投资担保机构公约》、《解决国家和他国国民间投资争端公约》等。

二、境外投资企业的设立和撤销

(一)设立

根据我国法律规定,申请设立境外投资企业,必须符合一定条件,经主管部门审核批准后才可设立。我国国内公司、企业或其他经济组织,只要有外汇来源,具有一定的生产、技术和经营能力及人才，有合作对象，均可申请设立境外投资企业。中方投资者必须符合下列条件：经工商部门登记注册，有固定的或经重新核准的经营范围，有一定的资金和经营规模；非经特别批准，不得用国家资金以个人名义在境外投资举办企业；在境外举办从事工程承包或劳务合作业务的企业，必须是由商务部批准授予对外承保工程或劳务合作业务经营权的公司。

申请设立境外投资企业，必须能达到以下目的之一：能带动设备、材料和技术的出口；能扩大对外工程承包和劳务合作；能引进先进技术和管理办法；能够较长期稳定地为国内提供需要和短缺的原材料和产品。

为更好地管理境外投资企业，中国对境外企业的设立，依项目的性质和投资额的大小实行分级审批制。

（二）撤销

境外企业如不能在规定的期限内筹建或开业，或未达到预期的经济效益，或出现重大事故、亏损以致倒闭，主办单位应及时向国内审批部门报告情况，明确责任，提出有效的解决方法和处理意见。凡需撤销的境外企业，应报原审批部门批准，并由审批部门通知银行、海关、外汇管理局等有关部门。省、市、自治区及国务院各部委自批的项目在批准撤销后，应报外经贸部备案。

三、境外投资的税收优惠和外汇管理

（一）税收优惠

我国鼓励举办境外投资企业，对那些能促进我国经济发展的企业，我们不仅规定了一些鼓励措施，在税收上也给予一定的优惠措施，主要包括：①对境外投资企业自正式投产或开业之日起5年内中方分得的利润免征所得税。②对资源开发项目的产品，凡纳入国家进口计划的，可享受同等的关税待遇和政策性补贴。③对远洋渔业中方船舶捕捞运回的渔货，可免征进口关税。④对在第三世界国家不能获得可兑换货币的合营企业，中方以分得的利润购买或以易货方式换回中国所需要的产品，除国家限制进口的产品以外，若经营有亏损，可申请减免进口关税。但属于产品返销的，则应按规定征收进口税。⑤对中方作为投资带出的设备、器材和原料，海关凭商务部批准证书和合同副本予以放行，免征出口税。

为解决双重征税问题，根据《外商投资企业和外国企业所得税法》，境外投资企业可享受税收抵免优惠，同时，根据我国与60多个国家和地区缔结的双边税收协定，我国境外企业还可享受税收饶让、免税制等优惠，以减少境外投资者的税收负担，鼓励境外投资。

（二）外汇管理

1989年，国家外汇管理局颁布了《境外投资外汇管理办法》，1990年又颁布了实施细则，1996年国务院颁布了《中华人民共和国外汇管理条例》，对境外投资企业的投资风

险、外汇资金来源、投资的外汇资金的汇出和回收、外汇利润和其他外汇收益的汇回等进行法律监管。

1. 外汇风险和外汇来源的事先审查制度。根据1989年国家外汇管理局颁布的《境外投资外汇管理办法》及1990年的实施细则规定,凡拟向境外投资的公司、企业或其他经济组织,在向国家主管部门办理审批事项之前,应向外汇管理部门提供境外投资所在国家或地区对国外投资外汇管理的有关情况和资料,提供投资外汇资金的来源说明,由外汇管理部门在收到材料后在30天内作出书面审查结论。1996年的《外汇管理条例》第21条重申了这一规定并进一步强调:境内机构向境外投资,在向审批主管部门申请前,由外汇管理机关审查其外汇资金来源;经批准后,按照国务院关于境外投资外汇管理的规定办理有关资金汇出手续。通过设立外汇风险及外汇来源的事先审查机制,可以最大限度地减少投资者的境外投资风险,同时,使投资者有可靠的外汇资金来源,确保其经营境外企业的资金能力。

2. 登记与投资外汇资金的汇出。为便于国家外汇管理部门对境外投资者的外汇进行监管,法律规定,经批准在境外投资者,应持下列材料向外汇管理部门办理登记和投资外汇资金的汇出手续:①国家主管部门的批准文件;②外汇管理部门关于外汇风险审查和外汇资金来源审查的书面结论;③投资项目的合同或其他可证明境内投资者应汇出外汇资金数额的文件。

3. 外汇利润和资产的限期调回。为保证境外投资者能及时将投资利润汇回国内,保障国家的国际收支平衡及财税收入,我国对投资者外汇利润和资产的调回作了严格规定,主要有:

(1) 缴存汇回利润保证金。境内投资者在办理登记时,应当按汇出外汇资金数额的5%缴存汇回利润保证金。保证金应存入外汇管理部门指定银行的专用账户。汇回利润累计达到汇出外汇资金数额时,退还保证金,保证金存款利息按照国家规定标准交付给境内投资者。境内投资者缴存保证金确有实际困难的,可向外汇管理部门作出书面承诺,保证境外投资企业按期汇回利润或者其他外汇收益。

境外投资企业未按利润计划汇回利润或者其他外汇收益的,其境内投资者应向外汇管理部门提交不能按时完成利润计划或者经营亏损的报告书。如无正当理由,外汇管理部门可从保证金中将相应比例的外汇数额结售给国家;未开立保证金账户的,从其境内投资者的留存外汇中扣除相应数额上缴国家,但累计扣除数额不超过汇出外汇资金数额的20%。

(2) 境外利润、资产的限期调回。境内投资者来源于境外投资的利润或其他外汇收益,必须在当地会计年度终了后6个月内调回境内,按照国家规定办理结汇或者留存现汇,未经外汇管理部门批准,不得擅自挪作他用或存放境外。

境外投资企业转让境外投资企业股份,应当向外汇管理部门提交股份转让报告书,并在转让结束后30天内将所得外汇收益调回境内。

境外投资企业依照所在国家或地区的法律停业或解散后,其境内投资者应当将其所得的外汇资产调回境内,不得擅自挪作他用或者存放境外。

新的《外汇管理条例》也明确规定,境内机构的经常项目外汇收入必须调回境内,不得违反国家有关规定将外汇擅自存放在境外;其资本项目外汇收入,除国务院另有规定外,应当调回境内。若违反国家规定,擅自将外汇存放在境外,或者不按照国家有关规定将外汇卖给外汇指定银行的,属逃汇行为,由外汇管理机关责令限期调回外汇,强制收兑,并处逃汇金额30%以上、5倍以下的罚款;构成犯罪的,依法追究刑事责任。

4. 外汇优惠和外汇监管。为鼓励海外投资,我国法律规定,境内投资者从境外投资企业分得的利润或者其他外汇收益,自该境外投资企业设立之日起5年内全额留成,5年后依照国家有关规定计算留成,但留成外汇必须按规定调回境内。境外投资企业可以根据经营需要,自行筹措资金,但未经国家外汇管理局批准,其境内投资者不得以任何方式为其提供担保。境外投资企业的年度会计报表,包括资产负债表、损益计算书,在当地会计年度终了后6个月内,由其境内投资者向外汇管理部门报送。境外投资企业变更资本,其境内投资者应事先报经原审批部门批准并报送外汇管理部门备案。违反上述规定,情节严重者,外汇管理部门对境内投资者可处以人民币10万元以下的罚款。

四、境外投资国有资产的管理

在我国的境外投资中,国有资产占有很大比重,为保障国家行使境外投资国有资产的产权,防止在境外投资中发生国有资产流失,维护对境外国有资产的合法权益,我国采取了一系列措施,以加强对境外国有资产的管理和监督。

(一)实行境外国有资产产权登记制度

境外国有资产产权登记,是国有资产管理部门代表国家对应属国家所有的资产组织登记,依法确认国家对境外国有资产产权归属的法律行为。

根据《境外国有资产产权登记管理暂行办法》的规定,凡经批准的境外投资项目,设立的境外行政、事业单位及其在驻在国(地区)内、外设立的子公司、分公司或分支机构,由投资或派出单位的主管单位组织审查并提出意见后,由投资或派出单位负责到相关国有资产管理局办理产权登记手续。境外国有资产产权登记包括开办产权登记、变动产权登记、注销产权登记、产权登记年度检查等。登记范围包括:国内企业、公司及其他经济组织到境外投资设厂所形成的国有资产;在境外注册的各类贸易公司中的国有资产;对外承包工程的企业在境外的国有资产;境外行政、事业单位及其分支机构中的国有资产;其他应属国有的境外资产。

(二)境外投资的财务管理

根据1996年财政部印发的《境外投资财务管理暂行办法》的规定,投资单位对境外投资的财务管理必须履行以下职责:按规定向主管财政机关报送境外国有资产产权登记表,并据此建立境外投资财务关系;投资单位对其所属境外企业的国有资产,必须明确法定代表人及其对国有资产的安全、完整、保值和增值应承担的责任;投资单位需采取措施加强对所属境外企业资产的管理和监督,并应将境外企业国有资产出售、转让等重要财务事项报告主管财务机关。

(三)严格控制将国有资产以个人名义进行产权注册

我国企业在某些国家投资设立境外企业时,根据东道国法律的规定,只能以个人名义申报注册。为防止将我国境外国有资产以个人名义注册后发生财产性质的变化,我国《境外投资财务管理暂行办法》第8条规定,投资单位经国务院和国务院授权部门批准进行境外投资,如确需将国有资产以个人名义进行产权登记的,必须经省、自治区、直辖市人民政府或中央主管部门批准后,由投资单位与境外国有资产产权的注册人签订《境外国有资产以个人名义持股委托协议书》或《境外国有资产以个人名义拥有物业产权委托协议书》,并经委托人所在地公证机关公证。公证副本须报我国主管财政机关和国有资产管理部门备案。否则,一律不得将国有资产在境外以个人名义进行产权登记。①

复习思考题

1. 简述海外投资保险制度的概念和特征。
2. 简述美国海外投资保险制度的特点和主要内容。

---

① 邹立刚.国际投资法学[M].北京:中国法律出版社,2000:184-185.

第四章 保护投资的国际法律制度

> **学习目标与要求**
>
> 本章将主要介绍双边投资保护条约和多边投资保护公约。通过本章的学习,应掌握双边投资条约的三种类型,包括友好通商航海条约,投资保证协定,促进和保护投资协定,把握其内容、特点,重点掌握以《多边投资担保机构公约》为主要内容的多边投资保护公约对国际投资的保护和管理制度。

第一节 双边投资条约

国际投资活动的发展既需要国内法的保护也需要国际合作。国内法对国际投资活动的保护,主要依赖于资本输入国和资本输出国有关保护、鼓励和管制国际投资的法律制度,而国际上的合作主要是通过各国间签订双边条约、多边条约等来保护跨国投资者的利益,促进全球经济的发展。

一、双边投资条约产生的背景

双边投资条约(Bilateral Investment Treaty,BIT)是资本输入国与资本输出国之间签订的,调整两国间私人直接投资关系的协议。

国际资本输出始于自由资本主义时代,但一直到第二次世界大战前,国际经济活动的主要形式仍然是以贸易为主,投资并不占重要地位。第二次世界大战后,国际直接投资开始取代国际贸易逐步成为国际经济交往的主要形式。各殖民地国家摆脱殖民统治后迫切需要大量资本以支持其经济独立,饱受战争创伤的国家急需资本以恢复其经济,这使得各国间资本流动发展很快,各资本主义国家对外直接投资数量剧增。单纯依靠各国国内法对跨国投资者进行保护显然是不够的。而对于资本输出国的海外投资,保险制度鞭长莫及,不能阻止资本输入国政治风险的发生,也无国际法上的拘束力。而国际投资中面临的许多问题非一国所能解决,它需要资本输入国和资本输出国的共同努力。于是自 20 世纪 50 年代起,资本输入国与资本输出国开始谋求签订双边投资条约,以保护国际投资。至 2001 年止,世界各国签订的双边条约已达 2 000 余件。我国自 1979 年改革开放至今,已陆续与瑞典等 80 多个国家签订了双边投资协定,以换文的形式与美国、加拿大签署了投资保证协定。①

二、双边投资条约的类型

纵观各国所签订的双边投资条约,主要有以下三种形式:

(一)友好通商航海条约

双边投资条约最早的表现形式就是友好通商航海条约(Friendship Commerce and Navigation Treaties)。友好通商航海条约曾经是美国、日本以及欧洲一些国家保护其海外投资的主要双边条约形式。该条约起源于美国,以美国为代表。世界上第一个友好通商航海条约是美国与法国于1778年缔结的。友好通商航海条约的发展以第二次世界大战为界,可分为前后两个阶段。第二次世界大战前,尤其是自由竞争资本主义时期,对外贸易是国际交往的主要形式,海外投资不占重要地位,因此当时的友好通商航海条约主要是调整两国间友好通商航海关系,条约内容主要针对贸易、航海以及外国人待遇等方面,很少有保护国际投资的条款。各国签订友好通商航海条约的目的主要是沟通缔约国间的贸易和海运联系,以保护商人的利益而非国际投资者的利益。因此,严格讲此时的友好通商航海条约还不属于真正意义上的双边投资协定。到20世纪初,资本主义进入垄断阶段,资本输出成为垄断资本一大特征,国际投资逐步兴起,友好通商航海条约中开始逐渐增加保护国际投资条款,但这类条款仍占次要地位。第二次世界大战后,特别是20世纪60年代以来,海外直接投资逐步成为国际经济交往的主要形式,而关贸总协定的建立使得各国不必通过签订友好通商航海条约来调整双边贸易关系。因此,友好通商航海条约转而开始以保护海外私人投资活动为其主要内容,其条约增加了"投资者的待遇标准,关于征收、国有化及其补偿,关于税收、外汇管制等问题以及关于争端的处理"等内容。但友好通商航海条约毕竟不是专门性的保护国际投资的条约,所涉及的保护投资内容过于宽泛,缺乏程序性的保护,对国际投资的保护有一定局限性。因而后来美国、日本等国家不再缔结友好通商航海条约,转而订立双边投资保护协定。

(二)投资保证协定

美国在1951年首创投资保证协定,其他国家后来纷纷效仿,因此又称为美国式的投资保证协定(Investment Guarantee Agreement)。第二次世界大战后,美国建立了世界上第一个海外投资保险制度,为了保证这一制度的贯彻执行,美国开始对外签订投资保证协定。到了20世纪70年代以后,投资保证协定已逐渐成为美国对外签订双边投资条约的一种重要形式。后来,加拿大等其他建立有海外投资保险制度的国家,为了使本国投资者在海外投资的利益得到切实的保护,使海外投资保险制度所规定的投资母国的代位求偿权得到国际法上的保护并最终得以实现,这些国家也开始与投资东道国签订这种双边投资保证协定。双边投资保证协定的特点是重大政治风险的保证,主要规定代位求偿权

---

①范剑红.国际投资法导读[M].浙江:浙江大学出版社,2000:207.

及有关处理投资争议的程序问题,保护的只是资本输出国单方投资而非双边投资,对有关实体问题没有规定。迄今为止,与美国签订有投资保证协定的国家有100多个,中国分别于1980年和1984年与美国和加拿大签订了双边投资保证协定。

各国双边投资保护协定的主要内容有:①承保范围。主要包括为缔约一方所认可的而为缔约另一方海外投资保险机构所承保的政治风险。②代位求偿权。缔约一方的海外投资保险机构在承保范围内向投资人支付赔偿后,有权取得投保人的所有权利,代位向投资东道国求偿,但缔约一方的海外投资保险机构所取得的代位求偿权的范围应与投保人的权利一致,不得享有超出投资者的权利。③争端的解决。规定因缔约国之间对条约的解释、履行等产生争议的解决办法。

(三)促进和保护投资协定

促进和保护投资协定(Agreement for Promotion and Protection of Investment)为联邦德国首创,亦称联邦德国式投资协定。1959年,联邦德国与巴基斯坦签订了世界上第一个促进和保护投资协定,20世纪六七十年代其他欧洲国家及日本也开始纷纷签订此类条约。一直以来,美国和加拿大比较注重运用友好通商航海条约和投资保证协定来保护其海外投资,到20世纪80年代也开始利用促进和保护投资协定保护其海外投资。值得注意的是,美国制定的投资保护协定范本比其他国家的保护标准要高,条件也较为苛刻,它是美国实现其对外政策的工具。各国所签订的促进和保护投资协定是一种双边保护,它不仅保护资本输出国的海外投资,也保护资本输入国的海外投资,其内容既包括有关代位权、投资争端的解决等程序性的规定,同时也包括投资保护的范围、投资者待遇、征收和补偿等实体性规定,保护内容比较全面。可以说,促进和保护投资协定是真正意义上的保护资本跨国流动的双边投资条约。

三、双边投资条约的内容

双边投资条约是调整两国间私人投资关系最有效的手段。由于各国国情不同,双边投资条约规定的原则和标准亦有所不同。比较三种双边投资条约,以促进和保护投资协定对国际投资保护力度最大,也最为典型。各国在签订双边的促进和保护投资条约时,大多依据一定的范本进行谈判。其中美国范本、(联邦)德国范本、荷兰范本、瑞士范本及亚非法律协商委员会范本等在实践中影响较大。我国于1986年5月15日签订的中英促进和保护投资协定与美国条约范本有许多共同之处,基本反映了国际社会发展中国家和发达国家关于保护海外投资的趋势和倾向。下面主要以促进和保护投资协定为例,介绍双边投资条约的主要内容:

(一)受保护的投资与投资者

1.受保护的投资。关于受保护的投资,大多数双边投资条约采取概括式和列举式相结合的方式对此予以明确规定。通常,受保护的投资应该是根据各缔约国国内法所许可的或被接受的投资,其保护范围不仅包括投资者所投资的各种资产,同时还包括与投资有关的各种活动。一般,各国对受保护的投资的范围规定得非常广泛,有动产、不动产、其他财产权利,如抵押权、留置权、质权等;公司的股份、股票、债券、公司财产中的其他权益;对金钱的请求权,具有财产价值的行为请求权;著作权、工业产权、专有技术、商号、商誉及工业设计、商业秘密;法律或合同所规定的经营特许权,依法颁发的许可证以及投资收益的再投资等等。

2. 受保护的投资者。为了保护各缔约国海外投资者的利益,确定哪些个人或企业应受到条约的保护至关重要。各双边投资条约中规定的受保护的投资者一般是指缔约双方的自然人、法人或不具有法人资格的其他经济组织和社团。自然人是指具有缔约国国籍或在缔约国有住所的自然人;法人及其他经济组织和社团的确定以国籍和实际控制原则为标准,凡依缔约国法律设立,或在该缔约国国内有住所的法人和其他经济组织及社团,或由缔约国公民或法人所控制的第三国或对方缔约国的公司均为受保护的投资者。

(二) 外国投资者的待遇

双边投资条约中所规定的外国投资者的待遇主要是指缔约一方对在其境内的他方投资和投资活动所给予的待遇。各双边投资条约中规定的待遇标准主要有公平和公正待遇、国民待遇、最惠国待遇。

1. 公平与公正待遇(Fair and Equitable Treatment)。也有人称其为"公平与合理待遇",大多数双边协定中规定有这一待遇标准。何谓"公平与公正待遇",目前,国际上还没有统一的定义,各国对此的理解各有不同。发达国家和发展中国家尤其存在着明显的分歧,其分歧的焦点在于"公平与公正待遇"是否包括国际最低标准。发达国家主张公平与公正待遇应包括国际最低标准、无差别待遇和东道国保护外国财产的义务。而发展中国家大多认为公平与公正待遇应以东道国国内立法标准来确定。

2. 最惠国待遇(Most-favoured-nation Treatment)。除少数拉丁美洲国家以外,几乎所有的双边投资协定均规定了最惠国待遇条款。最惠国待遇是指根据条约,缔约国一方有义务给予缔约国另一方不低于其给予任何第三国的待遇,即无论何时缔约国一方给予第三国更优惠的待遇,缔约他方均有权享有这种新的更优惠的待遇。

最惠国待遇条款的制订,主要是保证在缔约双方国内外国人之间民事地位的平等,它是一种专属于条约法上的制度。我国与外国签订的几乎所有双边投资协定都规定了最惠国待遇条款。实践中,各国在签订最惠国待遇条款时,都规定了一些公认的例外。第一个例外是该最惠国待遇条款不适用缔约一方根据关税同盟、自由贸易区、经济共同体、共同市场、经济同盟等约定而给予第三国投资者的待遇;第二个例外是缔约一方根据免征双重税收协定及其他有关减免税收的协议而给予第三国投资者的优惠;第三个例外是缔约一方为方便边境贸易而给予第三国投资者的优惠。

3. 国民待遇(National Treatment)。所谓国民待遇是指在互惠的基础上,东道国按本国法律给予外国投资者的投资和与投资有关的活动以不低于或等同于内国投资者的投资和与投资有关的活动的待遇。即在同等条件下,外国投资者在东道国所享有的民事权利和义务与东道国国民相同。当然这里所说的"相同"并不是绝对的,而是相对而言。因为任何国家都不可能允许外国人和本国人在民事权利上完全平等。因此国民待遇只是一项待遇原则,各国在签订条约时都规定了各种各样的例外。大多数国家在本国的关键行业、重点领域和一些关系到国计民生的行业,如通讯、军工、国内交通、能源等领域,一般都不允许外国投资者介入或给予其一定的限制。

(三)关于政治风险的保证

所谓"政治风险",主要是指由于东道国政府的有意地或直接针对外国投资的行为使外国投资者遭受损失的风险,主要包括征收或国有化、汇兑与转移的风险。尽管政治风险不像商业风险,它的发生机会很少,但却经常为外国投资者所顾虑。因此大多数双边投资协定中均有政治风险的保证。

1. 征收或国有化。关于征收或国有化问题,一般地,缔约各国都承认任何一方均有权对其领土上的本国和外国企业的资产实行国有化或征收。同时,各方一般都同意执行国有化或征收的国家应承担赔偿的责任,这是国家经济主权的一种表现。但有关征收或国有化的条件及赔偿原则,各国规定有所不同。

我国在与其他国家签订的相互保护投资协定中,一直坚持对征收或国有化给予适当的、合理的补偿原则。

2. 汇兑与转移。发达国家一般不对在本国境内的跨国投资者的投资所得实行汇兑与转移的限制。而根据《国际货币基金组织协定》第14条的临时安排,大多数发展中国家可以对外汇的自由兑换及转移实行一定的限制。但为了增强外国投资者对海外投资的信心,许多发展中国家在双边投资条约中承诺,东道国政府允许外国投资者将其投资的原本、利润和其他合法收益自由汇兑为可自由兑换的货币并可自由转移到东道国境外。

在签订有关汇兑与转移条款时,大多数双边投资条约都明确规定了汇兑与转移的原则、范围、币种、例外规定及转移方式。下面主要以《中英关于促进和相互保护投资协定》(以下简称《中英协定》)的规定为例具体分析:

(1)关于投资和收益汇回的原则规定。几乎所有双边投资条约均规定了有关投资和收益自由兑换和转移的原则,其中《中英协定》的规定具有一定的代表性。该协定第6条第1款规定:"缔约各方保证缔约另一方的国民或公司有权将其投资和收益以及按照与投资有关的贷款协议的任何支付款项自由转移至其居住国"。

(2)例外规定。《中英协定》第6条第2款规定:"上述第1款所提到的权利应受制于缔约各方有权在其国际收支困难的例外情况下,并使此种权力不得用于阻止利润、利息、股息、使用费或酬金的转移,并应保证每年至少转移20%的投资及其他任何形式的收益。"

(3)关于转移的币种。一般大多规定其币种为可自由兑换的货币。如《中英协定》中第6条第3款规定:"货币的转移应以该资本初始投资时的可兑换货币或投资者与有关缔约方同意的任何其他可兑换的货币不迟延地实施"。

(4) 关于自由兑换和转移的范围。各种条约对此的规定繁简不一。1985 年签订的《中荷关于相互鼓励和保护投资协定》第 4 条规定较为详细,包括:"一、利润利息、股息及其他所得;二、(一) 为购置原料、辅料、半成品或成品所需的资金,(二) 为保证某项投资的持续性,用于更新资本资产的资金;三、为发展某项投资所必要的追加资金;四、投资者的雇员或投资者投资的企业中的雇员的收入;五、资本清算款;六、贷款的偿还金;七、管理费;八、提成费。"

(5) 关于汇兑与转移的方式,大多数双边投资协定都规定货币的转移应遵守有关缔约方的法律法规。如《中英协定》第 6 条第 3 款、第 4 款规定:"货币转移应以该资本初始投资时的可兑换货币或投资者与有关缔约方同意的任何其他可兑换的货币不迟延地实施。除非有关国民或公司另行赞同,转移应依照有关缔约一方有效的外汇管理条例按转移之日适用的汇率进行","在中华人民共和国方面,联合王国国民或公司就上述第 1 款至第 3 款转移可兑换货币,应从转移货币的国民或公司的外汇存款账户中进行。若该外汇存款账户中没有足够的外汇供转移,在下述情况下,中华人民共和国应允许把当地货币兑换成可兑换货币进行转移"。

(四) 代位权

代位权是指投资母国的保险机构在对投资者因东道国的政治风险遭受的损失给予赔偿之后,取得投资者在该东道国的一切权益和追偿权。由于作为主要资本输出国的各发达国家普遍实行了国内投资保险制度,因此在双边投资保护协定中规定代位权已为各国所普遍接受。关于代位权的规定,美国式投资保证协议的规定比较详细具体,联邦德国式投资保护协定则较为简单。考查各双边投资条约的规定,大体包括以下两个方面:

1. 代位权的限度。代位权的权益限度,不能超出原投资者享有的权益,即承保者所代位的只限于投资者原有的权益。如果投资者母国政府提出该限度以外的其他要求,则须依国际法行事。

2. 代位权的限制。代位权的行使须受东道国法律的制约。若东道国法律禁止承保者取得某些财产,则须服从东道国法律的规定,但在某些情况下,也允许投资者与母国投资保险机构在东道国法律许可的范围内作出适当安排。

四、争端的解决

几乎所有的投资保护协定都规定了投资争端的解决机制。关于争端的解决,主要涉及两个层次的问题:即缔约双方国家间关于协定的适用和解释的争端,东道国和海外投资者间争议的解决。

其一,缔约双方的争端。缔约双方若对协定的解释和适用产生争端,一般采取两种方式解决:首先通过外交谈判解决;谈判不成,则提交仲裁。

其二,东道国与外国投资者间争议的解决。这类争端主要是由于东道国与投资者之间因违约征收或国有化等产生的争端,对这类争端的通常解决方式是友好协商、当地行政与司法救济或国际仲裁等。

第二节 多边投资担保机构公约

国际投资活动因其具有跨国投资的特点,因此在追逐高额利润的同时也伴随着高风险。外国投资者在东道国投资可能遭遇的风险不仅包括各种自然灾害、商业风险,还要面临东道国因政治、经济、法律变化所导致的非商业性风险(政治风险)。而东道国非商业性风险的存在是阻碍跨国投资的最大障碍,也是影响东道国投资环境的重要原因。为了避免本国海外投资者在东道国的非商业性风险的发生,保证海外投资者的投资安全,一些资本输出国采取了各种防范措施,以减少投资者因东道国政治风险而受到的损失。从 20 世纪 50 年代至 70 年代,以美国为首的发达国家资本输出国纷纷创建了本国的海外投资保险机构,以保护本国投资者。然而,由于各发达国家海外投资保险机构在国际投资政治风险的保险方面存在着一定的局限性,因此,国际社会越来越感到有必要制定多边投资保护公约,建立多边投资担保机构,为跨国投资者提供非商业风险的担保,以改善国际投资环境。在国际社会的共同努力下,相继出台了一系列保护国际投资的多边协定,如《多边投资担保机构公约》、《解决一国与他国国民间投资争议公约》、世界贸易组织下的《与贸易有关的投资措施协议》、《服务贸易总协定》、《与贸易有关的知识产权协议》等。本节主要介绍《多边投资担保机构公约》。

一、多边投资担保机构的产生背景

第二次世界大战后,世界民族运动风起云涌,一大批相继独立的原殖民地国家为了收回经济主权,纷纷对流入本国的外国投资采取征收、国有化等措施。这些措施使跨国投资者承担了很大的非商业性风险,阻碍了投资者的资本输出。因此,早在 1948 年,世界银行就提出建立多边投资担保机构的设想。20 世纪 50 年代以后,一些官方国际组织、民间机构以及学者都相继提出设立多边投资保险机构的方案,但以失败告终。其根本原因在于南北双方矛盾尖锐,方案和计划过多地反映了发达国家作为资本输出国的立场和观点,没有反映大多数发展中国家的意见和要求,因此遭到发展中国家的强烈反对。而大多数发达国家都有自己的海外投资保险机构来承保本国投资者在东道国可能遭受的非商业性风险,因此在制订多边投资保险机构草案时,不愿意向发展中国家作出更大的让步与妥协。

20 世纪 70 年代后期,广大发展中国家为了促进本国经济发展,向发达国家大举借债,发生了债务危机。许多国家纷纷对外资实行征收或国有化,导致其吸引外资状况不断恶化。发展中国家吸引国际直接投资的总额占国际直接投资总额的比例从 20 世纪 60 年代末、70 年代初的 27% 下降到 80 年代的 12%,外国投资者在发展中国家承担的非商业性风险要远远高于发达国家,而发展中国家的国内法令又难以解决外国投资者因非商业性风险所造成的损失。因此,发展中国家亟须国际上的多边投资保护措施以改善其投资环境,解决债务危机,促进经济发展。另一方面,南北合作的必要性和世界经济的相互依赖性,使发达国家也意识到发展中国家经济的发展直接影响发达国家的经济发展乃至世界经济的发展,因此改善发展中国家的投资环境,促进发展中国家经济发展对发达国家亦非常重要。另外,发达国家也意识到由于本国海外投资保险机构的局限性不能从根本上解决海外投资者因非商业性风险所受到的损失。基于以上原因,发达国家也认识到建立多边投资担保机构的重要性。至此,发展中国家和发达国家达成了共识,建立多边投资保险计划的条件趋于成熟。

1981年,克劳森(Clausen)就任世界银行总裁后,在国际货币基金组织和世界银行举办的联合年会上所作的报告中呼吁各国改善投资环境,倡议建立多边投资机构。经过广泛协商,1985年6月至9月,世界银行执行理事会最后就《多边投资担保机构公约》达成一致意见并提交世界银行理事会通过,同年10月在汉城开放签字。该公约规定,公约的生效应经5个发达国家和15个发展中国家批准,并且批准国家的总认股数额不少于该机构法定资本的1/3。到1988年4月12日,该公约的批准国已达29个,共认缴了资本总额的53.38%,世界银行行长宣布该公约生效。至此,《多边投资担保机构公约》(Convention Establishing the Multilateral Investment Guarantee Agency, MIGA, 以下简称《公约》)正式生效。根据该公约设立的多边投资担保机构(Multilateral Investment Guarantee Agency, MIGA)也正式成立,并于1989年6月正式营业。

《公约》对多边投资担保问题仅作了原则性规定,没有明确具体的规定。因此,1986年9月15日至19日,世界银行召集40个签字国组成了筹备委员会,讨论制定了《多边投资担保业务细则》、《多边投资担保机构董事会程序规则》及《多边投资担保机构章程》等,作为《汉城公约》实施细则。

二、多边投资担保机构的组织形式和运行规则

(一)"机构"的法律地位

多边投资担保机构(以下简称"机构")是根据《多边投资担保机构公约》设立的,是国际复兴开发银行的第五个成员。为实现其目的和宗旨,《公约》第1条规定:机构具有"完全的法人地位特别是有:①签订合同;②取得并处理动产和不动产;③进行法律诉讼的权利。"为便于"机构"完成其职能,《公约》第7章还赋予"机构"在诉讼程序、机构资产、档案与通讯、税收等方面享有一般国际组织的特权和豁免。

(二)"机构"的目标和宗旨

根据《公约》第2条规定,"机构"的目标是鼓励在会员国之间,尤其是向发展中国家会员国融通生产性投资,以补充国际复兴开发银行、国际金融公司和其他国际开发金融机构的活动。为了实现上述目标,"机构"的业务包括:①在一会员国从其他会员国得到投资时,对投资的非商业性风险予以担保,包括再保和分保;②开展合适的辅助性活动,

以促进向发展中国家会员国和在发展中国家会员国间的投资流动;③为推进其目标,使用必要和适宜的附带权力。可见,"机构"的业务范围包括投资担保和与投资相关的咨询,并以投资担保为主,其担保业务仅限于非商业性的投资风险。

(三)"机构"的会员国资格

1. "机构"会员国资格的取得。根据《公约》第4条的规定,"机构"会员国资格应向国际复兴开发银行所有会员国和瑞士开放。可见会员国以国际复兴开发银行(世界银行)会员国为先决条件。《公约》附表A附有一份世界银行会员国名单,将会员国分为两类:第一类为发达国家,第二类为发展中国家。按《公约》生效时世界银行的会员国总数,发达国家会员国共21个,发展中国家会员国共128个。随着世界银行会员国的增加,可加入多边投资担保机构的国家也将不断增多。尽管世界银行会员国没有加入《公约》的义务,但从《公约》生效条件和投票权平衡分配的规定来看,《公约》需有一定数量的两类国家参加。

截至2000年4月,152个国家先后批准了该公约,其中发达国家22个,发展中国家130个。此外,有14个国家已经签署了《公约》,但尚未完成加入手续。根据《公约》第4条(b)款规定,符合"机构"创始会员国资格的条件有两个:①《公约》附表A所列国家;②在1987年10月30日或此前加入该公约的国家。后因情况发生变化,决定在1988年4月30日之前成为公约缔约国的国家均为《公约》创始会员国。中国于1988年4月30日批准了该公约,成为多边投资担保机构公约的创始会员国。

2. 会员国资格的退出和资格的暂停。根据《公约》第51条规定,任何会员国在《公约》生效之日起3年期满后,可随时以书面通知"机构"总部退出该机构。在"机构"收到通知之日后90天,退出生效。在此之前,成员国可撤销该通知。

如果会员国不履行本公约规定的任何义务,理事会经持有多数总投票权的多数理事表决,可撤销其成员国资格。在暂停资格期间,成员国除享有退出的权利和解决争端的权利以外,不再享有《公约》规定的任何权利,但应继续承担其全部义务。

(四)"机构"的资本和投票权制度

1. "机构"的资本。以往的多边投资保险计划采用会员国赞助担保的方式,保险机构无自己的经营资本。而依《公约》规定,多边投资担保机构一直以担保为主,成员国赞助担保为辅,并有独立的法定资本供成员国认购。根据《公约》第5条(a)款,"机构"的法定资本为10亿特别提款权(SDR1000000000,1SDR = 1.082美元),共分为10万股,每股票面价值为1万特别提款权。每个成员国的认股数不得低于50股。每个成员国所拥有的"机构"的股权在《汉城公约》附录A中列明。遇有新成员加入时,理事会有权依照特别多数票表决增加"机构"的股份。

在认缴股份时,每一个成员国有义务将相当于其所认缴股份的10%以现金缴纳,另外10%以不可转让的无息本票或类似的债券缴纳,其余80%则需在"机构"催缴时缴纳。认缴股份的货币应为可自由兑换的货币,即美元、欧元、日元、英镑。考虑到发展中国家的特殊情况,《公约》第 8 条规定,发展中国家成员国应缴股金的现金部分的 25%,可用本国货币支付。

2. "机构"的投票权制度。在创建多边投资担保机构的过程中,投票权一直是发达国家和发展中国家争执的焦点。机构的投票权制度依循世界银行所采用的加权投票制。每个成员国享有 177 个基本票,并且按照其持有的股份,每 1 股增加 1 票。《公约》规定,在公约生效后的 3 年内,发达国家和发展中国家所持有的投票权总数应大致持平,如果任何一类国家的投票权低于"机构"总投票权的 40%,该类成员国便有权增加投票权以达到上述 40% 的最低限度。在《公约》生效 3 年期满时,"机构"理事会应重新分配尚未认缴的股份,以便使发达国家和发展中国家两类成员国的投票总数持平。同时,成员国在"机构"设立的最初 3 年期间内不得退出"机构"。假如任何成员国拒不履行《公约》所规定的义务,"机构"有权暂停该国家的成员资格,但是该成员国应承担的义务并不因此得以免除。

(五)多边投资担保机构的组织机构

多边投资担保机构由三级机构即理事会、董事会、总裁及职员组成,履行机构所确定的职责。

1. 理事会。理事会是"机构"的最高权力机构,是"机构"的决策中心。理事会设主席 1 名,理事或副理事由各成员国按其自行确定的方式各委派一名组成。理事会每年举行一次年会,如有 5 个成员方或持有 25% 总投票权的成员国提出请求,可随时召开理事会的特别会议。理事会作为"机构"的最高权力机构,可委托机构其他机关行使权力,但以下几项权力必须由理事会保留行使:接受新成员国;暂停成员国资格;决定资本的增减;提高担保总数的限额;确定一成员国为发展中国家成员国;划分成员国的类别;确定董事和副董事的报酬;停止业务和机构清算;清算后对成员国分配资产;修改公约及附件和附表等。

2. 董事会。董事会是"机构"的执行机构,负责"机构"的一般业务及一切有关政策和法规的事项,但不包括那些由总裁和职员负责的机构日常管理的事项。为履行其职责,董事会可以采取公约所要求或允许的任何行为。董事会应由不少于 12 名董事组成,其人数由理事会根据会员国的变动进行调整。董事按《公约》规定由第一、二类国家共同选举产生,董事的任期由理事会决定。世界银行行长为董事会的当然主席,他是两个机构之间联系的纽带之一。除在双方票数相等时得投一决定票外,董事会主席无投票权。董事会经主席提议或 3 名董事的请求,可召开会议。

3. 总裁和职员。总裁是"机构"的日常管理机关,负责"机构"的日常事务。总裁由董事会主席提名,由董事会任命,由理事会决定其薪金和服务合同中的条款。总裁在董事会的监督下负责"机构"的日常事务以及职员的任命、组织和辞退。职员在"机构"的管理中发挥着重要作用。总裁在任命职员时,要确保达到最高的工作效率和技术水平,同时也要适当注意从尽可能广泛的地区录用人员。但从实际来看,由于发展中国家缺乏精通保险业务和法律事务及国际语言的人才,"机构"所聘的多数职员来自发达国家。

总裁和职员在履行职务时应完全对"机构"负责。《公约》要求每一个会员国都应尊重这一职责的国际性。

三、"机构"的担保业务

（一）"机构"的承保险别

《公约》规定"机构"的承保险别主要包括以下6点内容：

1. 货币汇兑险。这是指东道国政府采取新的措施，限制其货币兑换成可自由使用货币或被保险人可接受的另一种货币，及汇出东道国境外，包括东道国政府未能在合理的时间内对该被保险人提出的此类汇兑申请作出行动。

2. 征收或类似措施险。这是指东道国政府采取立法或行政措施，或懈怠行为，实际上剥夺了被保险人对其投资的所有权或控制权，或其应从该投资中得到的大量收益。但政府为管理其境内的经济活动而通常采取的普遍适用的非歧视性措施不在此列。

3. 违约险。根据《公约》第11条第4款规定，违约险是指：东道国不履行或违反与投保人签订的合同，并且存在下列情况之一：①投保人无法求助于司法或仲裁机关对其提出的有关诉讼作出裁决；②该司法或仲裁机关未能在担保合同根据本机构条例规定的合理期限内作出裁决；③虽有这样的裁决但未能执行。

4. 战争和内乱险。根据《公约》第11条规定，机构承保因东道国境内的任何军事行动或内乱而给投资者造成的损失。这里所指的"军事行动"既包括不同国家的政府武装力量之间的战争行为，也包括同一国家内相互对抗的各种武装力量之间经宣战或未经宣战的战争。

5. 其他非商业性风险。根据《公约》第11条（b）款的规定，经投资者与东道国的联合申请，董事会特别多数票通过，可将机构担保的范围扩大到上述4种风险以外的其他特定的非商业性风险。但在任何情况下都不包括货币的贬值或降值。

6. 不予承保的风险。"机构"主要担保非商业性风险，同时《公约》第11条也明文规定了其不予承保的情形：①投保人认可或负有责任的东道国政府的任何行为或疏忽；②发生在担保合同缔结之前的东道国政府的任何行为、疏忽或其他任何事件所引起的损失；③货币贬值或降值引起的损失。

（二）合格投资的条件

1. 合格投资的性质。"机构"承保的投资，从性质上必须是良好的投资，即合格投资必须满足以下法律要件：

（1）投资具有经济合理性。一个投资项目是否具有经济上的合理性应主要取决于相关企业所使用的技术是否符合要求，是否可行；相关项目是否有足够的资金来源，即相关项目是否能够产生足够的盈利以支付生产支出和股东的股息等；相关项目在经济上和财政上是否具有生存能力，应综合考虑一切有关的经济和财政因素来判断。

（2）投资对东道国发展有所贡献。凡对东道国经济发展没有贡献的投资，"机构"不予承保。

（3）投资须与东道国的发展目标和重点相一致。《公约》强调这一条件，一方面是为了减少风险的发生，另一方面也反映了发展中国家和发达国家的共同利益。

（4）投资的合法性。此即该投资应符合东道国的法律与条例，投资应为东道国法律所允许或接受。为确保"机构"担保安全，"机构"的每一笔担保的签发，须经东道国的同意。

2. 投资的形式。根据《公约》第12条规定，"机构"承保的合格投资包括股权投资，非股权直接投资，同时，《公约》赋予"机构"董事会经特别多数票通过，可将合格投资扩大到其他任何中、长期形式的投资，其条件是其他贷款与它们同"机构"承保或将要承保的特定投资有关。其中，股权投资包括购买具有法人资格的公司或其他经济实体的股权。非股权性直接投资主要是指投资人不是通过现金或实物直接投资，而是以股权持有人为中小企业发放或担保的贷款所进行的投资。

3. 合格投资的时间。"机构"承保的投资限于新投资，即投保人向"机构"提出担保申请经登记之后才开始实施的投资。为了进一步扩大"机构"担保的范围，《公约》第12条规定了两种例外：用来更新、扩大，或发展现有投资所汇入的外汇；现有投资中产生的本可汇出东道国的收益的投资。另外《多边投资担保业务细则》还对新投资的标准进行了补充规定。为了避免将对东道国经济发展具有意义的项目排除在有资格接受担保的投资范围之外，"机构"已制定政策，允许投资人在投资的最后决策尚未形成时即向"机构"申请临时注册，在此类注册完成以后进行的投资则有资格取得"机构"的担保。

4. 投资的资产。此《公约》对合格投资的资产形式未作任何限制。既可以是货币形式也可以是实物形式。以货币投资，可以是《公约》规定范围内的任何可自由使用的货币，或在作出发放担保条件决定时可自由兑换的其他任何货币。实物投资的形式可以是机器、设备、专利、工艺流程、技术服务、管理诀窍、商标以及销售渠道等，也可以是向项目投入的具有货币价值的任何有形或无形的资产。

（三）合格的投资者

《公约》第13条从投资者的类型、投资者的国籍、投资的所有权以及投资者的经营方式等方面对投资者的合格性做了规定。根据《公约》规定，有资格取得担保的投资者包括自然人和法人。一般地，不具备法人资格的合伙、非法人社团和分支机构不是合格的投资者。另外，《公约》对投资者的国籍也有要求，规定投资者不能与东道国有联系。具体来说，对于自然人的投资者必须为东道国以外的成员国的国民。对于法人则采取成立地和主要营业地的复合标准，即必须是在东道国以外的成员国登记或在该成员国设有主要业务地，或者采取资本控制标准，即资本主要由东道国以外的成员国或其国民拥有。在一些特殊的情况下，根据投资者和东道国的联合申请，董事会经特别多数票通过，可将合格投资者扩大到东道国的自然人或在东道国注册的法人，或其多数资本为东道国国民所有的法人，但其前提条件是所投资产应当是从东道国境外的移入资产。此例外规定有助于发展中国家海外投资企业的海外资本的回流。关于投资者的所有权与经营方式。《公约》的规定放宽了合格投资者的所有权限制。合格投资者的法人无论是否为私人所有,只要在商业基础上经营即可。这条规定突破了各资本输出国海外投资保险机构不向私人企业提供担保的局限。

(四)合格东道国

根据《公约》第14、第15条的规定,合格东道国须满足两个条件:其一,合格东道国必须是发展中国家成员国;其二,在"机构"就指定的承保风险予以担保之前,须经东道国的认可,这样规定主要是为了减少"机构"承保的风险。投资东道国可以根据需要和本国情况将有资格取得担保的投资项目类别扩大与缩小,或对风险的种类加以限制,以满足东道国对投资者的要求。

(五)"机构"的代位权和索赔

"机构"承保的各种非商业性风险发生后,投资者就有权依担保合同向"机构"索赔。投保人在向"机构"索赔之前要履行以下义务:寻求当地救济手段,即寻求当时条件下合适的按东道国法律可随时利用的行政救济,以避免或减少损失;投保人有责任为避免或减少损失而采取一定的补救措施。"机构"在对被保险人支付或同意支付赔偿后,有权代位取得被保险人对东道国和其他债务人所拥有的有关承保投资的权利或索赔权。"机构"所取得的代位权的范围包括权利上的代位,即与被担保投资有关的权利或索赔权的代位;物上的代位等。"机构"取得代位权后,可以以自己的名义来行使对东道国或其他债务人的求偿,但"机构"求偿权不得超过其代位取得的投保人的权利。"机构"作为代位者所获得的东道国货币,在其使用和兑换方面所享受的待遇应与投保人取得这种资金时所得到的待遇一样。同时,根据"机构"的求偿所得不得超过其向投保人支付的赔偿数额,从东道国追回的超过部分的款项应支付给投保人。

四、"机构"的投资咨询业务

"机构"的业务不仅包括投资担保,还包括与投资相关的咨询。通过投资中介人的地位来促进投资东道国、投资母国以及投资者之间的信息交流。根据《公约》第23条规定,"机构"应为促进投资流动进行研究和开展活动,采取行动,并传播有关发展中国家会员国投资机会的信息,以改善投资环境,促进外资流向这些发展中国家。同时,应会员国要求,"机构"可提供技术咨询和援助以改善会员国领土内的投资条件。上述规定主要包括四个方面的内容,即投资调研、投资信息服务、技术援助和投资政策与建议。通过这些活动,努力消除在发达国家和发展中国家中存在的影响投资流向发展中国家会员国的障碍,并推动和促进会员国之间缔结有关促进和保护投资的协定,开展对发放担保有辅助作用的活动,如促进发展中国家会员国之间的投资融通,促成投资者和东道国之间的争端的和解。[①]

---

① 王贵国.国际投资法[M].北京:北京大学出版社,2001:197-206.

五、多边投资担保机构的作用

多边投资担保机构作为一个全球性经济组织,它的建立符合国际社会的需要,反映了各国力图改善投资环境的愿望。实践说明,"机构"的成立对促进国际投资的全方位发展,特别是在促进国际资本从发达国家向发展中国家流动方面,发挥了非常重要的作用。其作用主要表现在下述几个方面:

其一,弥补了各资本输出国和区域性海外投资保险制度的不足。发达国家资本输出国几乎都建立了本国的海外投资保险机构,而绝大多数发展中国家资本输出国都没有自己的海外投资保险机构来对本国的境外投资者提供非商业性风险的担保,区域性的投资保险制度也还没有完全建立起来。多边投资担保机构作为一个全球性的经济组织有效地弥补了这方面的空缺。它一方面注重承保没有国内投资担保机构国家的投资者的投资,另一方面对不同成员国共同参加的不符合国内投资担保条件和区域性投资担保条件的投资给予承保。多边投资担保机构这一特点,对促进各国间的资本流动起到了非常重要的作用。

其二,促进了发展中国家的投资。多边投资担保机构的目标和宗旨就是鼓励在会员国之间,尤其是发展中国家会员国之间的投资。多边投资担保机构通过其投资担保业务和投资促进业务鼓励资本向发展中国家流动,为发展中国家提供国际投资的资料、情报以及投资技术援助,与发展中国家磋商吸引外资的解决办法。这不仅有助于发展中国家改善投资环境,促进其经济的发展,同时也促进了全球经济的发展。

其三,有利于促进国际投资争端的解决。在没有建立多边投资担保机构之前,因跨国投资问题产生争端,常常引起投资者与东道国之间的相互冲突,在投资者本国的海外投资保险机构取得代位权后,常常由这一保险机构出面与东道国政府谈判解决纠纷,谈判双方站在不同的立场上考虑问题,不容易消除投资者与东道国之间的对立情绪,最后往往采取政治性手段解决。多边投资担保机构,作为一个国际性组织,它的建立有利于消除投资者与东道国之间的冲突,促进资本输出国和资本输入国间的合作,有利于投资者和东道国之间投资争端的非政治性解决。

复习思考题

1. 双边投资条约的主要类型和特点有哪些?
2. 简述双边投资条约的主要内容。
3. 多边投资担保机构的承保范围有哪些?
4. 多边投资担保机构的性质和特点是什么?

第四编

国际金融法

第一章 国际金融法概述

学习目标与要求

本章内容主要包括国际金融法概述和国际货币基金组织的介绍。通过本章的学习，要求掌握国际货币基金组织的职能和活动范围，熟悉国际货币基金组织的组织机构，同时对国际货币基金组织的历史有一定的了解。本章的重点和难点在于对国际货币基金组织的职能及活动范围的理解与掌握。

第一节 国际金融法的内容及渊源

一、国际金融法的概念及内容

金融是指资金的融通，在此意义上，金融和金融活动是同义的。国际金融法是指调整国际金融关系的法律规范的总和。由于国际金融法形成过程较为漫长，目前仍处于不断的发展之中，至今没有一个关于国际金融法的结构严谨、体系完整的理论体系，因此，对于国际金融关系的内容，众说纷纭，没有定论。学者们大致有两种观点，一部分学者认为国际金融关系是国际金融活动中形成的所有关系；另一部分学者则认为国际金融关系是国际金融交易中所形成的关系。两种观点的差异在于概念外延的大小。

国际金融活动包括国际汇兑、国际资金融通和国际支付结算三大类，相应的国际金融关系也包括国际汇兑关系、国际资金融通关系和国际支付结算关系。其中国际汇兑关系又可具体化为国际货币汇兑关系和国际货币合作关系；国际资金融通关系可具体化为国际借贷关系、国际证券融资关系、国际融资租赁关系、国际融资担保关系和国际信贷关系，以及国家间国际融资监管合作关系；国际支付结算关系也可根据结算工具的种类具体化为国际票据关系、国际托收关系、国际信用证关系、国际保付代理关系、国际电子资金划拨关系，以及国家对本土涉外支付结算的监管和国家间国际支付结算合作关系。[①]

依照参与主体的不同，还可以将金融关系划分为两种关系：公法性质的国际金融关系和私法性质的国际金融关系。公法性质的国际金融关系主要是指国家之间以及国际组织之间的金融关系，主要涉及的是政府职能，体现出政府对金融活动的监督和管理。

---

① 万国华，隋伟. 国际金融法学[M]. 北京：中国民主法制出版社，2004：16.

例如国际汇兑的管理,外汇收支管理,对国际金融活动的监管等。私法性质的国际金融关系是指参与国际金融活动的自然人、法人和其他组织之间发生的跨领域金融交易关系。这种关系是国际金融关系的主要方面,也可称为国际金融交易关系。而学者们的主要争议就在于公法性质的国际金融关系能否成为国际金融法中国际金融关系的一部分。因为作为国际经济法的重要分支之一,与国际经济法的主流相同,国际金融法中涉及的经济关系主要是私主体之间的关系。但是我们同时也应当看到,在金融活动中,国家与国际组织所发挥的作用是不可忽略的。因此,国际金融关系应当包括公法性关系和私法性关系。

此外,规制国际金融关系的法律规范可分为国际法律规范和国内法律规范。由于参与国际金融活动的主体多样,因此,相应的规制也有所不同。对于国家之间以及国家与国际组织之间发生的金融关系,显然需要国际性法规的规制;而对于私主体之间的金融关系,例如货币汇兑、资金借贷等,则需要所在国家的国内法规的规制;对于一些具体的金融关系,往往需要国内法和国际性法律的相互配合。因此,从这个角度出发,国际金融法应当包括国际法律规范和国内法律规范。国际金融法应当是有关国际金融的国际法规范和国内法规范、公法规范和私法规范综合而形成的一个法群。[①] 本编主要从国际货币基金组织、国际银团贷款、国际项目融资和国际证券融资等几个方面对国际金融法加以简要介绍。

二、国际金融法的渊源

国际金融法的渊源分为两部分,即国际法渊源和国内法渊源。

(一)国际法渊源

1. 国际金融条约。国际金融条约是指国际法主体依照国际法缔结的、据以确定其在国际金融关系中的权利与义务的书面协议。国际金融协议对于缔约国具有约束力。由于金融是各国主权的敏感部分,对一国经济影响较大,各国之间要达成协议十分不易,因此,关于国际金融的条约数量较少,主要有以下几种:

《国际货币基金协定》和《国际复兴开发银行协定》是现代国际金融法最重要的渊源。这两部协定最初于1944年在布雷顿森林召开的联合国国际货币金融会上缔结,到现在共有180多个缔约国,影响十分广泛。《国际货币基金协定》自签订后先后经过四次修改,最新的版本于2009年8月10日生效。《国际复兴开发银行协定》最新版本是1989年2月16日修订生效的版本。

在关贸总协定乌拉圭回合谈判达成的《服务贸易总协定》以及1997年在世界贸易组织主持下签订的《全球金融服务协议》,也是国际金融法的重要渊源。这两部协定从国际贸易与国际金融之间的关系角度,规范了国际金融领域的一些重要法律问题,在关于金

[①]李仁真.国际金融法[M].湖北:武汉大学出版社,2005:6.

融市场准入、外国金融服务提供者及其服务的待遇标准以及金融自由化等方面确立了一些新的国际法原则和制度,这将进一步促进在世界贸易组织多边体制下的国际金融制度的发展。

此外,还有一些区域性国际条约,也可以成为国际金融法的渊源。例如亚洲地区的《亚洲开发银行协定》、美洲地区的《美洲开发银行协定》以及欧盟成员国制定的《马斯特里赫特条约》等。

2.国际金融惯例。国际金融惯例是指在国际金融关系发展过程中形成的、在一定条件下对当事人有约束力的习惯做法。国际金融惯例是国际金融法最重要、最原始的渊源。不仅因为国际金融惯例出现时间早于国际金融条约,而且因为国际金融惯例的适用范围十分广泛。在国际金融条约不太完善的现代社会,国际金融惯例的适用对解决在国际金融交往中发生的问题十分必要。目前,在世界范围内有重大影响的国际金融惯例有:国际商会的《托收统一规则》、《跟单信用证统一惯例》、《合同担保统一规则》、《见索即付担保统一规则》等;国际保理联合会的《国际保付代理通则》;巴塞尔银行监管委员会的《巴塞尔协议》;世界银行的《贷款协定和担保协定通则》以及国际证券商协会、塞德尔、欧洲清算组织共同拟定的《ACE 惯例规则》等。这些国际惯例涉及了国际金融的多个领域,起着十分重要的作用。

(二)国内法渊源

各国关于国际金融的立法也是国际金融法的重要渊源。一些金融业和金融市场比较发达、金融立法较为完备的国家,其金融立法对国际金融法有很强的影响力。如英国1986 年《金融服务法》、美国 1933 年《证券法》、美国 1934 年《证券交易法》、美国 1991 年《加强外国银行监管法》等。

在我国,相关的金融立法主要有《商业银行法》、《保险法》、《证券法》、《票据法》,以及《外汇管理法》、《外资金融机构管理条例》、《境内机构对外担保管理办法》、《关于股份有限公司境内上市外资股的规定》、《关于股份公司境外募集股份及上市的特别规定》、《关于中国境内机构境外发行债券的管理规定》等。[1]

第二节 国际货币基金组织

一、国际货币基金组织的发展历史[2]

在 20 世纪 30 年代世界经济大萧条时期,各国采取了一系列措施来保护本国经济的发展。这些措施主要有:严格限制对外交易、货币贬值和限制本国公民持有外币的数量等。这些措施严重影响了世界贸易的发展,对世界金融领域的合作造成极大障碍。为了

---

[1]张学慧:国际经济法教程[M].2 版.北京:首都经济贸易大学出版社,2002:282.
[2]本节主要参考 IMF 官方网站 http://www.imf.org/external/。

消除这些障碍,国际货币基金组织(以下简称 IMF)的创始人希望通过成立一个机制来监督国际金融体系的运行——这个机制由汇率和国际支付构成。通过这个机制,各国可以自由地进行货物和服务的交易。此外,这种新的国际化机制还应当保证汇率稳定,鼓励各国消除贸易背后的金融限制。

1944 年 7 月,来自 45 个国家的代表在美国东北部的新罕布什尔州布雷顿森林举行会议,签订了国际经济合作框架协议,决定在战后成立经济合作机构。各缔约国希望通过建立经济合作框架来消除各国之间的隔阂,以高效应对未来可能出现的不良经济状况。

IMF 在 1945 年 12 月正式成立,当时有 29 个成员方签订了协议。IMF 在 1947 年 3 月 1 日正式开始运行。随后一年,法国成为第一个向 IMF 借款的国家。20 世纪 60 年代,随着非洲国家纷纷独立并申请加入,IMF 的规模开始扩大。但是 IMF 的成员国数量还是受到了冷战的限制,受苏联影响的许多国家都没有加入。

在 1945 年和 1971 年之间加入的国家承诺保持货币汇率稳定(他们的货币与美元挂钩,美元与黄金挂钩),只有在外汇收支"极度不平衡"且经过 IMF 同意后才可以调整汇率。这个平价制度,也称为布雷顿森林体系。这个体系一直适用到 1971 年。

1971 年 8 月,美国总统尼克松宣布暂时停止美元兑换黄金。这个事件标志着布雷顿森林体系的崩溃。随后,各方试图恢复固定汇率的努力也宣告失败,到了 1973 年 3 月,世界上主要的货币都开始实行浮动汇率。

20 世纪 70 年代的石油危机,使得许多国家向商业银行借款,贷款利率不断上升,同时这些现代国家又致力于控制通货膨胀,这些事件引发了国际性的债务危机。

2005 年至今,IMF 站在了贷款给各国以推动全球经济发展的第一线,但是同时也在遭受着自从大萧条以来未曾见过的深层次危机。

随着 2007 年美国抵押贷款系统的崩溃,开始了全球性的金融危机,并且在 2008 年范围大幅扩张。这场危机就是以大规模的全球性资本流动不平衡为先导的。

在 1985~1995 年国际资本流动在全球 GDP 的 2%~6% 之间浮动,但是从那以后就到了 15%。在 2006 年它们已经达到 7.2 万亿美元,超过 1995 年的 3 倍以上。这是现代经济经历过的最快的增长,同时新兴市场和发展中国家更加趋向经济一体化。

国际社会意识到 IMF 的财政资源变得十分重要,而且在危机结束前很可能变少。在债权国的广泛支持下,IMF 的贷款能力已经翻了三倍,大概有 75 亿美元。为了有效地使用这些资金,IMF 详细检查了自己的贷款政策,包括对那些经济基础雄厚且政策执行成功业绩较好的国家设定灵活的信用额度。其他的改革,例如定向帮助低收入国家,使得 IMF 快速分配了大批资金,基于需要借款国家的需要,而不是像以前一样严格依照配额。

面对全球经济形势,IMF 的主要任务依然是倡导并帮助各国积极进行经济结构改革和外汇汇率调整改革,实现经济的平衡发展。IMF 的首席经济学家 Olivier Blanchard 指出,"没有经济的再度平衡,就不会有健康的经济复苏。"①

🔍 阅读小知识

中国是 IMF 创始国之一。1980 年 4 月 17 日,该组织正式恢复中国内地的代表权。中国在该组织中的份额为 80.901 亿特别提款权,占总份额的 3.72%。中国共拥有81 151 张选票,占总投票权的 3.66%。中国自 1980 年恢复在货币基金组织的席位后单独组成一个选区并派一名执行董事。1991 年,该组织在北京设立常驻代表处。2010 年中国的份额将由目前的 3.65% 升至 6.19%,超越德、法、英,位列美国和日本之后。

二、国际货币基金组织的职能和目标

作为拥有 187 个成员方的全球性经济组织,国际货币基金组织的主要职能在于:促进成员国经济的发展,为成员国的发展发现机遇;关注成员国的经济发展,对可能发生的问题进行预警;同时对于遭遇经济发展困难的成员国提供合理建议和经济援助。IMF 主要通过以下方式对成员国提供帮助:通过对经济形势和各国发展经验的分析,为各国政府和中央银行提供建议;通过对全球性、区域性和一国的经济和市场的跟进分析,为各国提供研究成果、数据和分析结果;通过贷款帮助一些国家度过经济困难时期;通过优惠贷款帮助贫穷国家发展;通过技术支持和技术培训帮助一些国家改进对经济的管理。

IMF 在 60 多年前成立,成立之初,它的目标是进行全球性的经济合作,防止再次出现 1930 年经济大萧条时期的灾难性状况。如今,世界形势已经发生了很大的变化,特别是亚洲已经成为不可忽视的经济力量。但是 IMF 的大体目标依然没有变化,主要还是维护全球的经济稳定发展。具体来说,包括以下几项:为国际金融问题的友好解决提供平台;为国际贸易的发展提供便利,从而促进就业、经济发展和减少贫困;保持外汇汇率稳定,并推动建立开放性的国际支付体系;在有充分保障的情况下,对有需要的国家提供临时外汇贷款,以帮助他们解决国际支付中发生的问题。

IMF 的运行方式一直在随着时间的改变而改变。自从 1990 年以来,为了适应在全球化经济中不断扩张的成员国的需要,IMF 更是进行了快速的变革。21 世纪初,IMF 执行董事会主席 Dominique Strauss – Kahn 开始了一项雄心勃勃的改革,目的就是使得 IMF 可以继续进行良好的经济分析和多边会谈,以完成它的中心任务:保证全球金融系统的稳定。

近十年来,跨国金融活动越来越多,各国之间相互依存的关系也在逐渐加深。2007 ~ 2008 年的经济危机表明,即使在经济最发达的国家,国内和国际经济的稳定发展也不能当成理所当然。同时,油价和食物价格的上涨使得一些贫困国家和中等收入国家陷入困

---

① http://www.imf.org/external/pubs/ft/survey/so/2010/NEW123010A.htm.

境,这也是全球化的经济的一部分。基于这些情况,IMF 在一些方面重新思考了自己的运作方式:

第一,加强贷款机制的作用。IMF 已经提升了贷款机制的作用,使得机制可以更好地服务于成员国。IMF 创造了新的短期流动性安排,帮助那些具有良好政策执行记录的新兴市场经济国家渡过当下的经济危机。为了使经济援助更加灵活且更好的适用于低收入国家的复杂情况,IMF 建立了新的"减少贫困、促进增长信托基金",有三个新的贷款窗口。作为广泛的贷款制度改革的一部分,IMF 还改进了参与各国经济结构改革的方式。对于经济已趋稳定的国家,IMF 创造了新的"政策支持工具",为各国发展提供建议。

第二,加强对全球性、区域性和各国经济发展的监管。IMF 已经采取了许多措施来改进对经济和金融的监管,如在框架协议中规定对各国微观经济政策提供建议等。IMF 着重研究了金融部门与现实的经济之间的联系,以及国家间经验的分享。IMF 还制定了如何进行汇率的分析和建议的指导规则,同时把更多的注意力放在了世界上重要的经济体对其他国家的经济的冲击上。IMF 正在提高自己警告他国风险和提醒他国经济薄弱之处的能力。

第三,帮助解决全球经济的失衡问题。在 IMF 的"世界经济观察报告"中包含了对全球经济发展的分析。这些分析为各国的财政部长和中央银行官员提供了讨论全球经济的基本框架。同时 IMF 还有能力召集由少数国家参与的多边会议来解决具体的问题——这是一种在全球经济的主要参加者之间便利性集体行动的一种创新。这样的会议于 2006 年第一次召开。会议的主旨在于减少国际支付的不平衡,参加会议的有中国、欧盟国家、日本、沙特阿拉伯和美国。

第四,分析资本市场的发展。IMF 开始花费更大的精力来分析全球资本市场的发展,以及它们与微观经济政策的关系。IMF 每年发布两次"全球资本市场稳定性报告",报告提供了最新的对全球资本市场的分析。同时,IMF 的工作人员还与各成员国合作,帮助他们发现会对金融稳定造成影响的潜在风险,包括通过"金融领域评估项目"(以下具体介绍)进行合作。IMF 还对各国的官员进行培训,帮助他们学会如何管理财政系统、金融与外汇制度和资本市场。当下,IMF 正在致力于起草"主权财富基金"的自愿性指导规则,并与金融稳定委员会密切合作推进国际金融的稳定发展。

第五,评估金融领域的缺陷。在资本流动日益增长的当今世界,有弹性、有规则的金融系统对于微观经济的稳定是十分重要的。IMF 和世界银行一起发起了"金融领域评估项目",目的在于对各国金融领域中存在的缺陷和风险提供预警。IMF 和世界银行的工作人员还对如何加强对银行和其他金融机构的监督、防止监管失误提出建议。

第六,消除贫困。现在,超过 10 亿人生活水平低于每天 1 美元,10 亿人中有 3/4 营养不良。随着这些国家的成长和繁荣,IMF 在这些国家中的角色一直在改变。但是它的中心目标依然不变:促进经济稳定发展,为持久深入的消除贫困建立基础。当下 IMF 的首要任务是帮助中低收入国家克服经济危机的不利影响。为了消除这些影响,IMF 贷款给低收入国家以应付全球性衰退的冲击。

第七,改进 IMF 治理结构。2008 年 5 月,IMF 的成员国通过了两年的改革计划,来改善成员国的代表问题。IMF 要完全发挥自己的作用,就必须以公平的方式代表每一个成员国。以此为指导思想,IMF 的治理结构改革不断加速进行,以保证制定出反映全球现状的决策机制。此外,IMF 还需要更加精简和高效,要削减开支,改革获得收入的方式以支付运行的费用。

第八,更重的责任和更高的透明度。IMF 在其网站上发布了几乎所有的各成员国的年度经济健康状况报告,更新它的贷款项目以及其他大量的信息。IMF 的行为由独立评估办公室进行评估。

三、国际货币基金组织的组织机构

为了适应全球经济的发展,IMF 的机构也处于不断的变革之中。IMF 的组成机构主要有以下三个:

(一)理事会

理事会是 IMF 的最高决策机构,由各成员国派遣的理事和候补理事组成。理事由成员国任命,一般是成员国的财政部长或者中央银行行长。理事任期 5 年,可以连选连任。

理事会大部分的职权委托执行董事会行使,但是以下权利依然由理事会行使:通过增加配额的请求、特别提款权的分配、批准新的成员国加入、强制开除成员国以及基金协定及其实施细则的修订等。理事会还负责选举和任命执行董事,理事的投票一般通过邮寄选票的方式进行。理事会还是有关基金协定条文的最终解释人。

在国际货币基金组织—世界银行"春季及年度会议"上,理事会的理事与世界银行的工作人员一般每年会面一次,讨论他们各自机构的运行状况。年度会议一般包括两天的全体会议。在此期间,与会者互相交流信息,提出各成员国对当下国际金融问题的看法。在会议期间,理事会还对如何处理国际金融发展中的问题作出决定,并通过解决方案。2010 年的会议在传统的地点美国华盛顿召开,并且已经连续两年在此地召开,第三年将在另外的成员国国召开。

年度会议由国际货币基金组织和国际银行主办,由各成员国轮流担任主办方。在举办每两年的年度会议时。国际货币基金组织和国际银行都会选出自己机构的执行董事会。

理事会还下设两个部长级委员会为理事会的决策提供建议,这两个委员会是国际货币与金融事务委员会(IMFC)和发展委员会。IMFC 由 24 个成员组成,这些成员选自 187 个理事。它的组织结构与执行理事会的组织结构相同,这样就保证代表了所有的成员国。IMFC 每年举行两次会议,在春季及年度会议举办时举行。委员们在会上讨论一些影响世界经济的情况,并为 IMF 的工作方向提供建议。在会议结束时,IMFC 发出一份总结各方观点的联合公报。这份公报将为 IMF 接下来 6 个月的工作规划提供指导,直到下一次会议召开。在 IMFC 中没有投票制度,采取的是一致同意原则。发展委员会是一个联合委员会,在有关新兴国家和发展中国家经济发展问题上为 IMF 和世界银行提供建议。委员会由 24 个成员组成。它代表了 IMF 和世界银行所有的成员国,主要的作用就是成为在发展的关键问题上达成国际一致的平台。

(二)执行董事会

由 24 个成员组成的执行董事会负责处理理事会的日常事务。这 24 个成员代表了 187 个成员国。大型的经济实体,例如美国和中国,在董事会中拥有自己的席位,但是大部分国家都是几个国家组成一个团体占有一个席位,团体一般包括 4 个或更多的国家,最大的团体包括了 24 个国家。

执行董事会负责讨论几乎所有事务,从 IMF 工作人员对各成员国经济发展健康状况的检查,到与全球经济相关的经济政策问题。执行董事会一般以一致同意原则进行决策,但有时也会进行正式的投票。在大多数正式的会议之后,执行董事会一般会发出名为"总结"的报告,阐述自己的观点。以非正式的方式讨论复杂的政策问题的模式,依然处于初级阶段。

(三)总裁及工作人员

总裁是基金组织的最高行政官员,由执行董事会选举产生,任期五年,可以连任。一般总裁也担任执行董事会主席。总裁的选举、监督和撤销都由执行董事会负责。总裁在执行董事会监督下有权进行工作人员的招募、管理及解聘。总裁一般没有独立的表决权,只有在双方票数相同无法决定时,才可以投一票以决定结果。工作人员由总裁聘任,为总裁提供建议、提出报告。

(四)机构改革

在 2006~2008 年间,IMF 的治理结构进行了重要的改革,包括开始重新分配各成员国的投票权。然而,是否为了加强基金组织的立法和效率就需要改革机构框架,这成为一个重要的问题。因为各国是依照机构框架来行使权利的。除此之外,还需要考虑理事会、执行董事会、IMFC 的角色及需要承担的责任以及基金组织的管理问题。

在 2008 年 9 月 IMF 总裁 Dominique Strauss-Kahn 任命了由知名专家组成的委员会来评估 IMF 现阶段的决策机制是否有效,以及对 IMF 如何才能更好地履行自己的职能提出意见。有八名专家组成的委员会在 2009 年 3 月提出了报告。

在 2009 年 4 月,IMFC 提出对各成员国的配额进行重新审查。2010 年 4 月 IMFC 要求对于配额的审查应该在 2011 年 1 月前完成,这比原先的计划提前了 2 年。对配额的第 14 次审查正在进行,此后将会对配额进行重新分配并提高配额的政体数量。2009 年 10 月 IMF 响应 20 国集团领导人的主张,要求在现有的配额分配表的基础上,将发达国家配额的 5% 转移给新兴市场经济国家和发展中国家。此外,IMF 还作出承诺将保护贫穷国家的投票权。

四、国际货币基金组织的活动范围

(一)监督金融政策

当一国加入 IMF 后,就要将自己的经济政策和金融政策提交 IMF 以供监督。加入的成员国还要作出承诺,接受 IMF 提出的对本国经济发展有利的政策建议,接受稳定价格的措施,防止出现以汇率为手段的恶性竞争。IMF 对一国经济金融政策的监督主要是为了发现政策中存在的缺陷,对成员国提出预警。

1. 对一国的监督。IMF 对一国的监督是一个时间较长的过程,最后进行会谈。这种会谈是基金组织协议第 4 条规定的,因此也被称为"第 4 条会谈"。在会谈期间,来自 IMF 的调查小组的专家会评估一国的经济和金融政策,并与政府官员和中央银行的官员讨论国家的经济和金融政策。此外,IMF 的工作人员还会与立法机关人员、商业代表、工会代表及市民代表等人进行交流。在此之后,调查小组会提出报告,由执行董事会交由各成员国讨论,最后提出建议。随后,这些意见会被反馈给成员国。通过这种方式,就可以实现以国际视野和国际经验解决一国问题。

2007 年 IMF 的执行董事会接受了一种综合性的政策监督机制。这个机制称为"对成员国政策的双边监督机制",这个机制补充了基金组织协议第 4 条的规定,引进了外部稳定的概念作为双边监督的原则。这个原则使得 IMF 和成员国开始重点关注国家的经济政策是否有利于国内和国际经济的稳定以及如果有不利影响如何处理。

2. 地区监督。地区监督指的是对 IMF 的政策在现有的经济组织区域内的施行情况的监督,这些组织包括:欧盟、西非经济与货币联盟、中非经济与货币联盟以及东加勒比货币联盟等。地区经济观察报告也包括了对太平洋地区、欧洲地区、中东地区和中亚、南非等地区的经济发展和主要政策的分析。

3. 全球监督。全球监督包括了执行董事会对全球经济发展趋势的审查。主要的审查是基于全球经济观察报告和全球金融稳定报告,这两个报告包含了国际金融市场的经济发展状况、发展前景和政策观点。这两个报告每年公布两次。此外,执行董事会还会就世界经济发展问题举行多次非正式讨论。IMF 还可以召开多边会议进行讨论,这个会议可以只召集一些国家,就全球性或地区性的重要问题进行讨论。在 2006 年,IMF 曾经召集了中国、美国、欧盟、日本、沙特阿拉伯等国讨论解决经济发展不平衡的问题。

(二)技术援助

IMF 通过与成员国专业知识的分享来对成员国进行技术支持,此外 IMF 还在许多方面对成员国进行培训,如有关中央银行、金融汇率政策、税务政策、管理方式以及官方数据的处理等。IMF 的目的就是通过强化成员国在这些方面的技术来改进其政策的制定水平。IMF 还对经历了内乱或内战的国家提供成立政府机构的建议。

2008 年 IMF 开始了一项雄心勃勃的改革,以加强技术援助的效果。改革重点在于加强措施评估,使开支更加透明并与捐赠人建立更加稳固的关系。

1. 技术援助的受益人。技术援助是 IMF 的核心任务之一。特别是在微观经济政策的关键方面,IMF 有很强的比较优势。基于其广泛的成员国基础,IMF 拥有各种发展水平的经济的发展经验。

IMF 的技术援助 80% 都提供给了中低收入国家,特别是撒哈拉以南非洲地区和亚洲地区。IMF 提供技术支持也是为了加强国际金融系统的结构稳定性,建立起足够的实力来完成贫困减少和发展计划,以及在减少债务和管理方面帮助重债穷国。

2. 技术援助的种类。IMF 的技术援助有不同种类,根据不同的需要,从长期的参与建设到金融危机中短期的政策支持。技术援助可以通过不同的方式进行。IMF 的工作人员可以到成员国,对政府和中央银行的官员就具体问题提出意见,或者 IMF 也可以基于长期或短期规划指派工作人员入驻成员国。技术援助要与成员国改革计划、IMF 的监督和贷款机制结合起来一起运行。

3. 与捐赠者的合作。双边或多边的捐赠者在 IMF 满足各国需要的过程中发挥着越来越重要的作用。捐赠者对 IMF 的技术援助提供了 2/3 的资金支持。与捐赠者和接受者之间稳固的合作关系,使得 IMF 的技术援助得以在广泛对话和紧密发展的框架内容的基础上发展。捐赠者的捐赠利益已经远远超出了经济方面。

IMF 当下正在追求充分发挥自己在技术援助方面的比较优势,满足各接受国的需求。作为这种努力的一部分,IMF 通过在更加宽广、长时期和更重要的基础上使捐赠者参与事务,加强了与捐赠者之间的合作关系。其中一个措施就是建立多边捐赠信托账户来汇集各种捐赠来源,在提升 IMF 的专业技能和增加经验的同时,起到补充 IMF 提供技术支援所需资源的作用。

(三)贷款

当一个国家陷入严重的经济危机,无法进行国际支付,且其经济状况将会对世界经济的稳定造成一定影响时,IMF 就会发挥维护经济稳定的作用。任何一个成员国,只要其有需要,不论本国经济状况是好是坏,都可以向 IMF 申请贷款。IMF 贷款项目设立的目的就是为了帮助成员国平衡国际收支,稳定经济状况并促进经济发展。但是 IMF 并不是发展银行,与世界银行或其他发展银行不同,它不对建设工程提供贷款。

1. 贷款的性质。到目前为止,已经有四五个国家使用了国际货币基金信贷至少一次。但是,未偿还的贷款数量和贷款人的数量在随着时间不断变化。

在 IMF 成立的前 20 年,超过一半的贷款贷给了西方发达国家。但到了 20 世纪 70 年代,这些国家在资本市场上就可以满足自身对资金的需要。20 世纪 70 年代的石油危机和 80 年代的债务危机,使得许多中低收入国家向 IMF 申请贷款。在 20 世纪 90 年代,由于中东欧的变化以及新兴市场经济国家的崛起,使得 IMF 收到了更多的贷款申请。2004 年,世界经济发展良好,使得许多国家开始偿还从 IMF 获得的贷款。同时,对 IMF 的贷款申请也急剧减少。

但是到了 2008 年,IMF 又开始向遭受经济危机、高食物价格和高油价冲击的国家提供贷款。从 2008 年后期到 2009 年前期 IMF 向受到经济危机影响的新兴市场经济国家提供了 600 亿美元的贷款。

虽然金融危机使得对 IMF 的贷款要求又逐渐增多,但是之前的数量下降也说明了需要对 IMF 的贷款机制进行改革,以适应成员国不断变化的需求。作为对各成员国要求的回应,IMF 开始对其贷款机制和规定进行大范围的改革。2009 年 3 月,IMF 开始了对其贷款框架的详细审查,包括现代化贷款条件、引进新的灵活的信用额度要求、加强贷款协议的灵活性、扩展贷款途径以及取消很少使用的贷款方式等。IMF 还加快了贷款程序和重新设计了"外部冲击融资计划",使得中低收入国家可以更加容易取得贷款。

2. 贷款的作用。IMF 协议的第一条规定:在充分保障下,通过向成员国提供临时性一般资金,给予成员国信心和机会解决国际收支不平衡问题,而不必诉诸有害于国家和国际繁荣的措施。

在实践中,自从 IMF 建立后,贷款的目的已经有了很大改变。长期以来,IMF 的经济援助已经从帮助各国处理短期的交易浮动转移到更加广阔的范围,包括:针对由贸易冲击、自然灾害、国家债务重组以及金融危机引起的国际收支失衡状况而提供广泛的支持。

贷款有三个主要目标:

第一,使得成员国针对经济危机的冲击而作出的调整更加平稳,防止对本国和其他国家的经济产生不利影响。

第二,IMF 可以帮助成员国打开其他的贷款途径。因为可以从 IMF 得到贷款对其他机构来说是一个明显的信号,证明这个国家有良好的政策、政策执行信誉强以及投资者对其信心十足。

第三,IMF 的贷款可以防止经济危机的蔓延。实践经验十分清楚:经济危机一般在一国内发生,然后蔓延到其他国家。应对危机最好的办法是将其扼杀在萌芽中,防止其造成更大的危害。

3. 贷款的条件。当一国向 IMF 申请贷款时,它已经或将要遭受经济危机,它的货币在国际外汇市场上遭到攻击,国际外汇储备将近枯竭,经济活动停滞甚至出现下滑,大批公司和银行破产。此时,IMF 会对成员国在危机中最薄弱的部分提供帮助。

IMF 要保证自己的贷款要完全用于加强成员国应对危机的措施和解决根本问题。为此,IMF 会与成员国讨论最有效的解决经济危机的措施。IMF 和成员国会达成协议,依照一个项目规划的要求,完成具体的目标,最终达成一个项目计划的目标。例如,成员国可能树立一个外汇储备的目标。贷款一般根据项目的进程分期拨付,一个具体目标完成才可以拨付下一部分贷款。项目一般三年完成,这取决于成员国问题的性质。当然,在一个项目完成之后,如果有需要,还可以开始另一个项目。成员国需要向 IMF 总裁发出一份意向书,意向书中包含了项目的具体内容。如果项目具体内容有改动,意向书也必须修改。

IMF 贷款一般只是成员国需要的解决问题的资金的一少部分。但是 IMF 的贷款是一个信号,表明这个国家的政策已经走上正确的轨道。这样就为成员国获得其他途径的贷款打开了方便之门。

IMF从成立到现在,经历了一个不断成长的过程,其运行机制和职能的发挥与最初建立时相比也有了较大的进步。现阶段,IMF在国际金融政策监督、技术援助、对各国贷款等方面发挥着重要作用。IMF职能及作用的正常发挥对国际金融秩序的稳定发展起着重要作用。

复习思考题

1. 国际货币基金组织如何才能更好地发挥自己的职能?
2. 发展中国家应当如何利用国际货币基金组织实现自身的发展?

阅读书目

1. 徐东根.国际金融法高级教程[M].北京:对外经济贸易大学出版社,2009.
2. 李仁真.国际金融法[M].湖北:武汉大学出版社,2005.
3. 朱崇实.金融法教程[M].3版.北京:法律出版社,2011.

第二章 国际金融法律制度

学习目标与要求

本章主要介绍一些典型的国际金融制度。本章主要内容包括国际银团贷款法律制度、国际项目融资法律制度和国际证券融资法律制度。应重点掌握国际银团贷款方式、国际项目融资法律文件、国际证券发行与流通制度等。

第一节 国际银团贷款法律制度

一、国际银团贷款的概念及特征

国际银团贷款,又称为辛迪加贷款,是指不同国家的几个银行组成一个银行集团,按照贷款协议规定的条件,统一向借款人提供中长期贷款的贷款方式。国际银团贷款在20世纪60年代从美国兴起,已经成为重要的国际贷款方式之一。我国20世纪80年代也开始出现银团贷款的融资方式,到如今已经有了长足的发展,许多大型工程都采用了银团贷款的方式进行融资。

作为一种重要的国际贷款模式,国际银团贷款具有以下特征:

第一,国际银团贷款的贷款行由多家银行组成。在国际性贷款中,一家银行往往难以满足借款人的需求,出借大量贷款。而且,只有一家贷款行时,对于双方来说,风险都过于集中。一家银行承担全部的一笔巨额贷款很不实际。因此,在国际银团贷款中,由多家银行共同负担,既可以提供充足的资金来源,又可以分散贷款风险。

第二,国际银团贷款可以很好地分散贷款风险。风险是参与国际贷款的各方都比较关注的问题。国际性贷款一般数额较大,还款期限较长,对于贷款行来说,承担全部贷款意味着自身全部承担了借方不能还款的风险;而借方则承担了贷方不能按时提供贷款的风险。贷款的长期性、贷款数额的巨大使得这个问题更加严重。在国际银团贷款中,有多家贷款行,双方的风险都可以得到一定程度的降低。借款人可以得到多家银行的贷款,即使某个贷款人产生问题,也不会影响整体计划。对贷款人来说,不仅因为数量多而风险有所降低,而且因为各贷款人之间不承担连带责任,而是独立地承担对借款人的贷款义务,最终即使某些银行不能提供贷款,也不会影响本行的贷款业务。

第三,国际银团贷款可以节省借款人的融资成本。在贷款业务中,借款人与贷款人需要就贷款协议的内容进行多次磋商,这是必不可少的成本。在国际性贷款中,为了得到巨额长期贷款,必然需要与多家银行进行谈判磋商,这样借款人的融资成本会十分巨大。在国际银团贷款中,由多家银行组成银团,一般由牵头银行或代理行与借款人进行协商,确定统一的贷款条件,然后根据商定的贷款协议,各贷款行向借款人提供贷款。这样,借款人的磋商成本就会大大降低。

第四,国际银团贷款提供的大部分是中长期巨额贷款。对于借款人来说,由于需要的资金量大,且一般所用于的项目回报周期较长,长期巨额贷款既可以满足对资金的需求,又可以减少还款压力。对于贷款人来说,借款人的投资成功,可以成为日后稳定的资金来源,且回报率较高。

第五,根据在国际银团贷款中的地位和所发挥作用的不同,各个银行可以分为参与行、牵头行、代理行等。

二、国际银团贷款方式

根据银团与借款人关系的不同,国际银团贷款方式可以分为直接式银团贷款和间接式银团贷款。

(一)直接式银团贷款

直接式银团贷款,又被称为真正的银团贷款,是指由组成银团的参与行和借款人分别签订贷款协议,最终由一家或多家银行担任代理行,对借款人发放贷款的贷款方式。这是国际银团贷款中最常用的一种方式。虽然各参与行与借款人分别协商,但是最终签订的贷款协议内容是相同的。各参与行独立的承担对借款人的放款义务,各行之间不承担连带责任。

采用直接式银团贷款,一般要经过以下几个程序:

第一,当借款人需要大量国际贷款而以自身能力无法获得贷款时,就需要经理行的帮助。经理行一般是实力雄厚、信用良好且在国际上有一定影响力的银行。通过经理人,可以较为容易地在国际上筹措资金。在决定经理行后,借款人会向经理行发出"委托书"。委托书既是表明借款人贷款意向的文件,也是向经理行授权的意向书。在委托书中,借款人会将对贷款的具体要求写明,以供经理人审查。对于委托书的性质,一般认为是要约邀请。只有参与行提出与借款人达成协议的意向,双方签订协议,合同才成立。而关于委托的部分,则属于要约,只要经理行作出承诺,委托合同就生效。

第二,在接到借款人的委托书后,经理行会对借款人的信誉及贷款进行审查,然后决定是否接受借款人的委托。如果经理行决定接受借款人的委托,则会向借款人发出"义务承担书"。在义务承担书中,会包含贷款的条件,经理行表明将会尽力按照借款人的要求寻找并组织银团贷款。对于经理行应当尽到多大程度上的义务,一般取决于协议中的具体规定。通常包括三种:①经理行负有按所列条件安排银团贷款的确定义务,这种义务也被称为包揽承担或坚定承担,指经理行对借款人承担保证提供全部贷款的责任;②经理行承担"尽最大努力"安排银行贷款的义务,这种义务也称为全力承担,其对于经理行的约束较弱,即在经理行竭尽全力仍未能组成银团的情况下,经理行不承担责任;③经理行不作任何承诺,仅表示愿意做组织银团的尝试。在后两种情况下,虽然经理行在未能组成银团的情况下只承担部分责任或完全不承担责任,但是经理行一般都是国际上有很高声誉的银行,即使不承担责任也会竭尽全力谋求组团,如果不成功也会独立提供贷款,以维护自身商业信誉。①

第三,在决定为借款人寻求贷款行后,经理行会将借款人的具体情况和贷款条件等制作成"信息备忘录",然后发给有意向参加的银行,作为邀请其组成银团的法律文件。"信息备忘录"是银团贷款中十分重要的法律文件。由于不与借款人直接接触,各参与行所知晓的借款人信息几乎全部来自经理行的信息备忘录,信息备忘录成为参与行作出决定的基础。因此,经理行对信息备忘录的真实性要承担重要责任。如果信息备忘录的失实是由于借款人的虚假称述,基于借款人与参与行之间的贷款协议,参与人可以直接追究借款人的责任。但是考虑到实践中,借款人此时常常处于破产状态,对经理行的追究就很有必要。如果经理行明知借款人的陈述虚假但依然提供给参与行,则应当承担相应的责任。如果经理行由于疏忽,应当发现而没有发现借款人的虚假称述,经理行是否应当承担相应的责任,则取决于各国的法律规定和司法实践。在法院认定经理行是否需要承担责任时,一般要考虑经理行在制定信息备忘录时是否尽到了足够的注意义务、经理行是否有从事组织银团的经验、经理行与借款人是否有利益关联等因素。

第四,在组成银团后,经理行会与借款人谈判,商定贷款协议的具体内容,确定贷款协议,然后将贷款协议交由各参与行审阅,如果各行都没有意见,则双方签订协议。如果有不同意见,则进行修改,直到各方一致同意为止。

第五,在协议签订后,由各参与行推举一家或多家银行作为代理行,负责向借款人发放贷款。经理行一般也会成为代理行。各参与行将资金交由代理行,由代理行向借款人发放。为了防止代理行出现破产或挪用贷款资金的情况,一般会同意设立一个信用账户,由代理行管理。此账户只用于向借款人发放贷款,且与代理行的账户区别而独立存在,不受代理行破产等情况的影响。

此外,在开始放贷之后,如果发生问题,由各参与行过半数决定处理。但是如果进行一些比较重大的决定,如宣布加速贷款到期、免除借款人某些义务等,必须要经过全体参与人的同意。这样可以防止一些实力雄厚的参与行侵害实力较弱的参与行的利益。

(二)间接式银团贷款

间接式银团贷款是指由牵头行与借款人签订贷款协议,具体规定贷款的各项要求,然后由牵头行将贷款协议分别转让给其他参与行,共同组成银团的贷款方式。在间接式银团贷款方式下,牵头行选择参与行组成银团无须借款人的同意。

---

①万国华,隋伟.国际金融法学[M].北京:中国民主法制出版社,2004:331.

在间接式银团贷款中,由于牵头行转让贷款协议的方式不同以及由此产生的借款人、牵头行和参与行之间的不同关系,间接式银团贷款产生了以下几个种类:转贷款、隐形代理、合同的更新或替代和权利的让与等。转贷款依然是真正意义上的间接式银团贷款。隐形代理在借款人发现牵头行对参与行的代理身份后,就不能称为严格意义的间接式银团贷款了。而合同的更新与替代和权利的让与,是从间接式银团贷款中发展出的贷款形式,不是严格意义上的间接式银团贷款。以下详细介绍。

1. 转贷款。转贷款是指牵头行将从借款人手中获得的贷款权以借款的形式转让给其他参与行的贷款形式。只有在牵头行与借款人之间、牵头行与参与行之间存在借贷关系,参与行与借款人之间不发生直接的联系。牵头行对贷款权的转让,是以借款的形式,即向参与行贷款。参与行与牵头行之间的贷款一般为无追索权的贷款。借款人向牵头行还本付息成为牵头行向参与行还本付息的前提。如果借款人无法偿还贷款,参与行既不能向牵头行追索,也不能向借款人追索。这种方式下参与行要承担很大的风险。

2. 隐形代理。隐形代理,也称为非公开代理,是指牵头行在贷款协议签订之前,已经成为银团的代理人,负责代理银团与借款人签订贷款协议,但不披露其身份。此时,事实上已经存在间接式银团贷款。但是如果借款人发现了牵头行的身份,就可以选择:贷款时,要求牵头行或者参与行履行贷款义务;在还款时,选择向牵头行还款或者直接还款给参与行。牵头行和参与行承担连带责任。当借款人发现牵头行的身份后,贷款模式就不再是严格的间接式银团贷款了。

3. 权利的让与。权利的让与是指牵头行把自己对借款人享有的权利,包括要求借款人还本付息的权利和协议中的其他权利等,转让给参与行。在权利让与的情况下,在贷款事项中,牵头行依然承担发放贷款的义务,参与行只享有权利,并且可以直接向借款人主张。根据一般国际合同规则,债权的转让不需要债务人的同意,但要有必要的通知。在债权让与中,经过通知,使得债务人直接向接受让与人履行债务,可以避免许多风险。当然,如果借款人对此事项有特殊要求,可以在协议中另行约定,牵头行转让债权必须经过借款人的同意。

4. 合同更新或替代。合同的更新或替代是指在牵头行与借款人签订贷款协议后,参与行、借款人和牵头行达成协议,牵头行的一部分贷款义务由参与行承担。这实质上是三方达成了新的协议,将贷款的义务分配给了牵头行与参与行,由参与行来履行原先属于牵头行的部分贷款义务。不论是在权利的让与还是在转贷款中,牵头行一直承担着贷款的义务,如果参与行不履行,就可以要求牵头行履行贷款义务。但在合同的更新和替代中,牵头行的部分贷款义务完全由参与行承担,如果参与行不履行责任,牵头行并不承担补全贷款的义务。这实际上已经是直接的银团贷款,因为参与行和牵头行都直接与借款人接触并发生权利义务关系。

第二节　国际项目融资法律制度

一、国际项目融资的概念及特点

国际项目融资是指向特定的项目提供贷款,以此项目的预期收入作为还贷主要资金来源,并以项目本身资产及相关合同权利作为还贷担保的国际中长期贷款模式。国际项目融资主要运用于资源开发及大型工程类项目。这些项目由于开发周期长、资金需求量大、投资回报周期长且风险较大,很难从传统的融资渠道得到充足的贷款支持。因此,国际项目融资就出现了。国际项目融资以其雄厚的资金实力、充足的现金流以及良好的风险消除模式受到各国的普遍欢迎。许多国家的大型工程都采用了项目融资的方式建设,如 2000 年悉尼奥运会奥林匹克体育场的建设就采用了项目融资的方式。

项目融资之所以能够成为一种使用广泛的融资方式,主要是由于其具有以下几个特点:

(一)以项目为主导

国际项目融资,主要围绕项目展开。提供贷款的条件、融资结构的设计、贷款的担保等都以项目为主要考虑因素。传统的融资一般以项目公司的资信情况为主要考虑因素,而项目融资则把重点放在了对项目的考察上。

(二)有限的追索权

在一般的贷款项目中,如果借款人无法偿还贷款,贷款人可以以借款人的全部资产作为追索的对象,即要求借款人以其全部资产偿还贷款。在项目融资中,贷款人只能以项目资产及其收益,以及有利害关系的第三人(如项目主办人等)提供的担保作为回收贷款的保障。除此之外,不得追索项目主办人的其他财产。有限追索权还存在一种特例,即无追索权的项目贷款,即贷款完全以项目及其收益为保障,除此之外,项目主办人不承担任何责任。采用此种方式,对贷款人来说,也许会有贷款利率较高等益处,但是风险过大,一般很少采用。国际融资项目一般采用的都是有限追索权的项目融资。

(三)灵活的信用结构

精巧而灵活的信用结构对于成功的项目融资是十分重要的。在项目融资中,除了项目本身的担保,项目主办人提供的担保、与第三人签订的长期购销合同等,都可以为项目提供充分的资信保障,降低贷款人对项目公司的资信要求,更容易获得项目贷款。

(四)分散的风险

在项目投资中,由于投资数额巨大、周期较长,任何单独的一方都无法承担全部的风险。项目融资将风险做了合理的分配。贷款人将承担项目停工、延期完工等风险,但享有追索权,可以向项目公司、提供担保的项目主办人、第三人追索。项目公司也要承担贷款人无法及时提供资金的风险,因此在选择贷款人时十分慎重。经过风险分配,每一方都要承担一定的风险,就可以实现利益平衡,促进项目融资的正常发展。

二、国际项目融资的参与人

国际项目贷款结构复杂,参与人员较多,每一方对于项目融资的顺利进行和项目的正常完工都起着十分重要的作用。主要有以下几方:

(一)贷款人

贷款人是国际项目融资中最主要的资金提供者,对项目融资的进行有重要的作用。贷款人一般是外国商业银行、非银行金融机构(如投资公司、租赁公司、财务公司、投资基金等)、政府出口信贷机构、国际金融组织等。由于项目融资的风险较高,贷款人一般包括多方,最常见的是国际银团。由多方组成贷款人提供项目贷款,可以很好地分散风险。

(二)受托人

受托人是代表贷款人利益管理托管账户的一方。大型工程项目一般都会设立信托账户,由专门的信托公司或有信托资格的银行进行管理。这些机构负责管理项目的经营所得,保证项目经营所得用来偿还贷款,防止被项目主办人挪用。

(三)项目主办人

项目主办人是项目公司的组建人,也是实际的项目投资人和借款人,一般为东道国政府或公司企业,有时也会吸收外国公司参加。项目主办人拥有项目公司的全部或部分股份,以直接或间接的方式为项目公司的贷款提供担保,并享有获得投资利润和其他利益的权利。

(四)项目借款人

项目借款人是指由项目主办人组建的,直接负责项目的实施及经营,直接享有权利并承担还款义务的法律实体。项目借款人,一般为公司形式,也称为项目公司。项目借款人采取公司形式,是较为合理的选择。采取公司形式,项目借款人只承担公司资产范围内的有限责任,防止了因项目失败而危害到项目主办人的自身资产;采取公司形式还可以使用各种公司可用的融资渠道;公司资产的股份化还便于项目主办人作为股东对项目公司的管理。

(五)项目工程的承包商、供应商、项目产品的购买者和项目设施的使用者等利益相关方

这些利益相关方与项目的成败有着十分重要的联系,并在项目融资中起着十分重要的作用。项目的承包商,直接决定了项目的完工进度及工程质量等重要因素。因此,选择信誉良好、实力雄厚的承包商,对于增加项目公司资信很有帮助。此外,项目公司可以与材料供应商签订长期供货合同,保证工程的原料供应充足;与产品购买者或使用者签订长期购买或使用工程项目的合同,保证项目工程的稳定收益等。这些可以极大地增加自身的资信度,使得获得项目融资更加容易。

(六)项目融资顾问

国际项目融资专业性强,其中涉及的各方关系十分复杂,因此需要专业的中介机构来提供相关的服务。这些专业机构一般是投资公司、财务公司或商业银行中的项目融资

部门等。这些机构在项目融资中发挥着十分重要的作用,有时甚至是决定性的。一般来讲,融资顾问应当符合以下条件:准确了解项目投资者的目标和要求,熟悉项目所在国的政治结构、投资环境、法律、税务,对项目本身及其所属的工业类别的技术水平、成本结构、投资费用等有全面的认识,掌握金融市场的变化动向以及各种融资手段,与主要银行等商业机构保持良好的协作关系等。[①]

(七) 保证人

除了项目主办人和产品购买人等各方对项目提供的担保外,项目公司还会寻找各大商业银行,如东道国的大型银行、外国银行等,为具体的项目完工、项目收益或其他事务提供保证,保证项目贷款的偿还。

(八) 官方保险机构

项目融资的过程中,除了防范商业风险,贷款人还比较关注东道国的政治风险。因为如果出现政治风险,贷款人很有可能无法收回贷款。许多国家的官方保险机构都对政治风险提供担保,对政治风险提供担保也成为许多贷款人的贷款要求。政治风险保险成为对商业保险的必要补充。

三、国际项目融资贷款的合同结构

国际项目融资涉及多方当事人,关系复杂,主要是由一系列合同来联结的。这些合同按照一定方式和步骤组成一个完整的合同结构。根据合同结构的组合方式和参与当事人的数量,可以将国际项目融资的合同结构分为以下三种:

(一) 二联式合同结构

二联式合同结构,主要包括两类合同和三方当事人。两个合同是贷款合同和担保合同。三方当事人包括贷款人、项目公司和项目主办人。具体操作是:①贷款人与项目公司签订贷款协议,贷款人向项目公司发放贷款;②同时贷款人与项目主办人签订担保协议,对项目公司的贷款偿还和其他约定事项提供担保。这种结构最为简单,适合于贷款人为一家或较少的情况。

(二) 三联式合同结构

三联式合同结构包括三类合同和三方或四方当事人。三个合同具体是指贷款合同、担保合同及长期购买合同。当事人包括贷款人、项目公司、项目主办人和产品购买者或使用者。有时项目主办人也是产品购买者或使用者。具体操作如下:①贷款人与项目公司签订贷款协议,贷款公司发放贷款;②贷款人与项目主办人签订担保协议,对项目公司贷款偿还和其他约定事项提供担保;③项目公司与产品购买人或使用人签订长期购买合同,项目公司从购买合同中所获收益则用来偿还贷款;④项目主办人向项目公司提供担保,保证产品购买人或使用人将按期提货或付款;⑤项目公司将其在购买协议中的权利

[①] 张学慧. 国际经济法教程[M]. 2版. 北京:首都经济贸易大学出版社,2007:297.

连同项目主办方对其提供的担保,一并交由贷款人作为其偿还贷款的担保。这样,即使产品购买人或使用人不履行提货或付款的义务,也不会影响贷款人的权益,贷款人依然可以要求项目主办人承担担保责任。

(三)四联式合同结构

四联式合同结构包括了四类合同,具体是指贷款合同、先期购买合同、担保合同和转售合同。这四类合同中,与三联式合同中名称相同的合同,内容有所不同。当事人除了三联式合同中的当事人外,还多了一方当事人,一般是由贷款人全资成立的金融公司。具体操作是:①贷款人与金融公司签订贷款协议,将款项借贷给金融公司;②金融公司与项目公司签订先期购买合同,将贷款以预付款的形式交付给项目公司;③金融公司将产品转售给第三人(也可以是项目主办人),以所得销售款偿还贷款人的贷款;④项目主办人就项目公司在先期购买协议中对金融公司交付产品的义务提供担保,或者就第三人在转售合同中对金融公司支付货款的义务提供担保;⑤金融公司将转售合同中的权利以及项目主办人提供的担保,交由贷款人作为偿还贷款的担保。在此情况下,即使项目失败,贷款人也可以要求项目主办人承担其担保责任。

四、国际项目融资的法律文件

从国际项目融资的合同结构中可以看出,在国际项目融资中涉及大量复杂的法律文件。这些法律文件确定了各方参与者的法律权利与义务,对规范各方的行为起着十分重要的作用。以下介绍一些比较常见而且重要的法律文件。

(一)完工担保协议

完工担保协议是贷款人与项目主办人签订的,后者担保项目如期顺利完工的担保合同。贷款人在提供项目资金时,最担心的便是项目无法如期完工,甚至无法完工。通过与项目主办人签订完工担保协议,贷款人使得项目主办人作出承诺,如果项目到期无法完成,项目主办方将通过提供次位贷款或增加股权投资的方式为项目提供资金,保证项目顺利完成。此外,对于完工也要在合同中有精确的定义。因为完工可分为技术性完工和经济性完工。前者指项目建设设施的完成,后者指在技术性完工的基础上,能确保产生预计的现金流量和收益以偿付贷款的最终意义上的完工。

(二)投资协议

投资协议是项目主办人与项目公司签订的,项目主办人承诺在项目无法实现预期的收益时,对项目公司提供财务支持,保证其偿债能力的协议。由于在贷款时,无法预见项目的实施状况,因此贷款人一般会要求项目主办人与项目公司签订投资协议,作为偿还贷款的保证。一般在投资协议中,会规定项目实施所要达到的债务清偿能力或财务能力,只要项目公司无法达成相应的目标,项目主办人就要为项目公司提供资金支持。有两种可选的方式:第一,项目主办人为项目公司提供次级贷款或增加股权投资;第二,项目主办人直接为项目公司提供足以偿还贷款人贷款的资金。可见,投资协议最主要还是为了保障贷款人的利益。

(三) 购买协议

购买协议是贷款人与项目主办人签订的,用以保证贷款人债权的协议。其内容是如果项目公司不履行偿还贷款的义务,则项目主办人有义务购买相当于贷款人支付给项目公司的贷款额。实际上,项目主办人偿还了项目公司的贷款,因此取得了贷款人对项目公司的各项权利。

(四) 先期购买协议

先期购买协议是贷款人成立的金融公司与项目公司达成的金融公司先期购买项目产品的协议。根据协议,金融公司将价款预先支付给项目公司,用于项目建设。在项目完成之后,项目公司将产出的产品交付给金融公司,金融公司再将产品出售给第三人,以获得的资金偿还贷款。

(五) 产品支付协议

产品支付协议是贷款人和项目公司签订的协议,广泛用于资源开发项目中。其内容是项目公司将开采的一部分资源的利益,以及出售产品的应收账款的一部分利益让与贷款人。在贷款未偿付之前,贷款人一直享有此项利益。如果此项权益无法完全偿还贷款,贷款人不得要求补偿。

在一些国家,此项权益的转让需要登记,否则不能对抗第三人。

(六) 提货或付款协议

提货或付款协议,也称为绝对付款协议。具体内容是指项目公司与项目产品的购买者(可能是项目主办人,也可能是第三人)签订协议,约定无论项目公司是否交付产品,产品的购买者都必须履行交付货款的义务,且交付的金额必须至少可以偿还贷款并可以维持项目日常的运行需要。提货或付款协议,实际上是产品购买者为项目公司提供了确定的资金,以偿还贷款,起到了对贷款的担保作用。

(七) 特许协议

特许协议是东道国给予项目主办人,允许其开展项目的法律文件。特许协议由项目主办人和东道国的政府代表谈判达成。在特许协议中,往往包括向东道国政府支付的特许费用、支付方式以及对项目的管理等内容。特许协议对项目的顺利完成具有重要意义。

第三节 国际证券融资法律制度

一、国际证券融资概述

(一) 国际证券的概念及特征

在国际资本市场中,国际证券是一种重要的融资工具,也是国际融资的重要载体之一。随着国际投资证券化的发展,国际证券在国际融资领域发挥着越来越重要的作用。

一般来讲,国际证券是指证券发行人在本国境外发行并流通的、以发行国货币或者其他可兑换货币为面值的证券。国际证券具有以下特点:

1. 国际证券的发行人和投资人处于不同的国家。国际证券的发行人一般为一国政府、金融机构或公司企业。投资人一般为其他国家的投资机构或个人。国际证券是发行人在本国以外扩大融资渠道的重要手段。通过发行国际证券,发行人可以从本国境外获得大量资金,有效避免了在国内资本市场与其他同业者的竞争,扩展了资金来源。

2. 国际证券是在发行人本国境外发行并流通的,这是与国内证券的主要区别之一。主要包括两个市场,外国金融市场和国际金融市场。在外国金融市场中,发行人既受本国关于在外国发行证券相关规范的约束,也受到发行地所在国相关规则的约束。

3. 国际证券以发行地所在国货币或其他可兑换货币为面值,这也是其与国内证券的重要区别。国际证券所针对的融资对象,是外国的投资机构及私人投资者,可以说是面向本国以外的所有投资者,采取发行地所在国货币或其他可兑换货币,既是一些发行地所在国法律规范的要求,也是为了便于外国投资者进行投资。

(二) 国际证券的种类

证券依据不同的标准有多种分类,如根据是否记名可分为记名证券和不记名证券;根据募集方式可以分为私募证券和公募证券等。一般来说,国际证券分为以下几类:

1. 国际股票。股票是股份有限公司发行的代表股票持有者的资本权益的书面证明。国际股票则指的是股份公司在境外发行的股票。这类股票的发行人一般都是实力雄厚的大型跨国公司。国际股票一般在大型的国际金融中心挂牌交易,如伦敦、纽约、中国香港等。

2. 国际债券。国际债券是指发行人向投资人出具的,承诺按期还本付息的债务凭证。国际债券的发行主体十分广泛,从一国政府、国际组织到公司企业,都可以发行国际债券。国际债券一般可以分为两种类型:外国债券和欧洲债券。

外国债券是指发行人在本国境外发行的,以发行所在地国货币为面值的证券。外国债券是国际债券的传统形式,在19世纪就已经出现。例如中国公司在日本发行的日元债券、美国在日本发行的日元债券等就属于外国债券。

欧洲债券是指发行人在本国境外发行的,以债券发行地所属国以外国家的货币为面值的债券。欧洲债券最初的发行地以欧洲为主,以美元为货币面值,因此被称为欧洲债券。20世纪70年代后,美元汇率波动较大,出现了以德国马克、瑞士法郎、日元等为货币面值的欧洲债券,发行地也突破了欧洲的限制,开始在亚太、北美等地区发行。因此,现在的欧洲债券指的是以第三国货币发行的债券,与地理无关。

3. 证券存托凭证。存托凭证是指在一国证券市场流通的代表外国公司有价证券的可转让凭证。存托凭证创设的最初目的是为了避开发行公司所在国对本国公司进行境外融资的限制,或绕开投资人所在国对投资人投资外国债券的限制。1927年,JP摩根首先发明了存托凭证,以方便美国人投资英国零售商Selfridge的股票。当时英国禁止本国企业在境外上市,英国公司为了获得国际资本,便引入了证券存托凭证这一工具。① 现在,各国对本国企业境外上市和投资外国债券已经没有太大的限制,但是证券存托凭证依然得到广泛适用。

(三)国际证券的监管

国际证券融资涉及大量的资金流动,不论对发行者还是投资者,都有十分重要的作用。同时,由于证券投资涉及两级市场,其中利益关系十分复杂,因此必须对国际证券进行适当的监管,以维护当事人的利益。了解了国际证券的监管模式,对于国际证券融资的理解也会更加全面。国际证券融资的监管模式主要有两种,一种为政府监管型,以美国为典型;另一种为行业自律型,以英国为代表。

1. 政府监管型。政府监管型是指对于国际证券融资,政府通过立法和行政确定了严格的法律规则,对国际债券融资行为进行积极的干预。以下以美国为例,简要介绍一下政府监管型国际融资监管模式。

(1)建立完备的证券立法体系,以法律规则为基础,实现对证券市场的有效监管。在自由资本主义时期,美国证券立法很不完善,证券交易中欺诈、非法交易等问题十分严重。为了解决这些问题,一些州首先进行了尝试。1911年堪萨斯州制定了美国第一部涉及证券监管的法律——"蓝天法"(Blue Sky Law),规定证券的发行和销售必须经过核准。第一次世界大战以后,美国经济迅速发展,股市和证券市场虚假繁荣,产生了很大的经济隐患,最终在20世纪30年代全面崩溃。这不仅对美国经济,而且对世界经济都产生了深远的影响。自此之后,美国开始反思这场危机,而联邦政府也借此机会全面介入证券市场,加强了对证券市场的监管,并相应地制定了一系列法律来具体实施监管。在这些法律中,最重要的当属《1933年证券法》和《1934年证券交易法》。1933年证券法针对一级市场,规制证券的发行和信息披露,确立了美国证券管理的基本原则,即公开原则。1934年证券交易法主要针对二级市场,规制的是证券的交易和流通,建立了美国证券管理的体制,并根据该法成立了美国联邦证券交易委员会(SEC)作为政府证券主管机构,依法行使监管全国证券市场的职权。② 此后,美国国会为了适应经济发展的要求,多次修订了这两部法律,并制定了一些新的法律,如《1970年证券投资者保护法》、《1990年市场改革法》、《1999年金融服务现代化法》以及2002年国会通过的《集团诉讼公平法》等。此外,美国联邦证券交易委员会还制定了一系列有关证券交易监管的规则。这些法律与规则构成了美国严密的证券监管体系。

(2)专门的政府证券监管机关。在美国证券监管体系中,依照1934年证券交易法设立的联邦证券交易委员会对全国证券市场进行监管。为了有效地实施监管,联邦证券交易委员会除了在华盛顿设立总部外,还在全国设立了11个地区分支机构来进行证券市

---

① 董世忠. 国际经济法[M]. 上海:复旦大学出版社,2008:326.
② 李仁真. 国际金融法[M]. 武汉:武汉大学出版社,2005:201.

场的监管。这些机构构成了完整的监管体系。此外,联邦证券交易委员会还拥有在证券方面的立法权、执法权和准司法权,这些权利确保了委员会监管活动的效力。

2.行业自律型。行业自律型是指政府对证券市场的发展不加约束,对证券市场的监管完全由自律性行业组织来进行。行业自律型证券市场监管以英国最为典型。英国是老牌的资本主义国家,资本主义经济发展时间最长,其中证券市场也得到了长期的发展。在多年的发展中,英国证券市场逐渐形成了具有自身特色的证券监管体系,即由行业自律组织完成对证券市场的监管责任。主要特征有:

(1)证券市场的监管由行业自律组织来完成。英国证券业以自愿的方式,成立了证券业行业自律组织,并制定相应的规章制度,对证券市场进行监管。在英国,证券自律性行业组织主要包括三个:证券交易所协会、企业收购与合并专门小组以及证券业理事会。证券交易所协会由交易所内从事经营的证券经销商和自营商组成,主要负责全国证券交易所的管理。实际上,就是在管理英国整个证券业。企业收购与合并专门小组负责《收购与合并准则》的制定、解释和实施。证券业理事会是企业收购与合并专门小组的外围组织,负责制定和解释《证券交易商行为准则》等规则,并监督这些规则的实施。[①]

(2)政府对证券市场干预较少。行业自律型监管体系并不意味着政府对证券市场完全不加管理,而是较少干预。政府对于证券市场一般采用间接手段进行干预,如制定一些法律规范,对证券交易中的一些行为进行规范等。

这两种监管体例,对世界各国都产生了影响。美国式的政府监管型的优点主要有:①采用法制手段,可以使证券市场的交易各方严格遵守证券市场的行为规范,为投资者提供一个较为安定的市场环境;②以国家规范的形式出现,对投资者保护更为有力;③联邦证券交易委员会独立于政府,可以公正地处理证券市场中发生的问题,更好地发挥监管职能。英国式的行业自律型监管也有其相应的优点:①利用行业自身来解决证券市场中的问题,可以减少对市场的不当干预,使证券市场顺利发展;②行业性自律组织在管理证券市场时,经验更加丰富,便于高效处理问题;③行业自律性组织在制定相关规则时也更能反映证券市场的现实需要,使规则有效性大大提高。这两种体例,各有其优点,并没有优劣之分。近年来,两种模式也出现了相互借鉴的趋势。

二、国际证券发行制度

(一)概念及分类

国际证券发行指的是证券发行人将其所发行的证券出售给境外投资者的行为。发行人向投资者出售证券的市场,称为证券一级市场。

国际证券发行的分类主要是依据发行方式的不同而作出的区分。根据发行方式的不同,国际证券发行可分为私募发行和公募发行。

[①] 李仁真.国际金融法[M].湖北:武汉大学出版社,2005:200.

1. 私募发行。私募发行是指发行人直接向特定的投资人销售证券的行为。由于不经过中介机构,私募发行也被称为直接发行。直接发行所针对的投资人一般是投资领域的专业人士或专业机构,如投资银行、保险公司、投资基金等。此类证券一般不能在证券市场上流通。采用私募方式的好处有:手续简单,交易便捷,成本较低;直接与投资者接触,便于协调双方关系。私募的缺点是流通性较差,募集到的资金也有限,不能满足大规模的融资要求。因此,私募方式一般适合中小企业融资。

2. 公募发行。公募发行是指发行人通过中介机构向社会大众发行证券进行融资的行为。公募发行的债券所有社会大众都可以购买,也可以在证券市场上自由流通。由于公募发行必须通过中介机构,因此也被称为间接发行。由于公募发行涉及众多投资者的利益,各国立法对发行者都有严格的要求。公募发行优点十分明显:由于投资人数量巨大,因此可以募集到的资金数量也会十分庞大,足以满足发行人对资金的需求;由于公募是向社会大众发行,因此可以防止少数人购买大量证券,从而操纵证券市场;公募发行的证券可以自由流通,有利于发行人自身社会信誉的增长。同时,公募发行也有一些缺点,如发行手续繁杂、对发行人自身条件要求很高等。因此,公募发行适合于大型公司的融资。

一般来说,国际证券融资都是一些大型的公司企业或跨国公司采用的融资方式,资金需求量巨大,因此公募发行是最常采用的证券发行方式。本节讨论也主要围绕公募发行展开。

(二)证券发行监管制度

由于证券发行涉及众多投资者的利益,证券发行地所在国对证券发行一般都有严格的要求。在一些国家,还会设立专门的机构对证券发行进行监管。对证券发行的监管,各国有不同的规定,主要的监管制度有两种:审核制和信息披露制度。

1. 审核制。审核制是指证券发行地所在国对证券发行人发行证券规定了一系列法定要求,并有专门的机构负责实施,只有达到相关的要求才可以发行证券。主要分为两种制度:注册制与核准制。

(1)注册制,又称申报制,是指在证券发行前,证券发行人要向发行所在地证券主管机关申请注册,并将与证券发行有关的一切材料和信息完整、准确、及时地公布于众,主管机构只就材料的形式进行审查。只要在法定期限内,申请没有被否决,就可以发行证券。这种发行模式以美国联邦立法为典型。

注册制的理论基点是假设每一个投资者都是理性人,且拥有证券投资方面的专业知识。主管机构通过注册制度使得证券发行人完整、及时、准确地提供了所有有关证券发行的信息,而投资人就可以根据此信息作出自己的判断,然后再根据自己的判断决定是否投资此项证券。该立法体现了充分尊重当事人意志原则。但是,在实际社会生活中,进行证券投资的人不一定都具备完整的证券投资专业知识,然而在进行投资时,即使拥有全部的信息,也不一定可以发现其中存在的风险。但是,这并不说明注册制下投资人的风险会比其他制度下的风险大,因为在此项制度之外,还有别的制度对发行人的行为作出规范,使得发行人不敢轻易作出欺诈等不法行为。通过各项制度的配合,就可以将证券投资人的风险降到最低。

(2)核准制,又称准则制,是指证券发行人在发行证券之前,除了按照要求提交并公开全部信息和资料外,还要接受证券主管机关的实质审查。核准制要求主管机关除了对证券发行人提交的资料进行形式上的审查外,还要进行实质审查,审核证券发行人是否达到了法律对证券发行的实质要求。在审查完毕后,如果发行人符合要求,则授予证券发行人发行权。证券发行人只有获得发行权才可以发行证券。

核准制的理论假设也十分明显:证券投资是十分复杂的投资活动,其中关系复杂,需要的专业知识很多,一般的社会大众很难拥有如此专业的知识。因此,在证券投资中,政府主管部门就承担起了维护社会大众权益的责任。通过对证券发行人进行形式和实质审查,主管机关就基本保证了证券发行人的信誉和能力,使得公众可以安心地进行证券投资。但是,核准制对于证券发行人来说,限制很大,很可能产生不利的影响;对社会大众的证券投资也可能产生不利影响。因为在核准制度下,对证券是否可以发行的判断完全由主管机关作出,而且要经过实质审查。这便完全取决于主管机关的专业水准和判断能力。如果主管机关判断失误,一方面可能不准可以发行的证券发行,使得企业融资困难,另一方面则可能使得不符合发行条件的发行人开始发行证券,最终损害公众的利益。

2. 信息披露制度。虽然各国在证券监管上存在一些制度上的差异,但是信息披露是每一种制度都必不可少的部分。信息披露是指在国际证券市场上进行交易的各方,必须按照相关法律或规则的要求,真实、及时、准确地进行相关信息的公布,以便相关当事人对证券市场进行分析评估,从而作出选择。信息披露有利于证券市场的各方参与人作出合理的决策,以维护自身利益。信息披露制度反映了公开原则。公开原则是证券投资市场的首要原则,只有保证公开性,才能使各方投资者获得可靠的证券投资信息,从而避免欺诈行为的出现,保证证券市场的良性发展。证券市场的信息披露主要通过一些必要文件的公开进行,如招股说明书、财务会计报告等。

(三)国际证券发行的主要法律文件

国际证券发行,涉及几方当事人,当事人之间的法律关系就是通过一些法律文件确定的。主要有以下几种:

1. 发行说明书。这是证券发行人与主承销商就证券发行的有关事项向公众披露的书面报告。其中包含的有关证券发行的信息应当及时、真实、准确。证券发行人对发行说明书中的信息真实性负责。

2. 承销协议。承销协议是证券发行人与承销商之间的协议。承销协议应当对双方的权利义务作出明确的规定。主要包括以下条款:承销商承销方式,属于包销还是代销等;承销商销售的证券的种类、数量、金额及发行价格等;销售的时效;承销商付款方式以及发行人的结算方式;双方的违约责任等。

3. 经理人之间的协议。此项协议是指规定证券经理人之间关于各自的地位及作用,对发行酬金的分配以及相互之间权利义务关系的协议。

4. 销售集团协议。销售集团协议指的是证券经理集团与销售集团各成员之间签订的证券销售协议。

5. 信托契约。信托契约是指发行人与银行等金融机构签订的,以证券持有人为信托受益人的契约。如果证券发行人违反契约时,证券持有人有权采取法律手段使契约得到遵守,以维护持有者的利益。

6. 付款代理协议。付款代理协议是证券发行人与银行签订的,规定证券发行人指定银行作为付款代理人,向证券持有人支付款项的协议。①

三、国际证券流通制度

国际证券在发行之后就进入流通领域,也就是进入二级市场。本节主要从证券交易市场、国际证券上市和国际证券交易的禁止行为等方面对国际证券流通制度作简要介绍。

(一)国际证券交易市场

国际证券交易市场,也称为二级市场或次级市场,是已经发行的证券进行交易的场所。国际证券交易市场可分为场内交易市场和场外交易市场。

1. 场内交易市场,是证券交易所组织的集中交易场所,有固定的交易时间和交易地点。在许多国家,证券交易所是唯一的证券交易机构。因此,证券交易所是证券交易最重要的证券交易场所。证券交易所将证券交易各方联系到了一起。除了提供交易场所,满足各方交易的需求之外,证券交易所还有一些其他的职能。如向投资者提供在证券交易所挂牌上市的证券交易信息;提供证券企业发布的财务状况报告;对证券交易所中的证券经纪人和自营商进行有效的管理;对交易活动进行监督,防止出现欺诈、内幕交易等情况,以维护正常的证券交易行为高效、有序地发展。

2. 场外交易市场,又称为柜台交易市场或店头交易市场,是指在证券交易所外,交易双方通过交流,议价成交的市场。场外交易市场中主要以不在证券交易所上市的证券为主,在某些情况下也会对在证券交易所上市的证券进行场外交易。场外交易中的自营商可以把自己持有的证券卖给顾客或者买进顾客的证券,赚取差价,也可以以代理商的身份,向其他自营商买入卖出证券。随着电子化交易技术的发展,场外交易的手段不断增多,因此市场范围也越来越大。

(二)国际证券上市

1. 国际证券上市是指符合上市标准的国际证券在证券交易所挂牌交易的行为。凡经过批准允许上市交易的证券,可称为上市证券。证券上市对于上市公司来说,一方面可以筹集到大量资金,推动企业的发展,另一方面,公司上市后要接受外部的证券市场机制的约束,有利于公司的健康发展。

---

①张学慧.国际经济法教程[M].2版.北京:首都经济贸易大学出版社,2002:308.

2. 对于证券上市,各国法律都有严格的限制。只有满足了一定的条件才可能被批准上市。可以上市的标准一般有以下几个:

(1)规模标准,指的是公司的规模应当达到一定的程度。有两个衡量标准:一个是公司的资本总额,另一个是证券的发行量。二者可以一起使用,或单独使用。规定规模标准主要是对公司的支付能力和证券市场作出评估,保证公司有足够的支付能力,并在发行后,保证证券市场稳定。

(2)经营标准,指的是公司的经营状况、连续盈利的能力、经营年限、偿债能力等。规定经营标准是以公司经营的收益性和稳定性来保证证券的可靠性。

(3)证券持有的分布状况,指的是证券持有人的分布状况。只有证券持有人数量大,才能保证公司证券的流动性,才会有较大的交易量。较多的持有人也可以防止少数人持有公司大量证券对公司产生的不利影响。

(4)其他标准。其中主要包括公司的知名度、财务报告状况、以往是否有违法违规行为等。这些对考察一个公司的真实情况也是十分重要的因素。

3. 证券上市程序。各个国家立法状况不同,对于上市程序的规定也有所差异。但大体上都包括以下程序:

第一,申请上市的公司必须向证券交易所提交上市申请书,并按照要求附具证券交易所认为必要的其他法律文件。第二,证券交易所对申请公司所提交的文件资料进行审查,如果审查合格,连同审查意见一并报送证券主管机关核定。主管机关若认为可以上市,则通知证券交易所,准许其上市。第三,签订上市契约。获得批准的公司与证券交易所签订上市契约,确定双方的权利义务。在一些证券业发达的国家,证券上市契约都有标准化格式。第四,挂牌上市。已经签订上市契约的公司,应在上市日前公布其上市报告,并按规定的日期和时间挂牌上市,进行集中竞价买卖。

4. 上市的暂停或终止。在上市过程中,如果公司出现了法定或规定的暂停上市的情形,有可能影响证券投资者利益时,证券交易所有权暂停其上市。如果上市公司有暂停上市情形并造成严重后果,或者无法解决引起暂停上市的问题,证券交易所或证券主管机关有权终止其上市。

(三)国际证券交易的禁止行为

国际证券交易的禁止行为是指在证券交易中,会对证券交易者的利益造成重大影响,甚至对整个证券业都会产生严重危害的行为。以下简要介绍几种禁止行为。

1. 内幕交易。内幕交易是指行为人通过利用或泄漏自己掌握的内幕信息,为自己谋取利益,损害其他证券交易人的权益的行为。内幕交易对证券行业的损害是十分巨大的,因为内幕交易直接摧毁了证券市场赖以建立的公开、公平、公正的基础。

内幕信息是指对证券价格有重要影响,但尚未公开的信息。内幕交易人是进行内幕交易的主体,主要分为三类:公司方面包括公司内部高管、占一定股份的大股东等;主管机关方面主要是证券主管机关中涉及相关证券事务的主管人员、证券交易所内的工作人员等;第三类是指参与证券上市,为证券上市提供了相应服务的人员,如律师、会计师、投资顾问等。对于内幕交易行为,各国法律都规定了严厉的处罚措施。

2. 操纵市场。操纵市场是指以获取利益或减少损失为目的,利用自身的信息或资源优势,影响证券市场价格,制造证券市场假象,诱使证券投资者在不了解事实真相的情况下,作出投资决定,扰乱证券投资市场的行为。操纵市场主要有以下几种手段:

(1)洗售,也就是虚买虚卖,是指以影响证券市场行情为目的,进行不转移所有权的虚假买卖。

(2)相对委托,是指行为人与他人串通,以事先约定的时间、价格和方式相互进行证券交易,影响证券交易价格或者证券交易情况的行为。相对委托手段较为隐蔽,因为确实发生了价款和证券所有权的转移。

(3)连续交易,是指为引诱他人购买或出售证券,对证券作连续的买卖,制造出繁荣交易的假象,从而抬高或压低证券市场价格。

(4)联合操纵,是指两个或两个以上的行为人,组成临时性组织,联合运用手段操纵证券市场。要对证券市场进行联合操纵,需要行为人与证券发行公司的高级管理人员联合才有可能实现。

(5)散布谣言、提供不实资料,是指行为人故意散布谣言或不实资料,使投资者对证券价格产生错误的判断,而自己趁机获取利益或避免损失。

3. 欺诈客户。所谓欺诈客户,是指行为人利用与投资人交易的机会,或利用自身的身份职位便利,诱骗投资人买卖证券的行为。主要有以下几种:

(1)违背指令:指的是违背客户的指令,为其购买证券的行为。

(2)混合操作:指的是证券综合商将自营业务和经纪业务混合操作,即在证券交易中,证券综合商一方面充当投资者的受托人而代为买卖证券,另一方面又是投资者的相对交易人充当交易一方而自己买卖。

(3)不当劝诱:是指证券商利用欺骗手段对投资者进行诱骗,诱导其投资证券的行为。

(4)过量交易:指的是证券商为了大量获取佣金,诱导客户进行不必要的证券买卖或在客户的账户上翻炒证券的行为。

 案例

马来西亚南北高速公路项目融资[①]

【案情】

一、项目背景

马来西亚南北高速公路项目全长900公里,最初是由马来西亚政府所属的公路管理

---

① http://www.exam8.com/gongcheng/gljianli/fudao/200804/344081.html.

局负责建设,但是在公路建成400公里之后,由于财政方面的困难,政府无法将项目继续建设下去,采取其他的融资方式使项目得以最终完成便成为唯一可取的途径。在众多方案中,马来西亚政府选择了BOT融资模式。

二、项目融资结构

1987年初开始,经过为期两年的项目建设、经营、融资安排的谈判,马来西亚政府与当地的马来西亚联合工程公司签署了一项有关建设经营南北高速公路的特许权合约。马来西亚联合工程公司为此成立了一家项目子公司南北高速公路项目有限公司,以政府的特许权合约为核心组织起来项目的BOT融资结构。

项目的BOT融资结构由三个部分组成:

(1)政府的特许权合约。马来西亚政府是南北高速公路项目的真正发起人和特许权合约结束后的拥有者。政府通过提供一项为期30年的南北高速公路建设经营特许权合约,不仅使得该项目由于财政困难未能动工的512公里得以按照原订计划建设并投入使用,而且通过项目的建设和运营带动周边经济的发展。

(2)项目的投资者和经营者。项目的投资者和经营者是BOT模式的主体,在这个案例中,是马来西亚联合工程公司所拥有的马来西亚南北高速公路项目公司。

(3)项目的国际贷款银团。英国投资银行摩根格兰福(Morgan Grenfell)作为项目的融资顾问,为项目组织了为期15年总金额为25.35亿马来西亚元(9.21亿美元)的有限追索项目贷款,占项目总建设费用的44.5%,其中16亿马来西亚元(5.81亿美元)来自马来西亚的银行和其他金融机构,是当时马来西亚国内银行提供的最大的一笔项目融资贷款,9.35亿马来西亚元(3.4亿美元)来自由十几家外国银行组成的国际银团。对于BOT融资模式,这个金额同样也是一个很大的数目。

【评析】 采用BOT模式为马来西亚政府和项目投资者以及经营者均带来了很大的利益。从政府的角度,由于采用了BOT模式,可以使南北高速公路按原订计划建成并投入使用,对于促进国民经济的发展具有很大的好处,可以节省大量的政府建设资金,并且在30年特许权合约结束以后,可以无条件回收这一公路。

复习思考题

中国应主要采取哪种国际融资方式实现发展?为什么?在此过程中应当注意何种风险?

司考题

1.实践中,国际融资担保存在多种不同的形式,如银行保函、备用信用证、浮动担保等,中国法律对其中一些担保形式没有相应的规定。根据国际惯例,关于各类融资担保,

下列哪些选项是正确的？（2008年试卷一第86题）

A.备用信用证项下的付款义务只有在开证行对借款人的违约事实实质审查后才产生。

B.大公司出具的担保意愿书具有很强的法律效力。

C.见索即付保函独立于基础合同。

D.浮动担保中用于担保的财产的价值是变化的。

答案：CD

2.关于特别提款权，下列哪些选项是正确的？（2009年试卷一第85题）

A.甲国可以用特别提款权偿还国际货币基金组织为其渡过金融危机提供的贷款。

B.甲乙两国的贸易公司可将特别提款权用于两公司间国际货物买卖的支付。

C.甲乙两国可将特别提款权用于两国政府间结算。

D.甲国可以将特别提款权用于国际储备。

答案：ACD

阅读书目

1.王凤荣,邓向荣.国际投融资理论与实务[M].北京:首都经济贸易大学出版社,2010.

2.加蒂.项目融资理论与实践[M].北京:电子工业出版社,2011.

3.郭戎.外资企业融资:理论、趋势与政策含义[M].北京:人民出版社,2007.

第五编

国际税收法律制度

第一章 国际税收管辖权

学习目标与要求

本章主要介绍税收管辖权的种类及其判定标准。要求通过本章的学习,理解并掌握居民税收管辖权和所得来源地税收管辖权的确认标准;重点学习并能够熟练应用我国相关法律的规定;了解联合国范本和 OECD 范本相关规定之间的差异。

第一节 税收管辖权概述

国际税法是调整国家间税收分配关系及国家与涉外纳税人之间税收征纳关系的各种法律规范的总称。税收管辖权是国家主权在税收领域的体现,税收管辖的征税主体主要是主权国家,至于纳税主体、税收管辖的范围、税收管辖的内容等方面均由一国的国内法规定。税收管辖权是国际税法中非常重要的一个概念,贯穿于整个国际税法体系,尤其是与国际重复征税等国际税法问题的关系较为密切。

一、税收管辖权的概念

税收管辖权是指一国政府基于国家主权行使的征税权力。国家依据税收管辖权,有权对负有纳税义务的主体、征税范围、税率等问题作出相关规定。税收管辖权具有了国家主权性,因此各国所享有的税收管辖权均是独立且平等的。也就是说,一国政府可以根据本国税法的相关规定,独立行使税收管辖权,其他国家无权对一国的税收管辖权进行干涉。另外,各国在主张税收管辖权的过程中,其地位是平等的,任何国家的税收管辖权不得凌驾于其他国家的税收管辖权之上。[1]

二、税收管辖权的分类

从各国的相关立法及司法实践来看,税收管辖权一般分为属人税收管辖权和属地税收管辖权。其中,属人税收管辖权又可分为居民税收管辖权和公民税收管辖权,属地税收管辖权主要是指所得来源地税收管辖权。

---

[1] 董世忠. 国际经济法[M]. 2 版. 上海:复旦大学出版社,2009:477.

(一)居民税收管辖权

居民税收管辖权是指征税国基于纳税人与征税国存在的居民身份关系的法律事实而享有的征税权。一国对于从事国际经济活动的自然人或法人是否享有税收管辖权,首先要判断该自然人或法人是否是本国的居民。根据一国相关法律的规定,如果一个自然人或法人满足该国对居民身份的要求,则该自然人或法人就是该国税法意义上的纳税人,征税国有权对纳税人的所得或财产行使征税权,即征税国对于居民纳税人的境内所得和境外所得,均可以主张居民税收管辖权,纳税人承担的是一种无限纳税义务。反之,如果一个自然人或法人不具有征税国的居民身份,则征税国无权对其进行征税,其不是征税国税法意义上的纳税人,无须承担对征税国的纳税义务。

(二)公民税收管辖权

公民税收管辖权又称国籍税收管辖权,是指征税国依据纳税人与征税国之间存在着公民身份法律关系的法律事实而享有的征税权,这里的公民既包括自然人,也包括法人或其他组织。目前,主要以自然人、法人或其他组织的国籍来确定其是否属于某国公民。也就是说,只要纳税人具有某国国籍,征税国就有权对纳税人的所得和财产征税,既包括在征税国境内从事经济活动的所得和财产,也包括在其他国家开展生产经营的所得和财产。换句话说,即使纳税人与征税国之间不存在实际的经济联系或财产利益关系,其也要向征税国纳税,体现了纳税人对征税国承担的无限纳税义务。目前,只有美国、墨西哥等少数国家采取这种税收管辖权,并没有受到世界各国的普遍接受。一些国家认为,这种税收管辖权容易造成征税国管辖权的扩张,一旦行使不当,会引起各国之间税收管辖权的冲突,使国际重复征税的问题日趋严重,不利于问题的解决。因此,征税国在行使公民税收管辖权时,需持有非常谨慎的态度。

(三)所得来源地税收管辖权

所得来源地税收管辖权是指征税国对纳税人来源于或存在于该国境内的所得或财产而享有的征税权,是一种具有属地性质的税收管辖权。在这种税收管辖权下,不考虑纳税人是否具有征税国的居民身份或公民身份。即使纳税人从未进入征税国境内,只要其所得或财产来源于或存在于征税国境内,征税国便有权就这部分所得或财产行使征税权。值得注意的是,征税国的征税范围仅限于来源于或存在于该国境内的所得或财产,对于纳税人在其他国家的所得或财产,该国不得对其进行征税。因此,对于纳税人而言,是一种有限的纳税义务。一般情况下,主要将作为征税对象的所得或财产分为营业所得、劳务所得、投资所得和财产收益。因此,所得来源地没有统一的界定标准,需根据征税对象的不同分别加以确定。

三、电子商务与税收管辖权

随着互联网的迅猛发展,电子商务应运而生。与传统交易方式相比,电子商务具有虚拟化、隐匿性、全球性等特点。电子商务的出现对传统的税收管辖权提出了巨大的挑战。各国对于电子商务的税收管辖权问题,仍存在着较大的争议。争议焦点在于,如何协调电子商务引起的居民税收管辖权与所得来源地税收管辖权之间的冲突,适用居民税收管辖权时如何确定自然人及法人的居民身份,以及适用所得来源地税收管辖权时又如何认定常设机构等问题。

纳税人是否具有居民身份是一国应否对其行使居民税收管辖权的前提,一方面,传统判定自然人居民身份的标准主要有住所标准、居住时间标准、国籍标准等,通常是存在一定的地理联结因素。然而,对于电子商务来说,基于其全球性、虚拟性、隐蔽性的特点,无法适用传统标准来确定自然人的居民身份。另一方面,电子商务中,法人可以通过网络视频召开股东大会并作出商业决策,公司的账簿、会计凭证等材料也可以采用数字化的形式保存起来,无须设立专门的保管地点。① 可见,在电子商务条件下,确定法人居民身份的难度也很大。

在适用所得来源地管辖权的情况下,常设机构原则也面临着极大的考验。实践中,对于确定常设机构标准的分歧很大,具体情况如下:第一种观点认为,网络服务提供商可以构成常设机构,因为从事电子商务的纳税人所进行的任何交易,都要通过网络服务提供商才能正常运作;第二种观点认为,服务器可以作为常设机构,由于服务器作为一种计算机设备易于确认,可以不受电子商务虚拟性的影响,因此,服务器所在地可以视为营业场所;第三种观点认为,网址可以作为确定常设机构的依据,目前,只有西班牙、葡萄牙等少数国家持这种观点。另外,电子商务的出现使经营所得、劳务所得、投资所得之间的界限变得难以区分,是值得各国深入研究和探讨的重要课题。

第二节 居民税收管辖权

居民税收管辖权是带有属人性质的税收管辖权,这里所说的居民是广义的居民,既包括自然人,也包括法人和其他组织。居民税收管辖权是征税国依据纳税人与征税国存在的居民身份关系的法律事实而行使的征税权。各国出于对本国国情和经济利益的考虑,确立了不同的确认自然人和法人居民身份的标准。由于这些标准本身各有利弊,因此,从各国的立法及司法实践来看,各国均采取多种确认标准相互配合的方式,在最大程度上完善本国的居民税收管辖权制度。

一、自然人居民身份的确认标准

自然人在从事国际经济活动的过程中,具有很大的流动性和不确定性,使得自然人居民身份的确认问题更加困难和复杂。关于自然人居民身份的确认,各国一般采取以下几种标准:

---

①许靖寰.电子商务条件下国际税收法律问题探究[D].北京:中国政法大学,2010.

(一)住所标准

住所标准是指以自然人在一国境内是否拥有住所为依据,来判定其是否属于该国居民。对于行使居民税收管辖权的国家而言,只要一个自然人拥有该国的住所,他就享有该所的居民身份。目前,采用住所标准的国家主要有中国、法国、德国等,但这些国家在界定何为住所的问题上存在着一定的差异。实践中,有些国家将住所理解为永久性的固定场所,如我国《个人所得税法实施条例》第2条规定:"在中国境内有住所的个人,是指因户籍、家庭、经济利益关系而在中国境内习惯性居住的个人。"还有一些国家认为,只有自然人表示愿意长期居住的场所才称得上是住所。如荷兰法律规定,自然人只要有长期居住在荷兰的意向,就是荷兰的居民纳税人。另外,美国以自然人是否拥有永久居留许可证(俗称"绿卡"),作为是否为本国居民的依据。

虽然采用住所标准便于自然人居民身份的确认,但并不能准确地反映自然人与一国的经济利益关系。有些情况下,自然人拥有住所的国家,不一定是其从事经营活动的国家,或者自然人在多个国家拥有永久住所,但只在其中一个或少数几个国家从事经营活动,如果这些国家均对其主张居民税收管辖权,在增加纳税人负担的同时,也会引起各国之间税收管辖权的冲突。因此,大多数国家已经不再单纯采用住所标准来确认自然人的居民身份,通常都是与其他标准配合运用,以弥补住所标准的不足。

(二)居所标准

居所标准是指如果一个自然人在某国拥有经常性居住的场所,便具有该国的居民身份。居所与住所的最大区别在于,居所不要求自然人具有永久居住的意思,而住所通常是供自然人长期居住的场所。实践中,加拿大、英国、澳大利亚等国多采用居所标准。与住所标准相比,居所标准虽然更为灵活,但其所确立的判定标准过于模糊,实践中运用起来容易造成个案之间较大的差异。而且对于"居所"这个概念本身,很多国家尚存在争议,因此,一些国家在运用居所标准的同时,也采用居住时间标准。

(三)居住时间标准

居住时间标准是指以自然人在一国境内实际居住或停留的时间长短,作为确定居民身份的标准。根据该标准,只要自然人在某国居住或停留的时间达到法定期限,就具有该国的居民身份,即使该自然人在该国没有住所或任何财产。但是在居住或停留期限的问题上,国际上并没有通行的做法,各国相关的国内法规定也存在一定差异。如英国规定"事实上在英国居住183天以上的人即为英国居民",德国规定"符合以下任一条件者,具有德国居民身份:……(2)一个公历年度内在德国居留6个月以上者;(3)或者两个公历年度内在德国连续居留至少6个月者……"[①]我国《个人所得税法》和《个人所得税法实施条例》规定,在一个纳税年度中在我国境内居住365日者,是我国税法意义上的居民,应依法缴纳个人所得税。从各国的司法实践来看,主要采用6个月或一年的期限,但

[①] 胡卓娟.国际自然人居民身份规则比较及借鉴[J].当代经济:下半月,2008(3).

是各国在计算期限的方法上又产生了一些分歧,有些国家是按照纳税年度来计算,有些国家则以一般的公历年度计算。另外,一部分国家采取连续计算的方式,另一部分国家则采取累计计算的方式。鉴于居住时间标准在司法实践中比较容易确定且易于操作,因此,有越来越多的国家开始采用这一标准。

(四)国籍标准

国籍标准主要是以自然人的国籍来确定其是否具有居民身份,即凡具有本国国籍的自然人都是本国税法上的纳税人,不论其是否在国籍国居住或从事经营活动。目前,主要有美国、墨西哥等少数国家采用这种标准。作为国际税法上最传统的确定自然人居民身份的标准,国籍标准已经不再适应国际经济社会的发展和变化了,例如对于一个仅具有某国国籍且在国籍国内没有住所和财产,也不在国籍国内从事经营活动的自然人来说,让其对国籍国承担无限纳税义务,显然是不公平的。另外,如果一个自然人具有双重国籍或多重国籍,且这些国籍国均采用国籍标准确定自然人身份的情况下,该自然人必然会承受过重的税收负担,而对于无国籍人而言,则不承担任何纳税义务。

二、法人居民身份的确认标准

从各国的税法实践不难看出,法人作为一个重要的纳税主体,其营业所得是各国税收的主要来源之一。在实行居民税收管辖权的国家中,法人对征税国承担无限纳税义务的前提是,该法人必须具有征税国的居民身份。因此,确认法人的居民身份不仅能够缓解国际重复征税的问题,也可以减少国际避税的现象。目前,各国主要采用以下标准确认法人的居民身份:

(一)注册地标准

注册地标准是指凡是依据本国法律在本国注册成立的法人,即属于本国的法人居民;凡是按照外国法律在外国登记注册的法人,便具有外国法人居民的身份。采用这种标准的国家,主要有美国、荷兰、瑞典等。这些国家普遍认为,法人的人格是一种拟制人格,法人的注册地可以视为法人的国籍,法人的经营机构或场所可以视为法人的住所。因此,该标准与确定自然人身份的国籍标准很相似。依据注册地标准,法人的居民身份取决于其在哪一国家注册登记,与法人的管理机构所在地或实际经营地无关。注册地标准虽然在实践中易于确定,但完全忽略了法人与其管理机构所在地或从事经营活动地之间的经济利益联系,容易造成税收管辖冲突等问题。

(二)实际管理和控制中心地标准

实际管理和控制中心地标准是指以法人在本国是否设立实际管理和控制中心,作为确认法人居民身份的标准,即法人的实际管理和控制中心设立在哪个国家,就具有该国的法人居民身份。英国、瑞士、新加坡等国主要采用该标准。法人的实际管理和控制中心一般是指法人的管理层作出商业决策、制定经营方针、保管会计财务账簿或订立基本管理制度的场所,与法人的日常管理机构有所区别。也就是说,法人的实际管理和控制中心地有可能同法人的日常管理机构所在地是一致的,也有可能两者分别处于不同的场所,应严格区分两者的不同。

通常情况下,主要以股东会或董事会作为法人实际管理和控制中心地。股东会是法人的权力机构,对于法人的合并、分立、解散、注册资本的增减具有决定性作用;董事会则是法人的执行机构,负责执行股东会作出的决议以及法人的日常经营活动。这种标准与注册地标准相比,虽然更注重法人的实际管理和控制中心地与从事经营活动地之间的联系,但也无法避免法人可以通过选择实际管理和控制中心地的方式以达到避税的目的。因此,实践中,经常在采用注册地标准的同时,兼采用实际管理和控制中心地标准。如我国《企业所得税法》第3条第2款规定:"本法所称居民企业,是指依法在中国境内成立,或者依照外国(地区)法律成立但实际管理机构在中国境内的企业。"《企业所得税法实施条例》第4条规定:"企业所得税法第二条所称实际管理机构,是指对企业的生产经营、人员、账务、财产等实施实质性全面管理和控制的机构。"

(三)总机构所在地标准

根据总机构所在地标准,法人的居民身份取决于其总机构的所在地,也就是说,如果法人的总机构设立在本国,则该法人就具有本国的居民身份。总机构一般是指法人的主要营业场所或者是负责管理和控制法人日常经营活动的中心机构,主要体现为总公司、总店等形式。[①] 总机构所在地标准侧重于法人组织机构所在地与法人从事经营活动地的密切联系,而实际管理和控制中心地标准则是强调法人组织内部行使权力的场所对法人开展业务的决定性作用。目前,主要有日本、韩国、法国等国家采用这种标准。采用总机构所在地标准也会引起国际避税的问题。

第三节 所得来源地税收管辖权

所得来源地税收管辖权是具有属地性质的税收管辖权,是指征税国对纳税人来源于或存在于该国境内的所得或财产而享有的征税权。与居民税收管辖权不同的是,纳税人在所得来源地的税收管辖权下承担的是有限纳税义务,征税国仅对来源于其境内的所得享有征税权。由于所得来源地的税收管辖权与一国的税收利益密切相关,因此,各国均将重点放在如何确定所得来源地的问题上。从各国的税收实践来看,非居民纳税人的所得和财产收益主要可分为经营所得、劳务所得、投资所得和财产所得。

一、经营所得

经营所得又称营业所得、营业利润,是指纳税人从事工业生产、交通运输、农业生产、服务业等企业经营性质的活动所获取的利润。纳税人在从事经营过程中获得的利润,并

[①] 王传纶 朱青. 国际税收[M]. 2版. 北京:中国人民大学出版社,1997:44.

不一定全部都是经营所得,这部分利润有可能还包括投资所得或财产所得等。鉴于各国在司法实践中对各种所得来源地的判定标准以及税率等问题不相统一,因此,应严格区分经营所得与其他所得。随着国际经济交往关系的不断深化,企业经营范围的逐渐扩大使得各国在确认经营所得来源地的问题上产生了一些分歧。目前,主要存在两种确认标准,即交易地标准和常设机构标准。

(一)经营所得来源地的确认标准

1. 交易地标准。该标准是指以交易或经营地点作为经营所得的来源地,英美法系国家多采用这种标准。以英国和美国为例,英国相关法律规定,在英国境内进行交易活动所获得的收入属于英国的所得,进一步讲,如果合同的订立地在英国,那么英国有权对该经营所得行使税收管辖权;而美国在货物贸易领域中,则是以货物的实际销售地作为判定经营所得来源地的标准。[①] 总体而言,英美法系国家在采用交易地标准时,多选取合同签订地、制造活动发生地、实际销售地、货物交付地等作为连接因素。

2. 常设机构标准。根据该标准,如果非居民企业在本国设有常设机构,且通过该常设机构从事经营活动并从中获取利润,则本国有权就这部分经营所得行使税收管辖权。目前,常设机构标准已经受到各国的普遍接受,如我国《企业所得税法》第3条第3款规定:"非居民企业在中国境内设立机构、场所的,应当就其所设机构、场所取得的来源于中国境内的所得,以及发生在中国境外但与其所设机构、场所有实际联系的所得,缴纳企业所得税。"此外,OECD范本和联合国范本也采用了常设机构标准。鉴于常设机构标准在国际上的广泛应用,下文将对这一标准在实际运用中产生的一些问题进行简要的介绍。

(二)常设机构的范围

一般情况下,判定常设机构需要满足三个条件:第一,存在一个营业场所;第二,该营业场所必须是固定的;第三,该营业场所从事的经营活动必须是与其企业相关的。同时具备以上条件,便构成了税法意义上的常设机构。然而,各国在采用上述条件确定常设机构的过程中,还是会存在一定的差异。由于常设机构的范围问题关系到各国的税收利益,因此,OECD范本和联合国范本通过概括列举的方式,详细规定了常设机构的范围。OECD范本第5条规定:"1. 本协定中'常设机构'这一用语是指一个企业进行全部或部分经营的营业固定场所。2. '常设机构'这一用语特别包括:a. 管理场所;b. 分支机构;c. 办事处;d. 工厂;e. 车间;f. 矿场、油井或气井、采石场或者任何其他开采自然资源的场所。"联合国范本也有类似的规定,并且两个范本又进一步指出,如果企业的某个营业场所是专门为某种准备性或辅助性活动而设立的,则一般不构成常设机构,例如专门为储存本企业货物的目的而使用的场所。

(三)常设机构利润范围的确定

根据常设机构标准的要求,来源国仅有权对通过常设机构从事经营活动获取的利润

---

① 杨冬梅.税收理论与实务[M].北京:对外经济贸易大学出版社,2007:175.

行使征税权,但各国在常设机构利润范围的确定问题上存在一些争议,OECD 范本和联合国范本也采取了两种不同的原则来确定常设机构的利润范围,具体来说,OECD 范本采用的是实际联系原则,联合国范本采用的则是引力原则。

1. 实际联系原则。根据 OECD 范本的规定,缔约国一方企业的利润应仅在该国征税,但该企业通过设在缔约国另一方的常设机构进行营业的除外。如果该企业通过在缔约国另一方的常设机构进行营业,其利润可以在另一国征税,但其利润应仅以属于该常设机构的为限。也就是说,常设机构的利润范围仅包括与常设机构进行经营活动具有实际联系的那部分所得,其他所得均不属于常设机构的利润。

2. 引力原则。联合国范本第 7 条第 1 款规定,缔约国一方企业的利润应仅在该国征税,但该企业通过设在缔约国另一方的常设机构进行营业的除外。如果该企业通过在缔约国另一方的常设机构进行营业,其利润可以在另一国征税,但其利润应仅属于:①该常设机构;②在另一国销售的货物或商品与通过常设机构销售的货物或商品相同或类似;或③在另一国进行的其他经营活动与通过常设机构进行的经营活动相同或类似。从以上规定不难看出,引力原则扩大了常设机构的利润范围,更有利于来源国的税收利益,但同时也会带来一些不确定性,在司法实践中具有一定难度。目前,绝大多数国家均采用实际联系原则,只有极少数国家仍坚持引力原则,如新西兰、澳大利亚等。

二、劳务所得

劳务所得一般是指纳税人通过向他人提供劳动服务而获得的收益,通常是针对个人劳务所得而言。各国均将企业提供劳务服务而取得的所得归为经营所得,劳务所得主要分为独立个人劳务所得和非独立个人劳务所得。独立个人劳务所得是指个人独立从事专业性、技术性以及其他独立性活动而取得的所得,根据两个范本的规定,独立个人劳务所得主要包括独立的科学、文学、艺术、教育或教学活动以及医师、律师、工程师、建筑师、牙医师和会计师的独立活动。非独立个人劳务所得是指个人受雇于他人进行劳动服务所获取的报酬,包括工资、薪金、奖金及劳动津贴等。目前,各国对于劳务所得来源地的确定主要采取以下两种标准:

(一)劳务提供地标准

该标准是以个人实际提供劳动服务的地点作为劳务所得的来源地。实际应用中,该标准在独立个人劳务所得和非独立个人劳务所得的具体体现略有不同。

在独立个人劳务所得的来源地确定方面,主要采取固定基地原则。如 OECD 范本第 14 条第 1 款规定:"缔约国一方居民由于专业性劳务或其他独立性活动取得的所得应仅在该国征税。但在缔约国另一方经常为从事上述活动的目的设有固定基地的除外。对于上述固定基地,缔约国另一方可以对仅属于该固定基地的所得征税。"从上述规定不难看出,OECD 范本中确立的固定基地原则使来源国的税收管辖权受到了一定的限制,即只有纳税人在来源国设立固定基地的情况下,来源国才能行使税收管辖权,且只能以固定基地的所得为限实行征税。

联合国范本则认为,这种做法不利于来源国与居住国之间的税收分配,因此,联合国范本在 OECD 范本的基础上,适当放宽了对来源国税收管辖权的限制。换句话说,联合国范本总体上依然采用固定基地原则,但只要具备以下两个条件之一,即使纳税人在来源国没有设立固定基地,来源国也可以对纳税人的跨国劳务所得实行征税:一是纳税人在来源国有关会计年度中停留累计等于或超过 183 天,在这种情况下,来源国可以对仅在该国进行活动取得的所得征税;二是纳税人在来源国进行活动的报酬,是由该国居民支付或者由设在该国的常设机构或固定基地负担,其金额在会计年度中超过一定数额。

但是,两个范本对于固定基地的含义均没有作出界定,实践中,各国倾向于将固定基地视为企业开展经营活动的常设机构。通常情况下,固定基地主要是指个人从事劳动服务的固定场所或设施。

然而,对于非独立个人劳务所得来源地的确定而言,主要是以纳税人的居住国作为跨国劳务所得的来源地。两个范本的第 15 条均规定,缔约国一方的居民由于受雇取得的薪金、工资和其他类似的报酬,除了受雇于缔约国另一方的以外,应仅在该国征税。如果受雇于缔约国另一方取得的该项报酬,可以在另一国征税。但是如果存在以下情况,缔约国一方居民由于受雇于缔约国另一方取得的报酬,应仅在首先提及的国家征税,即收款人在有关会计年度中在缔约国另一方停留累计不超过 183 天,同时该项报酬是由并非缔约国另一方居民的雇主自付或代表雇主支付的,并且该项报酬不由雇主设在另一国的常设机构或固定基地所负担。另外,由于受雇于从事国际运输的船舶或飞机上,或受雇于从事内河运输的船只上取得的报酬,可以在企业实际管理机构所在的缔约国征税。

但是,我国在非独立个人劳务所得的来源地确定方面,仍然采取的是劳务提供地标准,这主要体现在《个人所得税法实施条例》第 5 条的规定上,该条规定:"因任职、受雇、履约等而在中国境内提供劳务取得的所得,不论支付地点是否在中国境内,均为来源于中国境内的所得。"

(二)劳务所得支付地标准

该标准是以劳务报酬的实际支付地点作为判定劳务所得的来源地,主要是针对一些特殊个人劳务所得的来源地而采用的确定标准。如根据 OECD 范本和联合国范本的规定,董事费和高级管理人员报酬可以由支付其酬金的公司所在国行使税收管辖权;作为演员、音乐家或者运动员等从事跨国个人活动所取得的所得,可以在其劳务报酬的实际支付地征税等。从事这类国际经济活动的人员具有很强的流动性,其活动方式与传统的经济交往活动存在一定的差异,各国均对这类人员的劳务所得予以特殊对待,因此,不能完全按照劳务提供地标准来确定劳务所得的来源地。特殊情况下,可以采用劳务所得支付地标准。

三、投资所得

投资所得是指纳税人从事各种国际间接投资活动所获得的各项收益,主要包括股息、利息、租金、特许权使用费等。各国对于投资所得来源地的判定标准略有不同,OECD范本和联合国范本的第10条、第11条和第12条分别就股息所得、利息所得以及特许权使用费所得的来源地作出了规定,这些规定之间也存在一定的差异,尚未形成一致的判定标准。

股息一般是指因投资者拥有股权或其他与股权性质相似的权利而取得的收益。通常情况下,股息所得主要以支付公司的居住国作为来源国。如我国《企业所得税法实施条例》规定,股息、红利等权益性投资所得的来源地,按照分配所得的企业所在地确定。

利息则是投资者基于各种债权而获得的收益,对于利息所得来源地的确定问题上,各国基本上都以利息支付者的居住地为准。如我国《企业所得税法实施条例》规定,利息所得按照负担、支付所得的企业或者机构、场所所在地确定或者按照负担、支付所得的个人的住所地确定。

特许权使用费是指纳税人为他人提供商标、专利、专有技术等无形资产而取得的收益。对于特许权使用费所得的来源地判定标准主要存在以下三种标准:其一,以支付者所在地为标准。如我国《企业所得税法实施条例》规定,特许权使用费所得按照负担、支付所得的企业或者机构、场所所在地确定或者按照负担、支付所得的个人的住所地确定。其二,以权利提供人的居住地为标准。其三,以权利使用地为标准。如我国《个人所得税法实施条例》规定,许可各种特许权在中国境内使用而取得的所得,不论支付地点是否在中国境内,均为来源于中国境内的所得。

为了协调来源国与收益人居住国之间的税收管辖关系,OECD范本和联合国范本第10条均规定,缔约国一方居民公司支付给缔约国另一方居民的股息,可以在另一国征税。虽然如此,这些股息也可以在支付股息公司为其居民的缔约国,按照该国法律征税。根据该规定,目前国际上的通行做法是,由来源国与收益人居住国共同分享税收权益,并且允许来源国优先行使征税权,即来源国有权在向投资者支付投资所得之前将所得税预先扣除,亦称预提税。同时规定,来源国征收预提税的税率不得超过有关投资所得总额的一定比例,以此来避免国际重复征税。

四、财产所得

财产所得是指纳税人直接使用、出租、转让或其他形式使用不动产或动产取得的所得,可以分为不动产所得和动产所得。

在明确不动产所得的来源地前,首先须界定"不动产"的含义。根据两个范本的规定,不动产要按照不动产所在地的缔约国的法律规定的含义。也就是说,一项财产是否属于不动产需以该不动产所在地的缔约国的法律规定为准,不论缔约国另一方如何确定该项财产的性质。但是鉴于各国关于不动产的范围均具有一定的分歧,为了平衡这种差异,两个范本进一步规定,"'不动产'在任何情况下应包括附属于不动产的财产,农业和林业所使用的牲畜和设备,一般法律规定对土地财产所适用的权利,不动产的收益权和由于开采或有权开采矿藏、资源与其他自然资源而取得不固定的或固定的收入的权利。船舶、船只和飞机不应视为不动产。"换句话说,如果缔约国双方国内法对于上述问题的规定不一致的,应以两个范本的规定为准,从而避免双方在此类问题上产生的争议。

关于不动产所得来源地的确定问题,各国一般均采用不动产所在地标准,即将不动产所在地作为不动产所得的来源地。如两个范本第 6 条第 1 款均规定:"缔约国一方居民从位于缔约国另一方的不动产取得的所得(包括农业或林业所得),可以在另一国征税。"第 13 条第 1 款规定:"缔约国一方居民转让第 6 条所述位于缔约国另一方的不动产取得的收益,可以在另一国征税。"从以上规定不难看出,来源国对于非本国居民从本国境内的不动产所取得的收益,享有优先征税权,而不是独占征税权。也就是说,来源国有权优先对纳税人予以征税,纳税人向来源国履行纳税义务后,其居住国仍然可以根据居民税收管辖权对该纳税人行使征税权,纳税人对居住国依然负有纳税的义务,但居住国要在一定程度上减免纳税人的纳税义务,以避免国际双重征税。

目前,各国对于动产所得来源地的问题尚未形成统一的观点,司法实践中的做法也是千差万别。有的国家以动产的转让地作为来源地,有的国家采用转让者的居住地标准来确定动产所得的来源地,有的国家则采取与不动产所得来源地相同的标准,即以动产所在地作为动产所得的来源地等。这种差异不仅仅体现在各国不同的税法规定,两个范本对于这一问题也存在一些分歧。如联合国范本明确指出,转让一个公司股本的股票取得的收益,如果该公司的财产主要直接或间接由位于缔约国一方的不动产所组成,可以在不动产所在地国征税;如果转让上述以外的其他股票取得的收益,该项股票又在参与缔约国一方居民公司的股权中占有一定比例,则可以在该居民公司所在的缔约国征税。但 OECD 范本并没有作出以上区分,只是笼统地规定转让其他财产取得的收益,应仅在转让者为其居民的缔约国征税。

我国对于财产所得来源地的确定,主要体现在《个人所得税法实施条例》和《企业所得税法实施条例》。其中,《个人所得税法实施条例》第 5 条第 3 项规定,转让中国境内的建筑物、土地使用权等财产或者在中国境内转让其他财产取得的所得,不论支付地点是否在中国境内,均为来源于中国境内的所得。《企业所得税法实施条例》第 7 条第 3 项规定:"转让财产所得,不动产转让所得按照不动产所在地确定,动产转让所得按照转让动产的企业或者机构、场所所在地确定,权益性投资资产转让所得按照被投资企业所在地确定。"

案例

帕瓦罗蒂逃税案①

【案情】2000年4月,世界三大男高音之一、著名歌唱家帕瓦罗蒂被指控有骗税行为。检察机关指控他在1989~1995年之间未申报的应税收入有350亿~400亿里拉,约合1 600~1 900美元。而帕瓦罗蒂坚称自己一直遵纪守法,从来没有逃过税。本案中双方争论的焦点是帕瓦罗蒂是不是意大利的税收居民,他在世界各地获得的收入要不要向意大利税务部门缴纳个人所得税。在税收管辖权上,意大利和我国一样,都是同时实行居民管辖权和地域管辖权的国家,也就是说只要是意大利的居民,就要对其取得的所有收入向意政府缴税,不管这些收入来自何处。帕瓦罗蒂认为,自己已经正式移居摩纳哥的蒙特卡洛多年,并一直常年居住在那里,已经不是意大利的居民;而且自己每年的演出收入也不是在意大利获得,因而不用缴税。

而意大利的检察官则认为,第一,从帕瓦罗蒂的居住时间来看,他每年在蒙特卡洛的居住时间都不满六个月,而大部分时间都在意大利度过,而且帕瓦罗蒂也不能提供其在蒙特卡洛居住满六个月的充分证明;第二,从帕瓦罗蒂的财产看,其在蒙特卡洛的房产仅仅价值20万英镑,与其身份不符,不能算是一个永久居住地方,而其在意大利的摩德纳则拥有豪华的住宅,价值200万英镑。意大利规定,在两个国家同时拥有住所的,应该以与其经济关系更密切的为其住所。

但是,意大利的上述规定是在1999年通过的反避税法案中规定的,而且对以往的事实没有追溯力,因而2001年10月,帕瓦罗蒂被判无罪,成功地逃税了。

【问题】本案中应采用哪种标准判断帕瓦罗蒂的居民身份?

【评析】本案首先要确定的就是意大利是否拥有对帕瓦罗蒂在世界各地获得的收入的税收管辖权。在税收管辖权上,意大利和我国一样,同时采用居民管辖权和地域管辖权;从居民管辖权来看,只要是意大利的居民,就要就其取得的所有收入向意大利政府缴税,不管这些收入来自国内还是国外;从地域管辖权来看,只要是来源于一国境内的收入就都要向该国缴税。此外,还有的国家实行公民税收管辖权,即只要具有该国的国籍就要就其收入向该国缴纳税款。

本案中,帕瓦罗蒂的居民身份是双方争论的焦点。国际上,判别居民身份的标准主要有三种:第一种是住所标准,它是以自然人在征税国是否拥有住所来判定其是否为征税国的居民。可是,对于何为住所,各国规定不一。第二种是居所标准,它是以自然人是否在该国拥有居所为标准的。居所和住所的区别在于,居所是自然人经常居住,但有不具有永久性居住性质的场所。有的国家还规定,在两个国家同时拥有住所的,应该以与其经济关系更密切的为其住所。

---

①刘剑文.财税法学案例与法理研究[M].北京:高等教育出版社,2004.

第三种是居住时间标准,是最常用的,我国也采用此标准。它是以自然人在一国停留或者居住的时间长短来判定其是否为该国的居民。大多数国家为六个月或者1年。本案中,帕瓦罗蒂就是因为不能提供其在蒙特卡洛居住超过6个月以上的证据,而受到指控。

司考题

1. 目前各国对非居民营业所得的纳税普遍采用常设机构原则。关于该原则,下列哪些表述是正确的?(2010年试卷一第84题)

    A. 仅对非居民纳税人通过在境内的常设机构获得的工商营业利润实行征税。
    B. 常设机构原则同样适用于有关居民的税收。
    C. 管理场所、分支机构、办事处、工厂、油井、采石场等属于常设机构。
    D. 常设机构必须满足公司实体的要求。
    答案:AC

2. 在国际税法中,对于法人居民身份的认定各国有不同标准。下列哪些属于判断法人纳税居民身份的标准?(2009试卷一第87题)

    A. 依法人的注册成立地判断。
    B. 依法人的股东在征税国境内停留的时间判断。
    C. 依法人的总机构所在地判断。
    D. 依法人的实际控制与管理中心所在地判断。
    答案:ACD。

复习思考题

1. 你认为应如何解决跨国电子商务对税收管辖权带来的冲突?
2. 如何理解常设机构原则?
3. 简述自然人居民身份的确认标准。

阅读书目

1. 刘隆亨.经济全球化背景下所得税制的发展趋势与法律对策研究:第2届中日韩税法国际研讨会论文选(2007)[M].北京:中国税务出版社,2009.
2. 鲁文·S.阿维-约纳.国际法规视角下的跨国征税:国际税收体系分析[M].熊伟译.北京:法律出版社,2008.
3. 陈红彦.跨国股息征税问题研究/国际税法与比较税制研究丛书[M].北京:科学出版社,2011.

第二章 避免国际重复征税的法律制度

学习目标与要求

国际重复征税是各国争相扩大本国税收管辖权的产物,是各国税收管辖权发生冲突的结果。本章的主要内容包括:国际重复征税的概念及其产生的原因、避免和缓解国际重复征税的方法。要求了解各种税收管辖权冲突导致的国际重复征税,熟悉并掌握免税法、抵免法以及扣除法在解决国际重复征税问题上的优缺点。

第一节 国际重复征税概述

一、国际重复征税的概念

国际重复征税的概念在理论界一直存在争议,甚至在称谓上也没有形成统一。如有些学者采用"国际双重征税"的称谓,持这种观点的学者认为国际重复征税除了在有些情况下可能是多重的外,一般均是双重的,因此应称为国际双重征税。目前,学界主要将国际重复征税分为狭义说和广义说两种学说。狭义说认为国际重复征税专指法律性国际重复征税,是指两个或两个以上的国家,对同一纳税人就同一征税对象,在同一时期内征收相同或类似的税收。广义说认为国际重复征税不仅包括法律性国际重复征税,还包括经济性国际重复征税。这里的经济性国际重复征税是指,两个或两个以上的国家对不同纳税人的来源于同一税源的课税对象在同一征税期内征税,[①]如两个或两个以上国家分别对公司的经营所得和股东从公司获取的股息进行征税,这种情况也属于国际重复征税现象。

本书认为,应对国际重复征税予以全面的理解,因为不论是法律性国际重复征税,还是经济性国际重复征税,都会对国际税收关系,乃至整个国际经济关系产生一定的消极影响,增加纳税人的纳税负担,不利于跨国投资者从事国际经济活动。因此,本书所称的国际重复征税,是指两个或两个以上的国家,对同一纳税人或不同纳税人的同一征税对象,在同一时期内征收相同或类似的税收。

二、国际重复征税的产生

国际重复征税是伴随着纳税人跨国经济活动的产生而出现的,由于各国国际经济交

[①] 刘剑文.国际税法学[M].2版.北京:北京大学出版社,2004:146.

往的不断深入,纳税人从事经济活动而获得的收益呈现出跨国性的特点,这是国际重复征税产生的经济原因。从本质上来说,国际重复征税是各国争相扩大本国税收管辖权的产物,是各国税收管辖权发生冲突的结果。这种税收管辖权之间的冲突,主要体现为以下几方面:

(一)居民税收管辖权之间的冲突

如果两个或两个以上国家对同一纳税人均主张居民税收管辖权,则有可能引起国际重复征税。这是由于各国在确定纳税人的居民身份时,采用的标准不同,使得同一纳税人在两个或两个以上国家同时被认定为具有居民身份。如前所述,关于自然人居民身份的确认,各国主要采用住所标准、居所标准、居住时间标准、国籍标准等;法人的居民身份确认标准又可分为注册地标准、实际管理和控制中心地标准、总机构所在地标准等。各国在选择适用上述标准时,难免会产生两个或两个以上国家将某一自然人或法人认定为本国居民的情况。即便两个国家采用同样的标准,但各国对于住所、居所、总机构所在地等因素的理解不同,也会导致国际重复征税现象的产生。例如一个自然人具有甲国国籍,且甲国采用国籍标准来确认居民身份,如果该自然人在乙国从事经营活动且在乙国拥有住所,在乙国采取住所标准的情况下,该自然人将会被甲国和乙国同时认定为居民纳税人,那么甲国和乙国均有权对该自然人的全部所得行使税收管辖权,从而引起国际重复征税。

(二)所得来源地税收管辖权之间的冲突

实行所得来源地税收管辖权的国家对与来源地的认定标准存在一些争议,尚未形成统一的标准,因而有可能产生两个或两个以上国家,对同一纳税人的同一笔所得同时主张所得来源地税收管辖权的情况。以经营所得为例,有的国家采用交易地标准确定经营所得的来源地,有的国家则采用常设机构标准,如果甲国适用交易地标准认定某纳税主体有来源于本国的经营所得,而乙国依据常设机构标准判定该纳税主体的经营所得来源于本国,这样针对统一纳税主体的同一笔经营所得,甲国和乙国同时认定为来自其境内的所得,致使两国的所得来源地税收管辖权发生冲突,产生国际重复征税的现象。

(三)居民税收管辖权与所得来源地税收管辖权之间的冲突

产生国际重复征税的另一个重要原因在于,当两国采用不同的税收管辖权,即一国采用居民税收管辖权,另一国依据所得来源地税收管辖权,从而发生不同的税收管辖权之间的冲突。目前,各国为了维护本国的税收利益,使本国在国际税收分配关系中占据有利地位,越来越多的国家既采用居民税收管辖权,又采用所得来源地税收管辖权,基于这两种税收管辖权冲突而引起的国际重复征税问题,是最常见也是最普遍的。具体来说,行使居民税收管辖权的居住国,有权对具有本国居民身份的纳税人的全部所得进行征税;而享有所得来源地税收管辖权的来源国,则有权对非居民纳税人来源于本国境内的所得行使征税权。可见,就同一笔所得,居住国和来源国依据不同的税收管辖权实施了两次征税,从而产生了国际重复征税问题。

第二节 国际重复征税的避免和缓解

国际重复征税问题不仅违背了税收公平原则,而且对于各国的经济利益,乃至整个国际经济的发展均造成了一定的消极影响。各国在税收管辖权上产生的冲突,是引起国际重复征税的直接原因,因此,为了有效避免国际重复征税,首先应妥善解决国家间税收关系的矛盾。目前,国际税收实践中主要采取单边方式、双边方式或多边方式来缓解国际重复征税。单边方式一般是通过一国的国内税法予以协调国际重复征税,双边方式或多边方式则主要是通过国家之间签订的国际税收协定的形式,具体做法如下。

一、免税法

免税法又称豁免法,是指居住国对本国居民来源于境外的已在来源国纳税的跨国所得免于征税。即如果来源国已经依据所得来源地税收管辖权,对某国居民源自来源国的跨国所得予以征税,则居住国可以在一定条件下,放弃居民税收管辖权,这种做法能够从根本上避免国际重复征税。OECD范本和联合国范本第23条均规定,缔约国一方居民取得的所得或拥有的财产,按照本协定的规定可以在缔约国另一方征税时,首先提及的国家应对该项所得或资本给予免税。

虽然免税法可以有效消除因居民税收管辖权和所得来源地税收管辖权之间的冲突而引起的国际重复征税,但这样做并不利于居住国的税收利益以及国际税收的合理分配。目前,在采用免税法的国家中,主要分为全额免税法和累进免税法两种形式。

(一)全额免税法

全额免税法是指居住国对其居民予以征税时,只对居民的国内所得按照相应的税率行使征税权,而不将居民的境外所得计入纳税人的应税所得中。也就是说,居住国对于居民已在来源国纳税的境外所得完全免税,只针对其国内所得予以征税。其计算公式为:

$$居住国应征税额 = 居民的国内所得 \times 适用税率$$

然而,全额免税法在避免国际重复征税的同时,不但对居住国的税收利益造成了一定的损害,而且容易滋生国际避税逃税等问题,因此,很少有国家采用全额免税法。

(二)累进免税法

累进免税法是指居住国在确定本国居民的应税所得时,以居民的国内所得与境外所得的总和来确定税率,进而按照该税率对居民的国内所得予以征税,排除已在来源国纳税的那部分境外所得。其计算公式为:

$$居住国应征税额 = 国内所得 \times 居民境内外全部应税所得对应的累进税率$$

与全额免税法相比,累进免税法不仅满足了来源国的税收利益,也考虑到了居住国的税收利益。在采用免税法的国家中,以适用累进免税法形式的国家居多。

二、抵免法

抵免法是指居住国按照国内税法,对本国居民的境内外全部所得予以征税,但要扣除纳税人已在来源国缴纳的税款。抵免法与免税法的不同之处在于,在采用抵免法的国家中,居住国在承认所得来源国税收管辖权优先地位的同时,并未放弃对于本国居民的税收管辖权,仍然要对本国居民的境外所得予以征税,但要充分考虑纳税人已在来源国缴纳的税款。如 OECD 范本和联合国范本第 23 条均规定,当缔约国一方居民取得的所得或拥有的财产,按照本协定的规定可以在缔约国另一方征税时,首先提及的国家应允许:①从对该居民的所得征税额中扣除,其金额相等于在另一国所缴纳的财产税款;②从对该居民财产所征税额中扣除,其金额相等于在另一国所缴纳的财产税款。但该项扣除,在任何情况下,应不超过视具体情况可以在另一国征税的那部分所得或财产在扣除前计算的所得税款或财产税款。从各国的税收实践来看,抵免法主要分为以下几种方式:

(一) 全额抵免

全额抵免是指居住国允许纳税人将已在来源国缴纳的全部税额用来冲抵在居住国的应纳税额,没有抵免限额的限制。也就是说,无论纳税人在来源国缴纳的税额是否高于居住国的应征税额,都可以全部抵免。从中不难看出,针对同一笔跨国所得,如果来源国的税率低于居住国的税率,居住国采用全额抵免而放弃的税收较少,并不会对居住国的税收利益产生较大的损害;但如果来源国的税率高于居住国的税率,则居住国放弃的税收将大于其对该笔所得按本国税率本应征收的税款,①会严重影响居住国的税收利益。适用全额抵免法虽然可以消除国际重复征税,但却将纳税人的税收负担从高税率国家转嫁给低税率国家。② 因此,实践中采用全额抵免法的国家并不多见。

(二) 限额抵免

限额抵免又称普通抵免,是指居住国允许纳税人将已在来源国缴纳的税额用来冲抵居住国的应纳税额,但用来抵免的税额不得超过该笔境外所得按照居住国税率所应缴纳的税额,超过的部分不能从居住国的应征税额中扣除。目前,大多数国家均采用限额抵免法,如我国《个人所得税法》第 7 条规定,纳税义务人从中国境外取得的所得,准予其在应纳税额中扣除已在境外缴纳的个人所得税税额,但扣除额不得超过该纳税义务人境外所得依照本法规定计算的应纳税额。《企业所得税法》第 23 条规定,居民企业来源于中国境外的应税所得,以及非居民企业在中国境内设立机构、场所,取得发生在中国境外但与该机构、场所有实际联系的应税所得已在境外缴纳的所得税税额,可以从其当期应纳税额中抵免,抵免限额为该项所得依照本法规定计算的应纳税额。其中抵免限额一般以境外所得在居住国的应纳税额为限,其计算公式为:

$$抵免限额 = 纳税人的境内外全部应税所得 \times 居住国适用税率 \times \frac{境外应税所得}{境内外全部应税所得}$$

---

① 刘剑文. 国际税法学[M]. 2 版. 北京:北京大学出版社,2004:161.
② 董世忠. 国际经济法[M]. 2 版. 上海:复旦大学出版社,2009:505.

如果居住国采用的是比例税率,则上述公式可以简化为:抵免限额=纳税人的境外应税所得×居住国适用的税率。由此可见,在居住国和来源国的税率不同的情况下,可能存在以下三种情形:第一,当居住国的税率高于来源国的税率时,抵免限额往往大于纳税人在来源国缴纳的税额,在这种情况下,实际予以抵免的税额应以境外所得在来源国缴纳的税款为准,此时不能采用抵免限额。第二,当居住国的税率与来源国的税率相同时,纳税人的境外所得在来源国缴纳的税额与抵免限额是相等的,无须作出区分。第三,当居住国的税率低于来源国的税率时,相应的抵免限额小于纳税人在来源国缴纳的税额,此时应以抵免限额为准,超过抵免限额的部分称为超限抵免额。在各国的税收实践中,对于超限抵免额的处理方法也有所不同,有些国家允许纳税人可以将当年的超限抵免额向以后年度结转,但所跨的年度三年至七年不等,中国、美国、日本等国采取这种方式。如我国《企业所得税法》第23条规定,超过抵免限额的部分,可以在以后五个年度内,用每年度抵免限额抵免当年应抵税额后的余额进行抵补。《个人所得税法实施条例》第33条规定,超过该国家或者地区扣除限额的,其超过部分不得在本纳税年度的应纳税额中扣除,但是可以在以后纳税年度的该国家或者地区扣除限额的余额中补扣。补扣期限最长不得超过五年。另外,英国、德国等国家通常不允许跨年度结转。

各国依据不同情况,进一步将限额抵免法分为分国限额抵免法、综合抵免限额和分项抵免限额,具体做法如下:

1. 分国限额抵免法。这是指居民纳税人在多个来源国拥有所得时,分别计算各个来源国的抵免限额,其计算公式为:

$$分国抵免限额 = 纳税人的境内外全部应税所得 \times 居住国适用税率 \times \frac{某一来源国的应税所得}{境内外全部应税所得}$$

2. 综合抵免限额。此也称全面限额,是指居民纳税人在多个来源国拥有所得时,不区分每个来源国的抵免限额,而是将居民纳税人的全部境外所得合并在一起进行计算,其计算公式为:

$$综合抵免限额 = 纳税人的境内外全部应税所得 \times 居住国适用税率 \times \frac{境外全部应税所得}{境内外全部应税所得}$$

3. 分项抵免限额。此是指将居民纳税人的境外所得按照不同项目分别计算抵免限额,只能在同种的项目内进行抵免,其计算公式为:

$$分项抵免限额 = 纳税人的境内外全部应税所得 \times 居住国适用税率 \times \frac{境外某一专项的应税所得}{境内外全部应税所得}$$

总的来说,不同的限额抵免方法会对居民纳税人以及居住国的税收利益产生不同的影响。对于纳税人来说,如果纳税人在多国的跨国经营中均处于盈利的地位,此时采用综合限额法更有利,因为即使纳税人居住国的税率与其他国家的税率高低不一,纳税人也可以利用在一个外国缴纳所得税的不足限额部分去弥补另一个外国的超限额部分。[①]

[①] 董世忠. 国际经济法[M]. 2版. 上海:复旦大学出版社,2009:506.

而如果纳税人在多国的跨国经营中有盈有亏,此时采用分国限额法更有利于纳税人,因为在这种情况下,抵免限额不会由于盈亏相抵而降低。然而对于居住国来说,分国限额法比综合限额法更有利于居住国。实践中,虽然综合限额法便于操作,但会引发国际逃税避税等问题;分国限额法在操作上相对复杂,但可以防止用在税率低于其居住国的来源地国未用足的限额去抵补在税率高于居住国的应纳税款。[①] 通过以上分析不难看出,分国限额抵免法能够在最大程度上平衡居民纳税人与居住国之间的利益,因此,大多数国家均采用分国限额抵免法。

(三) 直接抵免

直接抵免是指居住国允许本国居民纳税人用其在来源国缴纳的税款直接抵免在居住国应缴纳的税款。直接抵免主要适用于以下情况:第一,同一自然人在来源国缴纳的税款,可以直接用于抵免纳税人在居住国应缴纳的税款;第二,同一跨国法人的分支机构在来源国所缴纳的税款,可以直接抵免法人总机构在居住国缴纳的税款;第三,对于居民公司在来源国取得的股息、利息或者特许权使用费等投资所得,一般通过预提税的方式缴纳所得税,在不超过居住国抵免限额的前提下,可以直接在居住国的应缴纳税款中予以抵免。其计算公式为:

$$抵免限额 = 纳税人的境内外全部应税所得 \times 居住国适用税率 \times \frac{境外全部应税所得}{境内外全部应税所得}$$

(四) 间接抵免

间接抵免是指居住国允许本国居民纳税人用由其所投资的外国法人缴纳的外国所得税冲抵应向本国缴纳的所得税的方法。[②] 间接抵免主要适用于跨国母子公司之间的税收抵免,母公司和子公司虽然是两个彼此独立的法人,但在经济上存在着一定的联系。实质上,子公司在向来源地缴纳所得税后,还需按照股份将一部分股息分配给母公司。也就是说,母公司用以抵免的税额仅限于这部分股息应缴纳的所得税额,并不是子公司缴纳的全部所得税。如我国《企业所得税法》第 24 条规定,居民企业从其直接或者间接控制的外国企业分得的来源于中国境外的股息、红利等权益性投资收益,外国企业在境外实际缴纳的所得税税额中属于该项所得负担的部分,可以作为该居民企业的可抵免境外所得税税额,在本法规定的抵免限额内抵免。

一般情况下,间接抵免限额的计算公式如下:

$$间接抵免限额 = 子公司向所在地缴纳的所得税 \times \frac{母公司分得的股息}{子公司的税后利润}$$

如果除了母公司和子公司以外,还涉及孙公司的利润分配,此时应适用下列公式:

$$间接抵免限额 = (子公司在所在国缴纳的所得税 + 子公司按股权比例承担的孙公司在所在国缴纳的所得税) \times \frac{母公司分得的股息}{子公司的税后利润}$$

---

① 刘剑文.国际税法学[M].2 版.北京:北京大学出版社,2004:161.
② 张学慧.国际经济法教程[M].2 版.北京:首都经济贸易大学出版社,2007::344.

三、扣除法

扣除法是指居住国允许本国的居民纳税人将其在来源国已缴纳的税款从应税所得中扣除,再以扣除后的余额按照居住国相应的税率予以征税。其计算公式为:

居住国应纳税额 =(纳税人的境内外所得 − 来源国已纳税额)× 居住国税率

扣除法在消除国际重复征税上的效果不如免税法和抵免法明显,无法完全避免国际重复征税,只起到了缓解国际重复征税,减轻纳税人税收负担的作用。因此,采用这种做法的国家并不多见,OECD 范本和联合国范本也没有将扣除法纳入消除国际重复征税的措施中。

复习思考题

1. 避免国际重复征税具有哪些意义?
2. 试分析我国国际重复征税中存在的法律问题。
3. 避免国际重复征税的方法有哪些?各自的特点是什么?

阅读书目

1. 王传纶 朱青. 国际税收[M]. 2版. 北京:中国人民大学出版社,1997.
2. 杨冬梅. 税收理论与实务[M]. 北京:对外经济贸易大学出版社,2007.
3. 余劲松 吴志攀. 国际经济法[M]. 3版. 北京:北京大学出版社 高等教育出版社,2009.
4. 王传丽. 国际经济法[M]. 2版. 北京:高等教育出版社,2008.

第三章 国际避税与逃税的法律防范制度

学习目标与要求

本章主要介绍国际逃税与避税的概念、关系以及实践中常见的逃税和避税方式及其防范措施。重点学习并掌握国际逃税和避税的异同及其主要表现形式,了解各国管制国际逃税与避税的主要国内和国际法律措施。

第一节 国际避税与逃税概述

国际避税、国际逃税是国内避税逃税的衍生品。国际避税与逃税问题同国际重复征税一样,是国际税收领域中的十分重要的问题。随着国际经济交往的不断深入,国际避税与逃税的现象越来越严重,纳税人采用的避税与逃税方式也越来越多样化,且隐蔽性极高,严重损害了各国的税收利益,不利于国际税收秩序的稳定发展。因此,各国不仅在国内税法上不断加强打击国际避税与逃税活动的力度,而且还通过开展国际税收协调与合作进一步强化对国际避税与逃税行为的防范措施。

一、国际避税的概念

纵观各国的国内税法及司法实践,都没有对避税的概念作出明确的阐述。一般认为避税是指纳税人利用税法中的漏洞或不明确之处,规避或减轻其本应承担的纳税义务的行为。在明确避税含义的基础上,我们认为国际避税是指跨国纳税人在从事国际经济活动中,利用各国之间国内税法、涉外税法以及签订的国际税收协定的不同规定或存在的漏洞,以不违法的手段规避或减轻本应承担的纳税义务的行为。

从上述国际避税的含义不难看出,国际避税行为主要具有以下法律特征:第一,国际避税是一种不违法的行为,跨国纳税人主要是利用各国相关税法或国际税收协定的漏洞或不明确之处,来规避或减轻本应承担的纳税义务,并没有直接违反相关法律的规定。第二,跨国纳税人采取国际避税行为具有主观上的故意,但不存在明显的欺诈性,其目的就是为了规避或减轻税收负担。第三,跨国纳税人之所以能够实施国际避税行为,是因为各国税法以及国际税收协定的规定不尽相同,这些规定之间可能存在一些漏洞或者不明确之处,这样就为跨国纳税人提供了可乘之机。第四,一旦发现跨国纳税人的国际避税行为,应尽快修改完善相关法律,堵塞可能为纳税人利用的漏洞空隙。①

鉴于国际避税对各国造成的不利影响,世界各国已经开始广泛关注各式各样的国际避税行为。跨国纳税人无论采取哪种国际避税方式,均会产生十分严重的后果。一方面,国际避税必然会损害一国的税收利益,减少国家的税收收入,同时会造成纳税人之间的税负的不公平,违背公平税负的原则;另一方面,跨国纳税人为了规避或减轻税收负担,会将所得利润在各国之间进行转移,容易导致国际资本流动秩序的混乱。② 因此,有必要对国际避税问题进行深入研究。

二、国际逃税的概念

联合国税收小组曾对逃税的含义作出过明确的阐述,从严格意义上说,逃税是指纳税人故意或有意识地不遵守征税国法律的行为。从广义上说,逃税行为一般也包括那种纳税人因疏忽或过失而没有履行法律规定应尽的纳税义务的情形,尽管纳税人没有为逃税目的而采取有意的隐蔽的手段。由此,我们可以将国际逃税定义为:国际逃税是指跨国纳税人故意或过失地违反征税国税法的相关规定,以非法手段减少或逃避其本应承担的纳税义务的行为。国际逃税的特征主要表现在:首先,国际逃税是一种违法行为,是各国相关税法中明确禁止的行为。其次,根据联合国税收小组的解释,无论跨国纳税人是出于故意还是过失而实施了国际逃税行为,均构成违法行为。最后,如果跨国纳税人的国际逃税行为查证属实,须承担相应的法律责任。对于逃税情节较轻者,可能会承担行政责任;对于逃税情节较重者,甚至可能会承担刑事责任。

三、国际避税与国际逃税的关系

国际避税与国际逃税是两个完全不同的概念,其中既有联系又有区别。相似之处在于:第一,影响相同。国际避税与国际逃税行为一方面会严重损害有关国家的税收利益,造成国家税收的大量流失。另一方面,国际避税与国际逃税行为违反了公平税负原则,同等情况下,实施国际避税逃税行为的跨国纳税人的税负要远远低于依法纳税的跨国纳税人的税收负担,造成纳税人之间的税负不平等,不利于国际经济的稳定发展。第二,目的相同。进行国际避税逃税行为的纳税人,都希望在最大程度上规避或减轻自己的纳税义务,从而获取更多的利润。

国际避税与国际逃税之间的区别也是显而易见的,主要体现在以下几方面:首先,两者的性质不同。国际避税是一种不违法的行为,即在不违反现行法律的情况下,利用相关法律的漏洞或不明确之处,从而达到规避或减轻本应承担的纳税义务;而国际逃税本质上是一种违法行为,是纳税人故意或过失不遵守税法的相关规定,采取种种隐瞒、欺诈

---

①余劲松 吴志攀.国际经济法[M].3版.北京:北京大学出版社 高等教育出版社,2009:525.
②刘剑文.国际税法学[M].2版.北京:北京大学出版社,2004:215.

手段逃避国家税收的行为。其次,采取的方式不同。国际避税通常采用转移定价、资本弱化等比较公开的方式进行;国际逃税则多采取隐报应税所得、谎报资金来源、虚增投资等欺诈的方式进行。最后,处理方式不同。对于国际避税行为而言,各国主要通过修改或完善本国税法,加强国际税收协调与合作的方式进行处理,有些情况下也会要求纳税人补缴税款。然而对于国际逃税行为来说,鉴于其违法性,纳税人不但需补缴已逃税款,还要承担相应的行政责任或刑事责任。可见,各国对于国际逃税的处理方式要比国际避税严厉得多。

第二节 国际避税与逃税的法律规制

一、防止国际避税与逃税的一般国内法措施

(一)加强税务申报制度

为了防止纳税人的避税和逃税行为,准确掌握跨国纳税人从事国际经营活动的盈亏情况以及财产状况,各国一般均在国内税法中规定,纳税人须向税务机关申报资产负债表、损益表等各类报表。如美国税法及相关法律规定,凡美国直接或间接控股25%以上的公司,或与美国公司有其他特殊关系的公司均为报告公司;报告公司有义务向美国税务机关报告经营情况、与其关联公司的往来情况及税务机关指定的其他材料。① 荷兰税法还规定,跨国纳税人要申报收入和费用在关联企业之间的分配情况。②

(二)强化会计审查制度

从各国的国内税法及司法实践来看,很多国家均规定,公司企业特别是股份有限公司的税务申报,必须经注册会计师审核签字。通过会计审查制度,可以查明公司企业是否存在隐瞒应税所得、谎报资金来源、虚增成本等国际逃税行为,从而加强对跨国纳税人经营活动的监督力度,抑制国际避税与逃税现象。

(三)建立所得评估制度

如果跨国纳税人不能提供准确的成本或费用凭证,以及不能正确计算应税所得时,税务机关有权依据一定的标准,对纳税人的所得予以评估。如我国《企业所得税法》第44条规定,企业不提供与其关联方之间业务往来资料,或者提供虚假、不完整资料,未能真实反映其关联业务往来情况的,税务机关有权依法核定其应纳税所得额。通常情况下,评估标准不但要参考同行业纳税人的平均所得,还要考虑到特定纳税人的不同经营状况。可见,所得评估制度也是防止国际避税与逃税的有效措施之一。

(四)明确纳税人的举证责任

一般情况下,双方当事人举证时要遵循"谁主张谁举证"的原则,但是,税务机关在对

---

① 王铁军. 国际避税与反避税[M]. 北京:中国财政经济出版社,1994:218.
② 郭寿康 赵秀文. 国际经济法[M]. 3版. 北京:中国人民大学出版社,2009:367.

纳税人进行反避税调查的过程中,两者之间的信息往往是不对称的。有些纳税人采取的避税逃税手段极其隐蔽,或者是利用高科技进行国际避税逃税,增加了税务机关调查取证的难度,使税务机关处于非常不利的地位,以致整个反避税工作陷入僵局。因此,为了有效开展反避税工作,一些国家采取举证责任倒置的做法,由纳税人承担举证责任,即如果纳税人无法证明其从事经营活动的过程中不存在避税逃税的行为,税务机关将推定该纳税人存在违法行为或犯罪行为。

二、防止国际避税与逃税的特殊国内法措施

(一)防止纳税主体转移

为了限制自然人以改变国籍、住所等方式避税,有些国家规定,一旦发现自然人采用这种方式进行避税,即使该自然人已经改变了国籍或住所,也要在一定期限内对原国籍国或居住国承担纳税义务。如美国法律规定,如果一个美国人以逃避纳税义务为主要目的而放弃美国国籍移居他国,美国在该自然人移居后的10年内保留对其享有的征税权。在规制法人避税方面,英国的做法最具代表性,根据英国的法律,一个公司若要迁移到国外去经营,必须获得财政部的同意。

(二)防止转移定价

转移定价是跨国关联企业最普遍的避税逃税方式,也是各国予以规制的一个重要方面。目前,世界各国对于调整跨国关联企业之间不合理的转移定价的原则,主要分为以下几种:

1. 正常交易原则,又称独立竞争原则。根据OECD范本的规定,是指关联企业中任何本应该由其中一个企业取得,但是由于它们之间存在的关联关系而没有取得的利润,可以计入该企业的利润内,并据以征税。我国《企业所得税法》第41条规定,企业与其关联方之间的业务往来,不符合独立交易原则而减少企业或者其关联方应纳税收入或者所得额的,税务机关有权按照合理方法调整。企业与其关联方共同开发、受让无形资产,或者共同提供、接受劳务发生的成本,在计算应纳税所得额时应当按照独立交易原则进行分摊。

实践中,关联企业转让定价的调整方法主要包括传统交易方法和其他方法两类,其中传统交易方法主要分为可比非受控价格法、转售价格法和成本加利润法。其他方法还包括交易净利润法和利润分割法。正常交易原则属于一种事后调整,实质上是对关联企业之间利润和费用的重新分配。采用这种原则会产生一定的弊端,一方面,税务机关事后作出的调整并没有明确的标准予以适用,存在很大的不确定性,可能会给企业带来更大的风险;另一方面,由于关联企业之间转让定价的复杂性,增加了税务机关计算应税所得或利润的难度,成本过高且效率低下,不利于对转让定价行为的规制。因此,有些国家在正常交易原则的基础上,创立了预约定价协议制。

2. 预约定价协议制,是指跨国关联企业就经营交易中涉及的转移定价,与税务机关

签订的作为征税依据的协议。也就是说,跨国关联企业在从事国际经济交易活动之前,要向税务机关申报有关转移定价的材料,经税务机关的审查确认后,由税务机关确定关联企业交易价格的范围,从而避免了事后调整转移定价的不便。目前,美国、日本、德国等国家先后采用这种制度,我国在《税收征收管理法》中也引进了该制度。另外,我国《企业所得税法》第 42 条规定:"企业可以向税务机关提出与其关联方之间业务往来的定价原则和计算方法,税务机关与企业协商、确认后,达成预约定价安排。"与正常交易原则相比,预约定价协议制不但有利于解决关联企业与税务机关之间的纠纷矛盾,还起到了降低成本、提高效率的作用。

(三)防止利用避税地

利用避税地是跨国纳税人进行国际避税逃税的主要手段之一,像巴拿马、卢森堡、开曼群岛、瑞士等国家,已经被许多国家列入避税地的名单。目前,各国主要从以下三个方面对利用避税地实施国际避税逃税行为的纳税人进行规制:第一,通过法律明确规定,禁止纳税人在避税地设立基地公司,一旦发现纳税人在避税地设立基地公司,须给予相应的制裁;第二,通过禁止非正常的利润转移来制止基地公司的设立;第三,取消境内股东在基地公司的未分配股息所得的延期纳税待遇。[1] 我国《企业所得税法》第 45 条规定:"由居民企业,或者由居民企业和中国居民控制的设立在实际税负明显低于本法第 4 条第 1 款规定税率水平的国家(地区)的企业,并非由于合理的经营需要而对利润不作分配或者减少分配的,上述利润中应归属于该居民企业的部分,应当计入该居民企业的当期收入。"

(四)防止滥用税收协定

随着滥用税收协定现象的日益严重,各国对于滥用税收协定的规制也是越来越关注。从世界范围来看,只有美国和瑞士制定了专门立法,以防止对税收协定的滥用。如美国相关法律规定,对于来源于美国的股息、利息、特许权使用费而言,如果在受益人和支付人之间还存在着中间人,那么具有消极投资特征的所得将不能按协定享受低税待遇。[2] 瑞士《防止滥用税收协定法案》规定,具有下列行为之一者,属于滥用税收协定的行为:①一个瑞士居民的主要所得为不享受税收协定优惠的人所获得;②非居民持有瑞士公司的主要股份;③瑞士公司是非居民的受托人。另外,大多数国家主要是通过在税收协定中加入反滥用税收协定条款的方式,以规制纳税人的国际避税逃税行为。

三、防止国际逃税与避税的国际法措施

伴随着国际经济与科学技术的快速发展,纳税人采取的国际避税逃税的方式呈现多样化的发展趋势,且隐蔽性和技术性越来越高。各国逐渐意识到仅仅凭借本国的国内立

---

[1] 余劲松 吴志攀.国际经济法[M].3 版.北京:北京大学出版社 高等教育出版社,2009:534.
[2] 谌晓芳.国际避税与发避税问题研究[D].吉林:吉林大学,2008.

法,无法有效防止国际避税与逃税行为,因此,各国在完善本国税收立法的同时,更要加强国际合作,从国内法和国际法两方面,加大对国际避税逃税的打击力度。目前,各国主要通过签订税收协定的方式,从以下方面深入进行国际协调合作:

(一)情报交换

为了防止跨国纳税人的避税与逃税行为,维护本国的税收利益,各国之间通过共同分享税收情报的方式,以实现国际避税逃税的目的。OECD范本规定,缔约国双方主管当局应交换为实施本协定的规定所需要的情报,或缔约国双方与本协定各有关税种的国内法律,按此征税,与本协定不相抵触的情报。联合国范本还特别强调,防止欺诈或偷漏税收的情报尤为重要。但是,对于情报交换的范围,两个范本均作出了一定的限制:首先,不得采取与该缔约国或缔约国另一方的法律或行政惯例不相一致的行政措施;其次,不得提供按照该缔约国或缔约国另一方的法律或正常行政渠道得不到的情报;最后,不得提供泄漏任何贸易、经营、工业、商业或专业秘密或贸易过程的情报,或泄漏后将违反公共政策(公共秩序)的情报。

在实践中,各国之间采取情报交换的方式主要存在以下几种:①经要求的情报交换,即缔约国一方基于特定事实向缔约国另一方提出的,要求就某项税务情报进行交换的方式。如跨国纳税人向一国税务机关申报的材料不明确,或者税务机关对提交的资料存在疑问时,可以要求另一方国家提供关于纳税人财产状况、经营活动状况等情报。②主动的情报交换,是指缔约国一方的税务机关认为某项情报为缔约国另一方税务机关所需要,而主动将该项情报提供给缔约国另一方税务机关的情报交换方式。目前,只有瑞典、挪威等极少数国家采用这种方式。③例行的情报交换,主要适用于经济往来非常密切的缔约国之间,如美国和加拿大之间便采取这种方式。例行的情报交换要求缔约国一方在一定时间内,将缔约国另一方居民在本国境内从事经营活动所获取的所得、利润等情报,提交给缔约国另一方税务机关。

(二)相互协助

税收实践中,一国税务机关发现跨国纳税人的避税逃税行为时,该纳税人可能并不在本国境内,为税务机关追缴税款等工作带来了极大的不便。这是因为税收涉及一国的主权问题,税务机关不能擅自执行跨国纳税人在他国的财产,更不能直接到纳税人的所在国境内追缴税款。这种情况下,如果有关国家能够协助税务机关的相关工作,对于防止国际避税逃税是非常有利的。目前,这种相互协作主要体现在,一国税务机关委托另一国税务机关,代为执行某些征税行为,如追缴税款、送达纳税通知书等。实践中,由于各国之间在税收利益方面难免存在着一些冲突,因此,相互协作的作用并没有情报交换制度的作用明显,适用范围比较有限。

(三)防止滥用税收协定的国际合作

从各国税法及税收实践来看,防止非缔约国居民滥用税收协定的方法主要有以下几种:

1. 排除法,即在税收协定中明确规定,某类居民不享有税收协定提供的税收优惠待遇。

2. 渠道法,指如果缔约国一方居民公司支付给非缔约国居民的股息、利息或特许使用费等款项,超过了该公司总收入的一定比例,则该公司不能享受税收协定中的相关优惠。

3. 纳税法,其主要内容是纳税人享受税收协定提供的税收优惠待遇的前提是,该纳税人必须在居住国纳税。这种方法主要是为了防止纳税人在避税地设立基地公司,以规避纳税义务的行为。

4. 真实交易法,即只有从事真实交易的纳税人,才能享受税收优惠待遇;单纯以获取税收协定优惠为目的的纳税人,不能享受税收优惠。

5. 审核法,是指一个公司只有为其所在缔约国的居民所有,才能享有税收协定中提供的税收优惠待遇,换句话说,这种方法主要是考查公司的股东是否具有居民身份。

复习思考题

1. 阐述国际避税的趋势与反避税措施的完善。
2. 浅谈国际避税方式及反避税措施。
3. 简述国际逃税和避税的危害性及其法律防范。

阅读书目

1. 王铁军. 国际避税与反避税[M]. 北京:中国财政经济出版社,1994.
2. 陈安. 国际经济法学新论[M]. 2版. 北京:高等教育出版社,2010.
3. 郭寿康,赵秀文. 国际经济法[M]. 3版. 北京:中国人民大学出版社,2009.

第四章 国际税收的协调与合作

学习目标与要求

国际税收协调和合作是国际税收制度发展的必然趋势。本章主要介绍国际税收协定的相关内容。要求了解并掌握联合国范本和 OECD 范本在协调各国之间税收分配关系中的重要作用和意义。结合我国相关法律的规定,重点学习我国在避免和消除国际重复征税方面作出的努力及取得的成果。

第一节 国际税收协调与合作概述

随着国际经济全球化进程的不断加快,各国之间税收分配关系联系愈加密切。国际税收协调与合作旨在消除各国之间普遍存在的税收利益冲突,妥善解决国际税收的管辖权问题,充分调解国家之间税收利益分配的矛盾,防止纳税人的国际逃税避税活动。

一般认为,国际税收协调与合作分为广义和狭义两种含义。广义的国际税收协调与合作是指国家之间为处理国际税收关系而采取的各种措施,主要表现为各国之间签订的双边或多边税收协定、各国制定的国内税法及相关税收制度、国际组织在各成员国内部实行的税收政策等。狭义的国际税收协调与合作则是指一些国家或地区为了建立共同市场或经济集团,缓解税收上对商品、资金、技术、劳务、人员流动的矛盾,采取措施使集团内不同国家和地区的税收政策、税收制度(包括税种、税率)互相接近或统一,以减轻彼此之间的冲突。①

自从 OECD 范本和联合国范本出台并实施以来,各国在签订双边或多边税收协定时多以这两个范本为依据,这些协定在国际税收协调与合作中发挥着重要作用。双边或多边协定主要是协调缔约国之间的国际税收关系,对于缔约国之间存在的特定税收问题进行针对性的协商和探讨。由于这种协定的缔约国数量较少,在谈判和协商的过程中较容易达成一致,有利于协定的最终签订以及国际税收协调与合作的有效开展。

各国一方面通过签订双边或多边税收协定的方式加强国际税收的协调与合作,另一方面则以国内税法及税收政策的形式来协调与其他国家的国际税收关系。例如一般情况下,国际税收协定中均规定,本协定只适用于具有缔约国一方或双方居民身份而对缔

---

① 崔晓静.论国际税收协调法律机制之构建[J].法学评论,2010(05).

约国负有居民纳税义务的纳税人,但通常国际税收协定中并没有明确规定缔约国居民的判定标准,只是作出一些概括性的描述,具体的认定标准还要遵循国内税法及相关税法制度的规定。实质上,各国的国内税法及税收是以本国的基本国情为出发点,在最大限度上维护本国的税收利益,虽然在调整与其他国家之间税收关系方面的作用有限,但仍然是进行国际税收协定与合作的一个重要手段。

另外,国际组织对于国际税收协调与合作的深入开展也作出了巨大贡献,如联合国和经合组织在总结各国双重征税实践的基础上,分别制定了联合国范本和OECD范本,旨在协调各国之间的税收分配关系,解决国际双重征税问题。这两个范本为国际税收的协调与合作提供了一个有效途径,具有很大的进步意义,标志着国际税收协调与合作的发展开始进入成熟阶段。[①]

第二节 国际税收协定的内容

随着OECD范本和联合国范本在税收实践中的广泛应用,各国之间签订国际税收协定时多参照两个范本的规定,逐渐使国际税收协定的主要内容趋于一致,形成了一个固定的基本框架。目前,国际税收协定的内容主要包括以下四个方面:

一、适用范围

国际税收协定的适用范围是指国际税收协定适用于哪些人、哪些地域范围以及哪些税种。

(一) 对人的适用范围

一般情况下,各国之间签订的国际税收协定仅适用于具有缔约国一方或双方居民身份从而对缔约国负有居民纳税义务的纳税人。也就是说,只要是具有缔约国居民身份的纳税人,在受到国际税收协定约束的同时,也享受协定中的优惠待遇,但协定中有特别规定的除外。[②] 两个范本以及各国之间签订的国际税收协定中均明确规定了"缔约国一方居民"的含义,如根据OECD范本第4条第1款的规定,本协定中"缔约国一方居民"这一用语是指按照该国法律,由于住所、居住时间、管理场所或任何其他类似性质的标准,负有纳税义务的任何人。但是这一用语不包括仅由于来源于该国的所得或位于该国的财产在该国负有纳税义务的任何人。至于如何确定居民身份的具体规定,主要由各国的国内法予以明确。

(二) 空间效力和时间效力

国际税收协定在空间上的效力范围主要是指协定适用的地域范围,通常情况下,各国均承认协定的空间效力及于缔约国的领土、领海,以及领海以外缔约国根据国际法拥

---

① 陈安.国际经济法学新论[M].2版.北京:高等教育出版社,2010:449.
② 这类特别规定主要是指无差别待遇条款、税收情报交换条款以及对政府雇员所得征税条款等。这些条款不仅适用于缔约国一方的居民,有些情况下,对缔约国的国民或者第三国的居民同样适用。

有勘探开发海底和底土资源以及海底以上水域资源权利的区域。① 国际税收协定的时间效力则是指协定有效适用的期间,一般是在协定生效后的下一个纳税年度起适用。协定中通常规定,协定自生效之日起长期有效,但是,如果协定生效若干年后(实践中多以5年为限),缔约国一方可以单方面通知缔约国另一方中止协定。

(三)税种的适用范围

为了避免国际重复征税及国际避税,各国在签订国际税收协定时均明确限定税种的适用范围。一般情况下,国际税收协定的征税对象包括各种所得和财产价值,如 OECD 范本第1条第2款规定,对全部所得、全部财产或者某种所得、某种财产征收的所有税收,包括对转让动产或不动产取得的收益征收的税收,对企业支付的工资或薪金总额征收的税收以及对资本增值征收的税收,都应视为对所得和财产征收的税收。与此同时,出于对缔约国国内税制可能有所变动的考虑,协定中会进一步规定,也适用于协定签订之日以后增加或代替现行税种的任何相同的或实质相似的各种税收。

二、避免和消除国际重复征税

避免和消除国际重复征税是国际税收协定中的核心内容,当各国国内税法对跨国所得税收管辖权的规定不一致时,国际税收协定便可以在一定程度上缓解各国之间的税收管辖权冲突,避免国际重复征税。大多数情况下,国际税收协定首先确定居住国或来源国是否享有独占征税权,如果缔约国一方拥有独占征税权,那么缔约国另一方无权对纳税人的跨国所得行使征税权;在缔约国双方均不享有独占征税权的情况下,需要进一步明确是否拥有优先征税权。如果缔约国一方享有优先征税权,则缔约国另一方仍然有权对纳税人行使征税权,但须采取必要的措施避免国际重复征税,如免税法、抵税法等。

三、无差别待遇

无差别待遇又称禁止税收歧视,根据两个范本的规定,是指缔约国一方居民在缔约国另一方境内负担的税收或有关纳税条件,不应与缔约国另一方国民在相同情况下负担或可能负担的税收或有关纳税条件不同或比其更重。

无差别待遇是国民待遇原则在税收领域的体现。这里的"国民"是指所有有缔约国一方国籍的个人,以及所有根据缔约国一方的现行法律取得法律地位的法人、合伙企业和团体。国际税收协定中规定的无差别待遇主要体现在以下几方面:

第一,国籍无差别。此即征税国不应因纳税人的国籍不同而对其采取税收上的歧视待遇。

第二,常设机构无差别。根据两个范本第24条第4款的规定,缔约国一方企业在缔约国另一方的常设机构的税收负担,不应高于进行同样活动的另一国的企业。但这并不意味着,缔约国一方由于公民地位或家庭负担原因给予本国居民在税收上任何人的扣

---

①廖益新.国际经济法[M].福建:厦门大学出版社,2007:380.

除、优惠和减税,也必须给予缔约国另一方的居民。

第三,费用扣除无差别。此即缔约国一方企业支付给缔约国另一方居民的利息、特许权使用费和其他款项,在确定该企业纳税利润时,应与在相同条件下支付给首先提及国家的居民一样扣除。同样,缔约国一方企业对缔约国另一方居民的任何债务,在确定该企业应纳税财产时,应与在相同条件下首先提及国家的居民的债务一样扣除。

第四,资本构成无差别。这主要是指缔约国一方企业的其资本全部或部分直接或间接为缔约国另一方一个或几个居民拥有或控制,该企业在首先提及的国家负担的税收和有关条件,不应比首先提及国家的其他类似企业负担,或可能负担的税收和有关条件不同或更重。

四、情报交换

国际税收协定中规定的情报交换制度,主要是为了防止跨国纳税人的逃税与避税活动,体现了各国之间相互合作配合,共同打击国际逃税与避税行为的一致目标。实施情报交换的主体多为缔约国的税收主管部门,情报交换的内容主要包括为实施国际税收协定的规定所必需的情报,或者协定中涉及的税种的国内法律按此征税与本协定不相抵触的情报,特别是防止欺诈或偷漏税收的情报。对于情报的保密方式而言,缔约国一方收到的任何情报,应与该国国内法律取得的情报同样保密。但这并不意味着,在任何情况下,缔约国一方有义务采取以下措施:

第一,实施与该缔约国或缔约国另一方的法律或行政惯例不相一致的行政措施。

第二,提供按照该缔约国或缔约国另一方的法律或正常行政渠道得不到的情报。

第三,提供泄漏任何贸易、经营、工业、商业或专业秘密或贸易过程的情报,或泄漏后将违反公共政策(公共秩序)的情报。

复习思考题

1. 如何理解国际税收的协调与合作?
2. 国际税收协调与合作的内容是什么?

阅读书目

1. 朱炎生.国际税收协定中常设机构原则研究[M].北京:法律出版社,2006.
2. 陈延忠,廖益新.国际税收协定解释问题研究[M].北京:科学出版社,2010.
3. 蔡连增,廖益新.美国联邦所得税法外国税收抵免制度研究[M].北京:科学出版社,2011.
4. 崔晓静.欧盟税收协调法律制度研究[M].北京:人民出版社,2011.

第六编

国际经济争端解决法律制度

第一章　国际经济争端法律制度

学习目标与要求

本章主要包括两大部分内容：国际经济争端法律制度概述和国际商事仲裁。本章重点需要掌握国际商事仲裁的协议、仲裁程序以及仲裁的承认与执行，了解国际商事仲裁的历史，熟悉著名的几个国际商事仲裁机构。本章的难点在于对国际商事仲裁协议及国际商事仲裁裁决的承认与执行的掌握。

第一节　国际经济争端解决法律制度概述

一、国际经济争议的概念及分类

国际经济争议是指在国际经济交往关系中发生的，有关参与主体之间权利义务的争议。根据争议主体的不同，可以把争议分为三种类型：

(一)不同国家国民之间的争议

这类争议指的是不同国家的国民在一般的国际经济活动中发生的争议，如在货物买卖、技术转让、工程承包、服务贸易等活动中发生的争议。这里的国民包括自然人、法人和其他经济组织。此类争议的特点是争议主体法律地位平等，有较多可选的争议解决途径。在国际经济交往关系中发生的争议大多属于这类。

(二)国家与他国国民之间的争议

这类争议是指东道国与他国国民之间发生的争议，多发生在东道国对他国国民在本国的经济活动进行行政管理或监督的活动中，如海关和税务机关对进出口货物的征税活动、进出口检验检疫部门对进出口商品进行的检验检疫活动、外汇管理部门依法对外汇实行的管理等。这类争议的特点是争议主体地位不平等。一方是主权国家，享有各种豁免权，且具有强大的经济实力和政治力量，另一方的他国国民则相对弱小很多，无法与东道国抗衡。此外，东道国与他国国民也会签订一般的商事合同，如自然资源开发合同、工程建设合同等，此时二者的法律地位平等，但是实质上依然存在事实上的不平等。

(三)国家之间的争议

这类争议是指国家在国际经济交往活动中发生的争议。这些争议一般产生于国家之间签订的双边协议、多边协议等协议的解释和履行过程中,如关于双边贸易协定、双边投资协定以及关于避免双重征税、防止偷税、漏税的协议的解释和履行问题。争议主体双方地位平等,国家之间的争议一般通过外交方式解决。

二、国际经济争议的解决方式

现阶段,国际经济争议的解决方式主要有以下三种:

(一)司法方式

司法方式是指用诉讼的方法解决争议。由于不存在凌驾于主权国家之上的法院,诉讼方法一般指的是在一国国内法院提起诉讼解决争议。诉讼所产生的判决对当事人双方都有约束力。但是,通过诉讼来解决争议,存在很大的风险:①当两个以上国家对同一个案件都有管辖权时,只要有一方当事人提起诉讼,其他各方就应当应诉。如果管辖权问题不能得到很好的解决,很有可能产生相互冲突的判决。②在诉讼中,主要关注法院的中立性,而参与诉讼的当事人必须容忍对方使用自己不熟悉的方式寻求和提供的证据,对自身十分不利。③一国法院适用外国法,会增加案件的不确定性。④在一国法院作出的判决,在他国能否得到承认和执行,依然是不确定的事情。国际经济争议一般案情十分复杂,且涉及利益重大,采用诉讼方式一般很难得出令双方满意的结果。因此,在实践中,人们常常采用其他方法解决争议。

(二)准司法方式

准司法方式指的是仲裁。仲裁由于是通过双方当事人的合意选择而采取的争议解决方式,因此区别于诉讼方式;同时,仲裁产生的裁决对双方当事人都具有约束力,因此仲裁又区别于其他的争议解决方式。仲裁在一定程度上具有司法的性质,因此可以称之为准司法。仲裁具有以下优点:①通过双方当事人合意达成,可以兼顾双方利益;②双方当事人可以选择相关专业人士主持仲裁,保证了仲裁的高效和公正;③仲裁没有固定的时间限制,可以节省时间,降低成本;④仲裁裁决对双方当事人均有约束力,同时又没有一国司法主权的性质,容易得到其他国家的承认和执行。因此,仲裁成为国际经济争议解决中最受人们欢迎的争议解决方式。关于国际商事仲裁将在以下章节具体介绍,此处不再赘述。

(三)非司法方式

在诉讼和仲裁之外还存在着广泛的争议解决方式,可以统称为选择性的争议解决方法(Alternative Dispute Resolution,即ADR),主要有以下几种:

1. 协商。协商是指争议双方当事人通过口头或书面的交流达成合意,从而解决争议的方法。协商的特点是无须第三方的介入,由当事人双方通过友好协商,从而解决争议。在此过程中,双方地位平等,任何一方都可以提出自己的意见,并且任何一方都可以随时终止协商,采取其他的争议解决手段。通过协议方式解决争议,有以下优点:①可以高效快速的解决争议,无须任何程序;②可以保守双方的商业秘密;③形式灵活,双方可以在任何时间采取任何形式的活动进行协商；④不排除双方采取其他手段解决争议的权利。由于这种方式对双方的经济友好关系损害最小，当发生争议时，人们一般都会先采取协商的方式解决争议。但是，由于双方自由协商，当双方实力不均衡时，处于弱势一方的利益很容易受到损害。

2. 调解。调解是指争议双方当事人在与双方都无利害关系的第三人的帮助下解决争议的方式。通常情况下调解的程序是：双方达成调解的合意，然后共同选定调解人，双方把争议提交给调解人，由调解人查明事实，公正地作出调解方案供双方选择。此时，双方可以选择接受或者不接受调解方案，接受即调解成功，反之则失败。调解失败后，双方依然可以采取其他手段解决争议。采取调解手段解决争议，有以下优点：①调解人具有专业的知识，可以促成双方争议的顺利解决，双方当事人也容易接受；②调解协议对双方都有一定的约束力，和解协议成为新的契约；③协调还可以与其他程序结合，成为快速解决争议的选择。

调解作为一种有效的解决争议的手段，越来越受到国际社会的重视。调解还与其他程序结合，一起作为解决争议的手段。以此标准，可以对调解作出简单的分类。第一，民间调解，指的是在民间团体、组织或个人主持下进行的调解。第二，仲裁机构调解，是指仲裁机构主持的调解。现在大型的国际仲裁机构，如国际商会仲裁院等都规定了调解规则。在进行仲裁之前，或仲裁过程中，仲裁机构可以征求当事人的意见，如果双方同意调解，则可以先进行调解，调解不成功再进行仲裁。第三，法庭调解，是指由法院主持的调解。现在已经有许多国家都规定了法院的调解方式。

3. 模拟法庭。模拟法庭是英美法中解决争议的一种方式。按照布莱克法律词典的解释，模拟法庭是当事人私下的、自愿的、以非正式方式解决争议的途径。模拟法庭由三方组成：争议双方有决定权的主管及律师以及双方共同认可的中立的第三者。首先由双方律师对争议的事项作出简要说明，然后由双方有决定权的主管对争议作出决定。此时，第三者要提供重要的法律信息，即如果此案交由法院处理，结果如何。双方在听取了第三者的意见后，对争议作出决断。①

模拟法庭的理论基础是，如果争议双方的主管在掌握了充分的信息后，可以就争议提出最高效的解决方案。这些信息包括争议的信息、双方各自的优势劣势以及法律的态度等。通过这种方式解决争议，既节省时间，又节约成本。当然，达成的协议对双方没有法律上的约束力，双方还可以采取其他途径重新解决争议。

---

①Bryan A. Garner. Black's Law Dictionary [M]. 8th ed. Thomson West, 2004:3156.

第二节 国际商事仲裁

一、国际商事仲裁概述

(一)国际商事仲裁的概念

国际商事仲裁是指参与国际商事活动的双方当事人在争议发生前或发生后,达成仲裁协议,将争议提交仲裁机构进行仲裁的制度。仲裁机构作出的裁决对双方当事人都有约束力。

对于国际商事仲裁的概念,各国没有一个统一的标准说法,是因为各国对"国际"和"商事"二词的界定不同。对于"国际"的界定,有以当事人国籍、住所或居所、法人注册地等因素为判断标准的,也有以争议的性质为判断标准的。对于"商事"的界定更加不一,在有些国家属于商事的争议,在一些国家就不具有商事性质。

1. 国际的界定。对于"国际"的界定十分重要,因为在一些国家,对于国内仲裁立法有严格的限制,而对于国际仲裁则相对宽松。判断一项争议是否属于国际商事争议,对于相关程序和规则的适用十分重要。对于"国际"的判定,有两项标准:

(1)实质性连结因素标准。这指的是判断一项争议是否具有国际性时,以与争议有实质性连结的因素是否涉外为标准。这些连结因素主要有:当事人的国籍、住所或经常居住地、法人的注册地或主要办事机构所在地等。只要这些连结点具有涉外的性质,争议就属于国际性商事争议。但是,这种判断标准有很明显的缺陷。如果双方当事人所有的商事交易关系及争议都发生于境外,但是所有的连结点都在国内,如具有同一国国籍,在同一国内注册等,依然会被判断为属于国内仲裁的管辖范围,但是争议本身就具有明显的国际性质。

(2)国际性质标准。这指的是只要争议的某一环节具有国际性质,就可以判定争议为国际争议。国际性质标准克服了实质性连结因素僵化的缺陷,可以满足复杂的国际商事交易活动的需要。

在联合国国际贸易法委员会制定的《国际商事仲裁示范法》(以下简称示范法)中,对"国际"做了广义的界定,主要规定在第3条:"仲裁如有下列情况即为国际仲裁:(A)仲裁协议的当事各方在缔结协议时,他们的营业地点位于不同的国家;或(B)下列地点之一位于当事各方营业地点所在国以外:(a)仲裁协议中确定的或根据仲裁协议而确定的仲裁地点;(b)履行商事关系的大部分义务的任何地点或与争议标的关系最密切的地点;或(c)当事各方明确地同意,仲裁协议的标的与一个以上的国家有关。"可见,示范法综合了两种判断标准,在保留连结点标准的基础上也采用了国际性质判断标准,使得"国际"的定义更加广泛。示范法的这种定义方式已经受到多个国际仲裁机构的效仿,可见广义的定义方式体现了对"国际"定义的发展趋势。

2. 商事的界定。对于"国际"的界定决定了争议解决的适用程序和规则,对于"商事"

的界定则决定了相关争议是否可以通过仲裁手段来解决以及通过仲裁作出的裁决能否得到各国的承认与执行。在示范法中，对于商事没有作出明确界定，但在第一条的注释中，作出了一些说明："对'商事'一词应作广义解释，使其包括不论是契约性或非契约性的一切商事性质的关系所引起的事项。商事性质的关系包括但不限于下列交易：供应或交换货物或服务的任何贸易交易；销售协议；商事代表或代理；保理；租赁；建造工厂；咨询；工程；使用许可；投资；筹资；银行；保险；开发协议或特许；合营和其他形式的工业或商业合作；空中、海上、铁路或公路的客货载运。"有关仲裁执行的重要国际条约《纽约公约》，对商事也没有界定，而是交由各国国内法确定，并允许各国作出商事保留。在我国《最高人民法院关于执行我国加入的＜承认与执行外国仲裁裁决公约＞的通知》中，第二条对"商事"做了界定："根据我国加入该公约时所作的商事保留声明，我国仅对按照我国法律属于契约性和非契约性商事法律关系所引起的争议适用该公约。所谓'契约性和非契约性商事法律关系'，具体的是指由于合同、侵权或者根据有关法律规定而产生的经济上的权利义务关系，例如货物买卖、财产租赁、工程承包、加工承揽、技术转让、合资经营、合作经营、勘探开发自然资源、保险、信贷、劳务、代理、咨询服务和海上、民用航空、铁路、公路的客货运输以及产品责任、环境污染、海上事故和所有权争议等，但不包括外国投资者与东道国政府之间的争端。"各方对"商事"的定义都采取列举的方式，并且表示不限于这些形式，表明了商事的定义应当十分宽泛。只要不触及各国经济发展的关键领域，也就是各国作出商事保留的部分，各种经济关系都可以划分到商事关系中。

（二）国际商事仲裁的发展历史

仲裁作为一种解决人们之间民事纠纷的手段，有着悠久的历史。早在公元前621年，古希腊的成文法律中就有仲裁的内容。在公元前5世纪罗马十二铜表法中，也有对仲裁的记载。不过，此时的仲裁尚无专门的法律规则规范，主要依靠道德约束。

仲裁被确立为一种制度始于中世纪。在11世纪，地中海沿岸和意大利各城邦的贸易有了长足的发展，商人之间交易频繁，逐渐产生了商人习惯法，其中就包含着仲裁的内容。当时，处理商人之间争议的机构称为商事法院，由商人们共同选举出的代表进行争议的裁决。虽然称为法院，但是没有国家强权的因素，裁判完全依据当时的商人法，实质上就是商事仲裁。到了十三、十四世纪，随着贸易的发展，出现了国际商事交易，相应的在意大利出现了国际商事仲裁。同时各国的立法中也开始接受将仲裁作为解决争议的有效手段之一。英国在1347年就有关于仲裁的记载。1697年英国议会正式承认了仲裁制度。

随着19世纪末20世纪初国际商事交易的发展，商事仲裁作为一种有效的争端处理方式，越来越得到各国的认可。进入20世纪后许多国家开始在立法中规定仲裁条款，同时许多国际性的仲裁机构开始建立，国际商事仲裁成为解决商事争端的主要手段之一。同时，商事仲裁的适用范围也在逐渐扩大，从传统的贸易领域扩大到了各种争端，例如国家之间的争端或者国家与国民之间的争端等。

(三)国际商事仲裁的分类

1. 依据仲裁机构组成方式的不同,可以将商事仲裁划分为临时仲裁和机构仲裁。

(1)临时仲裁,指的是争议双方在争议发生后,根据双方达成的仲裁协议,各自选出仲裁员组成仲裁庭,进行裁决的方式。临时仲裁庭在争议解决之后即行解散。采用临时仲裁庭的方式解决争议,有以下优点:双方当事人有较大的选择自由,争议解决具有很大的灵活性;双方当事人可以自由选择仲裁地点、仲裁规则、仲裁适用的法律、何时进行仲裁等;临时仲裁成本较低;临时仲裁作出裁决的速度较快,可以以最高效的方式作出裁决。但是,当双方就仲裁的一些关键事项,如仲裁员的选任、仲裁规则的适用无法达成协议时,这种方式就会耗费太大的成本。

(2)机构仲裁,指的是通过根据国际条约或国内立法而设立的仲裁机构,对双方的商事争议进行裁决的方式。仲裁机构一般都有固定的仲裁地点、仲裁规则、组织规则和仲裁员名单等,有丰富的争议解决经验。因此,通过常设仲裁机构解决争议,有以下优点:仲裁机构专业性强,可以为双方当事人提供各种专业服务;仲裁机构有固定的仲裁规则,便于双方当事人选择,尤其在双方只约定仲裁机构,没有约定仲裁规则时,便于达成合意;仲裁机构还提供专业的仲裁员名单供双方选择,免去了双方寻找合适的仲裁员的成本;此外,仲裁机构还可以进行缺席审理和缺席判决,这是临时仲裁庭无法进行的。

2. 根据参加仲裁的主体地位不同,可以分为私人之间的国际商事仲裁和国家与私人之间的国际商事仲裁。

(1)私人之间的国际商事仲裁,是指不同国家的私主体之间进行的仲裁。这里的私人既包括自然人,也包括法人和其他组织。国际商事仲裁中大部分仲裁是属于这一类的仲裁。有些仲裁机构也只接受平等私主体之间的争议解决要求。

(2)国家与私人之间的国际商事仲裁,是指东道国与他国国民之间的商事争议仲裁。二者之间的争议常常由于东道国对他国国民行使行政管理权而引起,但当然也有一部分是国家以私主体的身份参加商事活动而引起的争议。在许多国家,东道国对他国国民的行政管理行为是不能被提交仲裁的。但是,基于一些东道国参加的国际条约的规定,此类争议就可以提交仲裁了。如依据世界银行主持制定的《解决东道国与他国国民间投资争议解决机制》,成立了解决投资争议国际中心,专门负责对东道国与他国国民之间的投资争议进行仲裁。

3. 根据仲裁庭是否必须依照法律作出裁决为标准,分为依法仲裁和友好仲裁。

(1)依法仲裁,是指仲裁员严格依照法律规则的规定作出裁决。仲裁员依据双方当事人选择的仲裁程序和仲裁适用的实体法律进行仲裁。如果当事人没有选择仲裁规则,一般适用仲裁机构的仲裁规则,也有仲裁机构规定:选择本仲裁机构就意味着同意适用本机构的仲裁规则。如果当事人没有选择仲裁适用的实体规则,则根据相应的冲突规则选择适用的法律或者当事人授权仲裁庭选择适用。

(2)友好仲裁,是指在仲裁中,不依据法律进行裁决,而是在当事人的授权下,依据公平、善意、诚实信用等原则作出裁决。友好仲裁完全体现了双方当事人的合意,友好仲裁是对国际商事仲裁当事人自主性的最好体现。但是由于脱离了法律,只按照抽象的原则作出裁决,这也对仲裁员的自身素质提出了更高的要求。除了当事人双方的合意,友好仲裁的进行还需要另外一个条件,就是仲裁地法律不禁止。一般来说,大陆法系立法是允许友好仲裁的存在的;而英美法系态度则不认可或态度不明确。不过大体的趋势是允许友好仲裁的存在。如在英国的司法实践中,就经历了从禁止到允许的过程。

(四)常见国际仲裁机构

1. 全球性国际常设仲裁机构。国际商会仲裁院和解决投资争议国际中心是目前世界上最主要的全球性国际常设仲裁机构。

(1)国际商会仲裁院。国际商会仲裁院是附属于国际商会的全球性国际仲裁机构,成立于1923年,总部设在法国巴黎。国际商会仲裁院具有广泛的国际性因素:国际商会仲裁院的成员来自全球90个国家;仲裁院与秘书处在大约92个国家拥有委员会,保证了选任的仲裁员的素质;秘书处拥有来自29个国家的80多名成员,通晓全世界的各种语言。国际商会仲裁院在国际商事争端解决中发挥着十分重要的作用。从建立时至今,国际商会仲裁院已经解决了超过16 000件争议案件,只在2009年一年,商会仲裁院就解决了817件争议,涉及来自128个国家2 095名当事人。国际商会仲裁院已经成为世界上每年受案最多的仲裁机构。

国际商会仲裁院现在适用的仲裁规则是1998年生效的《国际商会仲裁规则》,其中的费用表2010年5月生效,主要规定了商会仲裁院的管理费、支付仲裁员的费用等。国际商会仲裁院本身并不解决争议。正如其仲裁规则第2条规定的,商会仲裁院只保证规则的正确实施。在当事人提出申请后,如果没有选定仲裁员且无其他约定,则由国际商会仲裁院负责任命一个或多个仲裁员。在任命时,应当考虑仲裁员的国籍、居住地、与当事人或其他仲裁员的关系等因素。仲裁裁决一经作出,就属于终局裁决,对双方当事人有约束力。当事人选择国际商会仲裁院解决争议,就应视为放弃了其他手段的救济,应当认真履行仲裁裁决。

(2)解决投资争端国际中心。解决投资争议国际中心(以下简称中心)是根据1965年的《关于解决国家与他国国民之间投资争端的公约》建立的全球性国际常设仲裁机构。中心是由世界银行投资建立的,总部在美国华盛顿。中心的宗旨是为各东道国与他国国民的投资争议解决提供便利,以促进私人投资的国际流动。中心设有一个行政理事会和一个秘书处,负责中心的工作。截止到2010年12月27日,中心已经拥有157家缔约国。我国于1990年2月9日签署,1993年1月7日经全国人大常委会审议通过,1993年2月6日成为公约的成员国。对于中心的具体制度,以后章节有专门的介绍,此处略。

2. 各国的国际性仲裁机构。世界上一些国家的仲裁院,由于历史久远,经验丰富,在国际商事争端解决领域享有很高的声誉。其中主要有以下几个:

(1)瑞典斯德哥尔摩商会仲裁院。瑞典斯德哥尔摩商会仲裁院(以下简称商会仲裁院)成立于1917年,隶属于斯德哥尔摩商会,但是独立于商会。商会仲裁院成立后主要业务是进行国内仲裁。1970年初冷战时期,美苏为了解决商事争议,基于商会仲裁院的政治中立和良好素质,将双方争议交由商会仲裁院仲裁。从此,商会仲裁院的业务范围开始扩大到国际领域,并开始受到世界各国的认可。除了商会仲裁院本身的良好声誉,瑞典还参加了多个仲裁方面的国际条约且未做任何保留,容易承认和执行他国仲裁裁决。相应地,由商会仲裁院作出的裁决在其他国家也比较容易得到承认与执行。

商会仲裁院下设秘书处和理事会。秘书处负责日常案件管理、活动组织和出版物制作等。秘书处由秘书长领导,成员8人,掌握多种语言。下设三个分部,每个分部设一名律师和一名助理,能够使用英语、瑞典语、俄语、法语或德语对案件进行管理。当事人也可以在组成仲裁庭之后,在仲裁程序中使用其他约定的语言。理事会由一名主席、二至三名副主席以及最多12名其他成员组成,他们来自瑞典国内外且均为国际商事争端解决领域声望卓著和专业水平高超的专家。理事会成员每届任期为三年。理事会的职能是根据斯德哥尔摩商会仲裁院规则做出决定,这些决定的范围涵盖了初步管辖权、仲裁员任命、仲裁员资格异议和仲裁费用等各方面。

商会仲裁院适用多种仲裁规则。首先,商会仲裁院自身有一般的仲裁规则,即斯德哥尔摩商会仲裁院仲裁规则,适用于所有争议。最新的版本于2010年1月1日生效。其次,为了快速解决小规模的争议,如争议金额较小、案情简单的争议,商会仲裁院制定了快速仲裁规则。快速仲裁规则于2010年1月1日生效。最后,由于当事人在商会仲裁院仲裁的过程中,经常选用联合国国际贸易法委员会仲裁规则,商会仲裁院针对此项仲裁规则,专门规定了适用此项规则的程序和服务。这项规定1999年4月1日生效,关于费用的新规定于2004年4月1日生效。

(2)英国伦敦国际仲裁院。英国伦敦国际仲裁院成立于1892年11月23日,原名为伦敦仲裁会,1903年更名为伦敦仲裁院,1981年更名为伦敦国际仲裁院。伦敦国际仲裁院原先由三方——伦敦市政府、伦敦商会、女王特许仲裁员协会——组成的管理委员会管理。在1986年,英国伦敦商会仲裁院成为独立的私人非盈利、担保有限公司,完全独立于当初的建立者三方。现在,仲裁院主要由三部分组成:第一部分,公司。公司是仲裁院的本体所在。公司的董事会由经验丰富、名誉卓著的仲裁专业人士组成。公司董事会负责公司业务的发展和保证公司运作符合公司法的相关规定。对于仲裁案件,公司董事会不干涉,但有时也会发挥作用,如仲裁员的任命等。第二部分,仲裁院。仲裁院是仲裁规则适用的最终解释者。仲裁院主要负责仲裁庭的组成、处理对仲裁员提出的异议以及仲裁成本的控制等。第三部分,秘书处。秘书处主要负责对提交到仲裁院的争议事项的管理。

英国伦敦国际仲裁院具有很高的国际声誉,尤其在海事仲裁方面更是久负盛名。世界各国每年大多数的海事争议都由伦敦国际仲裁院进行裁决。仲裁院拥有一批具有丰富仲裁经验的仲裁员,并且在仲裁员名单中加入了来自世界各地的富有经验的仲裁员。

在仲裁中,如果双方没有指定仲裁员,仲裁院会指定当事人国籍以外国籍的仲裁员担任仲裁员。目前,英国国际伦敦仲裁院适用的是1998年修订的仲裁规则。

(3)瑞士苏黎世商会仲裁院。瑞士苏黎世商会仲裁院是瑞士苏黎世商会下属的一个常设仲裁机构,建立于1911年。与瑞典斯德哥尔摩商会仲裁院的情况相类似,苏黎世商会仲裁院由于瑞士政治中立的立场,而受到不同社会制度的国家的商人的青睐。苏黎世商会仲裁院现在已经成为国际上重要的仲裁机构之一。

苏黎世商会仲裁院受理争议的范围很广,不论当事人的国籍、住所在何处,只要将争议提交仲裁院仲裁,商会仲裁院就有管辖权。由当事人双方协商确定,或者由商会任命的仲裁员组成仲裁庭。至于仲裁规则,为了统一当前瑞士的仲裁规则,苏黎世商会以及巴塞尔商会、伯尔尼商会、日内瓦商会、提契诺商会、沃州商会采纳了统一的《瑞士国际仲裁规则》。因此,仲裁庭将按照《瑞士国际仲裁规则》进行仲裁。现在适用的版本正是2004年1月统一生效的版本。

(4)美国仲裁协会。美国仲裁协会成立于1926年,总部在美国纽约。美国仲裁协会的受案范围十分广阔,主要关注的项目有:索赔、集团仲裁、商业、消费者、电子商务、健康、保险以及劳工问题等。相应地,每一个领域都有对应的仲裁规则。协会还从全国选择了8 000多名各方面的专家担任仲裁员,每个人在相关领域都有丰富的经验。美国仲裁协会在1996年成立了专门的争端解决国际中心,负责处理国际性商事争端。现阶段,争端解决国际中心与43个国家的62个仲裁机构都建立了合作关系,保证了在世界的任何一个地方都可以进行仲裁。争端解决国际中心自成立后,每年都会裁定大量的争端案件。2009年,中心裁决的案件超过800件,成为世界上处理案件最多的仲裁机构。

二、国际商事仲裁协议

(一)概念及表现形式

国际商事仲裁协议是指国际商事争议双方在争议发生前或发生后,达成合意将争议交付仲裁的协议。国际商事仲裁协议体现了双方的意志,是将争议交付仲裁的唯一依据,也是仲裁机构进行管辖的基础。国际商事仲裁协议有三种表现形式:

1. 仲裁条款。仲裁条款是指争议双方在双方商事合同中订立的,将未来发生的争议提交仲裁的条款。这个条款一般是作为格式合同的一部分,双方在签订合同时推荐使用的。仲裁条款是现阶段使用的最广泛的争议解决方式的选择途径。

2. 仲裁协议。仲裁协议是指争议双方在争议发生前或发生后达成的,以仲裁方式解决争议的协议。仲裁协议是双方专门就争议解决达成的协议。实践中,在争端发生前即达成仲裁协议的情况比较少,一般都是在合同中订立仲裁条款。但是仲裁协议可以使双方的争端解决更加高效,节省了再次磋商的成本。

3. 其他方式。这指的是从双方往来的文件中,可以推知双方采取仲裁手段解决争议的意愿时,这些文件可以作为达成仲裁协议的依据。尤其现代随着科技的发展,通过数据电文形式传递意思表示,最后达成合意的情况非常多。通过这些信息,也可以明确知晓双方当事人的意思表示,因此,可以作为达成协议的依据。

(二)仲裁协议的独立性

在多数国际商事合同中,仲裁协议一般以仲裁条款的形式存在。作为合同的一个条款,在合同无效或被撤销的情况下,仲裁协议是否有效就成为一个重要的问题。

根据一般的合同理论,如果合同无效,合同中的条款自然全部无效,合同双方都解除了自身需要承担的责任。但是,仲裁条款是一个例外。仲裁条款本身并不涉及合同的具体内容,而只是规定了双方如果由于合同产生争议,双方采取何种途径解决争议。可见,合同是双方权利义务的基础,而仲裁条款有效的基础在于双方解决争议的合意。仲裁条款置于合同之中,只是出于效率的考虑。因此,在合同无效或被撤销的情况下,丧失的是双方履行合同的基础。只要双方在达成仲裁协议时,没有发生意思表示瑕疵或有其他法律禁止的情形,进行仲裁的合意就存在,仲裁条款就有效。此外,仲裁条款由于是双方的意思表示达成的合意,因此可以排除法院的管辖权。这是由于在商事领域,交易自由、选择自由是最重要的原则,作为国家机关的法院原则上不多加干涉。

当然,仲裁条款的独立性并不是绝对的。仲裁条款对法院管辖权的排除,主要是法院对高效地解决争议的仲裁的认可,并且尊重当事人的选择。但是,法院依然享有对仲裁的监督权。如果仲裁违反一国强行性规定,法院有权宣布仲裁无效,这在各国的仲裁法中都有体现。因此,仲裁条款的独立,只是相对独立。如今,仲裁协议独立已经成为一项具有普遍性的原则。

(三)仲裁协议的内容

仲裁协议,作为将来解决当事人双方争议的主要依据,需要包含以下几项主要的内容。

1. 当事人合意。当事人的合意是指当事人双方同意将争议提交仲裁的意思表示。当事人的合意是进行仲裁的前提条件。因此,在仲裁协议中必须有明确的意思表示,表明双方愿意采取仲裁方式解决争议。此项合意,还需表明,仲裁是双方解决商事争议的唯一途径。否则,既选择仲裁,又选择法院裁判的合意,一般会由于意思表示不明而失去效力。

2. 提交仲裁的事项。提交仲裁的事项是指双方同意将其交由仲裁决断的争议部分。同意提交仲裁的事项在仲裁中是十分关键的因素。这些事项划定了可以仲裁的范围。仲裁庭只能就当事人达成合意、可以仲裁的部分作出仲裁。如果超出了双方同意的范围,就属于超裁,一般依照各国仲裁法,仲裁裁决无效。

3. 仲裁机构。仲裁机构由当事人自主选择。只有当事人约定了由某家仲裁机构进行仲裁,相关仲裁机构才有权进行管辖。在国际商事争议中,有两类仲裁机构可以选择:常设仲裁机构和临时仲裁机构。相关优缺点前面章节有所介绍,此处不再赘述。当然,当事人也可以作出灵活的约定,即如果发生争议则将争议提交被诉国的常设仲裁机构等。这种方式存在一定的风险。例如,有些国家不会认可这类合意的效力,认为约定不明、效力待定。不过这种方式不会影响当事人达成合意,最终明确选择仲裁机构。

4. 仲裁规则。仲裁规则指的是仲裁借以进行的程序。其中包括仲裁员的选任、回避制度,仲裁庭的组成,仲裁的进行方式,裁决的作出方式等。当事人如果在仲裁协议中没有约定仲裁规则,则需要补充约定。对于常设仲裁机构,当事人一般有权选择仲裁机构适用的仲裁规则。仲裁机构按照当事人选择的程序进行裁决。但是,也有些仲裁机构对当事人的选择作出了一定的限制,即规定如果选择此仲裁机构,就意味着适用本机构的仲裁规则。此时,双方当事人就需要对协议作出一定的修改,否则仲裁协议归于无效。

5. 仲裁地点。仲裁地点也是仲裁进行中的一个重要因素。仲裁地点关系到仲裁适用的程序法和实体法。尤其是在双方当事人没有约定或约定不明时,一般适用仲裁地的仲裁法作出裁决。因此,在签订仲裁协议时,双方都争取在本国进行仲裁。因为双方对本国的法律较为熟悉,且较为信任本国的仲裁机构。此外,仲裁地点还决定了作出的裁决的国籍,对仲裁裁决的执行有很大的影响。

(四) 仲裁协议的效力

1. 仲裁协议的有效要件。仲裁协议的有效要件是指一项仲裁协议有效必须具备的一些条件。如果不具备,则仲裁协议无效。这些条件一般是法定的,不允许当事人约定排除。其主要有以下几项:当事人具备相应的民事行为能力、意思表示真实、协议采用书面形式以及争议的事项具有可仲裁性。

(1) 当事人具备相应的民事行为能力。当事人双方签订仲裁协议的行为属于法律行为,必须具备相应的民事行为能力。民事行为能力是合同有效的基础条件,仲裁协议也不例外。争议双方具备相应的民事行为能力,已经成为各个仲裁机构在判断是否可以进行仲裁时,首先需要考虑的因素。在仲裁协议的承认与执行阶段,各国一般也会首先考查这个因素来确定仲裁协议是否有效。

(2) 意思表示真实。仲裁协议是争议双方针对未发生或已发生的争议,达成的以仲裁手段解决争议的合意,其中意思表示是关键因素。如果意思表示存在瑕疵,很有可能影响仲裁协议的效力。但是,对此项的解释标准正在逐渐放松。对于意思表示,一般认为轻微的瑕疵不影响仲裁协议的效力,只有在出现欺诈、胁迫或乘人之危等情况时,才会被认为表示不真实,因此仲裁协议无效。在一些情形下,如双方约定既裁又审,或者约定对仲裁协议可以起诉等,一般不会直接归于无效。而是给予双方修改仲裁协议的机会,或者认为不符合规定的部分无效,其他部分依然有效。

(3) 采取书面形式。仲裁协议必须可以清楚、准确地反映当事人双方的意愿。另外,仲裁协议是当事人将争议提交仲裁的依据,并且是仲裁机构进行管辖的基础,因此,仲裁协议必须具备严格的形式。仲裁机构都要求仲裁协议采取书面形式,否则无效。一些国际条约还对书面形式作出了界定,可见其重要性。传统对书面形式的规定,局限于"往来函电",随着时代的发展显然已经无法满足实际经济交往的需要。现阶段,对于书面,一般作广义的解释:只要可以推知双方当事人之间有通过仲裁解决争议的合意,且双方都没有反对,即可被认为满足了书面的要求。例如,《国际商事仲裁示范法》中就规定,如果一方当事人声称有仲裁协议并提起仲裁,而他方当事人没有提出异议并接受了仲裁,即可认为存在"默示的"书面合同。

(4)争议事项具有可仲裁性。争议事项具有可仲裁性是指当事人双方提交仲裁的争议事项是可以通过仲裁手段解决的。争议事项的可仲裁性在两方面具有重要的意义。一方面,争议事项的可仲裁性决定了仲裁协议的有效性;另一方面,争议事项的可仲裁性还决定了作出的仲裁裁决能否得到承认与执行。对于商事争议,一般没有太大的限制。一些国际条约只对非商事争议作出了一定的可仲裁性限制。对于争议事项的限制较多的,一般是各国的国内法。各国出于公共政策的考虑,一般会对一些事项规定不可进行仲裁。例如我国仲裁法规定,对于婚姻、收养、监护、扶养、继承纠纷和应当由行政机关处理的行政争议不能提交仲裁。不过,各国对于争议事项的可仲裁性问题的限制也在逐步放松,传统上认为不可仲裁的事项逐步向可仲裁过渡。对于不可仲裁的事项,也有主张认为可以细化,将可以仲裁的部分分离出来,赋予其可仲裁性[①]。

2. 仲裁协议效力的认定。

(1)认定机构。对于仲裁协议效力的认定,主要涉及三种机构:仲裁机构、仲裁庭和法院。

有些国家立法规定仲裁机构有权决定仲裁协议的效力。我国法律也规定,对于仲裁协议效力有异议的,可以向仲裁委员会提出。因此,当事人如果对仲裁协议的效力有异议,则可以向仲裁机构提出,由仲裁机构作出协议是否有效的决议。

大部分国家或国际商事仲裁立法都规定,仲裁庭有权决定仲裁协议是否有效。这就是所谓的"仲裁管辖权自裁"原则。仲裁庭的管辖权由自身决定,主要是出于方便的考虑,但是却有着无法克服的理论缺陷。接下来详细讨论。

各国对法院决定仲裁协议效力的权利都没有异议。而且当仲裁庭与法院认定的意见不同时,以法院的意见为准。这是对一国司法主权的尊重。

(2)认定的理论基础。在当前的讨论中,对于仲裁协议效力的认定,一般认为由仲裁庭决定。主要理论基础在于所谓"仲裁管辖权自裁"原则。这个"原则"存在的基础只是有利于商事争端的解决。但是,这个说法本身并不足以成为一个实际的原则。因为管辖权自裁对于仲裁庭来说,有着无法克服的理论缺陷。

关于"仲裁管辖权自裁"的理论,主要有两种解释,但是都存在着明显的缺陷。首先是"合同授权论",指的是仲裁是当事人合意的产物,仲裁庭对自身的仲裁管辖权的决定权,就是出于当事人的授权。但是,这里存在着重大逻辑缺陷。在仲裁协议被判定无效的情况下,仲裁庭借以获得授权的基础也就消失了,以此推之,仲裁庭就没有权利作出任

[①] 杜新丽. 国际民事诉讼与商事仲裁[M]. 北京:中国政法大学出版社,2009:189.

何判断,那么仲裁协议依然效力不明。这就进入了一个无法出离的理论怪圈。其次是"法律授权论",是为了避免合同授权论的缺点而出现的。法律授权论认为仲裁庭的权利,不是来源于当事人授权,而是来源于法律,尤其是各国仲裁法的规定。这种说法,回避了当事人合意的问题。而仲裁中最关键的因素就是当事人的合意,整个仲裁的进行,几乎完全在当事人的选择下进行。尊重当事人意志是仲裁最主要的特点,不应当回避。此外,在对仲裁协议效力作出判断时,还未涉及法律适用的问题,不论是程序法还是实体法。因此,以法律授权来解释,也颇为牵强。

仲裁庭的自裁管辖权在理论上是说不通的。解决这个问题,其实很简单,只需要将仲裁庭改为仲裁机构即可,从整个程序的进行就可以解释这个理论。当事人在就争议达成仲裁协议后,便将争议提交仲裁机构进行仲裁。此时,仲裁机构需要有一个审核的过程,用来决定是否接受。只有接受申请,才会开始仲裁程序。此处的审查仅仅是前置程序,也就是此时,才会有仲裁机构的自裁管辖权。仲裁机构有权决定是否可以成立仲裁庭审理此项争议。此处的自裁管辖权就是立足于当事人的授权,当事人选择某个仲裁机构,当然就赋予了其对此事项进行判断的权利。如果仲裁机构认为可以接受申请,可以进行仲裁,才会有仲裁庭的组成等程序。因此,自裁管辖权存在于仲裁程序之外,与仲裁庭无关。

三、仲裁程序

(一)仲裁当事人

仲裁当事人指的是参加仲裁的当事人,其中包括两个问题,一个是当事人适格问题,另外一个是第三人的问题。

1. 当事人适格问题。当事人适格指的是在仲裁中可以成为当事人的资格。其主要包括以下几方面:

(1)与争议有着直接的利害关系。只有与争议有直接利害关系的人,才可以作为当事人参加仲裁。因为仲裁的秘密性是仲裁的优点之一,仲裁应当保证仲裁内容不为外人所知,因此,应当尽量限制可以参加的当事人的范围。对于争议有直接利害关系的人,相关利益很有可能受到仲裁裁决的影响,因此,必须参加。

(2)以自己的名义参加仲裁。只有以自己的名义参加仲裁的一方才是适格当事人。这样,就与代理当事人的代理人区别开来。当事人以自己的名义参加仲裁,并承担仲裁裁决结果。

(3)自己承担仲裁裁决的后果。参与仲裁的适格当事人应当自己承担裁决的后果。因为只有适格当事人才能达成仲裁的合意,承担仲裁裁决的后果是合意的必然产物。

2. 第三人问题。第三人指的是在仲裁之外存在的、与仲裁结果有利害关系的第三方当事人。对于在仲裁中,第三人是不是仲裁当事人的问题,有两种截然不同的观点。一方认为仲裁第三人不是仲裁协议的第三人,但是可以成为仲裁的第三人,并且可以用仲裁协议的效力扩张来解释。另一方则认为仲裁中的当事人就是达成仲裁协议的双方当事人,不存在第三人。各国立法也没有规定第三人问题。虽然第三人与仲裁结果有利害关系,但是并没有参加仲裁协议,没有达成进行仲裁的合意。因此,第三人并不存在参加仲裁的基础。

  此时还是应当回归仲裁的基本属性来考虑,即当事人的合意。在通常情况下,并不存在第三人参加仲裁的理论基础。因此,在一般情况下,第三人并不能作为第三人参加仲裁,只能在争议解决后,向其他机关提出其他救济措施。此外,还有一种方式,就是第三人与双方当事人达成协议,双方同意第三人参与仲裁。此时就应当充分尊重当事人的意思自治,允许第三人参加诉讼。

(二)仲裁的审查与受理

  1. 仲裁的申请。仲裁的申请,指的是在国际商事交往关系中,发生了争议事项后,当事人双方根据已经达成的协议,将争议提交仲裁的行为。申请是进行商事仲裁的第一步,也是必需的一步。但是,存在进行仲裁的协议并不意味着当事人只能进行仲裁。如果双方改变意愿而将争议提交法院审理,或者一方向法院提起诉讼,另一方进行了答辩,双方就可以通过诉讼程序解决争议。如果一方将争议提交法院审理,而另一方依据仲裁协议提出仲裁申请并以此向法院提出抗辩,此时法院应当终止审理,由仲裁机构对争议进行裁决。

  当事人提出进行仲裁的请求时,应当满足一些条件。一般的仲裁机构对此都有明确的规定。一般包括:首先必须证明存在仲裁协议;当事人请求明确、具体;提出请求的当事人对事实应当有明确的陈述,并且应当提供必要的证据。此外,当事人还应对程序的进行提供一定的协助,如指定仲裁员等。

  2. 仲裁的答辩。仲裁的答辩指的是国际商事仲裁中的被申请人,为了维护自身利益,针对申请人提出的请求,作出自己的答复和辩解的行为。被申请人答辩的内容,其实与申请人的申请书的内容相类似,只是需要针对申请人的请求作出答辩。被申请人的书面答辩,一般有时间的限制。但是,除了开庭仲裁之前的书面答辩,被申请人还可以在开庭时作出书面或口头答辩。被申请人不作答辩,不影响仲裁程序的进行。

  此外,被申请人答辩时,已经进入了仲裁程序,需要对仲裁机构的程序提供一定的协助,也是为了更好地维护自身利益。如仲裁员的选任、仲裁员的回避申请、对管辖权提出异议等。这些请求可以单独提出,也可以将其附于答辩书中。

  3. 仲裁的受理。仲裁的受理是指仲裁机构对当事人一方的申请作出审查后,决定接受当事人的申请,并开始准备进行仲裁裁决的行为。仲裁机构一般要进行以下审查:首先,需要审查仲裁协议是否有效。仲裁协议是进行仲裁的基础,若无效则不可以进行仲裁。其次,要根据仲裁协议判断仲裁庭是否有管辖权。之后,就属于仲裁机构依照自身的规定进行审查。例如申请是否超过时效、手续是否齐备、是否缴纳了费用等。

  除此之外,仲裁机构还应当承担适当的通知义务,如通知双方及时选定仲裁员、提交答辩文书等。

4. 仲裁的反请求。仲裁的反请求指的是仲裁的被申请人提出的、与申请人的仲裁有直接联系的、独立的仲裁请求。被申请人的反请求是针对申请人的请求作出的,目的在于抵消申请人的仲裁请求。但是,反请求与对申请人的答辩不同,答辩要完全针对申请人的请求,而反请求则无须完全一一对应。申请人的请求与被申请人的反请求主要在于目的的对立。只要可以抵消申请人的请求,任何形式都可以。

在提出反请求时,被申请人要提交相应的书面文件以及相关证据。由于反请求是独立的请求,即使两个请求合并审理,一起裁决,还是要作出两个仲裁裁决。

(三)仲裁员与仲裁庭

1. 仲裁员。好的仲裁员是仲裁得以顺利进行的保证。可以说,一次仲裁的成败或效果,很大程度上取决于仲裁员。因此,仲裁员的资格与行为准则就成为争议双方十分关注的因素。

(1)仲裁员的资格。对于仲裁员的资格,大部分国家并没有作出特殊的限制,只要是完全民事行为能力人,都有资格成为仲裁员。但是在实践中,对仲裁员都会有一些特殊的要求。

第一,仲裁员一般只能由自然人担任。即使法律对法人担任仲裁员没有禁止,法人依然需要依靠自然人的代表,才可以发挥作用。因此,法人本身无法担任仲裁员。

第二,出于公正的考虑,在行政机关或司法机关中工作的人员一般不可以担任仲裁员。这是对担任仲裁员的身份限制。这些机关中的人员,由于享有一定的权力,很容易对仲裁产生不利的影响。

第三,由于国际商事争议的专业性较强,当事人在选择仲裁员时,一般会选择相关领域的专家,这就要求仲裁员具备一定的专业素质。我国仲裁法对此有明确的规定,也是少数的对仲裁员资格作出严格限制的国家。仲裁法第13条规定:"仲裁委员会应当从公道正派的人员中聘任仲裁员。仲裁员应当符合下列条件之一:(一)从事仲裁工作满八年的;(二)从事律师工作满八年的;(三)曾任审判员满八年的;(四)从事法律研究、教学工作并具有高级职称的;(五)具有法律知识、从事经济贸易等专业工作并具有高级职称或者具有同等专业水平的。"

(2)仲裁员的行为准则。在仲裁的过程中,仲裁员主导着仲裁的进行,仲裁员的行为会对争议双方的利益所产生重大的影响。因此,仲裁员应当具有较高的行为水准。

第一,公正。接受当事人任命的仲裁员应当始终保持公正与独立。在接受任命前应当及时向当事人披露自己与当事人双方可能具有的利害关系,交由当事人决定是否继续任命。即使在仲裁中,才发现有利害关系也要及时披露。在仲裁中,要公正地对待双方,不与任何一方有私下的交流。只有在双方同时在场或双方同意的情况下,仲裁员才能与当事人交流。

第二,勤勉、审慎。仲裁员在进行仲裁时,必须尽力为双方解决争议,将解决好争议作为自己的唯一目标。如果发现自身无力解决争议时,应当及时向当事人提出,由当事人决定是否替换仲裁员。在处理争议时,仲裁员应当谨慎,尽到足够的注意义务。

第三,保密。当事人之所以选择仲裁途径解决争议,其中一个重要原因就是仲裁的私密性。采取仲裁手段可以防止争议双方商业秘密的泄露。因此,仲裁员在仲裁时也应当时刻注意保密问题。

2. 仲裁庭。仲裁庭是由仲裁员组成的,解决当事人之间争议的组织。有关仲裁庭,主要涉及两个问题,一个是仲裁庭的管辖权问题,一个是仲裁庭的权利义务问题。

(1) 仲裁庭的管辖权。仲裁庭的管辖权的核心问题是仲裁庭能否对自身的管辖权作出决定。仲裁庭的管辖权存在的重要依据就是仲裁协议的存在。可以说仲裁协议的效力直接决定了仲裁庭是否有管辖权。这个问题,在前面有所讨论,此处不再赘述。仲裁庭自身拥有对自身管辖权的决定权,在理论上是说不通的。在国际实践中,由仲裁庭决定自身的管辖权完全是出于效率的考虑。我国法律规定,如果对仲裁庭的管辖权有异议,当事人可以提交仲裁庭或法院决定,一方提交仲裁庭,另一方提交法院决定的,由人民法院裁定。我国的法律规定受到了许多批评,大多数的理由是与国际通行的原则不相符合,但这并不是一个有力的批评。因为所谓的"国际通行的原则"就是"管辖权自裁原则",本身并没有合理的理论支持。从实践角度来说,采取通行做法有一定的益处,但是从理论角度来说,应当选择有坚实基础的理论。

(2) 仲裁庭的权力与义务。仲裁庭的权力主要来自当事人的授权和仲裁所适用的仲裁规则,主要包括以下权力:

第一,决定仲裁程序。这里指的是如果当事人双方没有约定,仲裁庭就拥有较大的自由裁量权,有权决定仲裁过程中的程序事项。这对于仲裁的高效解决无疑是十分重要的。

第二,事实认定与证据收集。仲裁庭有权对当事人双方提交的事实和证据进行认定。在认定的过程中,仲裁庭可以指定专家就相关事项提出报告。在证据收集中,仲裁庭可以要求相关法院进行配合。如果认为必要,仲裁庭还可以自行搜集证据。

第三,发布中间措施。在仲裁过程中,仲裁庭可以作出证据保全、财产保全以及通过其他方式在仲裁程序结束前保持现状的裁定。这些措施就是中间措施[①]。这些措施对于仲裁的顺利进行和执行十分必要。

第四,作出仲裁裁决。当事人双方将争议提交仲裁的目的就是有一个合理的争议解决结果,仲裁庭最终有权作出终局裁决。除了争议事项,仲裁庭还有权就仲裁费用及分担问题作出裁决。虽然仲裁裁决是终局性的,但是如果裁决中有漏裁、书写错误或计算错误的问题,当事人有权要求追裁或书面更正。

仲裁庭的义务主要来自当事人的要求、法律的规定,主要有以下几种:

[①] 杜新丽. 国际民事诉讼与商事仲裁[M]. 北京:中国政法大学出版社,2009:226.

第一,决定仲裁范围。当事人将争议提交仲裁庭之后,仲裁庭需要根据双方的仲裁协议对仲裁范围作出界定。这是仲裁庭成立后的首要工作。仲裁协议反映了当事人的要求,因此,仲裁庭就是按照当事人的要求进行工作。此外,当事人的其他要求,只要符合法律规定和仲裁规则,仲裁庭都要遵守。

第二,公正地审理案件。这是大多数的仲裁规则对仲裁庭的要求。仲裁庭应当公正地审理双方的争议,平等对待双方当事人。

第三,及时作出裁决。这既可能是当事人的要求,也可能是仲裁规则的要求。当事人可以约定在多长的期限内作出裁决。而仲裁机构的仲裁规则中对仲裁裁决作出的时限一般有明确的规定。

(四)仲裁的审理

1. 法律的适用。在仲裁中,法律的适用主要包括三种法律规则的适用,即仲裁规则的适用、仲裁程序法的适用以及仲裁实体法的适用。如果当事人对这三种规则都有了明确的约定,则依照当事人的约定即可;如果没有约定,则由仲裁庭自由裁量。以下简要说明自由裁量如何进行。

(1)仲裁规则。仲裁规则的自由裁量较为简单,因为常设仲裁机构一般都有自身的仲裁规则,如果当事人没有作出约定,则适用本机构的仲裁规则。有些仲裁机构甚至规定,选择本机构进行仲裁,就意味着采用本机构的仲裁规则。

(2)仲裁程序法。仲裁程序法指的是国家制定的,用以规范仲裁行为的法律规则。仲裁程序法并不一定是一部法律,很可能散存于各种法律之中。当事人没有约定仲裁程序法时,仲裁庭也可以自由裁量。一般根据国际私法上的"场所支配行为"原则,仲裁庭会选择适用仲裁地的仲裁程序法。在实践中,这种做法也较为常见。因为依据仲裁地的仲裁程序法作出的裁决容易得到仲裁地所在国的支持,并且可以避免出现选用的法律违背当地强行性法律规定的风险。此外,仲裁庭也可以适用仲裁地所在国以外的国家的仲裁程序法。因为只要不违反仲裁所在地强行性规定,仲裁庭并无义务适用仲裁所在地国家的仲裁程序法。

(3)仲裁实体法。如果当事人没有选择仲裁实体法,仲裁庭有权自主选择。根据传统的方式,仲裁庭会按照冲突规则选择实体法,不论是仲裁地的冲突规则还是仲裁员自认为合适的冲突规则。随着实践的发展,仲裁员逐渐开始抛开冲突规则直接选用实体法。这样,不仅程序变得简易灵活,而且更有利于考虑到争议的实际情况,从而选用最为有效的法律来解决双方争议。

2. 审理方式。仲裁进行审理的方式主要有两种,一种是开庭审理,一种是书面审理。

(1)开庭审理。开庭审理是商事仲裁进行的最为常见的模式。采取开庭审理方式进行审理时,仲裁庭首先确定开庭的日期,然后通知各方和相关人员,以便做好相应的准备。开庭时,当事人可以自己参加,也可以由代理人参加。

对于审理的公开问题,各国规定都不太相同。基于仲裁的基本立场,一般不会公开。

但是如果当事人协议要求公开,也可以进行公开审理。

(2)书面审理。书面审理是指双方在仲裁庭规定的时间内,将所有必需的材料提供给仲裁庭,仲裁庭仅依据这些材料作出裁决,双方当事人不作口头陈述的审理。对于书面仲裁的具体程序和方法,由当事人约定。如果当事人没有约定,仲裁庭可以根据仲裁程序或仲裁机构自身的相关规定作出裁决。

在实践中,一般的程序是:先由双方当事人向仲裁机构提交有关事实的相关材料,然后提出自己的意见,并附上证明材料;仲裁庭将有关材料副本转交给对方当事人,双方作出答辩意见,提交给仲裁庭。仲裁庭还有权要求双方补交材料或补充证据,还可以要求相关专家提供专业意见。最后根据这些材料作出裁决。

(五)仲裁的裁决

仲裁的裁决指的是仲裁庭经过对争议事实的审理,得出结论性意见的行为。仲裁的裁决是仲裁程序的最后阶段。以下从三个方面对仲裁的裁决作出介绍。

1. 仲裁裁决的种类。

(1)根据仲裁裁决的内容和效力,可以把仲裁裁决分为中间裁决、部分裁决和最终裁决。

中间裁决,指的是仲裁庭在仲裁程序进行中,就仲裁的程序事项、法律适用等问题作出的一种裁决。中间裁决不涉及最终的仲裁裁决,但对最终的裁决有一定的影响。

部分裁决,是指在仲裁程序进行中,仲裁庭就部分事项作出的裁决。一般是由于这部分事实清楚,可以作出最终裁决时作出的。部分裁决等同于这部分的最终裁决,在最后的裁决中,对这部分事实争议不会再做裁决。

最终裁决,指的是仲裁程序进行到最后所进行的裁决。这时的裁决针对的是所有的争议事项,作出的裁决是终局性的。

(2)从当事人是否出席仲裁程序以及是否行使辩护权划分,可以将仲裁裁决分为缺席裁决和对席裁决。

缺席裁决,指的是当事人没有参加仲裁程序或没有完全参加仲裁程序,没有行使辩护权,最后作出的裁决。大多数的仲裁机构仲裁规则都规定,一方当事人的缺席,不影响仲裁裁决的作出。

对席裁决,就是指双方都出席了仲裁的审理程序,并且行使了自我辩护权,最终作出的裁决。

(3)从裁决是否反映了当事人合意的角度,可以将仲裁裁决分为合意裁决和非合意裁决。

合意裁决,指的是仲裁庭依据双方当事人达成的和解协议或仲裁调解协议最终作出的裁决。这是结果最好的裁决。不仅鼓励双方采用仲裁手段解决争议,而且不会损害双方友好的商事关系。

非合意裁决,指的是不依当事人的和解协议或仲裁调解协议作出的裁决。实践中,最广泛存在的还是非合意裁决。

(4)从仲裁裁决之间补充与被补充的关系划分,可以分为补充裁决与被补充裁决。

补充裁决,指的是仲裁庭针对已经作出的裁决中的漏洞而作出的裁决。这些漏洞可能是漏裁或者文字上的错误,或者计算错误等。

被补充裁决,指的是仲裁庭先前作出的,由补充裁决弥补漏洞的裁决。

2.仲裁裁决的形式与内容。

(1)仲裁裁决的形式。在世界大多数仲裁机构的仲裁规则中都有明确规定,仲裁裁决必须以书面形式作出。书面形式是有效仲裁裁决的载体。当然,也有一些例外。例如在英国的仲裁法中就规定,当事人可以自由约定仲裁裁决的形式。若当事人没有约定,才适用书面形式。

此外,在仲裁裁决中还应当包括全体或部分仲裁员的签名。一般来说,仲裁协议上需要有全体仲裁员的签名,例外的情况是多数仲裁员签名即可。还有极少数国家有特别的规定,如斯德哥尔摩商会仲裁院的仲裁规则第32.3条规定:"在双方当事人同意的情况下,可以由首席仲裁员在仲裁裁决上签名。"由于仲裁员签名并不是强制性义务,实践中会出现持不同意见的仲裁员拒绝签名的情况,此时必须在裁决书中说明原因。至于持不同意见的仲裁员的主张能否记录在仲裁裁决中,各国有不同的态度。一种认为仲裁员的不同意见不能记录在仲裁裁决中。但是可以将其意见以单独文件的形式交付双方当事人,但此类文件不是裁决的一部分。另一种意见认为,可以将其不同意见记录在仲裁裁决中。我国即采用这种方法,将不同意见作成附卷,包含在裁决中。

(2)仲裁裁决的内容。对于仲裁裁决的内容,各国立法和各仲裁机构的仲裁规则都不尽相同,但大体上都包括以下方面:当事人的情况、仲裁程序、基本案情和裁决事项、裁决理由以及裁决结果等[①]。

当事人的基本情况指的是参加仲裁的当事人的名称、地址等基本情况,以及是否有代理人,或者其他仲裁程序的参加者等。

仲裁程序指的是仲裁程序所适用的仲裁规则、仲裁程序法以及仲裁实体法的情况。此外,还包括程序适用中的仲裁员的选任、回避问题,仲裁庭的组成问题等。

基本案情和裁决事项是裁决进行中的主要部分。基本案情包括争议的事项,发生争议的时间、地点、经过,以及双方主要的争议等。裁决事项包括对争议的审理过程、双方的陈述、最终对争议点的归结和判断等。

裁决理由是仲裁庭对所作裁决的根据的说明。这也是仲裁裁决的主体部分。只有存在合理的仲裁理由,仲裁裁决才能为当事人所接受。对于争议事项和裁决理由,有些当事人出于保密性考虑,要求在裁决书中作简化处理,仲裁庭也可以简写或不写。

---

①杜新丽.国际民事诉讼与商事仲裁[M].北京:中国政法大学出版社,2009:254.

裁决结果,就是最终的仲裁裁决,是仲裁程序中最重要的部分。在仲裁结果中,应当写明对争议事实的认定及评价,对当事人双方权利义务的判断,及最终仲裁庭的结论。仲裁裁决的结果也是进行仲裁的根本目的所在。

3. 仲裁裁决的效力。仲裁裁决的效力包括裁决的既判力和执行力。仲裁裁决一旦作出,就对法院和当事人产生确定的效力,法院不应再次受理此项争议,当事人也不得再就此项争议提起诉讼。执行力指的是裁决作出后,就具有可以强制执行的效力。裁决的执行力保证了裁决效果的实现。

(1)裁决的既判力。裁决的既判力指的是终局裁决形成之后所具有的基准性和不可争议性。裁决的既判力对仲裁来说是十分重要的。仲裁裁决的既判力保证了仲裁成为高效解决争议的途径。同时,裁决既判力的存在还是对仲裁的权威的认可,证明了仲裁与法院判决具有同等的效力。

裁决的既判力对仲裁的各方参与人和第三人都有重大的影响。对法院来说,对于已经由仲裁机关作出裁决的争议,法院不得再行受理,除非有法定情形出现;对于双方当事人来说,针对同一项争议,不得以相同理由再次提起诉讼或提交仲裁。此外,裁决对当事人之间以后争议的解决也会产生一定的影响。虽然一次仲裁结束后,不会形成判例,但是对于相同的争议双方,仲裁庭在裁决的时候,会在一定程度上受到先前裁决的影响,防止出现与以前裁决相矛盾的裁决。

(2)裁决的执行力。裁决的执行力指的是仲裁庭作出的仲裁裁决具有可强制执行的效力。如果仲裁裁决没有执行力,那么整个仲裁程序就失去了意义。在仲裁裁决作出后,如果当事人认真履行,则不存在实现裁决的执行力问题。只有在一方当事人拒绝履行仲裁裁决中确定的义务时,另一方当事人才会依据裁决的执行力,要求对仲裁裁决强制执行。由于仲裁机构没有强制执行的权力,因此,在世界各国的立法中,一般由法院来对仲裁裁决进行强制执行。

4. 仲裁裁决的撤销。仲裁裁决具有终局性,是针对仲裁双方的争议来说的,并不意味着仲裁裁决不可触动。如果出现了法定情形,则当事人有权申请撤销仲裁裁决。

(1)撤销机关。对仲裁裁决的撤销,一般由法院进行,体现了司法对仲裁的监督作用。但是应当由哪国法院对仲裁裁决行使撤销权,各国有不同的规定。其主要有两种模式:

第一,由仲裁地法院对仲裁裁决行使撤销权。这主要是国际私法"场所支配行为"原则的体现。对于发生在本国境内的仲裁行为,本国法院当然的享有管辖权。大部分国家的立法都采取这种模式。

第二,程序准据法国家的法院对裁决有撤销权。[1] 德国和法国曾经主张此类模式。由于法院撤销时,多针对裁决作出中的程序性瑕疵,因此,由程序准据法国家的法院作出

---

[1] 刘晓红,袁发强. 国际商事仲裁[M]. 北京:北京大学出版社,2010:294.

撤销更加合理。

此外,还有一些国家规定,当事人可以协议排除对仲裁裁决的撤销或对其作出一定的限制。

(2)撤销的理由。法院可以对仲裁庭作出的裁决进行撤销,这体现了法院的监督权。但是,法院的监督范围不能过大。如果法院对裁决的所有因素都进行审查并作出判断,那么法院就完全替代了仲裁庭的作用。因此,对于仲裁裁决的审查,一般只限于仲裁中的程序性问题,对于实质性争议处理不做审查。当事人可以提出撤销仲裁裁决的理由主要有以下几方面:

第一,有关仲裁协议的问题。其中包括仲裁协议无效和仲裁程序违反仲裁协议的约定。仲裁协议是进行仲裁的基础。如果协议无效,仲裁庭根本没有管辖权,更不会涉及裁决的问题。当事人的合意是仲裁中的关键因素。如果仲裁程序违反当事人在协议中的约定,作出的仲裁裁决也无效。

第二,仲裁的程序性问题。其中包括仲裁庭的组成不当和仲裁裁决越权等问题。仲裁庭组成不当是指组成仲裁庭的人员和方式不符合法律规定或当事人的约定。仲裁庭组成不符合法律规定包括仲裁员应当回避而没有回避,仲裁员直接由仲裁机关任命而忽视当事人的意见等;在当事人之间的仲裁协议中,如果有关于仲裁庭组成人员和方式的约定,必须从其约定。

仲裁裁决越权指的是仲裁庭的裁决范围超出了当事人的争议范围。仲裁庭的权力来源于当事人的约定授权,仲裁庭只能在授权的范围内进行仲裁。当事人授权的范围就体现在双方的仲裁协议中,主要针对争议的解决。因此,争议范围就是仲裁庭的权力范围。超出当事人争议范围之外的裁决无效。

此外,法院对仲裁裁决行使监督权时还要考虑争议事项的可仲裁性和本国的公共政策。这两项都是由本国的法律确定的。由于各国的差异,对于仲裁范围的界定也不同。在一些国家可仲裁的争议,在另一个国家也许就不可以进行仲裁。还有,仲裁裁决可能会影响一国的公共政策。这两项审查,不需要当事人提出,法院可以自行进行审查。

四、外国仲裁裁决的承认与执行

在国际商事仲裁中,在一国作出仲裁裁决,而在另一国执行裁决的情况十分常见。执行地的法院首先要对仲裁裁决进行承认,之后才会有执行的问题。

(一)承认与执行外国仲裁裁决的依据

1. 外国仲裁裁决的认定。对于外国仲裁裁决,从一国角度来讲就是涉外仲裁裁决。对于仲裁裁决"涉外性",各国法律没有明确的认定标准。不过我们参考我国《关于适用<中华人民共和国民事诉讼法>若干问题的意见》中关于"涉外民商事案件"的界定,可以得出以下几个标准:①争端一方或双方为非内国人;②当事人之间的商事关系的设立、变更或消灭有一项发生在国外或具有其他涉外因素;③当事人之间争议的标的物在国外。只要具备其中一项就可称为具有涉外因素。可见,关于"涉外性"的认定,应当尽量广泛。对于外国仲裁裁决的认定,需要两点:第一,在一国国内作出;第二,仲裁的事项具有涉外性。

2. 承认与执行外国仲裁裁决的依据。

(1)国内法。由于仲裁裁决最终需要在内国执行,承认与执行外国仲裁裁决的依据首先就是国内相关法律。在实践中,各国对外国仲裁裁决依照本国法律进行审查时,一般只针对程序性问题进行司法复审,一般不涉及实体问题。在进行司法复审时,一般依据的是本国的民事诉讼法和仲裁法。

(2)执行地国缔结或参加的国际条约。仲裁执行地国参加或缔结的国际条约也是本国承认与执行外国仲裁裁决的重要依据。其中,影响最大的是《纽约公约》。该公约规定了各缔约国,除了公约规定的情形外,不得拒绝承认与执行外国仲裁裁决。此外,如果各缔约国的国内法与纽约公约的规定发生冲突,则适用纽约公约的规定,除非各缔约国在缔约时作出了一定的保留。

(二)承认与执行外国仲裁裁决的程序和条件

各国对于外国仲裁程序的承认与执行,一般依据本国的民事诉讼法或仲裁法,各国的规定各不相同。以下以《纽约公约》为例说明对外国仲裁裁决的承认与执行程序。

依照《纽约公约》第四条的规定,申请人只需要向执行地国的法院提交原仲裁裁决的正本及正式副本,以及仲裁协议的正本及正式副本,执行地国的法院查证无误就要予以承认和执行。如果裁决或仲裁协议使用的文字不是执行地所在国的文字,则申请人需要提供相关的译本。此外,《纽约公约》第三条还规定,执行地国在承认和执行外国仲裁裁决中,不得较承认与执行国内仲裁裁决附加更加严苛的条件或收取更多费用。

对于承认与执行外国仲裁裁决的条件,《纽约公约》只进行了逆向规定,即除非出现以下情形,否则所有执行地所在国都不可以拒绝外国仲裁裁决的承认与执行,主要有以下几点:

1. 订立仲裁协议的当事人依据所适用的法律,为无民事行为能力人;或者仲裁协议依据双方当事人选定的准据法无效,当没有选定准据法时,依裁决地所在国法律无效。

2. 被申请人没有接到关于仲裁员的选任或仲裁程序的适当通知,或者因故未能陈述其观点。

3. 仲裁庭仲裁的事项超出了当事人双方交付仲裁的事项范围;但是如果当事人交付仲裁的事项与未交付仲裁的事项可以区分的话,关于当事人交付仲裁的部分的裁决依然有效。

4. 仲裁庭的组成或仲裁程序与当事人之间的约定不符;如果没有此项约定,与仲裁地国的法律不符。

5. 仲裁裁决对当事人还没有产生拘束力,或者已经被仲裁地国的主管机关,或仲裁所依据的法律的国家的主管机关撤销。

当然,如果仲裁执行地国的法院认为当事人提交承认与执行的仲裁裁决属于不可仲裁事项,或者执行此项仲裁裁决与执行地国的公共政策相违背,执行地的法院也可以拒绝承认与执行此项外国仲裁裁决。

(三)外国仲裁裁决在我国的承认与执行

外国仲裁裁决在我国的承认与执行分为两类,一类是在《纽约公约》项下裁决的执行,一类是非公约裁决。对于第一类外国仲裁裁决,按照纽约公约的规定进行承认与执行;对于第二类外国仲裁裁决,则依据我国民事诉讼法,按照互惠原则进行承认与执行。以下简要讨论其中的一些重要问题。

1.《纽约公约》项下仲裁裁决的范围。我国对于《纽约公约》项下的外国仲裁裁决,并不是全部无条件进行承认与执行。我国在加入《纽约公约》时,作出了互惠保留声明和商事保留声明。互惠保留声明指的是我国只对在另一缔约国内作出的仲裁裁决的承认与执行适用本公约的规定。商事保留声明指的是我国仅对按照我国法律属于契约性或非契约性的商事法律关系引起的争议适用此公约。对于"契约性或非契约性的商事法律关系"的界定,在我国《最高人民法院关于执行我国加入的<承认与执行外国仲裁裁决公约>的通知》中,第二条有明确的界定:"所谓'契约性和非契约性商事法律关系',具体是指由于合同、侵权或者根据有关法律规定而产生的经济上的权利义务关系,例如货物买卖、财产租赁、工程承包、加工承揽、技术转让、合资经营、合作经营、勘探开发自然资源、保险、信贷、劳务、代理、咨询服务和海上、民用航空、铁路、公路的客货运输以及产品责任、环境污染、海上事故和所有权争议等,但不包括外国投资者与东道国政府之间的争端。"

2. 我国拒绝执行外国仲裁裁决的报告制度。我国法院在裁定不执行外国仲裁裁决的时候,不仅要遵守我国民事诉讼法的规定和相关国际公约的规定,还要执行自1995年8月28日开始生效的,最高人民法院规定的报告制度①。

根据最高人民法院的报告制度,如果法院决定裁定拒绝执行外国仲裁裁决,必须报请高级人民法院进行审查,如果高级人民法院同意拒绝执行裁决,高级人民法院应将其意见报最高人民法院,待最高人民法院答复后,法院方可拒绝执行。可见,在我国有权决定拒绝承认与执行外国仲裁裁决的机构只有最高人民法院,体现了我国对外国仲裁裁决的审慎态度。

案例

意大利公司诉伊拉克国防部案②

【案情】Through the Armament and Supply Directorate of its Ministry of Defence, the Re-

---

① 刘晓红,袁发强. 国际商事仲裁[M]. 北京:北京大学出版社,2010:337.
② http://arb.rucil.com.cn/article/default.asp? id = 37.

public of Iraq (the Iraqi parties) entered into a certain number of contracts with shipbuilders Fincantieri – Cantieri Navali Italiani SpA and Oto Melara SpA (the Italian parties) for the supply of corvettes for the Iraqi Navy. All contracts contained an arbitration clause, according to which "any dispute which may arise under the present contract…shall be finally settled according to the Conciliation and Arbitration Rules of the Paris Chamber of Commerce by three arbitrators appointed according to the said Rules".

An embargo against Iraq was declared by the UN Security Council in August 1990, following the invasion of Kuwait; embargo legislation was issued shortly thereafter by the European Union and Italy. At that time, most of the corvettes had not yet been built or delivered. And the parties disputed on the performance of the contracts.

In spite of the arbitration clause, the Italian parties commenced proceedings against Iraq in the Court of First Instance of Genoa, alleging frustration of contract and seeking termination and damages. The Iraqi parties objected to the Court's jurisdiction and maintained that the dispute should have been referred to arbitration as provided for in the contracts. The Italian parties replied that only arbitrable matters may be referred to arbitration and that in the case at hand the dispute concerned matters which would have been arbitrable before the embargo legislation was issued but were no more so. They maintained that arbitrability must be ascertained under Italian law and relied on Art. 806 Code of Civil Procedure (CCP)," according to which only disputes concerning rights of which the parties may freely dispose (be the subject of a compromise) may be referred to arbitration. They alleged that, due to the embargo legislation, the parties could no more freely dispose of the contractual rights at issue.

On December 1992, the Court of First Instance of Genoa granted the Iraqi parties' objection and found that it had no jurisdiction over the case. It held that arbitration is excluded under Art. 806 CCP only when it directly affects *diritti indisponibili* (rights of which the parties may not freely dispose) by bringing about a result which is forbidden by the law, in the case, delivery of the corvettes. It found that in the present case the dispute did not directly affect such rights, as the claimants were only seeking termination of the contracts and damages.

The Italian parties appealed from this decision to the Court of Appeal of Genoa on the ground that the dispute falls outside the scope of the arbitration clause because of its subject matter, that is, because the parties may not freely dispose of it.

The Court of Appeal rejected the decision of the Court of the First Instance and held that the arbitrability of the dispute must be ascertained according to Italian law as this question directly affects jurisdiction, and the court seized of the action can only deny jurisdiction on the basis of its own legal system. This also corresponds to the principles expressed in Arts. II and V of the New York Convention. Hence, the answer to the question of arbitrability can only be that the dispute was not arbitrable due to Italian embargo legislation.

【评析】本案涉及的是争议事项的可仲裁性问题。初审法院认为仲裁条款应当排除法院管辖权,而上诉法院认定争议事项是否具有可仲裁性应当由本国法律确定。根据一般仲裁规则,仲裁条款具有排除一国司法管辖的作用,而争议事项是否具有可仲裁性则取决于一国国内法的规定。但在本案中,由于合同行为在前,事后的法律规定是否具有溯及力就存在争议。所以,本案的判决结果存疑。

复习思考题

1. 国际商事仲裁是如何实现其公正性的?
2. 如何实现国际商事仲裁裁决的有效执行?

阅读书目

1. 赵秀文.国际商事仲裁现代化研究[M].北京:法律出版社,2010.
2. 赵秀文.国际商事仲裁法原理与案例教程[M].北京:法律出版社,2010.
3. 雷德芬,亨特,等.国际商事仲裁法律与实践:世界法学精要[M].4版.北京:北京大学出版社,2005.

第二章 世界贸易组织争端解决机制

> **学习目标与要求**
>
> 本章主要内容包括:世界贸易组织争端解决机制的发展历史、争端解决机制的特点以及争端解决机制的运行程序。本章重点在于对世界贸易组织争端解决程序的掌握。

一、世界贸易组织争端解决机制的历史发展

世界贸易组织的争端解决机制起源于1947年《关税及贸易总协定》(GATT)的第22条和第23条。

根据1947年GATT第22条的规定,对于任何缔约方提出的有关影响GATT运行的交涉,缔约各方都应当给予积极考虑,并提供充分的磋商机会。如果磋商未能解决提出的争议,则可以请求缔约方全体出面与成员国进行磋商。一般情况下,成员国全体会成立一个工作小组,对争议进行调查处理。第23条则规定了成员国利益的丧失或减损的救济措施。如果成员国认为在协定项下直接或间接获得的利益正在丧失或减损,或协定项下任何目标的实现受到阻碍,可以向其认为有关的成员国提出书面交涉或建议。任何成员国都应当积极考虑此项交涉或建议。对于如何理解"利益的丧失或损害",GATT工作组在1952年审理的澳大利亚硫酸铵一案中的解释是"包括受到贸易伤害的缔约方对造成伤害的缔约方提起的申诉,其依据是该受到伤害的缔约方在与造成伤害的缔约方进行谈判时'不能合理预见到的'伤害。"可见,当时采用的是合同理论中的"合理预见"标准[①]。这里需要指出的是:在此情况下,只需要另一成员国的措施使得成员国的利益丧失或受到损害,而不论该措施是否与GATT的规定相违背。即使该措施符合GATT的规定,只要对成员国造成了利益的损害,就应当对成员国承担责任。这就是所谓的非违约之诉。

自从1947年GATT建立以来,根据第22条和第23条的争端解决机制,在近半个世纪的运作中处理了230多起诉讼案,获得了很高的评价。但是,GATT争端解决机制本身具有的严重缺陷妨碍了其进一步的发展。主要缺陷表现在:①对解决争议的每个程序没有规定明确的时限,每一步程序都花费很多时间,很难过渡到下一个阶段,最终导致争议案件久拖不决。②专家小组的组成程序不合理。在实践中,理事会批准设立专家小组时

[①] 余劲松,吴志攀.国际经济法[M].3版.北京:北京大学出版社,高等教育出版社,2009:592.

总是谋求一致同意,使得当事国可能通过反对设立专家小组的手段,不断拖延争议的解决。③专家小组作出的报告效力很难确定。在专家小组作出报告后,又需要理事会以"协商一致"原则通过,此时当事国又可以阻挠报告的通过。④缺乏保证专家小组报告得到充分履行的机制。在专家小组报告作出后,既没有执行的时间限制,也没有国家认为必须要执行此报告,更不存在执行的监督机关。⑤报复机制无效。GATT 第 23 条第 2 款规定:"如缔约方全体认为情况足够严重而有理由采取行动,则它们可授权一个或多个缔约方对任何其他一个或多个缔约方中止实施在本协定项下承担的、在这种情况下它们认为适当的减让或其他义务。"这就是所谓的"报复措施"。在 GATT 存在的 44 年里,这种报复措施仅被批准过一次,还没有实施①。因此,在发生争议后,各国,尤其是发展中国家,宁可作出妥协,息事宁人,也不愿意进行旷日持久的争执。

由于关贸总协定在处理贸易争议上效率不高,且在应对各国,尤其是发达国家的态度上软弱无力,导致各国对关贸总协定的争议解决机制产生了严重的不满。一些发达国家甚至开始无视关贸总协定规则的存在,利用国内立法和单边行动压制关贸总协定争议解决机制的实施,最终导致了更多的贸易摩擦。为了解决国际贸易争端解决领域的混乱局面,各国开始把建立一套完整而有效的争端解决机制作为以后的谈判目标,并作出了多种尝试,最终在乌拉圭回合谈判中达成了共识。

在 1994 年的乌拉圭回合谈判中,代表们达成了《关于争端解决规则与程序的谅解》(以下简称《谅解》),并把它作为《建立世界贸易组织协议》的附件二。该《谅解》中所规定的程序和规则,成为世界贸易组织争端解决机制的主要内容。它与 GATT 第 22 条和第 23 条、《关于关税与贸易总协定第 22 条的规定》、《关于补充总协定第 23 条的决定》、《就争端解决程序采取全体行动的决议》、《关税与贸易总协定争端机制规则和程序改进的决议》、《关于通知、磋商、解决争端和监督的谅解》、《关于<服务贸易总协定>中部分争端解决程序的决定》以及某些部长级会议的决定与宣言中有关争端解决程序部分的文件一起,形成了比较完整的世界贸易组织争端解决的法律制度②。

二、世界贸易组织争端解决机制的特点

世界贸易组织(WTO)争端解决机制与以前的 GATT 争端解决机制和其他的争端解决机制相比,具有以下特征:

(一)适用范围扩大

WTO 争端解决机制是在借鉴 GATT 争端解决机制和其他争端解决机制优势的基础上建立的,其适用范围比原来的 GATT 第 22 条、第 23 条的适用范围有了很大的扩展。WTO 争端解决机制不仅适用于贸易领域,而且扩大到了服务贸易、与贸易有关的知识产

---

①当时美国对荷兰奶制品实施进口配额,GATT 在 1952 年 11 月 8 日批准授权荷兰于整个 1958 年期间限制美国的面粉进口,但是荷兰最后并没有实施。

②赵学清,邓瑞平. 国际经济法学[M]. 北京:法律出版社,2005:352.

权、与贸易有关的投资措施等领域。WTO 争端解决机制适用范围的扩大，使得其影响力更大，并且填补了许多国际经济争议领域没有国际立法的空白，使得国际经济秩序更加良好和稳定。

（二）程序更加完善

WTO 争端解决机制相较于 GATT 的争端解决机制，程序更加完善，表现在两个方面：其一是争端解决程序更加合理，其二是争议解决有了时效的限制。

在 GATT 争端解决机制中，主要通过磋商来解决争议，依靠的是各成员国的合作，缔约方全体作出的最终裁决也不具有权威性和强制性。在 WTO 争端解决机制中，对前者进行了全面的完善，争议解决程序包含了磋商、斡旋、调解和调停、仲裁、专家小组、上诉、执行、监督等。它还更具有司法的性质。裁决的最后执行，主要依靠规则的强制力，而不是各国的政治压力。

GATT 争端解决机制最为人诟病的一个问题就是程序没有时限，最终导致程序进行的时间过于漫长，当事人争议解决的成本很大。WTO 争端解决机制吸取了这个教训，对每个程序都规定了严格的时效，有效地保证了争议的迅速解决。

（三）决策方法更加科学

在 GATT 争议解决机制中，作出决策的指导原则是协商一致。这个原则使得各国有机会阻挠对自身不利的裁决的通过。也正是由于这个原因，导致 GATT 争端解决机制无法正常发挥作用。WTO 为了解决这个问题，确立了"反向共识"的决策规则。反向共识指的是在专家小组设立、专家小组和上诉机构报告通过、报复的授权等问题上，除非各国一致达成共识反对该项决定，否则该决定就得以通过。这样，其实就保证了几乎所有的决议都可自动通过，避免了一国态度对决策的影响。

（四）制度更加完善

WTO 争端解决机制试图建立一套完整的准司法制度。除了传统的专家小组等机构，WTO 争端解决机制中还建立了上诉机构，这是此项机制最为创新的部分。从司法程序的角度讲，设立上诉机构对专家组的裁决进行审查，对于防止可能出现的失误或不公有很大帮助，对于机制的良好运行也是很有益处的。上诉机构作出的裁决为最终裁决，争议双方必须无条件接受，这也使 WTO 争端解决机制具备了更多的司法性质。

（五）执行更有保障

GATT 争议解决机制无法发挥作用的主要原因之一就是执行没有保障，各国即使不执行裁决也不会有惩罚措施，唯一的"报复"措施也很少适用。在 WTO 争端解决机制中，对报复措施有所加强，并引入了"交叉报复"制度。交叉报复指的是如果利益受到损害的一方，得到了对损害一方中止履行减让或其他义务的授权，在对同一协议的同一部门采取这些手段（一般报复）不能弥补自己的损失时，可以对其他部门进行报复。通过交叉报复对不执行裁决的国家进行严厉的惩罚，保障了争议解决机制的权威性和裁决的有效性。

三、世界贸易组织争端解决机制的运行程序

《谅解》规定的争端解决机制的程序主要包括：磋商、斡旋和调解、专家小组、上诉机构审议和执行程序。除了磋商为必经程序外，其他程序是否进行取决于争议双方当事人的选择。

(一)磋商

磋商是指争议双方当事人在协商的基础上，达成一致意见，最终有利于争议的解决。磋商是 WTO 争议解决机制中争议解决的必经程序。《谅解》第 4 条对磋商作出了具体的规定。

1. 磋商态度。《谅解》首先规定了成员国对于磋商应有的态度。对于另一成员国提出的、在其领土范围之内的、事关双方协议的履行的交涉，成员国应当予以积极考虑，并给予充分的磋商机会。

2. 时效限制。

(1)未能进行磋商的情况。如磋商请求是按照双方的协议提出的，则收到请求的成员国应当在收到请求之日起 10 日内对该请求作出答复，并且应在收到请求之日起不超过 30 天的期限内真诚地进行磋商，以达成双方满意的解决办法，除非双方另有议定。如该成员国没有在收到请求之日起 10 日内作出答复，或在收到请求之日起不超过 30 日的期限内或双方同意的其他时间内没有进行磋商，则请求进行磋商的成员可直接请求设立专家组。

(2)磋商不成功的情况。如果在收到磋商请求之日起 60 日内，磋商未能解决争端，则起诉方可请求设立专家组。如磋商各方共同认为磋商已经不能解决争端，则起诉方可在 60 日期限内请求设立专家组。

(3)磋商提起方式。磋商请求应当由请求磋商的成员国通知争议解决机构及有关理事会和委员会。任何磋商请求应以书面形式提交，并应说明提出请求的理由，包括确认所争论的措施，并指出起诉的法律根据。

(4)紧急情况的处理。在紧急案件中，包括涉及易腐货物的案件，各成员国应在收到请求之日起不超过 10 日的期限内进行磋商。如果在收到请求之日起 20 天的期限内，磋商未能解决争端，则起诉方可请求设立专家组。在紧急案件中，包括有关易腐货物的案件，争端各方、专家组及上诉机构应尽一切努力尽最大可能加快诉讼程序。

(5)第三人问题。如果进行磋商的成员国以外的第三国认为此时所进行的磋商涉及其实质贸易利益，则该成员国即可在进行磋商的请求散发之日起 10 日内，将其参加磋商的愿望通知进行磋商的成员国和争端解决机构。只要磋商请求所针对的成员国认为其实质利益的主张是有理由的，该成员就应当被允许加入磋商。在这种情况下，它们应通知争议解决机构。如参加磋商的请求没有被接受，则提出申请的成员国有权提出一个独立的磋商请求，开始另外一个磋商程序。

(6)保密义务。磋商应保密，并不得损害任何一方在任何进一步诉讼中的权利。

(二) 斡旋、调解和调停

斡旋、调解和调停是争端各方当事人自愿采取的程序。争端任何一方都可以随时请求进行斡旋、调解或调停。此程序可以随时开始，随时终止。一旦斡旋、调解或调停程序终止，申诉方即可开始请求设立专家组。

斡旋、调解或调停应当在接到磋商请求之日起60日内开始，在申诉人申请设立专家小组之前，应当给予对方自接到磋商请求开始之日起60日的时间。如果在60日的期限内，双方一致认为通过斡旋、调解和调停无法解决争议，则申诉人即可申请设立专家组。如争端各方同意，斡旋、调解或调停程序可在专家组程序进行的同时继续进行。

(三) 专家小组程序

1. 专家小组的设立。专家小组不是一个常设机构，而是根据争议当事人的申请而设立的。在申请人提出请求后，专家小组应最迟在此项请求首次作为一项议题列入争端解决机构会议议程之后的争端解决机构会议上设立，除非在此次会上争端解决机构经协商一致决定不设立专家小组。

设立专家小组的请求应以书面形式提出。在请求中应当指出是否已经进行了磋商，确认发生争论的措施并提供一份足以明确陈述问题的起诉的法律根据概要。在申请方请求设立的专家小组不具有标准职权范围的情况下，书面请求中应包括特殊职权范围的拟议案文。

2. 专家小组的组成。专家小组应由3名成员组成，特殊情况下，在专家小组设立后10日内，经争端各方同意，专家小组也可由5名成员组成。专家小组的组成情况应当迅速通知争端各方。专家的人选，由秘书处向争端各方推荐，没有特殊原因不得拒绝。

专家小组成员的选择应以保证各成员的独立性、完全不同的背景和丰富的经验为目的进行。专家小组应由资深的政府或非政府个人组成，可以包括以下几类：①曾在专家小组任职或曾向专家小组陈述案件的人员；②曾担任成员国代表或GATT1947成员国代表或任何适用协定或其先前协定的理事会或委员会的代表的人员；③秘书处人员；④曾讲授或出版国际贸易法或政策著作的人员；⑤曾任成员国高级贸易政策官员的人员等。

如果在专家小组设立之日起20日内，争议双方还没有就专家小组的成员人选达成协议，则总干事应在双方中任何一方的请求下，经与争议解决机构主席和有关委员会或理事会主席磋商，并在与争端各方磋商后，决定专家小组的组成，所任命的专家小组成员为总干事认为依照争端中所适用的规则和程序最适当的成员。争端解决机构主席应在收到此种请求之日起10日内，通知争议双方专家小组的人员组成。

3. 专家小组的工作程序。专家小组应当对其审议的事项作出客观评估，包括对该案件事实及有关适用协定的适用性和与有关适用协定的一致性的客观评估，并作出可协助争端解决机构提出建议或提出适用协定所规定的裁决的其他调查结果。在此过程中，专家小组依然应当定期与争端各方磋商，给予他们充分的机会以形成双方满意的解决办法。如果争端各方未能达成双方满意的解决办法，专家小组应以书面报告形式向争端解决机构提交调查结果。在此种情况下,专家小组报告应列出对事实的调查结果、有关规定的适用性及其所作任何调查结果和建议所包含的基本理由。如果争端各方之间已找到问题的解决办法,则专家小组报告应只限于对案件的简要描述,并报告已达成解决办法。

  为使该程序更加高效,《谅解》规定专家小组进行审查的期限,即自专家组组成和职权范围议定之日起至最终报告提交争端各方之日止,一般不应超过6个月。在紧急案件中,包括涉及易腐货物的案件,专家小组应力求在3个月内将其报告提交争端各方。如果专家小组认为不能在6个月内或在紧急案件中不能在3个月内提交其报告,则应书面通知争端解决机构迟延的原因和提交报告的估计期限。从专家小组设立到报告发送到各成员国的期限最长不应超过9个月。在涉及发展中国家所采取措施的磋商过程中,争端各方可协议延长上述期限。如果有关期限已过,进行磋商的各方不能达成协议认为磋商已经完成,则争端解决机构主席应在与各方磋商后,决定是否延长有关期限,如决定延长,则决定延长的期限。

  4. 中期审议。在审议了争议双方书面意见和口头辩论后,专家小组应向争端各方提交其报告草案中的描述部分(事实和论据)。在专家小组设定的期限内,争端各方应提交各自的书面意见。

  在接收争端各方书面意见的设定期限截止后,专家小组应向各方提交一份中期报告,既包括描述部分也包括专家小组的调查结果和结论。在专家小组设定的期限内,争议一方可提出书面请求,请求专家小组在最终报告发送给各成员国之前,审议中期报告中的具体方面。应一方的请求,专家小组应就书面意见中所确认的问题,与各方再次召开会议。如果在征求意见期间没有收到任何一方的意见,中期报告应被视为最终报告,并迅速发送给各成员国。

  5. 专家小组报告的通过。为了向各成员国提供充足的时间审议专家小组报告,在报告发送到各成员国之日起20日后,争议解决机构才可以审议通过此报告。对专家组报告有反对意见的成员国应当至少在审议该报告的争端解决机构会议召开前10日,提交供发给各成员国的、解释其反对意见的书面理由。争端各方有权全面参与争端解决机构对专家报告的审议,他们的意见应完整记录在案。

(四)上诉审议程序

  1. 上诉机构的构成。上诉机构是争端解决机构的常设机构。该机构应由7人组成,任何一个案件应由其中3人任职。在上诉机构任职的人员由争端解决机构任命,任期4年,每人可连任一次。上诉机构应由具有公认权威并在法律、国际贸易和各适用协定所涉主题方面具有公认专门知识的人员组成,不附属于任何政府,不得参与审议任何可产生直接或间接利益冲突的争端。

  2. 上诉复审程序。在专家小组的报告作出后,如果争议一方对报告持有异议,或者争端解决机构一致决定不通过此报告,则将启动上诉复审程序。只有争议双方有权启动上诉复审程序,对该事项有实质利益的第三方,在通知争端解决机构后,可以提交自己的书面陈述。上诉仅限于专家小组报告中涉及的法律问题和专家组所作的法律解释。上诉机构可维持、修改或撤销专家小组的法律调查结果和结论。

上诉程序的期限一般为60日,如果上诉机构认为在60天内无法提交其报告,应当书面通知争端解决机构发生迟延的原因以及估计可以提交的时限。但是,上诉程序最长期限不得超过90日。

上诉机构的报告应由争端解决机构通过,争端各方应无条件接受,除非在报告散发到各成员国后30天内,争端解决机构经协商一致决定不通过该报告。上诉机构报告的通过程序不影响各成员国就上诉机构报告发表意见的权利。

(五)裁决的实施

1. 争议双方对裁决的执行。在专家小组或上诉机构的报告通过后30日内召开的争端解决机构会议上,有关成员应通知争端解决机构关于其执行争端解决机构建议和裁决的意向。如果立即遵守建议和裁决不可行,有关成员应在合理的期限内执行。

除非争端各方另有协定,自争端解决机构设立专家小组之日起至合理期限的确定之日止的期限不得超过15个月。如果专家组或上诉机构已经延长提交报告的时间,则所用的额外时间应加入15个月的期限;但是除非争端各方同意存在例外情况,否则全部时间不得超过18个月。如果在为遵守建议和裁决所采取的措施或此类措施是否与适用协定相一致的问题上存在分歧,则此项争端也应通过援用这些争端解决程序加以决定,包括求助于原专家小组。专家小组应在此事项提交其后90日内提出其报告。如专家组认为在此时限内不能提交其报告,则应书面通知争端解决机构迟延的原因和提交报告的估计期限。

2. 争端解决机构的监督。争端解决机构对已经通过的建议或裁决的执行进行监督。在裁决通过后,任何成员国都可随时提出执行的问题。在确定了合理的执行期6个月后,如果依然没有执行,则有关执行的问题应列入争端解决机构会议议程,并一直保留在议程上直到问题的解决。应当履行执行义务的成员国,应当在争端解决机构会议召开前10日提交一份有关执行情况的书面报告。

3. 裁决未得到执行的救济措施。如果被诉方在合理期限内没有执行裁决,当事人可以采取以下方式保护自己的利益:①赔偿。赔偿是指争议双方通过磋商达成协议,对受损一方的利益进行偿付。如果有关成员国未能使得与协议不一致的措施符合协议,或在合理期限内未能对措施进行修订,在合理期限届满前,应当与援引争端解决程序的一方进行磋商,以期达成双方满意的赔偿方案。②减让或其他义务的中止。如果在合理期限结束期满之日起20日内未能议定令人满意的补偿,则援引争端解决程序的任何一方可向争议解决机构请求授权中止对有关成员实施适用协定项下的减让或其他义务。在考虑中止哪些减让或其他义务时,申诉方应适用下列原则和程序:(a)起诉方应首先寻求对与专家小组或上诉机构认定有违反义务或其他造成利益丧失或减损情形的部门相同的部门中止减让或其他义务;(b)如该申诉方认为对相同部门中止减让或其他义务不可行或无效,则可寻求中止对同一协定项下其他部门的减让或其他义务;(c)如该方认为对同一协定项下的其他部门中止减让或其他义务不可行或无效,且情况足够严重,则可寻求中止另一适用协定项下的减让或其他义务。如申请方决定按照(b)项或(c)项请求授权中止减让或其他义务,则应在请求中说明有关理由。在请求送交争议解决机构的同时,还应送交有关理事会,在按照(b)项提出请求的情况下,还应转交有关部门性机构。

4.报复措施的终止。减让或其他义务的中止应是临时性的,只要出现以下情况,就应当终止此类报复措施:

(1)被诉方被认定与适用协定不一致的措施已取消;

(2)必须执行建议或裁决的成员国,也就是被诉国,对利益丧失或减损已经提供了解决办法;

(3)争议双方就争议或争议的裁决已经达成双方满意的解决方法。

(六)仲裁

根据《谅解》第 25 条的规定,仲裁可以作为争端解决的一个替代手段,用来解决双方已经明确界定的问题的争端。仲裁需要当事人一致同意,并且在仲裁程序开始之前,应当将一致同意仲裁的意愿告知各成员国。只要经过进行仲裁的各方同意,其他成员国可成为仲裁程序的一方。参与仲裁的当事人应当同意遵守仲裁裁决。仲裁裁决应通知争端解决机构和任何有关适用协定的理事会或委员会,任何成员均可在这些机构中提出与之相关的任何问题。

此外,根据《谅解》第21、第22条的规定,对于执行争端解决机构通过的建议和裁决的"合理期限"达不成协议的,应由仲裁予以确定;有关成员国对减让的程度提出异议,或指控实施中止减让方未遵守有关原则和程序时,则该事项也应提交仲裁[①]。

司考题

1.甲乙二国均为世贸组织成员国,乙国称甲国实施的保障措施违反非歧视原则,并将争端提交世贸组织争端解决机构。对此,下列哪一选项是正确的?(2010年试卷一第46题)

A.对于乙国没有提出的主张,专家组仍可因其相关性而作出裁定。

B.甲乙二国在解决争端时必须经过磋商、仲裁和调解程序。

C.争端解决机构在通过争端解决报告上采用的是"反向一致"原则。

D.如甲国拒绝履行上诉机构的裁决,乙国可向争端解决机构上诉。

答案:C

[①]赵学清,邓瑞平.国际经济法学[M].北京:法律出版社,2005:359.

2. 甲乙两国均为世界贸易组织成员,甲国对乙国出口商向甲国出口轮胎征收高额反倾销税,使乙国轮胎出口企业损失严重。乙国政府为此向世界贸易组织提出申诉,经专家组和上诉机构审理胜诉。下列哪一选项是正确的?(2009年试卷一第44题)
A. 如甲国不履行世贸组织的裁决,乙国可申请强制执行。
B. 如甲国不履行世贸组织的裁决,乙国只可在轮胎的范围内实施报复。
C. 如甲国不履行世贸组织的裁决,乙国可向争端解决结构申请授权报复。
D. 上诉机构只有在该案的法律和事实问题进行全面审查后才能作出裁决。
答案:C

案例

WTO争端解决——欧美国家"荷尔蒙"案①

【案情】荷尔蒙是一种由内分泌腺产生的化学物质,虽然量不多,但对健康却有很大的影响。它与动物细胞结合后随着血液渗透到全身,控制身体的生长、发育、新陈代谢、神经传导等。

20世纪70年代,在法国和意大利的青少年中曾流行一种荷尔蒙紊乱症。有人认为这是由于养牛场使用了一种叫DES的荷尔蒙,导致牛肉荷尔蒙含量过高,被食用后进入人体所致。欧洲消费者遂组织起来联合抵制这种牛肉。1980年9月20日,欧共体理事会决定开始限制动物使用荷尔蒙。从1981年到1988年,欧共体先后颁布了三个法令,Directive 81/602/EEC、Directive 88/146/EEC 和 Directive 88/299/EEC:Directive 81/602/EEC,禁止农场、屠宰场和食品市场对动物及其肉制品使用含有雌性激素、雄性激素或促孕激素的物质(除科学研究或医疗外,并在政府严格监控下使用)。Directive 88/146/EEC 更严厉,禁止对饲养动物使用能使动物增肥增重的激素;规定如果为了医疗,受用动物必须登记,并且在激素生效期内不允许被宰杀;禁止在动物哺乳期使用;要求成员国对生产和销售这些激素的企业严加监管,详细登记产品流向;除非是为了医疗,禁止从第三国进口含有这些激素的动物及其制品。Directive 88/299/EEC 有所松动,规定如果为了动物繁育,在一定条件下可以使用某些激素。不过,这些条件非常严格。1996年,欧盟出台了一个新的法令——96/22/EC,从1997年7月1日开始生效。这个法令继续禁止动物在生长阶段使用荷尔蒙;进一步限制为科研和医疗目的的使用;对违反规定的农场主和商户设定了更严厉的处罚力度;等等。

与欧盟相反,荷尔蒙在美国和加拿大农场是允许使用的,而且欧洲是美国牛肉的主要出口市场。1987年,美国根据原《关贸总协定》东京回合谈判达成的《技术壁垒协定》起诉欧共体,认为"荷尔蒙禁令"没有科学依据,要求建立专家小组对其进行技术鉴定。

---
①罗汉伟.WTO争端解决——欧美国家"荷尔蒙"案[J].中国经济周刊.2010-08-31.

欧盟则认为对动物使用荷尔蒙是一种生产方法,《协定》规定成员国不能以生产方法规避《协定》的实质性条款。诉讼无果而终。1989年1月1日,美国开始采用报复措施,对一系列来自欧洲的产品加征100%的进口关税。欧盟起诉美国,同年,双方达成妥协,美国牛肉可以进入欧洲市场,但必须充分证明不含荷尔蒙;美国取消了一部分产品的报复措施,对其他产品仍继续报复。

1995年WTO成立后,美国于1996年1月26日引用新的条约起诉,称欧盟的做法违反了《关贸总协定》(1994)、《技术壁垒协定》、《动植物卫生检疫协定》和《农业协定》,不合理地限制肉制品进入欧洲市场。翌年2月,加拿大、澳大利亚、新西兰和挪威以第三方身份参诉。同年6月19日,欧盟利用新的WTO争端解决机制起诉美国要求取消报复措施。一个月后,WTO成立专家组开始审理美国诉欧盟案,所有报复措施才被取消。两周后,加拿大也以同样理由,起诉欧盟的"荷尔蒙禁令"。美国和加拿大认为,欧盟不能充分证明荷尔蒙在多大程度上能够危害人体健康,也没有履行必要的论证程序,"荷尔蒙禁令"是一种歧视性措施,给北美肉制品出口企业造成了不应有的损害,必须立即撤销。而欧盟强调,根据WTO条约任何成员国都有保护人类和动植物生命健康的特权;为此,成员国可以不受条约义务的约束,及时对不安全的食品实施进口限制;更何况,欧盟已证明含有荷尔蒙激素的肉制品对人体确有危害。

1997年8月18日,WTO专家组一审全部支持了起诉方意见,认为"荷尔蒙禁令"高于国际通用食品安全标准,没有充分的科学依据,也没有履行必要的论证程序,构成人为的贸易壁垒。欧盟不服提出上诉。1998年1月16日,上诉机构认为"荷尔蒙禁令"确实高于国际通用标准。终审裁决之后,欧盟答应在1999年5月13日之前履行裁决。1999年4月,欧盟又通知WTO,愿意给美国和加拿大一些物质补偿,但不愿意撤销"荷尔蒙禁令"。同年6月,美国和加拿大申请WTO授权对欧盟采取报复措施,获得同意。美国可以报复的数额为每年1.168亿美元,加拿大的是1130万加元。迫于压力,欧盟于2003年颁布了新荷尔蒙禁令(2003/74/EC),并据此称已经完全履行了裁决,要求美国和加拿大撤销报复措施。美国认为这个新禁令换汤不换药,仍然禁止农场使用荷尔蒙,而一些研究证明使用荷尔蒙激素饲养动物不会对人体造成危害。随后,三方展开了密集的外交斡旋,2009年5月,美国与欧盟签订了解决牛肉贸易争端的备忘录(Memorandum),分三个阶段解决欧盟与美、加之间的贸易争端。由此争端告一段落。

【评析】欧美在有关含有荷尔蒙激素的肉制品问题上的争议由来已久,一直处于相互报复的混乱状况之下。通过WTO争端解决机制,双方的权利义务关系得到了确认:欧洲国家可以通过制定标准保护本国公民的生命健康权,但是不得制定过高的标准从而对他国贸易形成壁垒,除非科学研究可以证明这种高标准是合理的。因此,美国及加拿大等国可以依据裁决采取相应的报复措施,迫使欧盟取消贸易壁垒。可见,WTO争端解决机制在解决国际经济争端中发挥着重要作用。但是,本案旷日持久的裁决也反映了WTO争端解决机制面对复杂情况时其本身的局限性。

复习思考题

1. 世界贸易组织争端解决机制与其他争端解决机制相比,特色体现在哪里?
2. 世界贸易组织争端解决机制中的报复制度有无缺陷?如何解决?

阅读书目

1. 赵学清,邓瑞平.国际经济法学[M].北京:法律出版社,2005.
2. 余劲松,吴志攀.国际经济法[M].3版.北京:北京大学出版社,高等教育出版社,2009.
3. 毛燕琼.WTO争端解决机制问题与改革[M].北京:法律出版社,2010.

参考文献

[1] 王博.国际货物买卖中所有权转移问题研究[D].吉林:吉林大学.2010.
[2] 张彬.国际区域经济一体化比较研究[M].北京:人民出版,2010.
[3] 陈安.国际经济法学新论[M].3版.北京:高等教育出版社,2012.
[4] 刘晓红,袁发强.国际商事仲裁[M].北京:北京大学出版社,2010.
[5] 余劲松,吴志攀.国际经济法[M].4版.北京:北京大学出版社,高等教育出版社,2014.
[6] 郭寿康,赵秀文.国际经济法[M].5版.北京:中国人民大学出版社,2015.
[7] 董世忠.国际经济法[M].2版.上海:复旦大学出版社,2009.
[8] 王传丽.国际贸易法[M].5版..北京:法律出版社.2012.
[9] 余劲松.国际经济法[M].北京:北京大学出版社,2009.
[10] 杜新丽.国际民事诉讼与商事仲裁[M].北京:中国政法大学出版社,2009.
[11] 鲁文·S.阿维-约纳.国际法视角下的跨国征税——国际税收体系分析[M].熊伟,译.北京:法律出版社,2008.
[12] 秦瑞亭.国际私法[M].天津:南开大学出版社,2008.
[13] 王传丽.国际经济法[M].5版.北京:高等教育出版社,2015.
[14] 林奇华.国际技术贸易[M].北京:对外经济贸易大学出版社,2008.
[15] 董世忠.国际经济法[M].2版.上海:复旦大学出版社,2009.
[16] 杨冬梅.税收理论与实务[M].北京:对外经济贸易大学出版社,2007.
[17] 曾华群.国际经济法导论[M].2版.北京:法律出版社,2007.
[18] 廖益新.国际经济法[M].2版.福建:厦门大学出版社,2012.
[19] 黎孝先.国际贸易实务[M].6版.北京:对外经济贸易法学出版社.2016.
[20] 邓杰.国际私法学[M].甘肃:兰州大学出版社,2006.
[21] 黄东黎.国际经济法[M].社会科学文献出版社,2006.
[22] 李仁真.国际金融法[M].3版.武汉:武汉大学出版社,2011.
[23] 赵学清,邓瑞平.国际经济法学[M].北京:法律出版社,2005.
[24] 林康.国际贸易[M].北京.对外经济贸易大学出版社,2004.
[25] 万国华,隋伟.国际金融法学[M].北京:中国民主法制出版社,2004.
[26] 肖冰,何鹰.国际经济法学[M].北京:科学出版社,2004.
[27] 刘剑文.国际税法学[M].3版.北京:北京大学出版社,2013.
[28] 刘颖,邓瑞平.国际经济法[M].中信出版社,2003.

[29] 刘春田.知识产权法[M].5版.北京:人民大学出版社,2014.

[30] 朱慈蕴.公司法人格否认法理研究[M].法律出版社,1998.

[31] 王传纶,朱青.国际税收[M].2版.北京:中国人民大学出版社,1997.

[32] 王铁军.国际避税与反避税[M].北京:中国财政经济出版社,1994.

[33] 陈安.国际经济法总论[M].2版.北京:法律出版社,2007.

[34] Georg Schwarzenberger. Economic World Order? —A Basic Problem of International Economic Law[M].曼彻斯特大学出版社,1970.